教育部人文社会科学重点研究基地——中国西部经济发展研究中心建设项目
陕西省哲学社会科学重点研究基地——陕西宏观经济与增长质量协同创新中心建设项目
教育部哲学社会科学发展报告项目“中国经济增长质量发展报告”
教育部“长江学者”特聘教授奖励计划项目
国家“万人计划”哲学社会科学领军人才项目
文化名家暨“四个一批”人才项目
陕西省“三秦学者”创新团队建设项目
西北大学双一流建设项目

REPORT ON CHINA'S
ECONOMIC GROWTH QULITY 2019

中国经济增长质量发展报告

新时代下中国经济的高质量发展

2019

任保平 郭 晗 魏 婕 李梦欣
等著

THE HIGH-QUALITY DEVELOPMENT
OF CHINA'S ECONOMY IN THE NEW ERA

中国经济出版社
CHINA ECONOMIC PUBLISHING HOUSE
北 京

图书在版编目（CIP）数据

中国经济增长质量发展报告．2019：新时代下中国经济的高质量发展 / 任保平等著．-- 北京：中国经济出版社，2019.4

ISBN 978-7-5136-5591-0

Ⅰ．①中… Ⅱ．①任… Ⅲ．①中国经济－经济增长质量－研究报告－2019 Ⅳ．①F124.1

中国版本图书馆 CIP 数据核字（2019）第 041913 号

责任编辑　贺　静
责任印制　巢新强
封面设计　华子设计

出版发行　中国经济出版社
印 刷 者　北京富泰印刷有限责任公司
经 销 者　各地新华书店
开　　本　710mm×1000mm　1/16
印　　张　21.5
字　　数　341 千字
版　　次　2019 年 4 月第 1 版
印　　次　2019 年 4 月第 1 次
定　　价　69.00 元
广告经营许可证　京西工商广字第 8179 号

中国经济出版社 **网址** www.economyph.com **社址** 北京市西城区百万庄北街 3 号 **邮编** 100037
本版图书如存在印装质量问题，请与本社发行中心联系调换（联系电话：010-68330607）

目　录

0 2016—2017年中国各省、自治区、直辖市经济增长质量总体排序（QEGI）

中国经济发展已进入新时代，经济行为特征已然从“高速增长”调向“高质量发展”，这种发展阶段特征的转换，不仅是遵循基本的经济增长客观规律，还是建设中国特色社会主义道路的必然选择。因此，进入新时代意味着中国必须扬弃过去数量型的经济发展模式，全面探索质量型发展道路。对于经济增长质量的关注，是基于现下中国经济发展的状态、特征及矛盾，将实践经验上升至理论新高度的历史性突破，是在坚持习近平新时代中国特色社会主义指导思想的基础上，建设现代化的经济体系、社会体系以及生态体系的必然选择。

0.1 指数的形成方法、数据说明和权重的生成

0.1.1 指标处理与数据说明

根据《中国经济增长质量报告（2012）》所构建的基本理论框架，我们从经济增长的效率、经济增长的结构、经济增长的稳定性、经济增长的福利变化与成果分配、经济增长的生态环境代价以及国民经济素质6个维度（见表0－1），对2016年、2017年中国各省、自治区、直辖市的经济增长质量状态进行考察。并且在原有基本理论框架之上，作了相关延伸和拓展，在环境污染与生态环境代价方面加入了环境治理能力分项指标，在国民经济素质维度加入了创新素质分项指标、信息化素质分项指标等内容，以更全面、更系统化地对我国地方经济增长质量进行测算和评价。

本章采用的数据来自《中国统计年鉴（2017）》《中国城市统计年鉴（2017）》《中国劳动统计年鉴（2017）》《中国城乡建设统计年鉴（2017）》

《中国统计年鉴（2018）》，2017 年和 2018 年各地区统计年鉴、统计汇编以及统计公报等，由于数据标准的原因，暂未包括港、澳、台地区；同时由于相关统计数据的缺失和特殊性，西藏虽列入统计但未进入排序。

表 0－1　中国经济增长质量指数构成

<table>
<tr><th rowspan="2">方面指数</th><th rowspan="2">分项指标</th><th rowspan="2">基础指标</th><th rowspan="2">计量单位</th><th colspan="3">指标属性</th></tr>
<tr><th>正指标</th><th>逆指标</th><th>适度指标</th></tr>
<tr><td rowspan="5">经济增长的效率</td><td rowspan="5"></td><td>全要素生产率增长率</td><td>—</td><td>√</td><td></td><td></td></tr>
<tr><td>技术变动</td><td>—</td><td>√</td><td></td><td></td></tr>
<tr><td>技术效率变动</td><td>—</td><td>√</td><td></td><td></td></tr>
<tr><td>资本生产率</td><td>—</td><td>√</td><td></td><td></td></tr>
<tr><td>劳动生产率</td><td>—</td><td>√</td><td></td><td></td></tr>
<tr><td rowspan="11">经济增长的结构</td><td rowspan="4">产业结构</td><td>工业化率（%）</td><td></td><td>√</td><td></td><td></td></tr>
<tr><td>第一产业比较劳动生产率</td><td>—</td><td>√</td><td></td><td></td></tr>
<tr><td>第二产业比较劳动生产率</td><td>—</td><td>√</td><td></td><td></td></tr>
<tr><td>第三产业比较劳动生产率</td><td>—</td><td>√</td><td></td><td></td></tr>
<tr><td rowspan="2">投资消费结构</td><td>投资率（%）</td><td></td><td></td><td></td><td>√</td></tr>
<tr><td>消费率（%）</td><td></td><td></td><td></td><td>√</td></tr>
<tr><td rowspan="2">金融结构</td><td>存款余额/GDP</td><td>—</td><td>√</td><td></td><td></td></tr>
<tr><td>贷款余额/GDP</td><td>—</td><td>√</td><td></td><td></td></tr>
<tr><td>国际收支</td><td>进出口总额/GDP</td><td>—</td><td>√</td><td></td><td></td></tr>
<tr><td rowspan="2">城乡二元结构</td><td>二元对比系数</td><td>—</td><td>√</td><td></td><td></td></tr>
<tr><td>二元反差指数</td><td>—</td><td></td><td>√</td><td></td></tr>
<tr><td rowspan="4">经济增长的稳定性</td><td>产出波动</td><td>经济波动率（%）</td><td></td><td></td><td>√</td><td></td></tr>
<tr><td rowspan="2">价格波动</td><td>工业生产者价格指数</td><td>—</td><td></td><td>√</td><td></td></tr>
<tr><td>居民消费价格指数</td><td>—</td><td></td><td>√</td><td></td></tr>
<tr><td>就业波动</td><td>城镇登记失业率（%）</td><td></td><td></td><td>√</td><td></td></tr>
<tr><td rowspan="10">福利变化与成果分配</td><td rowspan="8">福利变化</td><td>人均 GDP</td><td>元</td><td>√</td><td></td><td></td></tr>
<tr><td>医疗卫生机构</td><td>个</td><td>√</td><td></td><td></td></tr>
<tr><td>人均拥有公共图书馆藏量</td><td>册</td><td>√</td><td></td><td></td></tr>
<tr><td>建成区绿化覆盖率（%）</td><td></td><td>√</td><td></td><td></td></tr>
<tr><td>城市居民最低生活保障人数</td><td>万人</td><td></td><td>√</td><td></td></tr>
<tr><td>农村居民最低生活保障人数</td><td>万人</td><td></td><td>√</td><td></td></tr>
<tr><td>城镇居民家庭恩格尔系数(%)</td><td></td><td></td><td>√</td><td></td></tr>
<tr><td>农村居民家庭恩格尔系数(%)</td><td></td><td></td><td>√</td><td></td></tr>
<tr><td rowspan="2">成果分配</td><td>泰尔指数</td><td>—</td><td></td><td>√</td><td></td></tr>
<tr><td>劳动者报酬占比</td><td>—</td><td>√</td><td></td><td></td></tr>
</table>

续表

方面指数	分项指标	基础指标	计量单位	指标属性		
				正指标	逆指标	适度指标
资源利用与生态环境代价	资源消耗	单位地区生产总值电耗	—		√	
		人均用水量	立方米/人		√	
	环境污染	单位产出大气污染程度	—		√	
		单位产出污水排放数	—		√	
		单位产出一般工业固体废弃物产生量	—		√	
	环境治理能力	节能环保支出占比（%）		√		
		城市生活垃圾无害化处理能力	吨/日	√		
		工业污染治理投资总额	万元	√		
国民经济素质	基础素质	客运量	万人	√		
		货运量	万吨	√		
	能力素质	科学技术支出占财政支出比重（%）		√		
		国家财政性教育经费	万元	√		
		普通本专科毕业生人数	人	√		
	创新素质	技术市场成交额	万元	√		
		规上企业 R&D 人员全时当量	人年	√		
		新产品开发项目数	项	√		
		国内三种专利授权数	件	√		
	信息化素质	邮电业务总量/GDP	—	√		
		电信业务总量/GDP	—	√	√	
		电子商务销售额/GDP	—	√		

在基础指标计算方面，个别数据需要具体说明：在经济增长效率指数中，全要素生产率、技术变动、技术效率变动和资本生产率 4 个指标都涉及资本存量的计算，参考张军等（2014）的研究成果，我们选择目前被普遍采用的永续盘存法来计算 2000—2017 年各地区的物质资本存量。另外，使用潜在产出法中比较常用的 DEA 法，对全国各省（自治区、直辖市）2000—2017 年的全要素生产率、技术变动、技术效率进行估算，在此我们只根据需要，选择测算出的各地区 2016 年和 2017 年全要素生产率、技术变动和技术效率、资本存量，来进一步计算资本生产率。在经济增长的结构指数中，存款余额和贷款余额数据采用各省份在年度统计公报以及统计

年鉴中公布的数据。在经济增长的稳定性指数中，有关经济波动率的计算，我们分别算出各地区 2015 年经济增长的增长率，进而计算 2016 年、2017 年各地区的经济波动率。

各省、自治区以及直辖市经济增长质量指数基于《中国经济增长质量报告（2012）》所构建的理论框架，依旧从经济增长的效率、经济增长的结构、经济增长的稳定性、经济增长的福利变化与成果分配、经济增长的生态环境代价以及国民经济素质 6 个维度构建中国经济增长质量指标体系，基于原有的 37 个指标，作了略微的调整，在福利变化与成果分配维度，增加了医疗卫生机构、人均拥有公共图书馆藏量、建成区绿化覆盖率、城市居民最低生活保障人数、农村居民最低生活保障人数。在资源利用与生态环境代价维度，增加了环境治理能力分项维度，具体使用节能环保支出占比、生活垃圾无害化处理能力以及工业污染治理投资总额测度。在国民经济素质维度中，根据数据的可获得性，在原有基础素质、能力素质的基础上，增加了创新素质和信息化素质，其中，创新素质使用地区的一系列创新化指标，信息化素质使用邮电业务总量/GDP 和电子商务销售额/GDP 来代表，共同反映一个国家长期有效地开发和利用各种资源创造国民财富的基本条件和能力，是一国经济增长质量的综合表现。因此，构建包含 6 个维度 50 个基础指标的中国经济增长质量指标体系。由于选取的测算数据是截面数据，数据缺失不多，整体上数据集质量较高，根据此数据集得出的增长质量指数的可信度和现实符合度也相对较好。

书中涉及的具体数据的处理方法和计算指标的公式如下：

（1）正向、逆向、适度指标的去量纲化处理方法

$$\text{正向指标：}\frac{x_{ij}-\min\limits_{1\leqslant i\leqslant n}x_{ij}}{\max\limits_{1\leqslant i\leqslant n}x_{ij}-\min\limits_{1\leqslant i\leqslant n}x_{ij}}$$

$$\text{逆向指标：}\frac{\max\limits_{1\leqslant i\leqslant n}x_{ij}-x_{ij}}{\max\limits_{1\leqslant i\leqslant n}x_{ij}-\min\limits_{1\leqslant i\leqslant n}x_{ij}}$$

$$\text{适度指标：}\frac{\max\limits_{1\leqslant i\leqslant n}|x_{ij}-x_j|-|x_{ij}-x_j|}{\max\limits_{1\leqslant i\leqslant n}|x_{ij}-x_j|-\min\limits_{1\leqslant i\leqslant n}|x_{ij}-x_j|},$$

其中，x_j 为第 j 个指标的适度数值。

（投资率的适度值为38%，消费率的适度值为60%）

（2）基期、真实GDP测算

对于真实GDP的测算，我们以2000年作为基期，根据《中国统计年鉴》中的国内生产总值指数（上年=100）来计算定基GDP指数，即计算各个时期环比指数的连乘之积来求得以2000年为基年的定基指数。用名义GDP除以GDP平减指数（2000年=100）得到真实GDP的值。其中，GDP平减指数的环比指数公式为：$GDPD_t=\frac{GDP_t}{GDP_{t-1}\cdot GDPI_t}$

（3）各维度具体指标的测算

1）经济增长的效率

①全要素生产率、技术变动、技术效率变动—DEA法

选择使用潜在产出法中比较常用的Dea-Malmquist指数法对全国各省（市、自治区）2016—2017年的全要素生产率进行估算，我们利用缩放因子之比构造消费数量指数，以GDP作为产出指标，以资本和劳动作为投入指标，具体使用资本存量和就业人数为基础指标，使用DEAP软件进行编程，由此求得各地区的全要素生产率增长率。

②资本生产率

对于资本存量的估算采用永续盘存法，具体估算公式为：$K_{it}=K_{it-1}(1-\delta_{it})+I_{it}$，其中$i$指第$i$个地区，$t$指第$t$年；采用固定资本形成总额来度量当年投资$I$；对于固定资本价格指数，直接采用《中国统计年鉴》中公布的数据，在此基础上求得2000年为基年的不变价格表示的真实固定资本形成总额。基期的资本存量我们按照国际常用方法计算：$K_0=\frac{I_0}{g+\delta}$，其中，K_0是基期资本存量，I_0是基期投资额，g是样本期真实投资的年平均增长率，经济折旧率δ采用张军等（2004）的研究成果，为9.6%。

资本生产率=GDP（2000年不变价格）/资本存量

③劳动生产率

劳动生产率=GDP（2000年不变价格）/从业人数

2）经济增长的结构维度

①产业结构

工业化率：非农产业就业比重，即非农产业就业人数/总就业人数

第一（二、三）产业比较劳动生产率：第一（二、三）产业产值比重/第一（二、三）产业就业比重

②投资消费结构

投资率：资本形成总额/GDP

消费率：最终消费支出/GDP

③城乡二元结构

二元对比系数：农业比较劳动生产率/非农业比较劳动生产率

二元反差指数：非农业产值比重与劳动力比重之差的绝对值，S 即｜非农业的产值比重－非农就业比重｜，其中，非农产业＝第二产业＋第三产业。

3）经济增长的稳定性

产出波动

经济波动率：经济增长率变动幅度的绝对值（其中经济增长率为真实GDP 的增长率）

4）福利变化与成果分配

泰尔指数的计算公式为：

$$dis_t = \sum_{i=1}^{2} \left(\frac{p_{it}}{p_t}\right) \ln \left(\frac{p_{it}}{p_t}\middle/\frac{z_{it}}{z_t}\right)$$

式中，dis_t 代表 t 时期的泰尔指数，$i=1$，2 分别表示城镇和农村地区；z_{it} 表示 t 时期城镇或农村的人口数量；z_t 表示 t 时期的总人口；p_{it} 表示城镇和农村的总收入（用相应的人口和人均收入之积表示）；P_t 表示 t 时期的总收入。

劳动者报酬占比：劳动者报酬/GDP

5）资源利用与生态环境代价

①资源消耗

单位地区生产总值电耗：电力消费总量/GDP

②环境污染

单位产出大气污染程度：工业二氧化硫排放总量/GDP

单位产出污水排放数：工业废水排放总量/GDP

单位产出固体废弃物排放数：一般工业固体废弃物产生量/GDP

6）国民经济素质

科学技术支出占比=科学技术支出/财政总支出

0.1.2 基础指标与方面指数权重的确定

在对经济增长质量进行测算时，我们传统采用的是主成分分析方法，主成分分析方法虽然具有客观赋权的优势，但却缺少了主观的专业经验。而对地方经济增长质量的测度和评价，我们也逐渐希望将主观评价融入进来，因此，在《中国经济增长质量发展报告（2019）》中，我们选择主观赋权和客观赋权相结合的方法，对我国地方经济增长质量能够进行更加准确且更加系统的判断和评价。这里使用模糊数学综合评价方法，一方面，使用变异系数法进行客观赋权，变异系数综合评价适用于多项指标来进行的综合评价方法，通过变异系数法，可以明确区分和分辨被评价的对象，给予信息丰富的指标以更大权重；另一方面，使用层次分析法进行主观赋权，通过层次分析法，可以进行较为有效的定性和定量分析，得到具有严谨结构和思维的专家经验和专业知识。使用模糊数学主客观相结合的方法，一方面使得评价结果具有专业评价知识和经验输入；另一方面能够通过客观赋值使指标的权重趋于合理化。因此，选择变异系数和层次分析法的结合算法对结果的准确获取体现出较强的适应性和优越性。由变异系数法得到的2016年和2017年的客观赋权值如表0-2所示，由层次分析法得到的主观赋权值如表0-3所示，通过模糊数学主客观结合的方法计算出的组合权数即各个基础指标的最终权重数，如表0-4所示。

表0-2 2016年和2017年变异系数法对各基础指标的赋权值

基础指标	2016年	2017年	基础指标	2016年	2017年
全要素生产率增长率	0.014	0.015	农村居民最低生活保障人数	0.014	0.014
技术变动	0.009	0.054	城镇居民家庭恩格尔系数	0.012	0.011
技术效率变动	0.015	0.013	农村居民家庭恩格尔系数	0.009	0.010
资本生产率	0.017	0.018	泰尔指数	0.012	0.012
劳动生产率	0.027	0.025	劳动者报酬占比	0.016	0.018
工业化率	0.017	0.018	单位地区生产总值电耗	0.010	0.009
第一产业比较劳动生产率	0.014	0.016	人均用水量	0.005	0.005
第二产业比较劳动生产率	0.023	0.022	单位产出大气污染程度	0.010	0.010
第三产业比较劳动生产率	0.022	0.019	单位产出污水排放数	0.018	0.015

续表

基础指标	2016 年	2017 年	基础指标	2016 年	2017 年
投资率	0.008	0.007	单位产出一般工业固体废弃物产生量	0.005	0.005
消费率	0.013	0.011	节能环保支出占比	0.017	0.011
存款余额/GDP	0.036	0.033	城市生活垃圾无害化处理能力	0.022	0.022
贷款余额/GDP	0.022	0.024	工业污染治理投资总额	0.025	0.025
进出口总额/GDP	0.021	0.010	客运量	0.025	0.023
二元对比系数	0.022	0.022	货运量	0.022	0.022
二元反差指数	0.017	0.015	科学技术支出占比	0.037	0.036
经济波动率	0.010	0.025	国家财政性教育经费	0.017	0.016
消费者物价指数	0.021	0.010	普通本专科毕业生人数	0.021	0.019
生产者物价指数	0.008	0.008	技术市场成交额	0.043	0.040
城镇登记失业率	0.019	0.016	规上企业 R&D 人员全时当量	0.040	0.040
人均 GDP	0.028	0.026	新产品开发项目数	0.047	0.040
医疗卫生机构	0.027	0.026	国内三种专利授权数	0.039	0.035
人均拥有公共图书馆藏量	0.026	0.024	邮电业务总量/GDP	0.032	0.032
建成区绿化覆盖率	0.010	0.010	电信业务总量/GDP	0.014	0.019
城市居民最低生活保障人数	0.013	0.011	电子商务销售额/GDP	0.028	0.033

表 0-3 层次分析法对各基础指标的赋权值

基础指标	层次分析法赋权值	基础指标	层次分析法赋权值
全要素生产率增长率	0.063	农村居民最低生活保障人数	0.020
技术变动	0.009	城镇居民家庭恩格尔系数	0.011
技术效率变动	0.028	农村居民家庭恩格尔系数	0.012
资本生产率	0.033	泰尔指数	0.020
劳动生产率	0.033	劳动者报酬占比	0.028
工业化率	0.013	单位地区生产总值电耗	0.018
第一产业比较劳动生产率	0.004	人均用水量	0.015
第二产业比较劳动生产率	0.013	单位产出大气污染程度	0.046
第三产业比较劳动生产率	0.025	单位产出污水排放数	0.036
投资率	0.008	单位产出一般工业固体废弃物产生量	0.030

续表

基础指标	层次分析法赋权值	基础指标	层次分析法赋权值
消费率	0. 021	节能环保支出占比	0. 008
存款余额/GDP	0. 009	城市生活垃圾无害化处理能力	0. 007
贷款余额/GDP	0. 003	工业污染治理投资总额	0. 007
进出口总额/GDP	0. 003	客运量	0. 003
二元对比系数	0. 031	货运量	0. 003
二元反差指数	0. 036	科学技术支出占比	0. 005
经济波动率	0. 092	国家财政性教育经费	0. 006
消费者物价指数	0. 020	普通本专科毕业生人数	0. 015
生产者物价指数	0. 014	技术市场成交额	0. 016
城镇登记失业率	0. 041	规上企业 R&D 人员全时当量	0. 030
人均 GDP	0. 041	新产品开发项目数	0. 030
医疗卫生机构	0. 008	国内三种专利授权数	0. 030
人均拥有公共图书馆藏量	0. 003	邮电业务总量/GDP	0. 009
建成区绿化覆盖率	0. 005	电信业务总量/GDP	0. 009
城市居民最低生活保障人数	0. 018	电子商务销售额/GDP	0. 011

表 0－4 各基础指标的主客观组合权重

基础指标	2016 年	2017 年	基础指标	2016 年	2017 年
全要素生产率增长率	0. 046	0. 048	农村居民最低生活保障人数	0. 014	0. 014
技术变动	0. 004	0. 024	城镇居民家庭恩格尔系数	0. 007	0. 006
技术效率变动	0. 022	0. 018	农村居民家庭恩格尔系数	0. 006	0. 006
资本生产率	0. 030	0. 031	泰尔指数	0. 013	0. 012
劳动生产率	0. 048	0. 043	劳动者报酬占比	0. 023	0. 026
工业化率	0. 012	0. 012	单位地区生产总值电耗	0. 009	0. 008
第一产业比较劳动生产率	0. 003	0. 004	人均用水量	0. 004	0. 004
第二产业比较劳动生产率	0. 015	0. 014	单位产出大气污染程度	0. 024	0. 024
第三产业比较劳动生产率	0. 029	0. 024	单位产出污水排放数	0. 033	0. 028
投资率	0. 003	0. 003	单位产出一般工业固体废弃物产生量	0. 007	0. 008
消费率	0. 014	0. 012	节能环保支出占比	0. 007	0. 005
存款余额/GDP	0. 018	0. 016	城市生活垃圾无害化处理能力	0. 008	0. 008

续表

基础指标	2016 年	2017 年	基础指标	2016 年	2017 年
贷款余额/GDP	0.004	0.004	工业污染治理投资总额	0.009	0.009
进出口总额/GDP	0.004	0.002	客运量	0.004	0.004
二元对比系数	0.036	0.034	货运量	0.003	0.003
二元反差指数	0.032	0.028	科学技术支出占比	0.011	0.010
经济波动率	0.048	0.115	国家财政性教育经费	0.005	0.005
消费者物价指数	0.022	0.010	普通本专科毕业生人数	0.016	0.014
生产者物价指数	0.006	0.005	技术市场成交额	0.037	0.033
城镇登记失业率	0.041	0.034	规上企业 R&D 人员全时当量	0.062	0.061
人均 GDP	0.062	0.054	新产品开发项目数	0.073	0.061
医疗卫生机构	0.011	0.010	国内三种专利授权数	0.061	0.052
人均拥有公共图书馆藏量	0.005	0.004	邮电业务总量/GDP	0.015	0.015
建成区绿化覆盖率	0.003	0.003	电信业务总量/GDP	0.006	0.008
城市居民最低生活保障人数	0.012	0.010	电子商务销售额/GDP	0.015	0.017

0.2　2016 年各省份经济增长质量总指数及排序

我们首先根据所得到的各基础指标的相应权重求得各方面指数值，然后采用同样的方面获得各方面指数的权重，合成地方经济增长质量指数值及其排序如表 0－5 所示，所测度的各省份经济增长质量分项维度指数值及排序值如表 0－6 所示，并对地方经济增长质量及其分项维度进行综合评价分析。

表 0－5　2016 年中国各地区经济增长质量指数及排序

省份	经济增长质量指数	排名	省份	经济增长质量指数	排名
广　东	0.613	1	黑龙江	0.316	16
北　京	0.612	2	陕　西	0.314	17
江　苏	0.612	3	四　川	0.312	18
浙　江	0.592	4	江　西	0.300	19
上　海	0.508	5	湖　南	0.294	20
天　津	0.432	6	内蒙古	0.292	21
山　东	0.429	7	甘　肃	0.289	22
福　建	0.385	8	吉　林	0.283	23

续表

省份	经济增长质量指数	排名	省份	经济增长质量指数	排名
湖　北	0. 367	9	新　疆	0. 278	24
安　徽	0. 354	10	山　西	0. 268	25
重　庆	0. 348	11	广　西	0. 259	26
辽　宁	0. 344	12	贵　州	0. 252	27
海　南	0. 335	13	宁　夏	0. 225	28
河　南	0. 326	14	云　南	0. 211	29
河　北	0. 321	15	青　海	0. 209	30

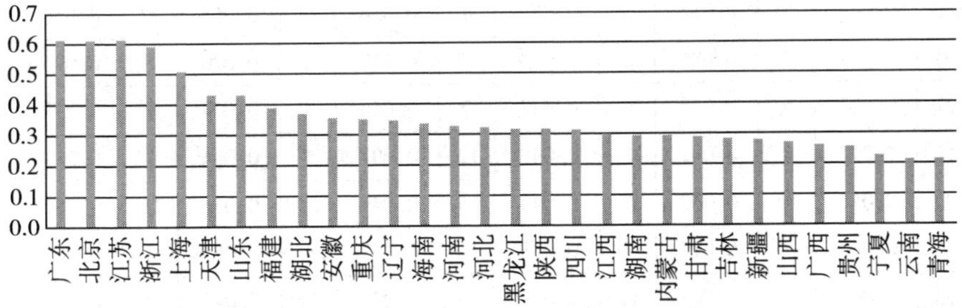

图 0－1　2016 年中国各地区经济增长质量指数排序

如图 0－1 所示，2016 年经济增长质量指数排在前 10 位的地区依次是广东、北京、江苏、浙江、上海、天津、山东、福建、湖北、安徽，其中，前 8 位都是相对发达的东部省份，前 10 位省份的经济增长质量指数平均值为 0. 490。排在后 10 位的地区依次是内蒙古、甘肃、吉林、新疆、山西、广西、贵州、宁夏、云南、青海地区，除吉林、广西以外，均属于中西部内陆地区，排名后 10 位省份的经济增长质量指数平均为 0. 257。排在前 10 位省份的经济增长质量指数平均值是排名后 10 位的 1. 91 倍，东部地区的经济增长质量显著优于中西部地区。

表 0－6　2016 年中国各地区经济增长质量各分项指数及排序

省份	经济增长的效率	排名	经济增长的结构	排名	经济增长的稳定性	排名	福利变化与成果分配	排名	资源利用与生态环境代价	排名	国民经济素质	排名
北 京	0. 127	1	0. 085	4	0. 068	3	0. 132	1	0. 081	1	0. 119	5
天 津	0. 084	5	0. 065	12	0. 043	20	0. 108	3	0. 078	2	0. 054	12

续表

省份	经济增长的效率	排名	经济增长的结构	排名	经济增长的稳定性	排名	福利变化与成果分配	排名	资源利用与生态环境代价	排名	国民经济素质	排名
河北	0.037	24	0.062	14	0.043	19	0.070	11	0.057	14	0.052	15
山西	0.037	23	0.054	22	0.059	6	0.057	21	0.035	26	0.025	22
内蒙古	0.039	22	0.041	29	0.052	9	0.080	8	0.064	10	0.016	26
辽宁	0.049	13	0.075	8	0.063	5	0.065	14	0.048	21	0.045	17
吉林	0.032	27	0.047	27	0.050	10	0.063	15	0.071	5	0.020	24
黑龙江	0.042	20	0.083	5	0.057	8	0.054	24	0.055	17	0.026	21
上海	0.114	2	0.086	3	0.024	30	0.117	2	0.070	6	0.096	6
江苏	0.083	6	0.082	6	0.044	18	0.098	4	0.074	4	0.232	2
浙江	0.077	7	0.092	2	0.048	12	0.097	5	0.066	7	0.212	3
安徽	0.056	12	0.062	15	0.044	15	0.049	25	0.056	16	0.086	7
福建	0.063	10	0.072	9	0.028	26	0.092	6	0.065	8	0.065	10
江西	0.063	9	0.068	11	0.039	23	0.043	27	0.042	25	0.045	18
山东	0.048	16	0.060	16	0.040	22	0.078	9	0.075	3	0.129	4
河南	0.033	25	0.056	20	0.044	16	0.059	19	0.059	12	0.074	8
湖北	0.059	11	0.053	25	0.049	11	0.069	12	0.065	9	0.072	9
湖南	0.049	14	0.053	24	0.026	29	0.056	22	0.058	13	0.052	14
广东	0.091	4	0.078	7	0.047	14	0.082	7	0.056	15	0.261	1
广西	0.033	26	0.053	23	0.044	17	0.054	23	0.049	20	0.025	23
海南	0.044	18	0.097	1	0.064	4	0.066	13	0.050	18	0.013	28
重庆	0.110	3	0.058	19	0.026	28	0.060	17	0.047	22	0.047	16
四川	0.064	8	0.064	13	0.029	25	0.042	28	0.050	19	0.063	11
贵州	0.048	15	0.058	18	0.028	27	0.049	26	0.044	24	0.026	20
云南	0.021	28	0.055	21	0.041	21	0.032	30	0.034	27	0.028	19
陕西	0.045	17	0.039	30	0.058	7	0.059	18	0.060	11	0.053	13
甘肃	0.039	21	0.059	17	0.092	1	0.035	29	0.045	23	0.020	25
青海	0.014	30	0.052	26	0.048	13	0.058	20	0.028	29	0.009	30
宁夏	0.043	19	0.046	28	0.031	24	0.073	10	0.019	30	0.013	29
新疆	0.016	29	0.069	10	0.088	2	0.061	16	0.029	28	0.014	27

经济增长的效率指数排在前10位的地区依次是北京、上海、重庆、广东、天津、江苏、浙江、四川、江西、福建，平均经济增长效率指数值为0.088，说明这些地区在2016年度里经济增长的效率发展较高，然而经济增长效率指数排在后10位的地区分别是甘肃、内蒙古、山西、河北、河南、广西、吉林、云南、新疆、青海，平均经济增长效率指数值为0.031，排在前10位地区的平均经济增长效率值是排在后10位地区的经济增长效率值的2.84倍。可以看出，经济较为发达的东部地区经济增长效率指数排名较为靠前，而大多数中西部地区经济增长效率发展落后，尤其是云南、新疆和青海等地区，在未来经济增长中亟须考虑效率因素，通过提高区域发展的全要素生产率，促进经济增长质量的提高。

经济增长的结构指数排在前10位的地区依次是海南、浙江、上海、北京、黑龙江、江苏、广东、辽宁、福建、新疆，平均经济增长结构指数值为0.082，意味着在2016年这些地区的经济增长结构发展水平较高，然而，经济增长的结构指数排在后10位的地区依次是云南、山西、广西、湖南、湖北、青海、吉林、宁夏、内蒙古、陕西，平均经济增长结构指数值为0.049，排在前10位地区的平均经济增长结构指数值是排在后10位地区的经济增长结构值的1.67倍，结构层面发展较好的地区与发展落后的地区差异较大，两极分化显著，意味着我国区域之间结构发展不平衡的矛盾亟须得到重视。经济增长结构发展较好的地区普遍落入东部地区和东北地区以及东南沿海地区，而中西部地区经济增长结构发展较为缓慢，调整地区经济增长结构，尤其是产业结构、投资消费结构以及城乡二元结构是提高中西部地区经济增长质量的当务之急。

经济增长的稳定性指数排在前10位的地区依次是甘肃、新疆、北京、海南、辽宁、山西、陕西、黑龙江、内蒙古、吉林，平均经济增长稳定性指数值为0.065，说明这些地区经济增长稳定性较高，受外界影响产生的波动性较小，经济增长抗冲击能力较强，而经济增长的稳定性指数排在后10位的地区依次是云南、山东、江西、宁夏、四川、福建、贵州、重庆、湖南、上海，其平均经济增长稳定性指数值为0.031，排在前10位地区的平均经济增长稳定性指数值是排在后10位地区的将近2.1倍。可以看出，除海南以外，经济增长稳定性较高的地区大多落入东北地区以及西北内陆地区，而东部地区以及南部地区经济增长稳定性较差，总体来看，东部地区、南部地区的经济发展速度虽然快，但波动性较大，经济发展易受外部环境、内部变动影响而大起大落。相对而言，西北地区、东北地区的稳定性较强。因此，对东南部地区的经济短期波动进行调整，并且与长期趋势的影响相结合，以熨平经济增长的波动性，可以促进地方经济增长质量持续发展。

福利变化与成果分配指数排在前10位的地区依次是北京、上海、天津、江苏、浙江、福建、广东、内蒙古、山东以及宁夏，平均的福利变化与成果分配指数值为0.096，福利变化与成果分配指数较高的这些地区均是经济增长发展较快、经济增长质量程度较高的发达地区，意味着经济增长较为发达的地区也更注重经济增长的福利分配以及人民生活的福利最大化，重视人民共享经济增长硕果，提高人民生活质量。而福利变化与成果分配指数排在后10位的地区依次是山西、湖南、广西、黑龙江、安徽、贵州、江西、四川、甘肃、云南，其平均福利变化与成果分配指数值为0.047，排在前10位地区的平均福利变化与成果分配指数值是排在后10位地区的2.04倍，福利变化与成果分配指数值较为落后的地区多处于中西部地区，与东部地区依然存在明显的差距。说明落后地区对基本社会福利的关注程度较低，民生方面的相关制度政策不健全，亟须促进经济效益与社会效益综合发展。

资源利用与生态环境代价指数排在前10位的地区依次是北京、天津、山东、江苏、吉林、上海、浙江、福建、湖北、内蒙古，平均的资源利用与生态环境代价指数值为0.071。总体来看，东部地区的资源利用与生态环境代价指数相对其他几个地区较好，近年来大部分东部地区都在注重环境污染治理的改善，在向环境友好型社会不断推进。资源利用与生态环境代价指数排在后10位的地区依次是辽宁、重庆、甘肃、贵州、江西、山西、云南、新疆、青海、宁夏，其平均资源利用与生态环境代价指数值为0.037，排在前10位地区的平均资源利用与生态环境代价指数值是排在后10位地区的1.92倍，说明中西部地区资源利用与的生态环境代价偏高，且与东部发达地区差距较大。近年来，东北地区森林采育失调，生态功能退化严重，水土流失加剧，资源诅咒桎梏亟须打破。而西部地区作为我国主要的能源开发地，这种资源的业态形式对西部地区生态环境造成了巨大的损害，西部地区水资源较为紧缺，森林资源破坏严重等危机加剧。与此同时，中国西部地区、东北地区发展仍较为落后，比较优势尚未充分发挥，工业化的发展仍是地区经济增长的主要推动力，污染问题不容小觑。因此，需要加快东北地区、西部地区的生态环境治理和绿色化道路转型，以促进地区经济增长质量的提高。

国民经济素质指数排在前 10 位的地区依次是广东、江苏、浙江、山东、北京、上海、安徽、河南、湖北、福建，平均国民经济素质指数值为 0.135，国民经济素质指数排在后 10 位的地区依次是黑龙江、山西、广西、吉林、甘肃、内蒙古、新疆、海南、宁夏、青海，其平均国民经济素质指数值为 0.018，排在前 10 位地区的平均国民经济素质指数值是排在后 10 位地区的 7.5 倍，差距较大。东部地区国民经济素质水平最高，尤其是广东、江苏、浙江、山东、北京、上海等地区，这些地区的创新能力和信息化能力对新时代经济背景下新动力的转换起到了推动作用。然而，中西部地区以及东北地区的国民经济素质水平偏弱，说明这些地区对于科学创新能力的培育及重视度并不高，科学技术支出占财政支出比重较弱，企业技术创新的主体地位不突出，且科技创新的社会文化意识薄弱。与此同时，社会服务水平不高，国民信息化素质能力低下，要保持未来经济增长质量的持续稳定增长，就要提高国民综合素质能力，大力支持科学创新事业，增强地区人力资本建设，培育一批具有高素质、高能力的创新人才，从而提高地区经济增长的国民经济素质水平。

0.3 2017 年各省份经济增长质量总指数及排序

按照同样的计算方法对 2017 年我国地方经济增长质量分项维度和综合指数值进行合成，并对 2017 年各省份经济增长质量的现阶段状态进行综合评价，所得到的测度结果如表 0－7、表 0－8 所示。

表 0－7 2017 年中国各地区经济增长质量指数及排序

省份	经济增长质量指数	排名	省份	经济增长质量指数	排名
广 东	0.572	1	河 北	0.294	16
北 京	0.571	2	安 徽	0.282	17
江 苏	0.552	3	湖 南	0.277	18
浙 江	0.502	4	重 庆	0.269	19
上 海	0.500	5	四 川	0.266	20

续表

省份	经济增长质量指数	排名	省份	经济增长质量指数	排名
天　津	0.439	6	陕　西	0.265	21
山　东	0.401	7	广　西	0.26	22
辽　宁	0.375	8	青　海	0.257	23
福　建	0.343	9	新　疆	0.253	24
内蒙古	0.342	10	宁　夏	0.248	25
湖　北	0.321	11	江　西	0.244	26
河　南	0.307	12	山　西	0.242	27
黑龙江	0.304	13	云　南	0.222	28
吉　林	0.297	14	贵　州	0.215	29
海　南	0.295	15	甘　肃	0.211	30

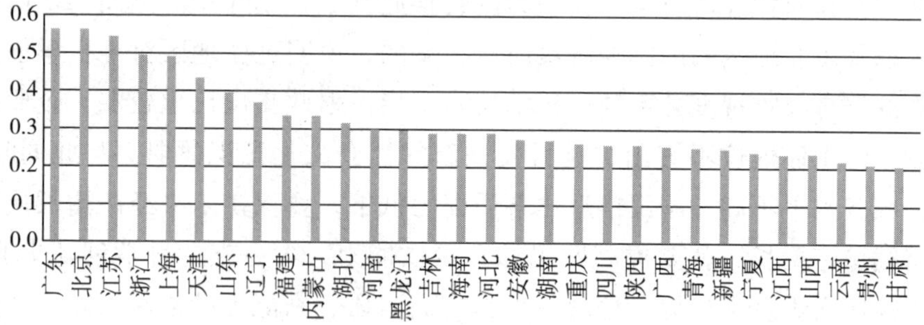

图 0 -2　2017 年中国各地区经济增长质量指数排序

如图 0 -2 所示，2017 年经济增长质量指数排在前 10 位的地区依次是广东、北京、江苏、浙江、上海、天津、山东、辽宁、福建、内蒙古，其中，前 9 位都是相对发达的东部省份，前 10 位省份的经济增长质量指数平均值为 0.460。排在后 10 位的地区依次是陕西、广西、青海、新疆、宁夏、江西、山西、云南、贵州、甘肃。除广西以外，均属于中西部内陆地区，排名后 10 位省份的经济增长质量指数平均为 0.242。排在前 10 位省份的经济增长质量指数平均值是排名后 10 位的 1.9 倍，东部地区的经济增长质量显著优于中西部地区。

表 0－8　2017 年中国各地区经济增长质量各分项指数及排序

省份	经济增长的效率	排名	经济增长的结构	排名	经济增长的稳定性	排名	福利变化与成果分配	排名	资源利用与生态环境代价	排名	国民经济素质	排名
北京	0.146	2	0.067	6	0.050	7	0.124	1	0.079	1	0.105	5
天津	0.127	3	0.055	15	0.054	6	0.092	3	0.073	2	0.039	16
河北	0.040	23	0.055	14	0.031	22	0.069	10	0.058	10	0.042	13
山西	0.036	26	0.043	27	0.043	11	0.056	18	0.040	24	0.022	21
内蒙古	0.099	5	0.048	24	0.068	2	0.065	11	0.048	20	0.014	26
辽宁	0.051	14	0.059	11	0.130	1	0.056	19	0.042	22	0.037	17
吉林	0.075	8	0.041	29	0.055	5	0.054	21	0.055	15	0.017	25
黑龙江	0.050	15	0.083	2	0.049	8	0.052	24	0.049	16	0.021	23
上海	0.157	1	0.077	4	0.015	30	0.105	2	0.068	5	0.077	6
江苏	0.107	4	0.073	5	0.036	19	0.089	4	0.070	4	0.178	2
浙江	0.075	10	0.079	3	0.035	20	0.087	5	0.061	6	0.164	3
安徽	0.024	29	0.056	13	0.033	21	0.046	26	0.055	13	0.068	7
福建	0.059	11	0.060	9	0.023	28	0.086	6	0.061	7	0.053	11
江西	0.030	27	0.060	10	0.026	24	0.039	28	0.048	19	0.041	14
山东	0.058	12	0.054	17	0.038	15	0.074	8	0.071	3	0.105	4
河南	0.041	22	0.051	21	0.041	13	0.057	16	0.056	11	0.062	8
湖北	0.047	16	0.050	22	0.039	14	0.063	13	0.060	9	0.062	9
湖南	0.045	18	0.046	26	0.026	26	0.060	15	0.055	14	0.046	12
广东	0.096	6	0.063	7	0.038	16	0.076	7	0.060	8	0.238	1
广西	0.041	20	0.054	16	0.047	9	0.054	22	0.042	23	0.021	22
海南	0.042	19	0.087	1	0.041	12	0.064	12	0.048	18	0.012	28
重庆	0.053	13	0.054	18	0.027	23	0.054	23	0.045	21	0.037	18
四川	0.041	21	0.061	8	0.022	29	0.040	27	0.049	17	0.053	10
贵州	0.029	28	0.052	19	0.026	27	0.050	25	0.033	27	0.026	20
云南	0.037	25	0.051	20	0.036	17	0.038	29	0.034	26	0.026	19
陕西	0.046	17	0.034	30	0.036	18	0.055	20	0.055	12	0.040	15
甘肃	0.007	30	0.048	25	0.065	3	0.037	30	0.038	25	0.018	24
青海	0.079	7	0.048	23	0.045	10	0.057	17	0.020	30	0.008	30
宁夏	0.075	9	0.043	28	0.026	25	0.069	9	0.021	29	0.013	27
新疆	0.039	24	0.056	12	0.059	4	0.060	14	0.029	28	0.010	29

经济增长的效率指数排在前10位的地区依次是上海、北京、天津、江苏、内蒙古、广东、青海、吉林、宁夏、浙江，平均经济增长效率指数值为0.104，说明这些地区在2017年度里经济增长的效率发展水平较高，然而经济增长效率指数排在后10位的地区分别是四川、河南、河北、新疆、云南、山西、江西、贵州、安徽、甘肃，平均经济增长效率指数值为0.032，排在前10位地区的平均经济增长效率值是排在后10位地区的经济增长效率值的3.25倍。可以看出，经济较为发达的东部地区经济增长效率指数排名较为靠前，而大多数中西部地区经济增长效率发展落后，尤其是贵州、安徽和甘肃等地区，在未来经济增长中亟须考虑效率因素，通过提高区域发展的全要素生产率，促进经济增长质量的提高。

经济增长的结构指数排在前10位的地区依次是海南、黑龙江、浙江、上海、江苏、北京、广东、四川、福建、江西，平均经济增长结构指数值为0.071，意味着在2017年这些地区经济增长结构发展水平较高，然而，经济增长的结构指数排在后10位的地区依次是河南、湖北、青海、内蒙古、甘肃、湖南、山西、宁夏、吉林、陕西，平均经济增长结构指数值为0.045，排在前10位的地区的平均经济增长结构指数值是排在后10位地区的经济增长结构值的1.58倍，结构层面发展较好的地区与发展落后的地区差异较大，两极分化显著，意味着我国区域之间结构发展不平衡的矛盾亟须重视。经济增长结构发展较好的地区普遍落入东部地区和东北地区以及东南沿海地区，而中西部地区经济增长结构较为缓慢，调整地区经济增长结构，尤其是产业结构、城乡二元结构是中西部地区经济增长质量提高的当务之急。

经济增长的稳定性指数排在前10位的地区依次是辽宁、内蒙古、甘肃、新疆、吉林、天津、北京、黑龙江、广西、青海，平均经济增长稳定性指数值为0.062，说明这些地区经济增长稳定性较高，受外界影响产生的波动性较小，经济增长抗冲击能力较强，而经济增长的稳定性指数排在后10位的地区依次是安徽、河北、重庆、江西、宁夏、湖南、贵州、福建、四川、上海，其平均经济增长稳定性指数值为0.026，排在前10位地区的平均经济增长稳定性指数值是排在后10位地区的将近2.38倍，可以看出，经济增长稳定性较高的地区多数落入东北地区以及西北内陆地区，在稳定性方面，东部地区的天津、北京、广西对比上一年度有所进步，而东部以及南部大部分地区经济增长稳定性依然较差。总体来看，东部地区、南部地区的经济发展速度虽然快，但波动性较大，经济发展易受外部环境、内部变动影响而大起大落。相对而言，西北地区、东北地区的稳定性较强。因此，要对东南部地区的经济短期波动进行调整，并且与长期趋势的影响相结合，以熨平经济增长的波动性，促进地方经济增长质量持续发展。

经济增长的福利变化与成果分配指数排在前10位的地区依次是北京、上海、天津、江苏、浙江、福建、广东、山东、宁夏以及河北地区，平均经济增长的福利变化与成果分配指数值为0.087，排在前10位的地区与2016年排前10位的地区区别不大，河北地区的福利变化与成果分配指数有所增长，已进入前10位。总体来看，福利变化与成果分配指数较高的这些地区均是经济增长发展较快、经济增长质量程度较高的发达地区，意味着经济增长较为发达的地区也更注重福利分配以及人民生活的福利最大化，重视人民共享经济增长硕果，提高人民生活质量。而福利变化与成果分配指数排在后10位的地区依次是吉林、广西、重庆、黑龙江、贵州、安徽、四川、江西、云南和甘肃，其平均福利变化与成果分配指数值为0.046，排在前10位地区的平均福利变化与成果分配指数值是排在后10位地区的1.89倍，福利变化与成果分配指数值较为落后的地区多处于中西部地区和东北地区，与东部地区依然存在明显的差距。这说明落后地区对基本社会福利的关注程度较低，在民生方面相关制度政策不健全，亟须促进经济效益与社会效益的综合发展。

经济增长的资源利用与生态环境代价指数排在前10位的地区依次是北京、天津、山东、江苏、上海、浙江、福建、广东、湖北、河北，平均资源利用与生态环境代价指数值为0.066，总体来看，东部地区的生态环境代价相对其他几个地区较好，近年来大部分东部地区都在注重环境污染治理的改善，在向环境友好型社会不断推进，资源利用与生态环境代价指数排在后10位的地区依次是重庆、辽宁、广西、山西、甘肃、云南、贵州、新疆、宁夏、青海，其平均资源利用与生态环境代价指数值为0.035，排在前10位地区的平均资源利用与生态环境代价指数值是排在后10位地区的1.89倍，说明中西部地区的生态环境代价偏高，且与东部发达地区差距较大，由于中西部地区传统工业基地密集，使得产业耗能严重，大量的能源消耗和污染排放使得生态环境岌岌可危，因此，在开发利用本地资源的同时，也要不断进行治理和改善，实现自然资源的良性循环。因此，资源利用与生态环境代价排名靠后的地区应当全面提高环境污染治理水平，应推广生产方式的低碳、清洁和减量化，促进工业化和信息化的“两化融合”，及时将信息化、智能化、绿色化引入产业的升级发展之中，通过绿色高新技术的嵌入，实现供给端绿色产业的转型和升级、绿色产品的质量供给，加强绿色化的优质供给，并且形成绿色、高效、节能、循环的生产方式。

国民经济素质指数排在前10位的地区依次是广东、江苏、浙江、山东、北京、上海、安徽、河南、湖北、四川，平均国民经济素质指数值为0.111，2017年国民经济素质指数排在前10位的地区与2016年排前10位的地区差别不大，四川的国民经济素质水平有所提升，已进入前10名的行列。国民经济素质指数排在后10位的地区依次是山西、广西、黑龙江、甘肃、吉林、内蒙古、宁夏、海南、新疆以及青海，其平均国民经济素质指数值为0.016，排在前10位地区的平均国民经济素质指数值是排在后10位地区的6.94倍，差距较大，东部地区国民素质水平最高，尤其是广东、江苏、浙江、山东、北京、上海等地区，近年来在国民经济素质方面一直保持领先地位。这些地区的创新能力和信息化能力对于新时代经济背景下新动力的转换起到了推动作用。然而，中西部地区以及东北地区的国民经济素质水平偏弱，说明这些地区对于科学创新能力的培育及重视度并不高，科学技术支出占财政支出比重较弱。企业技术创新的主体地位不突出，且科技创新的社会文化意识薄弱。与此同时，社会服务水平不高，国民基本素质能力低下，要保持未来经济增长质量的持续稳定增长，提高国民综合素质能力、大力支持科学创新事业、提高地方自主创新实力应成为伟大而深刻的变革方向。

0.4 各省份经济增长质量与增长数量排序的对比

根据2016年、2017年各省、自治区和直辖市经济增长质量指数的排名，我们选择各省份的真实总量GDP作为经济增长数量指标的排名，这里列出2016年以及2017年中国各地区经济增长质量和经济增长数量的排序及其差异，如表0-9和0-10所示。

表0－9 2016年中国各地区经济增长质量与经济增长数量的排序及其差异

省份	经济增长质量排名	经济增长数量排名	增长质量与数量之差	省份	经济增长质量排名	经济增长数量排名	增长质量与数量之差
广东	1	1	0	黑龙江	16	21	－5
北京	2	13	－11	陕西	17	15	2
江苏	3	2	1	四川	18	6	12
浙江	4	4	0	江西	19	17	2
上海	5	12	－7	湖南	20	9	11
天津	6	18	－12	内蒙古	21	16	5
山东	7	3	4	甘肃	22	27	－5
福建	8	10	－2	吉林	23	22	1
湖北	9	7	2	新疆	24	26	－2
安徽	10	14	－4	山西	25	24	1
重庆	11	20	－9	广西	26	19	7
辽宁	12	11	1	贵州	27	25	2
海南	13	28	－15	宁夏	28	29	－1
河南	14	5	9	云南	29	23	6
河北	15	8	7	青海	30	30	0

从表0－9中可以看出，2016年各省份经济增长质量与经济增长数量排序对比中，经济增长质量排序显著高于数量排序的前6位分别是海南（高15位）、天津（高12位）、北京（高11位）、重庆（高9位）、上海（高7位）、黑龙江（高5位），即这些地区都保持了极高的经济增长质量，持续实现了经济增长质量领跑经济增长数量的优势。经济增长质量排序显著低于数量排序的后6位分别为云南（低6位）、河北（低7位）、广西（低7位）、河南（低9位）、湖南（低11位）以及四川（低12位），这些地区虽然经济增长总量较大，但是经济增长质量状况却不尽如人意。

表0－10 2017年中国各地区经济增长质量与经济增长数量的排序及其差异

省份	经济增长质量排名	经济增长数量排名	增长数量与质量之差	省份	经济增长质量排名	经济增长数量排名	增长数量与质量之差
广　东	1	1	0	河　北	16	8	8
北　京	2	12	－10	安　徽	17	13	4
江　苏	3	2	1	湖　南	18	9	9

续表

省份	经济增长质量排名	经济增长数量排名	增长数量与质量之差	省份	经济增长质量排名	经济增长数量排名	增长数量与质量之差
浙　江	4	4	0	重　庆	19	18	1
上　海	5	11	-6	四　川	20	6	14
天　津	6	20	-14	陕　西	21	15	6
山　东	7	3	4	广　西	22	17	5
辽　宁	8	14	-6	青　海	23	30	-7
福　建	9	10	-1	新　疆	24	26	-2
内蒙古	10	19	-9	宁　夏	25	29	-4
湖　北	11	7	4	江　西	26	16	10
河　南	12	5	7	山　西	27	24	3
黑龙江	13	21	-8	云　南	28	22	6
吉　林	14	23	-9	贵　州	29	25	4
海　南	15	28	-13	甘　肃	30	27	3

从表0-10中可以看出，2017年各省份经济增长质量与经济增长数量排序对比中，经济增长质量排序显著高于数量排序的前6位分别是：天津（高14位）、海南（高13位）、北京（高10位）、内蒙古（高9位）、吉林（高9位）、黑龙江（高8位），即这些地区都保持了极高的经济增长质量，持续实现了经济增长质量领跑经济增长数量的优势。经济增长质量排序显著低于数量排序的后6位分别为云南（低6位）、河南（低7位）、河北（低8位）、湖南（低9位）、江西（低10位）以及四川（低14位），这些地区虽然经济增长总量较大，但是经济增长质量状况却不尽如人意，尤其是连续多年位于经济增长质量排序显著低于数量排序的后6位之中。

0.5　2017年与2016年各省份经济增长质量指数变动情况

我们根据2017年和2016年各省、自治区和直辖市经济增长质量的指数排名，列出两年中国各地区经济增长质量指数排序变动及差异，借此考察全国各地区经济增长质量的总体发展变动态势（见表0-11）。

表 0－11　2017 年与 2016 年中国各地区经济增长质量指数排序及差异

省份	2017 年经济增长质量指数排名	2016 年经济增长质量指数排名	进步名次	省份	2017 年经济增长质量指数排名	2016 年经济增长质量指数排名	进步名次
广　东	1	1	0	河　北	16	15	－1
北　京	2	2	0	安　徽	17	10	－7
江　苏	3	3	0	湖　南	18	20	2
浙　江	4	4	0	重　庆	19	11	－8
上　海	5	5	0	四　川	20	18	－2
天　津	6	6	0	陕　西	21	17	－4
山　东	7	7	0	广　西	22	26	4
辽　宁	8	12	4	青　海	23	30	7
福　建	9	8	－1	新　疆	24	24	0
内蒙古	10	21	11	宁　夏	25	28	3
湖　北	11	9	－2	江　西	26	19	－7
河　南	12	14	2	山　西	27	25	－2
黑龙江	13	16	3	云　南	28	29	1
吉　林	14	23	9	贵　州	29	27	－2
海　南	15	13	－2	甘　肃	30	22	－8

由表 0－11 可以发现，2017 年经济增长质量排名靠前的地区大部分相同，以东部发达城市为主，经济增长质量指数排名靠前的 7 位城市基本没有出现较大的变动和调整，即广东、北京、江苏、浙江、上海、山东以及福建，这些地区连续两年经济增长质量居前 10 位，意味着这些地区经济增长质量水平较高且保持着较好的稳定性。

与此同时，具体分析 2016—2017 年 6 个基本方面维度指数的调整变动情况，根据 2016 年和 2017 年各省、自治区以及直辖市经济增长质量各方面的排名情况，列出两年内在经济增长质量方面排序变动较大的地区，具体情况如表 0－12 所示。

表 0－12　2016—2017 年中国各地区经济增长质量各分项指数排序变动情况

		退步最大的 5 个地区					进步最大的 5 个地区				
经济增长的效率	地区	江西	安徽	四川	贵州	重庆	青海	吉林	内蒙古	宁夏	广西
	2017 年	27	29	21	28	13	7	8	5	9	20
	2016 年	9	12	8	15	3	30	27	22	19	26
	差值	－18	－17	－13	－13	－10	23	19	17	10	6
经济增长的结构	地区	甘肃	山西	辽宁	天津	湖南	广西	内蒙古	四川	青海	黑龙江
	2017 年	25	27	11	15	26	15	24	8	23	2
	2016 年	17	22	8	12	24	23	29	13	26	5
	差值	－8	－5	－3	－3	－2	7	5	5	3	3
经济增长的稳定性	地区	陕西	浙江	海南	安徽	山西	天津	广西	内蒙古	山东	重庆
	2017 年	18	20	12	21	11	6	9	2	15	23
	2016 年	7	12	4	15	6	20	17	9	22	28
	差值	－11	－8	－8	－6	－5	14	8	7	7	5
福利变化与成果分配	地区	吉林	重庆	辽宁	内蒙古	陕西	湖南	青海	河南	山西	新疆
	2017 年	21	23	19	11	20	15	17	16	18	14
	2016 年	15	17	14	8	18	22	20	19	21	16
	差值	－6	－6	－5	－3	－2	7	3	3	3	2
资源利用与生态环境代价	地区	吉林	内蒙古	贵州	广西	甘肃	广东	江西	河北	安徽	山西
	2017 年	23	18	14	26	25	8	19	10	13	24
	2016 年	2	10	9	21	22	15	25	14	16	26
	差值	－21	－8	－5	－5	－3	7	6	4	3	2
国民经济素质	地区	天津	陕西	新疆	重庆	黑龙江	江西	河北	宁夏	湖南	山西
	2017 年	16	15	29	18	23	14	13	27	12	21
	2016 年	12	13	27	16	21	18	15	29	14	22
	差值	－4	－2	－2	－2	－2	4	2	2	2	1

由表 0－11 以及表 0－12 中可以看出，大部分地区都处于不断的调整和变动过程中，地方经济增长质量指数在 2016 年和 2017 年间表现出较大的差异和波动状态，相比 2016 年，2017 年提升幅度最大的前 5 位省份分别是内蒙古（提升 11 名）、吉林（提升 9 名）、青海（提升 7 名）、广西（提升 4 名）、辽宁（提升 4 名）。较为突出的有内蒙古、吉林和青海地区，其中，内蒙古 2017 年经济增长质量排名进步了 11 位，从 2016 年排名第 21 位，到 2017 年经济增长质量指数排名位列全国第 10，说明内蒙古在 2017

年经济增长质量发展状态优异，吉林地区的进步也较为显著，2016 年排名第 23 位，在 2017 年进步了 9 名，经济增长质量指数排到了全国第 14 位。内蒙古经济增长质量的提升归功于地方经济增长结构性的调整和优化、经济增长效率的提升以及经济增长稳定性的改善，而吉林是由于地方经济增长效率的提高，直接导致了地区经济增长质量的巨大进步。青海 2017 年的经济增长的效率水平、经济增长的结构变化以及地区的福利变化与成果分配都有了明显的提高，因此，在 2017 年里有了较为显著的成绩。

而相比 2016 年，2017 年下降幅度最大的 4 个省份分别是重庆（下降 8 名）、甘肃（下降 8 名）、安徽（下降 7 名）、江西（下降 7 名），排名落后最明显的地区是重庆和甘肃，重庆在 2016 年经济增长质量指数排名第 11 名，而 2017 年则下滑到第 19 名，降低了 8 个名次。甘肃在 2016 年经济增长质量指数排名第 22 名，而 2017 年则下滑到第 30 名，降低了 8 个名次。其中，重庆经济增长质量下降最为显著的原因在于地区经济增长的效率水平、地区福利变化与成果分配以及国民经济素质的下滑，重庆应当加大力度提高经济效率水平，并关注地区的福利分配和国民经济素质的提升能力。甘肃经济增长质量的下降在于经济增长的结构以及资源利用与生态环境代价指数值较低，在今后应当充分关注结构调整和环境治理。安徽和江西普遍存在经济增长效率低下的问题，应加大地方创新能力，实现技术突破，以提高地区经济增长效率。除此之外，安徽也要关注经济增长的稳定性维度，提供地区经济防护能力，熨平经济波动，从而提高地区经济增长质量。

总体来说，自中国进入经济增长新常态新阶段，地区经济增长质量都在不断地进步和提高，对全国各地区 2017 年经济增长质量指数的测度以及分维度的测算评价结果显示，东部地区经济增长质量普遍优越于中西部地区和东北地区，而未来地区经济增长质量的持续增长一方面需要优化产业供给，重视创新带来的结构转变效应，另一方面要大力推进各项民生工程的实施，扩大基本公共服务的覆盖面，化解城乡二元分化的差异，同时需要提升地区人民全面财富水平。与此同时，要调整地区经济增长集约循环转型，着力生态补偿作用点，以实现地区经济增长质量的全面发展和进步。

1 新时代中国高质量发展的衡量标准、评判体系与战略要求

党的十九大报告中明确指出："我国已从高速增长阶段转向高质量发展阶段。"2018 年中央经济工作会议进一步强调了高质量的发展，2018 年是中国质量元年，步入 2018 年转向高质量发展，是新时代中国经济鲜明的特征。高质量发展是中国经济发展到一定程度后的转型升级，这种转型升级是将经济从以外延性增长为驱动力转变为以内涵型增长为驱动力，同时也是一个将产业从以低劳动成本和低附加值为主向高附加值的知识密集型转化的过程。伴随着高质量发展，我国经济将从以依靠投资拉动升级为依靠投资和消费的共同作用拉动，速度和效益也将完成有效的结合，资源利用率将大大提升，生态环境也会得到更好的保护。高质量发展的目标已经确定，但是高质量发展缺乏明确的理论标准，也没有建立起高质量发展的评判体系。要实现我国经济从高速增长向高质量发展的转变，当务之急是需要明确高质量发展的标准，并构建高质量发展的评判体系。

1.1 高质量发展的理论基础

1.1.1 高质量发展的内涵界定

高质量发展就是经济的总量与规模增长到一定阶段后，经济结构优化、新旧动能转换、经济社会协同发展、人民生活水平显著提高的结果。高质量发展是中国经济的升级版，意味着中国经济社会发展开始由数量追赶转向质量追赶。

经济发展质量是一个内涵丰富的多维度概念。它是衡量一定时期经济发展的优劣程度和结构之间的协调状态。不仅表现经济总量和物质财富数

量的增加，而且是一种水平高低的价值判断，任何单一指标都无法对经济发展质量作出科学的评判。经济增长的最终目的是增进国民福利，提高居民生活质量，经济发展质量反映经济增长的效率，也就是各种经济资源的配置关系及它们综合运用的一切结果的总和。自然资源、人力资源、资本、技术进步、对外开放、制度环境等资源是经济发展的主要源泉；经济资源运用效率决定着经济质量的高低，即资源之间的配置关系至关重要，包括配置比例、配置方式和配置结构等。与经济增长速度相比较，经济发展质量在强调数量的基础上更加强调质量。

从宏观上看，经济资源的配置及其相互作用的结果会影响到经济发展质量的各个方面，包括经济的持续稳定增长、经济结构的优化，对人类社会发展的带来的影响等。经济发展质量提高了，不仅仅意味着资源创造的物质财富增多，还表现为经济结构和产业的优化升级，以及在技术水平不变的条件下，等量的资源可以使用更长的年限，可以保证人类有足够的时间寻找到替代资源、新的经营方式和先进的技术，并且可以有足够的资金支持科学技术的发明创造、提高教育水平、发展医疗卫生事业，提高人民的生活质量，改善被恶化的生态环境，转变落后的价值观念乃至文化习俗。因此，经济发展质量的内涵不仅包括数量的增加，而且包括质量的改善，是数量和质量的有机统一。

经济发展质量是优劣程度的判断，而高质量发展是质量水平是否高的评判，可以说高质量发展是经济发展质量的高级状态和最优状态，是国民经济整体质量和效率高的经济发展，在高质量发展状态下生产要素投入少、资源消耗低、环境成本小、社会经济效益好的发展水平。在理论上，高质量发展是以新发展理念为指导的经济发展质量状态，创新成为高质量发展的第一动力，协调成为高质量发展的内生特点，绿色成为高质量发展的普遍形态，开放成为高质量发展的必由之路，共享成为高质量发展的根本目标。高质量发展是经济发展的有效性、充分性、协调性、创新性、持续性、分享性和稳定性的综合，是生产要素投入低、资源配置效率高、资源环境成本低、经济社会效益好的质量型发展水平。在实践上，高质量的发展是中国经济发展的升级版，是通过质量变革、效率变革、动力变革来实现生产效率提升，以实体经济发展为核心，以科技创新、现代金融、人力资本协同发展的产业体系为基础，以市场机制有效、微观主体有活力、宏观调控有度的经济体制为使中国经济进入高水平状态。

1.1.2 高质量发展和高速增长的比较

与当前高质量发展相对应的是过去的高速增长。在21世纪初的10年间我国经济完成了经济起飞，创造了改革开放30多年的增长奇迹，实现了从低收入国家向中等收入国家的跨越。但伴随着外部需求的减少、传统人口红利的消失及市场结构的不断升级，高速增长的时代已经过去，现在我们应当关注如何释放潜在增长率，从而推动经济的高质量发展。高质量发展和高速增长的本质是不同的：

（1）目标不同。高速增长体现的是发展的目标，它是以投资驱动从而带动规模扩张以实现经济增长的。在经济的高速增长阶段，我们更多追求的是经济总量的扩大。而高质量发展体现的是现代化的目标。现代化的目标即要求我们做好信息化、工业化及城镇化。在信息产生价值的时代，信息产业将会成为未来发展的核心与潮流，“两化融合”也将为经济发展创造出新的增长点，这也是高质量增长所追求的目标。同时，伴随着美国再工业化浪潮和德国工业4.0计划，工业化再次引发人们的重视。在这一背景下，为了高质量发展的实现，我国也推出了制造业2025的计划。总体而言，我国的快速工业化进程总体已进入工业化后期，其结构也正面临从高速工业化向高质量工业化转型，这也正是高速发展向高质量发展递进的过程，而城镇化是与工业化相伴随的，以往城镇化过程中“不完全城镇化”“拼资源”“摊大饼”式的“跑马圈地”需要被关注并矫正，在高质量发展下，我们追求的是新型的城镇化，一切以人为核心从而提高城镇化质量。

（2）内涵不同。经济增长仅指经济总量的扩张，多以总产出来衡量，常用的评价指标为国民生产总值、人均国民生产总值等；而经济发展的格局与内涵都更为丰富，它以总量为基准但又不仅仅关注经济总量，还包含对经济的效率、结构、稳定性和持续性等角度的多维衡量，是量与质相协调下的演进发展。在经济的高速增长阶段，我们只强调经济效益，而忽略了经济的持续与健康。而高质量发展强调的是经济效益、社会效益和生态效益的结合，体现的是人与经济社会相协调的一种包容性的增长。人的全面发展、资源环境的可持续甚至机会的分配都被考量在高质量发展中。其中，经济效益主要指在高质量发展中要稳中求进，不能放弃经济增长的效率和质量；社会效益包括社会保障、人口素质、生活质量和社会环境等方面，更为关注社会的安定协调与健康发展；生态效益则强调了在经济发展中的可持续发展和生态保护问题。

（3）价值判断不同。高速增长的价值判断是快和慢，是通过一系列要素数量的作用发挥来提高经济增长的规模，高速增长的特征是高速度、高投入、低质量和低效益，而新的发展需求下，传统的一味追求 GDP 的发展方式难以为继，需要建立新的经济发展价值判断。高质量发展的价值判断是好与坏，是对经济发展优劣程度的判断。高质量的发展是高速增长提高到一定水平后更高层次的目标，它是在数量的基础上对质量的进一步追求，它抛弃了过去一味追求速度的价值判断，而力求经济发展的持续健康。在经济的高质量发展阶段，生态文明成为“千年大计”，可持续发展作为经济建设的目标与追求，衡量经济发展状况不再仅看总量与规模，而是追求多个方面的协调共生。高质量发展下的价值判断与价值取向是从整体出发，统筹经济社会与生态环境的需求，具有全局观。

（4）要求不同。在高速增长阶段，我们所追求的是单一的经济总量与增速，忽略了经济发展的质量，而高质量发展比高速增长的要求更高。它要求我们依靠人才、技术、知识、信息等高级要素，由粗放的经济增长模式转向集约型经济增长模式，并通过创新驱动来消解全球化红利和我国传统的人口红利不断下降的不利影响，培育高素质劳动力来创造新型人口红利，从而突破资源能源、环境等要素的瓶颈制约，尽快实现发展新旧动能的转换。同时，高质量发展阶段还要求我们进一步深化改革开放，紧跟全球趋势，让更多的企业加入全球的经济浪潮中去，从而提升自己的竞争力。此外，我国当前经济中的主要矛盾已经不是总量矛盾，而是结构性矛盾，从主要矛盾的变化出发，高质量发展要求我们坚持结构性改革，从供给端入手加大与高质量发展相适应的制度供给，并通过投资结构改革、要素结构改革和消费结构改革来推动经济运行方式的调整升级。

1.1.3 高质量发展的内容

从上述高速增长与高质量发展的比较来看，高质量发展比高速增长的内涵更加丰富。具体来讲，高质量发展的内涵包括：

（1）经济发展高质量。经济发展是指一个地区一定时期内人口平均福利的增长，是经济结构、社会结构的创新，是社会生活质量和投入产出效益的提高。而高质量发展就是在经济增长的基础上，一个国家或地区经济结构和社会结构持续高级化的创新过程或变化过程。这一阶段我们已经不再仅关注经济的总量和规模，而是更加辩证地看待“量”与“质”、“速”与“效”的关系，把评判的焦点更多地放在“好不好”的问题上。高质量的经济应在结构和动力上更加合理完善，同时，其经济体制和分配制度也将更加健全，区域发展更加协调。具体来讲，高质量发展在经济总量上应表现为产品和劳务的增加，以及经济总量与规模的蓬勃发展；在经济结构的优化和改进上表现为技术结构、产业结构、收入分配结构、消费结构以及人口结构等经济结构的变化；经济发展质量的改善和提高表现为一个国家和地区经济效益的提高、经济稳定程度、卫生健康状况的改善、自然环境和生态平衡以及政治、文化和人的现代化进程。

（2）改革开放高质量。我国从 1978 年开始实行对内改革、对外开放政策。改革就是在坚持我国社会主义制度的前提下，调整生产力同生产关系、上层建筑同经济基础之间不相适应的问题；开放则是指加强对外贸易往来和文化等多方面的交流交往。当前我国的改革开放政策已经实施了 40 年，前期的成果使我国创造出了中国增长的奇迹。高质量发展下的对内改革要求我们进一步深化改革进程，首先，应以产权制度改革和产权关系调整为核心和主线；其次，应促进政府在内的多元主体进行体制创新，以政府政策改革为突破口创造出联动效应，带动更大范围内的改革与突破；最后，应遵循制度变迁的规律，汲取过往的经验，循序渐进地进行改革。而高质量发展下的对外开放高质量更是要求我们继续坚持“引进来”和“走出去”并重，扩大与各国的双向投资与贸易往来，共建更加开放的世界经济体。高质量的对外开放还要求我们通过共同打造互联互通的人文环境与物理条件，扩大全球的有效需求，为全球经济复苏做出贡献。

（3）城乡建设高质量。城乡建设是指通过各级政府的统筹规划来合理安排城乡发展的建设空间布局，从而合理地利用资源，缩小城乡差距。高质量的城乡建设首先应当以城市建设为依托，带动农村发展，实现以工促农、以城带乡，从而实现城乡经济社会发展一体化；其次应当做到城乡经济发展建设、城乡总体规划建设和土地利用建设的融合，建立打造城乡信息共享平台，实现城乡空间布局合理化。高质量城乡建设的第一步就是城镇化率的提高，在未来的高质量发展中我们计划并预估 2020 年常住人口城镇化率达到60%。但城镇化率的提高并不是城乡建设的唯一内核，高质量的城乡建设追求的应是城乡差距的进一步缩小。其核心就是要促进农村经济的发展，通过帮助农民增收、加大城乡互动来逐步改善城乡二元经济结构。

（4）生态环境高质量。生态环境是指影响人类生存与发展的水资源、生物资源、土地资源、气候资源的数量与质量的总称。生态环境的高质量要求人类在利用和改造自然以保障自身生存与发展的同时，尽量消减对自然环境的破坏和污染所产生的危害人类生存的各种负反馈效应。因此，在高质量发展中促进绿色产业发展、实现绿色可持续发展是我们的愿望，也是传统经济增长方式的转型与调整。如果发展是以牺牲生态环境为代价的，那就违背了经济建设的初衷。在高质量发展下，生态环境应得到改善，资源的消耗强度应得到降低。此外，合理地应对气候变化也是生态环境高质量的内涵，需要我们加强能源资源节约，长期坚持并落实好《巴黎协定》的内容与要求。

（5）人民生活高质量。人民生活质量是指一定时期内一个区域内人们生活的社会环境和生活保障状况，是反映人民生活的经济社会条件质的方面的具体水平。社会民生的持续改善是高质量发展的内在要求，也是其重要内涵之一。高质量发展下更突出的是百姓的获得感，人民生活水平的提高并不再简单指人均收入的增长，而是包含着生活的幸福度、尊严感等多维度的提升，是物质水平和精神水平全方位的高质量。此外，在把握高质量发展中人民生活质量的内涵上，要注意生活质量和生活水平概念并不相同，人民生活的高质量是经济生活、政治生活、精神文化生活、社会保障、社会安全和生活劳动环境的协调发展。在经济生活中高质量的人民生活应当是社会人均收入呈枣核状，各阶层收入水平和消费水平没有明显较大差距，在劳动安置、休息和居住的权利上做到全社会人人平等；在政治生活中高质量的人民生活应当是公民都享有并积极行使参与政治生活的权利，社会民主权利和自由程度较高，法律制度完善；在精神文化生活中高质量的人民生活应当是人们享有丰富多彩又休闲益智的闲暇生活；在社会保障、社会安全中高质量的人民生活应当表现在社保费用占国民收入比例较高，就业率较高，每万人刑事案件发生率及离婚率较低；在生活劳动环境中高质量的人民生活表现在较高的城市绿化面积、人均环保费用和工业

"三废"处理率等方面。

1.1.4 高质量发展的特征

目前我国经济正在向高质量发展阶段过渡和迈进，转向高质量发展是我们直面新时代和突破发展瓶颈的紧迫任务。高质量发展的特征主要体现在以下几个方面：

（1）产业结构的合理化与高级化。从三次产业的关系来看，我国产业结构的演进方向是符合经济发展的一般规律的，其表现为第一产业比重一直在下降、第二产业比重先降后升、第三产业比重持续上升并超过第二产业。但我国产业结构的矛盾主要出现在第二、第三产业内部。高耗能、高污染重化工业产能明显过剩，制造业大而不强，现代服务业发展不充分，这都是过去经济高速发展所遗留下的问题。而经济高质量发展下，其产业结构应显现出合理化与高级化的特征。合理化和高级化是产业结构演变的一般规律，随着经济发展阶段的演进，产业形态上呈现出从低级向中级、高级不断攀升的特征。也就是随着经济发展向高质量阶段的演进，产业结构演变的一般趋势是从单一结构转向多元产业结构、再转向产业机构的高级化和合理化。改革开放以来，我们实现了从计划经济时期单一的产业结构转向产业结构的多元化，通过多元化实现高速增长，但是没有实现合理化和高级化，造成了产业结构的低端锁定。从高速增长阶段转向高质量发展阶段，就必须实现产业结构的高级化和合理化。

（2）创新成为推动经济发展的第一动力。我国过去的高速增长是通过要素投入、粗放型增长的路径实现的，这种路径在促进增长的同时造成了严重的环境、资源、生态、社会问题，使经济增长缺乏可持续性，缺乏创新能力。同时，创新能力的不足不仅制约了经济的发展，也会阻碍经济结构的转型升级。此外，创新能力缺乏也制约了经济的竞争能力，虽然我国研发总支出已经居于世界第二位，但整体的科研创新能力仍有待提升，在高速增长阶段很多行业主要还是依靠低水平重复建设和价格战争来争夺市场的，缺乏竞争力，这显然与高质量发展的要求背道而驰，在这样的背景下，创新成为经济高质量发展的第一动力。在高质量发展阶段，科技教育体制改革将得到深化，同时，科技成果向生产力转化的能力显著提升，科技人员流动的体制机制障碍也会得以破除，最终在创新的推动下全要素生产率跃上新的台阶。创新将为经济发展创造出新的增长点，互联网创新也是高质量发展阶段创新的重点，信息技术的进步将会带来新的机遇。

(3) 供给体系有质量。党的十九大报告中指出，要将提高供给体系的质量作为今后改革的聚焦点，同时，优质的供给也是高质量发展的重要特征之一，它要求我们从供给侧发力，提升供给的水平。具体表现为：一是经济高质量发展阶段其供给体系能随需求的变化而不断地调整适应，并在一定程度上引领需求。通过供给体系和需求结构的不断配合适应，推动经济发展质量与效率提高。二是表现为产业上、中、下游之间协同性不断增强，以土地、资本、劳动力和创新为核心的要素流入流出更加自由、顺畅、高效，同时价值链也在不断攀升，经济发展的动力不断加强。三是要素质量及其配置效率不断得到提升。高质量发展将通过要素质量及其配置效率的提升来提高供给体系的质量。要素质量及其配置效率得到了提升，要素报酬率才会提高，高端要素的作用才能得到发挥，供给体制的质量和经济发展的质量才会提高。

(4) 人民对美好生活的需要将会得到不断满足。新时代背景下我国社会主要矛盾已经转化为人民日益增长的美好生活需要和不平衡不充分的发展之间的矛盾。在高质量发展的阶段，人民的闲暇偏好增加，对生活品质的需求在不断提高。新时代下人民群众期盼有更好的教育资源、更完善的基础设施建设、更高水平的医疗卫生与养老保障及更优美的居住环境，而这一切都需要我们放弃速度偏好，重视发展的质量，从而实现人民生活质量的长期提高。因此，高质量的发展要更注重满足人民在多方面日益增长的高层次需要，更好地推动人的全面发展、社会全面进步，人民对美好生活的需要将得到不断的满足。在这一阶段，改善民生和富民产业将成为民生工作的重点，同时脱贫攻坚也是高质量发展阶段的艰巨任务。此外，人民生活质量的提高应当是全社会水平的共同提高，高质量发展需要我们努力克服民生健康的地区发展不平衡的问题，着力实施普惠性的民生工程，满足多样性的民生需求，在优质教育、医疗、养老和基建方面做好全国的协调发展与统筹规划。

1.2 新时代中国高质量发展的衡量标准

GNP 是一个国家或地区所有国民在一定时期内新生产的产品和服务价值的总和。GNP 指标能够衡量经济增长，但是不能衡量经济发展的程度。

早在20世纪70年代末，美国经济学家威廉·诺德豪斯和詹姆斯·托宾已经认识到GNP核算的不足，提出用经济福利尺度（NEW）来代替GNP指标衡量经济发展。他们把闲暇和无报酬的就业赋予积极的价值考虑到衡量经济发展质量的标准中，但是他们没有把环境的成本考虑进去。随后，美国经济学家赫尔曼·戴利和约翰·科布建立了可持续的经济福利指数（ISEW）衡量经济发展质量，这个指数把经济活动成本从经济收益中扣除。萨缪尔森等也发展了NEW理论，经济学家柯利设计了新经济福利指数（NEWBI），此指数把实际人均收入也包括进去，共有7种指标，反映不平等、失业、通货膨胀和利息率的水平及其变化，从而得出综合的福利指数衡量经济发展质量。哈根、尼维阿罗斯基等设计了综合度量指标衡量经济发展质量，包括5个指标：基本必需品的消费量、收入和分配的均等程度、识字率、健康水平和就业状况，指标采取加权方法进行合成。联合国人文发展报告按照各国人文发展指数（HDI）衡量各个不同国家的经济发展质量高低，但是此指标的权重确定比较困难，主观性较强。为了避免这些缺点，而且能够更加全面地衡量经济发展质量，参照目前学术界关于经济发展质量内涵的界定，衡量经济发展质量的标准应包含经济发展的有效性、协调性、创新性、可持续性、稳定性和分享性等方面，具体表现为以下几点。

（1）经济发展的有效性。经济发展的有效性指的是经济增长的效率，即在经济增长过程中各种经济资源投入与产出的比例关系。每一单位经济资源投入获得的产出越多，说明其经济资源的生产效率就越高，经济增长就比较有效，经济发展质量就越高。有效性是经济学中衡量经济增长质量的具体体现，也是经济能否持续增长的重要保障。经济资源配置比例、配置方式和配置效率决定了经济发展质量。如果经济发展质量依赖于生产资源数量的增加，那么经济发展就是数量型方式，经济发展的效率就较低；如果经济发展依赖于经济资源配置效率，那么经济发展就是质量型方式，经济发展就有效，经济发展质量就较高。

（2）经济结构的协调性。经济结构包括产业结构、城乡结构、区域结构和贸易结构等，这些结构之间需要相互协调，任何一个结构调整滞后，都会影响整个经济结构的优化，经济效益和经济发展质量就难以提高。经济结构的合理和协调程度可以作为评价经济发展质量高低的重要内容。如果经济内部各结构协调发展，经济就可以持续健康地发展。产业结构在国民经济体系中占主导地位，包括供给结构、需求结构、国际贸易结构和国际投资结构，产业之间存在着投入与产出的关系，可以体现产业之间相互依赖和相互影响的关系，因此，如果产业之间能够相互服务和相互促进，产业之间就是协调的。城乡协调发展，优化城乡结构，提高城市化水平，通过工业化促进经济持续增长和经济质量的提高。在世界经济全球化的背景下，任何国家的经济发展总是与其他国家或地区之间经济相互联系的，因此，经济发展的协调性可以用产业结构比、最终消费水平、城市化水平和对外开放水平来衡量。

（3）经济发展的创新性。经济发展的创新性包含技术创新、制度创新、管理创新等。技术创新是经济增长和经济发展的源动力，企业是经济增长和经济发展的载体，企业的技术水平、技术创新能力，不仅直接决定企业竞争力，并且对整个产业和经济的发展有着重要的基础作用。企业应用新知识、新技术、新工艺，采用新的生产方式和经营管理模式，开发生产新的产品，提供新的服务，提高产品质量，增加产品附加值，提高生产效率，从而推动产业结构不断升级和经济向高质量发展。从 19 世纪下半叶开始，以科学为基础的技术创新已经成为发达国家经济发展的主要动力。进入 21 世纪，知识经济的兴起使技术创新、制度创新、管理创新等推动经济发展的作用更加明显。从本质上讲，创新能力是推动经济结构优化升级、经济效益提高、加快经济社会发展的重要源泉和手段，是衡量经济发展质量的重要标准。

（4）经济发展的可持续性。经济发展的过程是经济资源与环境、制度等有机整合的过程，在资源、环境、制度等因素的承载基础之上，经济持续发展依赖于对稀缺资源的利用程度，如果能把稀缺的资源充分利用，转化为生产力，资源不会出现缺口或者浪费，经济就会充分发展。在注重经济发展速度的同时，需要重视经济发展给资源、环境带来的巨大压力和损害。经济要得到持续性发展，前提是必须有效地利用自然资源，避免过度开发，并对生态环境进行有效保护。粗放式经济发展必然会付出巨大的资源和环境被破坏的代价，这会导致经济低质量发展、人民生活质量下降。因此，经济发展质量的标准必须把资源利用和环境代价考虑进去。

（5）国民经济运行的平稳性。经济发展的稳定性是指国民经济平稳运行的情况。国民经济平稳运行是经济健康发展的基础，是提高经济发展质量的重要保障。经济发展的稳定性是国民经济发展速度在一个适度范围内波动，不出现较大的波动，使资源优化配置并得以充分利用。如果经济发展出现过热现象，总需求过度高涨，经济发展速度过快，通常会导致通货膨胀；而如果经济发展速度过慢，总需求不足，企业对未来发展预期持有悲观态度，投资急剧下降，会导致失业率增加。因此，国民经济平稳运行，经济发展的稳定性就越好，资源就会得到有效配置和利用，经济发展质量就越高。这一指标可以用经济增长波动、价格波动、就业波动等来衡量。

(6) 经济发展的分享性。经济发展的目的是为了满足居民日益增加的物质和文化生活的需要，减少贫困，提高居民生活质量，使人民分享经济发展的成果。高质量的经济发展应使更多的居民从中受益，如果只注重经济发展的速度，居民的消费水平较低，储蓄水平较高，城乡之间、区域之间、产业之间居民收入差距较大，收入分配不合理，这样的经济发展是不可持续的、低质量的。因此，应该把居民是否能够分享经济发展成果、居民生活质量是否得到提升作为衡量经济发展水平高低的标准之一。可以用居民收入增长率、恩格尔系数、基尼系数、泰尔指数等来衡量经济发展质量。

1.3 新时代中国高质量发展的评判体系

2018 年中央经济工作会议提出必须加快形成推动高质量发展的指标体系、政策体系、标准体系、统计体系、绩效评价、政绩考核，创建和完善制度环境，推动我国经济在实现高质量发展上不断取得新进展。但是到目前为止，高质量发展的评判体系还没有建立起来，高质量发展缺乏明确的导向，经济发展中依然存在唯 GDP 论的现象。因此，构建六大体系组成的高质量发展的评判体系是推进高质量发展的当务之急。

(1) 高质量发展的指标体系。推动高质量发展，首先要构建评价高质量发展的指标体系，只有这样才能更加科学地对经济发展水平进行多维度衡量，并找出我国当下经济高质量发展所存在的缺陷和面临的问题。同时，不同的人对高质量发展的内涵与外延的理解不同，从而导致了学界和实施工作部门缺少对高质量发展的一致性评估，这就需要我们建立一个统一的指标体系去评估和测算经济发展的质量，并以此更好地发现问题、解决问题。高质量发展指标体系建立的前提是明确高质量发展的维度。复旦大学的殷醒民教授主张5个维度：全要素生产率、科技创新能力、人力资源质量、金融体系效率、市场配置资源机制。同时也有人主张用五大发展理念作为指标体制建立的五大维度，我们主张用经济发展的有效性、协调性、创新性、持续性、稳定性和分享性6个维度来建立指标体制。在评价维度确立的基础上，再考虑具体的指标确定。过去的指标体系主要体现在速度指标体系、总量指标体系、财务指标体系方面，反映经济建设方面的指标偏多，反映社会发展、人与自然和谐发展的指标少，并且在衡量经济高速发展水平时多采用单一指标，只能反映出某一方面的数量特征，缺乏整体性与全局观。高质量发展则要求我们增加反映产业、行业、地区等方面的结构协调性方面的指标、质量效益指标和新动能发展指标，多用质量效益指标去考核各类主体，特别是在加入质量指标时，要多从工业增加值率、企业杠杆率、有效投资率、产能利用率几个方面考核经济的发展状况，从而更好地反映价值链分工、经济发展结构、劳动者报酬及投入产出的比率。在评价时应更加重视民生事业发展和资源环境改善情况，并将就业、收入、消费、生态环境等指标的重要性不断提升。从长期与短期、宏观与微观、总量与结构、全局与局部、经济发展与社会发展等多个维度探讨高质量发展指标体系的构建。

（2）高质量发展的政策体系。推动高质量发展要明确其政策体系，在宏观政策层面上要做到尊重市场、尊重规律、尊重趋势。当前我国市场还存在着低水平竞争、集中度不足的现象，部分中小企业发展质量还不高，同时部分行业存在着扭曲市场机制的垄断现象，这都需要通过政策体系的建立去规范和引导，从而实现高质量的发展。高质量发展的政策体系就是要把数量型政策与质量型政策相结合，把长期政策与短期政策相结合，把正向引导与负面约束相结合，运用负面清单制度来引导高质量的发展。从完善宏观政策、产业政策、微观政策、改革政策、社会政策等多个方面健全更高质量发展的政策体系。在宏观政策中要把握好经济发展的基调与大方向，在发挥财政政策、金融政策等数量型政策的基础上，更加重视人力资本政策、技术创新政策等质量型政策的作用。在产业政策中落实对行业的指导与帮扶，积极引导战略性新兴产业的发展和传统产业的改造升级。

在微观政策上加强对企业的激励以提升其竞争力，在社会政策上给予民生更多的关注。同时，政策体系的核心在于有效地协调竞争政策与产业政策，即以竞争政策为基础，通过建立和维护竞争秩序来保护市场机制的有效运行，从而通过产业政策来促进产业结构的高级化。此外，高质量的政策体系要求政府更多地把政策重点倾注在培育科技创新上，以此促进战略性新兴产业发展与传统产业升级转型相结合，达到传统制造业与互联网的深度融合，即“两化融合”，以信息化为支撑促进经济高质量发展。同时，高质量发展的政策体系还要求政府通过出台一系列政策文件去加强对知识产权的保护和管理，抑制以降低质量为代价的恶性竞争。

（3）高质量发展的标准体系。高质量发展应在宏观、中观和微观层面都有所表现，因此在这 3 个层面上都应建立合理的标准体系。首先，在宏观方面，高质量发展的标准体系表现为中高速合适的增长速度。近年来，虽然我国经济发展增速有所下降，但仍是世界上发展速度最快的经济体。而现如今我们所需要做的是在稳定当前合理的经济增速的同时，加强经济发展新动能的培育，释放出经济发展的潜在增长率，为长期发展提供保障。其次，在中观方面，高质量发展的标准体系表现为结构合理的产业系统和梯度合理的地区差异。合理的产业结构是我们充分利用人力、物力、财力实现国民经济部门协调发展的前提，而尊重地区差异并发挥区域比较优势也是中观层面推动经济高质量发展的落脚点。在高质量发展的标准下要做到生产要素的跨区域有效流动，从而解决资源配置在区域间的不平衡、不协调等结构性矛盾问题。最后，在微观方面，高质量发展的标准体系表现为产品和服务的质量系统化和品牌系统化。系统化的质量标准是对市场进行监控、纠正与改进活动的重要途径。当前我国制造业领域关键零部件和中间品的国产配套水平较低，存在过分依赖进口的问题，同时，我国产品的品牌、品质、品种都与世界先进水平有一定的差距。因此，推进产品与服务的质量系统化，有助于其考核与衡量，并促进其在对比中实现升级赶超。而品牌系统化要求我们抓好品牌建设工作，培育出能够代表民族形象的大品牌，形成自己的比较优势，带动企业及产业发展。

（4）高质量发展的统计体系。数据是作决策的基础，统计工作有助于我们对经济社会发展的现状进行科学搜集、整理和分析，从而全面、科学地反映经济高质量发展的状态与新进展。进入中国特色社会主义新时代，中国经济从高速增长阶段转向高质量发展阶段，这就要求加强统计制度的改革与创新，加快经济发展中的新动能、新经济的统计制度以及统计方法的建立，对经济发展中的不平衡、不充分实施动态监测。同时，继续利用大数据、互联网、云计算等新兴技术来提高统计生产力，变革统计生产流程，提高统计效率，提高数据质量。同时在统计对象方面，高速增长的统计多以企业为主，高质量发展应更多关注人的统计，如就业、失业、居民消费行为等方面。因为高质量的发展应该是经济效益、社会效益和生态效益的统一，传统统计体系下仅以“GDP 论英雄”、只关注经济效益的模式是不健全的。人民的幸福生活才是高质量发展所追求的终极目标，因而除去经济指标，生态环境、城市基建、医疗、教育与养老等问题也应当被纳入高质量发展的统计体系中。只有这样，高质量发展才能做到立体、多样和以人为本。此外，由于传统的统计信息难以突破部门的限制进行多部门互联共享，容易形成信息孤岛。高质量发展统计体系的建立要重点解决这一局限，实现统计体系的共建共享，有助于各部门对形势进行全面的了解并以此作出统一的科学的判断。

（5）高质量发展的绩效评价体系。绩效评价是指通过量化指标和评价标准，采取一定的评价方法，对高质量发展目标的完成度和为实现这一目标所进行的项目措施成果所进行的一种科学的综合性评价。高质量发展下的绩效评价就是对其完成程度及投入与效益进行的结果分析，追求这一效益意味着我们要在一定程度上淡化对经济增长速度和数量的追求，而更看重质量与效益的提升，更看重经济建设与社会建设、生态建设的协同发展。高质量发展绩效评价要从 4 个方面来考核：一是经济增长速度，这是高质量发展的基石，高质量发展下的经济增长速度需要靠效率提高来驱动，具体表现为资本产出效率、劳动生产率、全要素生产率等较高，这也是我们对经济增长速度进行科学评价的主要方向。二是经济结构，高质量发展阶段的知识技术密集型产业比重比高速增长阶段有显著提升，同时在这一阶段我国的产业与产品在国际分工中应处于较高分工地位等。三是创新成果质量，这是绩效评价的可信与关键。在科技创新水平的绩效评价上应重点关注代表高质量专利的三方专利所占比重、国际论文引用数等。四是经济可续性，高质量的经济应当是健康可持续的，不能仅关注眼前的利益，即今天的使用不应减少未来的实际收入。从可持续性出发，我们应注重单位 GDP

能耗、污染物排放量、PM2.5 及城市优良空气比率等方面的绩效。

（6）高质量发展的政绩考核体系。经济发展的高质量不能仅依靠市场的作用，还需依靠政策进行联动调节。而为了防止宏观调控所出现的寻租设租和政策失灵等问题，就需要建立一套合理的政绩考核体系来规范顶层设计。高质量发展的政绩考核指标要求我们弱化速度指标，坚持质量第一、效益优先，切实破除“唯 GDP 论”，完善干部考核评价体系，把质量提高、民生改善、社会进步、生态效益等指标和实绩作为重要考核内容。对于限制开发区域，不再一味地考核地区生产总值，应减轻其总量压力，以防地方政府在经济建设时为追求经济总量而忽视了经济发展的可持续。同时，政策的不稳定也是抑制经济高质量发展的成因之一。因此，在构建高质量发展的政绩考核体系时应引导地方政府和干部树立正确的政绩观，克服政策设计中的短视性，从长期出发进行经济社会发展规划，并建立政策决定的终身负责制，运用法律和政策制度进行监督，使得政策决定更加慎重，从而更有效地实现经济调控措施的“软着陆”，进一步发挥政策的理论前瞻性和现实指导性。此外，要明晰高质量发展的政绩考核体系关键在于落实，因而需要各地区、各部门把思想统一到高质量发展要求上来，改进考核方式，完善考核结果运用，为经济发展提供有效机制和制度导向。总而言之，科学、合理的政绩考核体系既要看发展又要看基础，既要看显绩又要看潜绩，特别是要把民生改善、社会进步、生态效益等指标和实绩作为高质量发展考核的重要内容。

1.4 新时代中国高质量发展的战略要求

党的十九大报告中指出，推动高质量发展是中国经济当前和今后一个时期理清发展思路、制定经济政策、实施宏观调控的根本要求。高质量发展就是要打造新时代中国经济发展的升级版，推动中国经济发展从数量版向质量版升级。因此，作为中国经济发展升级版的高质量发展需要明确其战略要求。

1.4.1 新时代中国高质量发展的目标要求

高质量发展要求我国经济要从主要依靠增加物质资源消耗实现的粗放型高速增长，转变为主要依靠技术进步、改善管理和提高劳动者素质实现的高质量发展。高质量发展的目标要求就是要打造经济发展的升级版，转向高质量发展以后经济发展的具体目标要求主要表现在：

（1）发展方式的升级版。高质量发展在发展方式上的升级版就是要从数量追赶转向质量追赶。改革开放后我国经济发展的初始条件是短缺，那一时期经济发展的主要任务就是通过数量追赶弥补短缺。经过改革开放近40年的数量追赶，很多领域都出现了产能过剩。在高质量发展阶段，经济发展的初始条件是数量过剩而质量不足，增强发展的质量优势成为新时代经济发展的关键。因此，高质量发展在发展方式上的升级版就是要从数量追赶转向质量追赶。一是形成质量追赶的新要求。劳动生产率、投资回报率、全要素生产率成为衡量高质量发展的新指标，因此，质量追赶要求产品、质量、品质、品牌实现大幅度的提升，研发、设计、标准、人力资本在高质量发展中的地位需要提升，企业要从追求速度效益型转向追求质量效益型。二是构建质量追赶的产业体系。在高质量发展中形成智能化、数字化、网络化的制造体系，提升质量在产业价值链中的地位，努力构建核心技术、战略产品和配套系统创新价值链，提高我国产业的国际竞争力和品牌影响力。三是形成有利于质量追赶的体制生态，营造激励创新的环境，积极为高质量发展提供金融创新支持，进一步完善吸引人才的机制和体制。

（2）产业结构的升级版。高质量发展在产业结构上的升级版就是加快实现由要素密集型产业为主的产业体系转向以技术和知识密集型产业为主的产业体系，以产业结构的高级化和合理化为目标加快产业转型升级，促进我国产业向中高端迈进。产业价值链攀升高端的关键在于创新，包括技术创新、制度创新和管理创新，核心是技术创新。要瞄准制约我国产业价值链攀升的核心关键技术，整合各类科技创新资源，创新研发投入体制机制，建设一批新型产业技术研发机构，集成实施对制造业价值链攀升具有重大影响的战略性创新项目，引导国有企业、民营企业和社会力量等各类资本加大对高新技术产业和传统产业高端环节的投入，实现重点产业高端突破，加快发展战略性新兴产业，提高自主创新能力，培育制造业价值链攀升的核心动力，推动制造业攀升价值链高端。

（3）产品结构的升级版。高质量发展在产品结构上的升级版就是要由低技术含量、低附加值产品为主转向高技术含量、高附加值产品为主。以高技术、高附加值等为特征的生产性服务业把专业化的人力资本、知识资本和技术资本引进制造业，推动制造业价值链由低端的加工环节向高端的研发、设计和环节攀升，从而成为制造业价值链攀升的重要动力源泉。应积极调整产业政策，改变制造业的传统结构，突出生产性服务业的重要地位，要从资金、技术、人才配置政策等方面采取综合措施，加大对科学研究、技术服务、信息传输等生产性服务业的扶持力度，使生产性服务业的发展为我国制造业价值链攀升提供源动力。

（4）经济发展效益的升级版。高质量发展在经济效益上的升级版就是要由高成本、低效益转向低成本、高效益；表现在生态环境上，由高排放、高污染转向循环经济和环境友好型经济。经济发展的过程是经济资源与环境、制度等有机的整合过程，在资源、环境、制度等因素的承载基础之上，经济持续发展依赖于对稀缺资源的利用程度，如果能把稀缺的资源充分利用，转化为生产力，资源不会出现缺口或者浪费，经济就会充分发展。在注重经济发展速度的同时，需要有效地利用自然资源，避免过度开发，并对生态环境进行有效保护。粗放式经济发展必然会造成对资源和环境的破坏，降低经济发展的质量。因此，高质量发展必须把资源利用和环境代价考虑进去。

（5）经济发展目标上的升级版。高质量发展在发展目标上的升级版就是要不断满足人民日益增长的美好生活需要，不断增进人民的获得感。经济发展的目的是为了满足人民不断增加的物质生活、文化生活和美好生活的需要，提高居民的生活质量。高质量的经济发展应使更多的居民从中受益，如果只注重经济发展的速度，居民的消费水平较低，储蓄水平较高，城乡之间、区域之间、产业之间居民收入差距较大，收入分配不合理，这样的经济发展是不可持续性的、低质量的。因此，应该把居民是否能够分享经济发展成果、居民生活质量是否得到提升作为衡量高质量发展的标准。

1.4.2　新时代中国高质量发展的战略思路

习近平总书记强调，现阶段我国经济发展的基本特征就是由高速增长阶段转向高质量发展阶段。随着从高速增长向高质量发展迈进，中国经济正在开启新的时代。在高质量发展中，提高商品与服务质量是高质量发展的基础，技术创新是高质量发展的核心，可持续性是高质量发展的最高层次，实现人的发展是高质量发展的终极关怀。因此，高质量发展的战略思路具体包括以下方面：

（1）通过提高效率来实现高质量发展。高速增长是通过扩大要素投入，以规模经济的方式来实现的。而高质量发展则需要通过创新，以提高效率的方式来实现。通过增强自主创新能力，不断提高劳动生产率、增量资本产出率、全要素生产率。效率的提高主要包括3个方面：一是要提高要素配置效率。在要素市场化不断提高的基础上，促进要素配置结构进一步优化，使要素和资源配置到生产效率较高的领域和环节，以提高投入产出效率。二是要提高生产创新效率。也就是通过科技创新和模式创新的方式，提升全要素生产率，使生产体系产出效率更高、生产模式更新、成本控制更好。三是要提高市场组织效率。搭建良好的交易平台，形成有效的市场机制，优化制度体系和管理体制，使市场的资源配置能力更强、交易空间更大、竞争效率更高，从而促进市场组织效率的提升和收益增加。

（2）通过经济结构优化来实现高质量发展。经济结构优化是转变经济发展方式的核心问题，也是高质量发展的主攻方向。实现高质量发展要从总量扩张转向结构优化，经济结构要向高端化、智能化方向发展。经济结构转型升级是高质量发展的重要标志，也是高质量发展的基本路径。高质量发展要使产业结构、需求结构、城乡区域结构等不断优化。要加快产业结构迈向中高端，进一步提高产业体系竞争力。要促进需求结构继续优化，进一步发挥消费对经济发展的基础性作用和投资对优化供给结构的关键性作用。要推动城乡区域结构更加协调，实现区域良性互动、城乡融合发展、陆海统筹整体优化。一是着力优化产业结构。深化供给侧结构性改革，坚持优化存量和扩大增量并重，发展先进制造业和壮大现代服务业并举，培育战略性新兴产业和改造提升传统产业并行，推动中国制造向中国创造转变、中国速度向中国质量转变、中国产品向中国品牌转变，积极发展新业态、新模式，增强发展新动能。二是着力优化区域结构。传统农区要培育壮大主导产业，加快推进工业化、城镇化进程。发展基础好的城市区域，要加快提升创新能力，增强辐射带动力和区域竞争力。三是着力优化城乡结构。重点是要构建以城市群为主体、大中小城市和小城镇协调发展的现代城镇体系。遵循城市发展规律，高标准规划、高起点建设、高水平管理。实施乡村振兴战略，切实把产业发展好，夯实乡村振兴基础。把城镇和乡村贯通起来，形成城乡融合发展的良好局面。

（3）通过增长动力转换来实现高质量发展。新旧动能转换是中国经济转型升级的内在动力与实质，也是高质量发展的战略思路。在高质量发展中质量变革是主体，效率变革是重点，动力变革是关键。高质量发展要求的动能转换包括3层含义：一是经济发展由依靠要素驱动转向依靠创新驱动。科技创新是高质量发展的第一动力，随着以大数据、人工智能等为标志的新一轮技术革命的加快推进，创新在经济发展中的地位日益凸显。创新不仅成为推动新时代经济创新发展的新动能，也日益成为引领我国经济转型升级与产业变革的重要推动力。二是由投资拉动为主向消费拉动为主转变。新时代拥有大的消费市场是我国高质量发展的最大潜力，因此由投资拉动为主向消费拉动为主转变，以消费驱动投资转型，以消费来调整经济结构，从根本上改变供给结构与消费结构升级不适应的问题，使消费结构升级成为高质量发展的内生动力。三是由工业主导向服务业主导转变。由工业主导向服务业主导转变是进入工业化后期的普遍客观规律。随着我国居民收入水平的不断提高，服务型消费需求正在快速增长，服务型消费将成为经济增长的新引擎。在高质量发展新动能的培育中，由工业主导向服务业主导转变，以生产型服务业引领制造业的转型升级，使工业发展从主要依靠低成本竞争优势向创新驱动转变。

1.4.3　新时代中国高质量发展的战略重点

推动高质量发展是保持经济持续健康发展的必然要求，其核心是要培育形成经济发展的新动能，围绕高质量发展的目标要求和战略思路，我国高质量发展的战略重点包括以下方面：

（1）培育高质量发展的新动能。实现质量变革、效率变革、动力变革，提高全要素生产率，使经济发展动力从传统增长动能转向新的增长动能。从要素驱动、投资驱动尽快转换到创新驱动。要充分发挥创新引领作用，推动社会进入全面创新阶段，引领增长质态升级。

一是推进高质量发展的质量变革。全面提升企业素质和产品质量，扩大有效和中高端供给。转向高质量发展阶段，必须高度重视经济质量，坚持质量第一的原则，强化和提高产品或服务质量标准，推进产品和服务质量升级，以满足人民日益增长的对高质量产品或服务的需求。

二是推进高质量发展的效率变革。高质量来源于高效率，只有提高劳动生产率、资本生产率、全要素生产率，才能以较少的生产要素投入，提供高质量的产品或服务。同时，效率变革可以通过促进优质要素向战略性新兴产业配置集聚，从而带动生产要素优化组合，激发创新活力与创造潜能。

三是推进高质量发展的动力变革。经过30多年的高速增长阶段，旧动力的作用在递减，过去的经济发展范式存在产业链条过短、就业弹性较低等系列问题。因此我们必须推进动力变革，培育新动能，实现新旧动力的接续转换。而新动能的培育就在于供给侧“三大发动机”——制度变革、结构优化和要素升级。不同的制度安排将会带来不同的经济绩效，这也是进行制度变革的理论基点。供给侧的制度变革就是要求我们在宏观政策层面简政放权，放松政府对经济的管控，降低企业进入门槛，进一步发挥市场的作用，从而能推动经济实现高质量发展。

（2）建立高质量发展的经济体系。建立高质量的经济体系是现阶段实现高质量发展的迫切需求。具体来讲，需要从以下三方面建立：

一是构建高质量的增长体系。现阶段经济的发展需要从传统增长点转向新的增长点，而新增长点在于先进制造，也在于互联网、大数据与人工智能和实体经济的深度融合，还在于中高端消费、创新引领、绿色低碳、共享经济、现代供应链、人力资本服务等。我们需要切实提高制造行业的共性技术服务，以科技为落脚点，提升投入产出比。只有牢牢把握新的增长点，有针对性地进行生产规划，才能更好地构建高质量的增长体系。

二是构建高质量的产业体系。高质量产业体系指工业化程度比较健康的、现代服务业发展比较充分的产业化。是实体经济、科技创新、现代金融、人力资本、制度创新协同发展的产业体系。依照这一标准，我国高质量的产业化道路仍有很长的路要走。我们需要从经济智能化、产业绿色化、发展高端化出发，来推进战略性新兴产业的升级进步和现代服务业的系统优化，最终实现产业体系从规模速度型粗放增长向质量效率集约型增长转化。同时加快制造业强国建设，促进先进制造业发展，实现我国产业迈向全球价值链的中高端。

三是构建高质量的业态模式体系。高质量的经济体系应立足于生产和生活消费升级的需要，因此我们要通过加快培育和发展新业态、新模式、新技术、新产品，在中高端消费、创新引领、绿色低碳、共享经济、现代供应链、人力资本服务等领域培育新增长点。同时，高质量的业态要求我们具有公平、统一开放的市场，即要以完善产权制度和要素市场化配置为重点，实现产权的有效配置，从而促进经济的良性发展。

（3）培育高质量发展的微观主体。企业是最基本的市场供给主体，只有激发企业活力、提升企业效率，才能构建起高质量发展的微观主体。

一是把质量和效益作为企业决策的出发点。回顾我国企业质量管理的发展道路，会发现它存在很多问题。在高质量发展阶段，微观主体必须受到投入产出比的约束，因此我们要将质量和效益作为经济主体决策的基础和出发点，以此来推动产品质量的提升和企业生产方式的改变。这样一方面可以提高生产要素的利用率，另一方面又能通过创新带来的先进工具与技艺降低成本。

二是构建以企业为主体的创新体系。企业作为国家创新力重要的载体，是微观层面实现经济高质量发展最重要的一环。因此我们要以提高自主创新能力为目标，以推进创新驱动核心战略为抓手，加快构建以企业为主体、以市场为导向、以产学研深度融合为支撑的产业科技创新体系。此外，还需激发广大企业的创新积极性，通过普惠性的财政科技资金补贴和各种政策来支持其成长与发展。

三是推进创新型企业的发展。伴随着科技的进步和信息技术革命的推进，创新型企业将是未来企业发展的趋势，未来我们应深入实施创新型企业培育计划、强化人才与服务两大保障、深化产学研三方协同创新，提高企业研发经费占主营业务收入的比重。同时要鼓励引导更多的企业投入发展战略性新兴产业上来，提升高新技术企业的科技基础与原创能力，努力摆脱过去在技术上受制于人的问题。

四是推进企业品牌建设。大品牌、大市场是企业品牌建设的中心与重点，也是提高企业核心竞争力的思路之一。当前我国产品市场还存在着品牌竞争力较低的问题，品牌建设作为提高地区形象，促进产业上、下游共同发展的重要意义并未得到人们的充分重视。未来在高质量发展中，企业应重视品牌建设与规划，并将此提升到企业经营战略的高度，提升企业的传播影响能力。

（4）提高经济发展供给体系的质量。高质量发展不仅是指某一种产品或服务标准符合国际先进水平，而是整个供给体系都要有活力、有效益与有质量。因此，我们要从供给侧发力，注重要素供给的质量。

一是要注重劳动力供给质量的提升。人是高质量发展的重要支撑，也是动力变革的核心力量，因此在提高供给体系质量时我们应以提升劳动力的素质和技能水平为基点，推动资本劳动比的上升，推动劳动生产率的稳步上升。建立激励措施，引进人才、留住人才，激发人才的主动性、积极性和创造性，使其为高质量发展提供动力。注重企业家精神和现代工匠精神的培养，只有拥有了具有创新精神、注重发展实体经济的企业家和大批精益求精、不断创新精进工业的现代产业工作者，才能结合提升供给体系的质量。

二是要注重供给主体的质量。从企业角度来讲，应提高其生产的技术水平和管理水平，提升企业产品的质量水平、技术水平和服务水平。要以提高企业的整体素质为目标，积极有效地处理“僵尸企业”，努力培育出具有竞争力的世界一流企业，提升我国企业在世界500强企业中的占比。从而在关键的制造领域和行业中保持全球领先的综合实力与行业影响力。

三是要注重产品供给的质量。标准化是提高产品质量的关键，在提高产品供给质量过程中，需要加强标准化建设、提高标准化水平。同时进一步加强产品设计、制造、配送、销售等环节的质量标准，与此同时，加强行业监督，为产品质量的提高创造公平竞争的市场环境。

（5）建立高质量发展的宏观调控体系。高质量的发展需要发挥政府在体制机制中的作用，从高质量发展的本质出发，将政策重心从高速增长转变到高质量发展上来。一方面，发挥质量型政策的作用。财政政策、货币政策都是数量型政策，它们更侧重于通过调控税收、公共支出和货币的供应量等手段来刺激经济增长，但这个推动力是外生的并可能造成排次效应。而人力资本政策、创新政策、结构升级政策才是质量型的经济政策，质量型政策更侧重于通过创造内生动力来促进经济发展，刺激人民群众的创造力和追逐生活水平提高的经济发展的原始本能，从而达到一个自发的良性循环。另一方面，实施高质量的宏观调控。在高质量发展阶段宏观调控目标更多地依赖于质量效益指标。针对高质量发展实施宏观调控，目标是把调控政策精准化，把调控手段下沉到中观层面，从部门经济、地区经济和集团经济的层面落脚来提振经济增长。高质量发展的宏观调控不能再依赖数量指标，而要更多依靠质量效益性指标，重点调控就业、收入、企业利润的合理增长，物价的稳定，风险规避等方面。此外，在宏观调控中要防止垄断的发生，为各类主体提供一个公平公正的参与市场竞争的机会。在高质量调控时要通过建立质量型政策去保护知识产权，解决企业及科研团队在创新研发上的后顾之忧，将立法和政策相衔接，做到调控时有法可依、有法必依。通过科学的政策引导去倒逼企业进行科技创新，并加大对企业创新的政策支持、补偿与激励，实现微观、中观与宏观经济主体的共赢。

2 新时代中国高质量发展的综合评价及其路径选择

中国经济增长理论，在近代以来成为经济学界广为关注的问题，而且由于其独特的历史格局和深厚的研究积淀在百年流变中使人着迷，在中国几经沉浮的历史跌宕中，以速度赶超型的理性共识为那时的沧桑社会激荡出了复兴的潮涌。然而，随着中国经济的快速发展，成长期的数量型经济增长逻辑萌芽并未演变成为足以完成中华民族伟大复兴的源动力，长期经济发展架构也随之成为国内学者亟须探讨的新时代命题。无论是从纵向时间维度追溯中国经济发展兴衰的演进轨迹，还是从横向社会进程角度看待经济增长对于阶段性层面互动的修复影响，长期经济发展都毋庸置疑地成为挑战传统经济增长模式的新生力量，经济发展由“短期”向“长期”传递，意味着其内在认知从“高速度增长”向“高质量发展”的路径转化。党的十九大以来，中国进入经济新时代，高质量发展作为经济社会发展新阶段的新表述，遵循着经济增长和社会发展的演化逻辑，包容着中国特色社会主义发展新方向的深刻内涵，承载着前所未有的历史新高度和全部关注，成为新时代中国经济增长与转型发展的深切嘱托。因此，本章致力于高质量发展的理论体系构建与评价，从高质量发展的深刻内涵和基本价值判断入手，试图诠释高质量发展的形成逻辑、价值构建和动力调整，并从时间动态性和维度分割性双向互动深层次评价中国高质量发展的现状、特征及影响，通过修正各个环节之间的匹配效应，以规避传统经济增长思维惯性，消除僵化路径依赖，打破固化行为结构，推动新时代中国高质量发展的理论突破和实践探索的渐进式变革。

2.1 新时代中国高质量发展综合评价指标体系构建的理论框架

中国经济发展已进入新时代，经济行为特征已然从“高速增长”调向“高质量发展”，这种发展阶段特征的转换，不仅是遵循基本的经济增长客观规律，还是建设中国特色社会主义道路的必然选择。因此，进入新时代意味着中国必须扬弃过去数量型的经济发展模式，探索高质量发展道路（任保平，2018）。中国高质量发展的提出，是基于现下中国经济发展的状态、特征及矛盾，将实践经验上升至理论新高度的历史性突破，在坚持习近平新时代中国特色社会主义指导思想的基础上，建设现代化的经济体系、社会体系以及生态体系。2018 年中央经济会议指出，推动高质量发展，必须加快形成推动高质量发展的指标体系、政策体系、标准体系、统计体系、绩效评价、政绩考核、创新和完善制度环境。这意味着高质量发展指标体系的构建和生成，是行为主体对既有的制度结构、策略调整、路径条线衍生影响的认知判断及激励导向，成为未来发展模式中选择行为和政策调整决策判断的基本依据，进而触发经济增长资本积累、社会发展秩序优化、生态财富价值偏好共同演进的机制响应。此时，梳理新时代中国高质量发展的理论内涵及其内在逻辑就成为指标体系构建的基本理性共识，而新时代高质量发展是在五大发展理念引领下逐步实现的，也是基于深刻分析当前国际形势以及新时代中国经济发展新特点，在马克思主义发展观下对中国兴衰史的深刻归纳和剖析，表达了多线叙述时代思考的 5 个关键词话。

2.1.1 创新动力成为高质量发展路径生成的核心依托

习近平总书记曾说，创新是引领发展的第一动力，是建设现代化经济体系的战略支撑。这意味着在经济新时代，在中国高质量发展的积极建设中，创新具有举足轻重的动力作用。经济增长结构及其生产模式的转变，需要遵循原有制度架构的生成，而制度的初始安排和经济体的运行能力，使得当时特定的资源禀赋呈现出最优化的演进方式。然而，这种自增强式效果会在一段时间里呈现出大范围的依赖，随着资源禀赋变化以及产业结构变迁，这种效果会逐步进入“锁定”模式，此时，经济发展方向会在持续依赖和另辟蹊径之间不断摇摆，这是经济发展到一定程度的必经阶段，也是大多数发展中国家长期挣扎于经济增长乏力、经济复苏举步维艰的根本原因。中国特色社会主义的高质量发展道路，正是要规避这种困境，在既有制度的适应性调节下，使用强大的创新动力嵌入进行内部行为诱致，在解除自我负锁定，并触及偏向新一端发展的选择机制之后，也必然会出现一个新的综合。由创新驱动带来的中坚力量会传导至整个社会经济乃至生态系统，其内含的抵制能力、消解能力以及转换能力，通过作用于以物质资本和人力资本的形式载体，以持续优化结构层面中技术调整和蛮横投入的相互博弈，由于创新动力会压缩特定生成模式下的资源配比和空间分配，会持续冲击激励效应和优势效果的形成和推广，在行为主体的综合判断和系统耦合度的充分匹配下，成为重塑经济发展动能的普化决策。选择创新动力机制以增强系统变量的规范性和多样性，不仅可以剔除历史趋势偏离和经济形态断裂的桎梏，更是进行自我修复、破除传统低效率固化的内生动力。中国经济大转型的发生，正是以高质量发展为根本变革方向，以技术层面的创新发展为第一动力，以实现特定经济质量加速演化的路径生成。

2.1.2 协调平衡成为高质量发展路径稳定的内在要求

在马克思时代，社会协调就成为马克思“新社会”的基本构想，并且，马克思指出：社会协调必须使不同的利益冲突服从“共同福利的共同制度”。习近平总书记也明确提出，协调既是发展手段又是发展目标，同时还是评价发展的标准和尺度。这充分意味着高质量发展的评价离不开协调的发展理念，协调发展，顾名思义，就是要解决各主体内部组织关系以及多元系统之间不平衡、不均衡以及不充分的矛盾问题。从政治经济学意义上讲，协调发展还体现了生产力和生产关系、经济基础和上层建筑的协调和统一关系。协调平衡的发展，其本源属性是化解时空推送下经济体内部以及各方行为主体之间由于认知、诉求、利益等碰撞产生的冲突和矛盾，在经济体内部表现为城乡发展不均衡、区域发展不平衡、经济发展和社会发展不同步以及人与自然发展不和谐等现象，在各方行为主体之间则反映出国内发展与国际经济环境之间的关系权衡。事实上，事物及其各要素之间是具有普遍联系的，通过相互影响、相互制约以及共同促进形成了整个世界的必然联系。在经济演化规律的视角下，调和经济社会发展的矛盾生成和累积，能够影响经济发展的运动方向和结果，在协调统一的理性预期下，制度架构将更具有包容能力和兼容效果，在充分继承原有经济发展规律和经济演化模式的匹配路径时，协调系统内选择机制、创新动力以及运作方式，有助于促进系统外部不规则冲击和系统内部个性化反映的细腻融合，在引导了社会多重力量集聚的意愿之时，更加快了高质量发展朝向稳定、全面、平衡方向的演进步伐。此时，协调发展充分体现了高质量发展的内在要求，在历史维度下，经济转型、经济结构变迁的运动促使其内在逻辑和理性共识具有多样、非均衡特性，这就使得各系统板块都是各自挑选适应性继承，虽然区域、城乡之间不是完全的孤立和分裂，其差异化和非相似性也在所难免。因此，协调平衡的发展理念会在高质量进程中推进上下联动、内外兼修的合力生成，以提高新时代中国高质量发展稳定路径的可控程度。

2.1.3 绿色发展成为高质量发展路径规划的普遍形态

在党的十九大会议上，习近平总书记全面阐释了中国特色社会主义道路要加快生态文明体制改革、推进绿色发展、建设美丽中国的战略部署。中国特色的社会主义绿色发展理念，是在马克思主义绿色发展观形成的基础上，与中国的社会主义伟大实践相结合而形成，并且推动了马克思主义理论的深化和创新，是马克思主义绿色发展观的中国化表现。追溯中国绿色发展的历史渊源，早在古代儒家哲学思想、道家思想中，就充分体现了绿色发展的意识形态，如儒家主张天人合一，道家认为“道法自然”“崇尚自然”，墨子提出“节俭则昌”（黄茂兴等，2017）等。改革开放以来，中国也是大力倡导保护环境、节能减排的意识主导，并以制度支撑和系统全面推进。然而，新时代中国特色的绿色发展，与传统意义上的保护环境、治理污染不尽相同，即在初始概念架构上则做出了突破性进展，认为绿色发展的内涵是继工业文明之后，以生态文明为基本价值取向，在改造客观物质世界的过程中，有意识地克服衍生的负向效应，主动回应人与自然和谐共处的基本关系，推动了经济社会新形态的发展进程。传统经济增长模式是割裂生产运行方式和生态保护机制之间的普遍联系，过于依赖于外部的环境治理环节，放松了生产行为、产业培育过程中的绿色化需求，造成了绿色化供给推进的不彻底甚至断裂现象。而经济发展的进程包括了起点、过程、结果以及效益 4 个相互继起的环节，任何一个层面的行为嵌入都会催化路径设置的连带效应和串联结果，生产力的运行方式通过主动扩张和无意识侵蚀都会对经济高质量发展产生负向的抵制，背离了绿色发展与高质量发展的良性互动。因此，绿色发展是以人与自然和谐共处为目标取向，通过绿色发展规划、标准、技术和体制、机制，可使社会经济活动实现绿色低碳循环（李周，2016）。与此同时，是基于历史大趋势、现代文明大背景转换下，将生产力的发展调向保护，将财富理论扩容至生态财富与物质财富捆绑，伴随着绿色发展嵌入高质量发展的历经各态，使多重价值身份交织汇集成高质量发展路径规划的普遍意识形态和行为形态。

2.1.4 开放合作成为高质量发展路径实现的必由之路

改革开放40年以来，中国一直坚持奉行对外开放的基本国策，开放理念根本性地体现了中国在世界经济潮流中的深度融合和交流。正如习近平总书记强调的，各国要顺应时代潮流，坚持开放共赢，勇于变革创新，向着构建人类命运共同体的目标不断迈进。早在15—18世纪近代经济全球化时期，马克思主义全球化重要思想就初具雏形，随着孤立封闭的国内市场逐渐走向国际市场，历史集聚也从民族扩容到世界，工业生产就不单单指向本国内的群体受众，而是打破了地域隔阂，将生产力与世界市场和世界历史相联系。近现代以来，由于世界市场的开拓和全球化经济的发展，所有国家都处在世界范围内的生产和消费之中。由于全球化的发展是建立在历史过程和历史范畴之上的，使世界市场成为某种新社会形成的历史前提，在世界市场中，无分国籍、无分地域属性下全人类的这种融合也协同着不同国家的政治、文化甚至是伦理道德关系，依赖于交往工具和现代化的生产力，在社会变革行为和理性监督下，国际化发展的市场网络和全新的组织形式建立并形成，虽然经济落后的国家向新社会体制过渡进程中会出现历史错位现象，但是经历一段较长时间的深度磨合之后，市场经济、商品经济会在新社会的体制下逐步完成兼容效果。中国在新时代高质量发展阶段，市场经济的发展要求致力于更高质量的普遍性交往和世界性交流，生产要素、产品和服务、技术与能力都要流动到世界范围里进行更大的流动、循环、重组与竞争。因此，开放经济发展成为提高中国高质量发展能力不可或缺的组成部分，不仅需要充分提高对外合作的质量以及加强高层次开放发展的内外联动机能，更要积极参与全球经济治理和高质量公共产品供给，提高制度性话语权。开放发展理念，是推动经济全球化朝着更加开放、包容、普惠、平衡、共赢的方向发展的新理念（裴长洪等，2018）。将社会化大背景扩展，将历史起点延伸，在国际市场的交纵融合中，中国高质量发展才能进行高层次的深化分工、优势比较和有效竞争，是中国高质量发展路径实现的必由之路。

2.1.5 共享硕果成为高质量发展路径目标的价值导向

马克思认为，“生产是以所有人的富裕为目的”，在以社会关系总和作为一般意义上社会的形成，无论是哪个历史发展特定时期，人与人之间、人与自然之间都存在着感性对象性的社会关系，在对私有物质财富本质的追问和探索中，是以人的劳动行为为外化结果，而社会各阶层的和谐调整以及良性互动，是依赖于长期经济发展规律演进中社会共享成果的发生。在中国经济增长新时代高质量发展的具体语境中，当代实践行为以及当代马克思主义政治经济学理论创新却是基于对人与人之间、人与社会乃至人与自然之间行为关系的深刻剖析，将这一组关系建构放置于经济发展起点、经济发展过程以及经济发展结果的起承转合视角下，以判断高质量发展的实际价值成果。此时，社会共享就在阶段性演变中成为高质量发展价值判断的最终目标，是在由数量经济向质量经济大转型的视域下，对共同富裕思想的继承和转化，继承性体现在追求全民共赴美好生活道路，转化性表达了对经济发展过程的共享，区别于传统的对于经济增长成果效益的共享，还突出强调了对于发展动能、发展过程、发展方式、发展制度和发展行为的共享。由于经济增长与增长过程中互动演化机制的冲撞，制度性适宜具有由增强向减弱的调整，技术能力效果随着日益增强的竞争压力走向消解，经济结构的平衡也在历史维度的生成和追溯中阶段性摇摆，共享理念在经济运动的过程中成为平稳交接的主要期许，在经济变动的此消彼长中，共享式发展作为社会人民的强势定力，促进高质量发展中动能的增强、全民团结的增进，激发全民的主动性、积极性和创造性，以做出更为有效的制度安排，形成新时代要素成果互惠、供需双侧协调、经验认知趋同的核心价值目标。共享理念内嵌于高质量发展的基本理论框架，推动了中国特色社会主义政治经济学共同富裕理论的创新，更是对中国高质量发展价值导向的必然回应。

2.2 新时代中国高质量发展评价指标体系的构建及评价

在对新时代中国高质量发展理论框架的梳理和分析中，本章发现中国高质量的发展是以创新发展为第一动力，以协调发展为内在要求，以绿色发展为普遍形态，以开放发展为必经之路，以共享发展为根本价值归宿。这意味着创新、协调、绿色、开放以及共享理念内嵌于高质量发展，并对高质量发展的经济运行过程、经济动力转换、经济形态演进以及经济结构调整等方面都有着较强的交互影响和比较优势激发。因此，从创新发展、协调发展、绿色发展、开放发展和共享发展5个基本方面维度构建新时代中国高质量发展的评价体系具有理论性、实践性、经验性和科学性，并使用主观赋权和客观赋权相结合的方法，对新时代中国高质量发展的状态进行合理性判断，以探索经济运行机制系统性转型和新旧动能换挡期的不规则冲击和矛盾阻力，有意识地回应新时代中国高质量发展的适宜性路径设计。

2.2.1 新时代中国高质量发展综合评价的指标体系构建

新时代中国高质量发展评价的指标体系，从创新发展、协调发展、绿色发展、开放发展以及共享发展五大方面维度构建，在创新发展维度中，本章选择科技成果、人力资本和创新能力3个分项指数9个基础指标进行测度，协调发展维度中，从城乡协调、产业结构协调、供需结构协调和区域协调4个分项指数9个基础指标进行衡量；绿色发展维度里，选择了资源消耗、环境治理能力以及绿化建设3个分项指数，包含了9个基础指标；在开放发展维度里，选取了开放水平和开放效果两个分项指数，涉及了7个具体指标；在共享发展维度里，从脱贫攻坚、收入分配和福利水平3个分项指数，包括8个具体的指标来进行构建。因此，对于新时代中国高质量发展评价的指标体系是由五大方面维度中42个基础指标来构建，具体的中国高质量发展评价的指标体系的构成如表2－1所示。

表 2－1　中国高质量发展评价的指标体系

方面维度	分项指数	具体指标	计量单位	指标属性
创新发展	科技成果	科技成果登记数	项	正指标
		发明专利申请授权数	件	正指标
		技术合同成交额/GDP	—	正指标
	人力资本	研究生毕业生数	人	正指标
		R&D 人员	人	正指标
		平均每万名职工中专业技术人员	人	正指标
	创新能力	科技拨款占公共财政支出的比重（%）		正指标
		R&D 经费内部支出/GDP	—	正指标
		高技术产业主营业务收入/GDP	—	正指标
协调发展	城乡协调	二元对比系数	—	正指标
		泰尔指数	—	正指标
		农村与城镇居民消费水平比（%）		正指标
	产业结构协调	一产比较劳动生产率	—	正指标
		二产比较劳动生产率	—	正指标
		三产比较劳动生产率	—	正指标
	供需结构协调	规模以上工业企业产品销售率（%）		正指标
		社会就业率（%）		正指标
	区域协调	西部与东部地区人均地区生产总值比（%）		正指标
绿色发展	资源消耗	单位 GDP 能源消费量	吨标准煤/万元	逆指标
		单位 GDP 电力消费量	千瓦小时/元	逆指标
	环境治理能力	建设项目“三同时”环保投资总额/GDP	—	正指标
		工业污染治理总额/GDP	—	正指标
		能源加工转换效率（%）		正指标
		一般工业固体废物综合利用率（%）		正指标
	绿化建设	城市人均公园绿地面积	平方米/人	正指标
		城市建成区绿化覆盖率（%）		正指标
		城市环境基础设施建设投资总额/GDP	—	正指标
开放发展	开放水平	货物和服务净出口对 GDP 的贡献率（%）		正指标
		在外劳务人数占总人口比重（%）		正指标
		进出口总额占 GDP 比重（%）		正指标

续表

方面维度	分项指数	具体指标	计量单位	指标属性
开放发展	开放效果	高技术产品进出口贸易总额/GDP	—	正指标
		对外经济合作完成营业额/GDP	—	正指标
		对外经济合作新签合同数	份	正指标
		实际利用外资金额/GDP	—	正指标
共享发展	脱贫攻坚	最低保障居民占总人口比重（%）		逆指标
		社会保险基金收入/GDP	—	正指标
	收入分配	劳动者报酬占 GDP 比重（%）		正指标
		社会保障和就业支出/GDP	册/人	正指标
	福利水平	社会服务机构覆盖率	个	正指标
		人均公共图书馆总藏量	个	正指标
		群众文化服务机构数（%）		正指标
		医疗卫生机构数	—	正指标

2.2.2 新时代中国高质量发展综合评价的方法选择及测算

在对以上指标的计算和处理中，首先需要对所有指标进行去量纲化处理，对于逆向指标属性进行正向化处理，与此同时，本章选择主观赋权和客观赋权相结合的方法，对中国高质量发展的现状进行系统性的判断和评价。这里使用层次分析法进行主观赋权，通过层次分析法，可以进行较为有效的定性和定量分析，得到具有严谨结构和思维的专家经验和专业知识，再使用 BP 神经网络方法进行客观赋权，通过输入具有专家知识的数据信息作为 BP 神经网络的训练集，运用多层网络正向传导和逆向推送的学习算法，不断调整权重赋值，能智能地解决非线性问题，以给出更加正确可靠的输出层反馈。使用 AHP 和 BP 神经网络相结合的方法，一方面使得评价结果具有专业评价知识和经验输入，另一方面能够对人为评价结果进行合理修正，减少误差水平，以弥补人为的过失和不足。因此，选择层次分析和神经网络的结合算法对结果的准确获取体现出较强的适应性和优越性。

（1）层次分析法初步识别。层次分析法，在面对复杂决策性问题时，能够深入分析影响因素和内在关系，通过构建层次结构模型，把决策的思维过程数学化，是将具有专家思维的主观判断行为进行客观量化的过程，并以此进行定性分析和定量分析。而中国高质量发展的综合评价系统，是由相互关联、相互制约的子系统所构成且具有复杂因素的综合层次集聚系统。此时，使用层次分析法进行内部交互影响的初步识别，可以按照系统间的隶属关系进行分组整合以及层次判别，根据层次结构内部指标相对重要性以及相对优劣程度进行单排序权值，在操作过程中使用线性代数方法将人的思维逻辑进行数学处理和数学表达，不仅体现出人工的专业经验，还体现出数学方法的原理严谨性，使层次分析法在初步识别中国高质量发展的基本状态时呈现出独特的艺术气质和科学性质，是十分有效的系统化分析和科学决策方法。

基于此，首先使用层次分析法对中国高质量发展中五大发展维度下各层级指标进行专家打分，使其层次结构知识建立在具有深入全面认识和知识学习的决策专家的视角之上，通过引入适度的标尺进行数值表示，对每一层次的元素比较情况进行矩阵的构建和判断，并对矩阵一致性进行检验，最终得到各层次之间的总体排序结果，如表 2 -2 所示。

表 2 -2　层次分析法测算各指标权重结果

分项维度	指标名称	AHP 权重值	指标名称	AHP 权重
创新发展（0.2）	科技成果登记数	0.052	平均每万名职工中专业技术人员	0.094
	发明专利申请授权数	0.078	科技拨款占公共财政支出的比重	0.043
	技术合同成交额/GDP	0.030	R&D 经费内部支出/GDP	0.122
	研究生毕业生数	0.212	高技术产业主营业务收入/GDP	0.122
	R&D 人员	0.2488		
协调发展（0.2）	二元对比系数	0.090	三产比较劳动生产率	0.113
	泰尔指数	0.164	规模以上工业企业产品销售率	0.034
	农村与城镇居民消费水平比	0.046	社会就业率	0.132
	一产比较劳动生产率	0.084	西部与东部地区人均地区生产总值比	0.256
	二产比较劳动生产率	0.080		
绿色发展（0.2）	单位 GDP 能源消费量	0.218	一般工业固体废物综合利用率	0.114
	单位 GDP 电力消费量	0.124	城市人均公园绿地面积	0.027

续表

分项维度	指标名称	AHP 权重值	指标名称	AHP 权重
绿色发展（0.2）	建设项目“三同时”环保投资总额/GDP	0.096	城市建成区绿化覆盖率	0.050
	工业污染治理总额/GDP	0.063	城市环境基础设施建设投资总额/GDP	0.043
	能源加工转换效率	0.265		
开放发展（0.2）	货物和服务净出口对GDP的贡献率	0.137	对外经济合作完成营业额/GDP	0.281
	在外劳务人数占总人口比重	0.039	对外经济合作新签合同数	0.074
	进出口总额占GDP比重	0.114	实际利用外资金额/GDP	0.123
	高技术产品进出口贸易总额/GDP	0.232		
共享发展（0.2）	最低保障居民占总人口比重	0.271	社会服务机构覆盖率	0.069
	社会保险基金收入/GDP	0.163	人均公共图书馆总藏量	0.033
	劳动者报酬占GDP比重	0.228	群众文化服务机构数	0.040
	社会保障和就业支出/GDP	0.105	医疗卫生机构数	0.091

（2）BP神经网络模拟优化。通过专家打分进行各指标权重的选择和判断，能够根据实际情况得到较为专业的知识和经验，可以解决客观赋权法中解释性较差的困境，也是具有普遍知识性和智慧性的决策。然而，主观赋权法存在主观随意性较大的缺陷，参与人思维的不定性和知识的模糊性会致使衍生结果与真实值无意识偏离。此时，针对层次分析法得到的结果，使用BP神经网络进行模拟和优化则可以有效地解决由人的主观行为带来的客观性低的矛盾。BP神经网络是由多并行运算的单元神经构成的一个非线性动力学系统，在信息的分布式存储和并行协调处理上具有较强的优势，其涉及了多层神经元的训练方法，通过持续的正向传导和误差反向推送，使得网络误差平方和最小，以保证输出结果的高准度和强精度。将

人工神经网络运用到模拟专家思想、经验以及记忆的智能化功能中，可以将专家知识进行有效的模拟和定量化的评价，以规避层次分析法评价指标权重时人为的失误，使得输出系统和生成结果具有良好的容错能力。

利用层次分析法得出的分项各维度权重值，计算2000—2017年中国高质量发展分项维度评价指数值及综合评价指数值，并作为BP神经网络的期望输出前置，使用Matlab软件进行BP神经网络算法模拟。由于这一算法是典型的误差修正方法，理论上能有效地逼近非线性连续函数能力，采用梯度搜索技术，将实际输出值和期望输出值之间的误差均方值逐步负向反馈，以将误差进行最速下降寻优。本章运用自适应学习速率，并设置误差最小的循环算法寻找最优隐层数，表2－3所示为BP神经网络训练结果的最优结果，表2－4为分项维度的误差测算，经检验，实际训练值与期望输出值之间的拟合效果较好。因此，在层次分析法和BP神经网络算法两者的集成中，得到了最终的中国高质量发展的评价指数值，由于其具有较高的准确性和良好的适应性，认为输出结果能够合理地反映中国高质量发展的阶段性状态和发展变化情况。

表2－3 BP神经网络训练结果

时间	创新发展维度		协调发展维度		绿色发展维度		开放发展维度		共享发展维度		高质量发展	
	训练结果	期望输出	训练结果	期望输出	训练结果	期望输出	训练结果	期望输出	训练结果	期望输出	训练结果	期望输出
2000	0.040	0.046	0.420	0.423	0.082	0.071	0.227	0.256	0.611	0.620	0.287	0.283
2001	0.078	0.078	0.487	0.482	0.102	0.110	0.213	0.212	0.601	0.596	0.298	0.296
2002	0.120	0.124	0.558	0.552	0.133	0.136	0.307	0.332	0.586	0.579	0.344	0.345
2003	0.200	0.196	0.507	0.495	0.112	0.109	0.414	0.426	0.469	0.464	0.336	0.338
2004	0.269	0.260	0.527	0.519	0.197	0.201	0.515	0.538	0.413	0.420	0.387	0.387
2005	0.269	0.264	0.490	0.480	0.321	0.329	0.611	0.632	0.369	0.375	0.417	0.416
2006	0.390	0.383	0.482	0.472	0.304	0.313	0.709	0.722	0.305	0.319	0.439	0.442
2007	0.426	0.420	0.504	0.492	0.395	0.410	0.674	0.666	0.193	0.198	0.440	0.437
2008	0.457	0.449	0.488	0.468	0.538	0.542	0.616	0.614	0.252	0.255	0.467	0.466
2009	0.543	0.524	0.498	0.479	0.562	0.584	0.471	0.489	0.390	0.391	0.497	0.493
2010	0.584	0.577	0.501	0.478	0.739	0.768	0.605	0.619	0.376	0.366	0.566	0.562
2011	0.677	0.672	0.532	0.525	0.639	0.675	0.535	0.532	0.398	0.407	0.567	0.562
2012	0.761	0.763	0.571	0.565	0.683	0.700	0.545	0.531	0.481	0.469	0.610	0.606

续表

时间	创新发展维度		协调发展维度		绿色发展维度		开放发展维度		共享发展维度		高质量发展	
	训练结果	期望输出	训练结果	期望输出	训练结果	期望输出	训练结果	期望输出	训练结果	期望输出	训练结果	期望输出
2013	0.780	0.788	0.571	0.565	0.729	0.740	0.536	0.542	0.528	0.517	0.634	0.630
2014	0.824	0.826	0.571	0.576	0.765	0.781	0.509	0.508	0.570	0.564	0.655	0.651
2015	0.883	0.878	0.556	0.557	0.768	0.789	0.495	0.480	0.683	0.676	0.680	0.676
2016	0.936	0.935	0.501	0.498	0.766	0.787	0.482	0.477	0.718	0.719	0.688	0.683
2017	0.968	0.973	0.463	0.467	0.783	0.798	0.480	0.500	0.769	0.791	0.709	0.706

表 2-4　BP 神经网络模拟分项维度误差

维度名称	创新维度	协调维度	绿色维度	开放维度	共享维度	高质量综合指数
网络误差值	0.0266	0.0456	0.0711	0.0652	0.0381	0.0139

2.2.3　新时代中国高质量发展的综合评价分析

利用 AHP 方法进行初步识别，再使用 BP 神经网络算法进行模拟优化，对中国高质量发展分析维度及综合指数进行综合评价，评价结果如图 2-1所示。从图中可以清楚地看出各分项维度和综合指数在 2000—2017 年的时间推送中的整体变化状态。创新发展维度 2000—2017 年的 18 个年度中呈现出显著的增长态势，从 2000 年创新发展指数的 0.04，到 2017 年增长为 0.97，增长了 23.2 倍，说明中国高质量发展在 21 世纪以来，创新水平在飞速发展，发展情况和发展速度均领先于各分项维度。协调发展维度，整体上呈现出波动性，且从 2012 年开始就一直呈现出负向发展的状态，2017 年年底中国协调发展的水平较低，协调发展指数值为 0.46，相较 2012 年下降了 23.3 个百分点，说明中国高质量发展的进程中，协调水平成为显著制约，协调水平层次较低，且发展态势持续低迷，意味着在中国经济增长过程中，产业结构协调、城乡区域协调等矛盾越发突出，亟待关注。绿色发展分项维度中，总体上呈现出持续增长的状态，在短期内也表现有波动行为，绿色发展在 2004—2010 年里有较快的提高，2017 年中国绿色发展指数达到 18 个年度里的最大值，为 0.78。然而值得关注的是，虽然绿色发展水平在近年来处于增长的趋势，但是发展速度减缓，且发展动力不足，这意味着高质量发展过程中，绿色发展的新动力的重塑、转换及构建需要实现。在开放发展维度里，2001—2006 年，开放发展水平快速提高，然而在2006年以后，呈现出衰退的特征，尤其是在2006—2009年里，开放效果快速走低，这意味着中国高质量发展易受全球化经济危机的影响，外在不稳定因素的冲击，致使中国经济的波动性较大。近年来，开放发展也呈现出缓慢走低的状态，意味着中国高质量发展深入参与到世界经济和国际环境中，提高自适应性和开放能力也面临着较大的挑战。在共享发展的分项维度中，中国共享发展表现为典型的“V”字形增长，2000—2007年里，共享发展水平持续下降，而2008年以后，共享发展开始明显提高，说明2008年以后，中国开始高度重视全民福利的增进，尤其近年来，脱贫攻坚、分配制度以及人民福祉的增进效果显著，2017年共享发展分项指数值为0.77，较2007年的谷底值0.19增长了2.98倍。最后，从中国高质量发展的综合评价指数走势看，总体上，高质量发展呈持续性稳定增长的基本态势，2017年高质量发展综合评价指数值为0.71，较2000年提高了1.47倍。这意味着中国高质量发展水平在有效提高，但是由于部分分项维度的制约和增长阻力，且经济增长的新动能尚未完全构建，中国高质量发展水平增速较为缓慢。因此，为提高中国高质量发展的全面实现和有效增进，应当探索高质量发展的内生阻力，有效化解阶段性困境，打破高质量发展的结构性桎梏，才能使中国经济增长新动能自我增强，以实现新时代中国朝向高质量发展的征程坚实而铿锵。

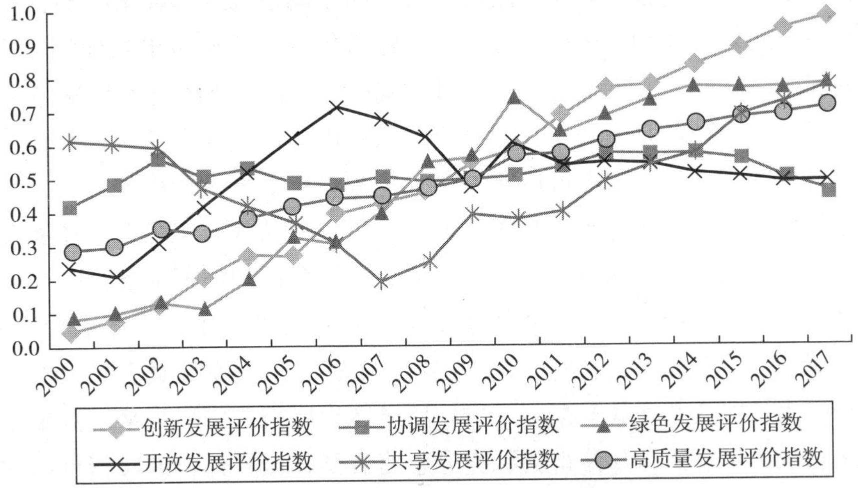

图2-1　中国高质量发展分项维度及综合指数评价

2.3 新时代中国高质量发展的制约因素分析

基于对2000—2017年中国高质量发展的维度分解和综合评价分析，深度剖析中国高质量发展的阶段性特征和现状，并且将中国高质量发展行为内部由多因素相互关联、相互作用且相互影响之间的深层次关系得以揭示，通过判断中国高质量发展的特征表现和运动轨迹，探寻新时代中国高质量发展过程中的矛盾因素和制约影响。要达到中国高质量发展的全面建设和普遍实现，不仅要充分激发现下经济发展的优势，也必须要对过去发生的经验教训进行总结。中国高质量发展是由低层次向高层次跳跃，是由低水平向高水平迈进，更是由数量积累向质量提升转型，在从衰微向鼎盛的动态变迁过程中是包含了高层次、多维度、全方位的分力博弈与合成，是一种涉及多变量的长期动态演进分析。因此，在长期历史视角下，对中国高质量发展的整体趋势和系统进程中存在的阻力进行归纳和整合，还原经济时期的不同表现模式，充分解释中国高质量发展的行为机制和动力机制，通过打破部分维度的或低迷或衰退桎梏，以重新开启新时代中国高质量发展的复兴之路。

2.3.1 经济结构性失衡加剧，协调发展能力被禁锢

在上述对中国高质量发展的分项维度的评价分析中，协调发展近年来呈现出持续走低的基本态势，区别于较大的波动性和外部冲击影响，协调发展维度指数值这种从增长缓慢到增长停滞再到增长逆向化的行为，是由经济结构矛盾诱致引发的。经济结构性问题内生于经济要素禀赋结构差异，而经济增长却是一个在长期时间推送中连续性的动态演化过程，且要素禀赋独特的稀缺性和不可逆性决定了每一时点下禀赋结构的变化，无论是空间视域下，抑或是历史时间继承时，每一横纵截面交织点的经济表现都反映出资源约束境况下经济个体以及经济组合在制度框架下携带个体偏好的最优集锦。制度变迁、资源紧俏、偏好改变都内生于经济结构层面，均会影响且关联着经济结构的路径优化。然而，资源禀赋具有典型的历史遗留阻力，在改革开放初期，以粗放型经济发展模式发展带来的数量型经济增长的硕果突出，却使得资源优势急速衰微，比较优势的转变也出现较大转折。当然，长期来看，由数量型经济增长向质量型经济增长转型的价值取向质变性发生，是由政治、经济、社会、生态以及文化等多个领域不

同层次、不同规模的比较优势集聚选择，在多变量内生行为的交织交错之间，却奇迹般地拥有共同指向。这意味着中国高质量发展在空间上的不协调和不平等、在时间下的不充分和不均衡，皆是由系统内部的结构失衡所致，在历史演进趋势中，这一结构性桎梏不仅无法得以消解，反倒在持续积累，使得经济发展优势变量被抑制，经济劣势变量持续放大，经济协调能力被长期禁锢。协调发展不仅是经济社会发展持续性的绝对表现，也开拓了发展结构理论新境界。由经济结构性矛盾加剧导致的协调发展能力受限，集中体现在产业结构低下、区域发展差距较大、城乡发展不均衡、产品供给与需求分层次失衡、劳动力供给错配等方面，这种结构性矛盾粘连了循环式低配衍生因素，成为高质量发展快速高效提升的负向黏合剂。因此，为构建新时代高质量发展的有效路径生成，需要利用已臻完善的技术嵌入和新制度变迁牵引，对不同主体在合理空间以及合适时点时的结构组成予以完善和优化，成为打破高质量发展中经济结构性桎梏的首要理性共识。

2.3.2 高质量发展动能弱化，绿色生产力尚未激发

对中长期中国高质量发展形成状态和构成机制的探索中，一个无法回避的现实状态是在现阶段这一特定时期里，中国经济增长质量的动力越加弱化，无论是对中国高质量发展综合指数值的观测，还是对各分项维度指数的趋势性分析，都显著地表现出各分力的萎靡和合力的衰弱。党的十九大报告指出，“要推进经济发展的质量变革、效率变革和动力变革”，然而，由动力作用退化带来的经济增长效率降低、经济发展疲软已严重阻碍了中国高质量发展的全面建设。从理论上讲，高质量发展的动能效应是一个兼具包容性和规范性的概念。宏观层面，动能效应的转换与增强可以激发新一轮经济发展的活力与兴趣，催生新的产业链构建，创新发展方式变革，以增强经济发展朝向高质量发展进程中的新时代适应性。微观层面，高质量发展动能，通过旧动能向新动能的转换以及动能衍生机制的重塑，跳出传统行为以资本、劳动、资源的规模性投入的思维惯性，以引入科学技术、优化配置比例、高层次人才智慧为生产组合，以及将生产力的提高和发展扩展至绿色生产力行为，一方面能够提高生产过程的实现效率，另一方面通过绿色生产力的嵌入，能够决定经济发展的集约效果，维持经济发展与自然资源之间的平衡韵动。然而，在现阶段高质量发展的过程中，

由于比较优势的改变，传统经济增长动能已无力带动新时代经济发展朝向高质高效的方向持续运动，经济阶段性特征就表现为科技创新能力不能良好地转向技术生产力，产品优势、市场优势以及规模和质量优势没有完全形成，以至于传统动力的基础性依然稳固，整体产业竞争力不强，战略性新兴产业发展速度缓慢，同时绿色生产方式的嵌入深度不足，绿色发展方式停留于污染治理和环境保护，而尚未从源头实现，使得传统生产模式惯性存留，生产负向衍生效应依然较强，高质量发展路径受阻。此时，充足的发展新动能注入和接续就至关重要。新动能的输入，一方面要平滑产、学、研机制形成，科研、教育以及生产虽然在社会功能上具有不同分工，但是通过资源优势上的协同和集成，可以有效地实现技术创新上游、中游以及下游之间的充分对接和有效耦合。另一方面需要深度培育绿色生产力发展，在不同的行为主体和利益集合中自内而外有序激发高质量发展的潜在动能和增强效果。

2.3.3 内外联动效应持续低迷，开放效果初显薄弱

在对现阶段中国高质量发展的综合评价中，本章发现中国开放发展的能力和效果分项维度指数在近年来呈现出显著下滑的基本态势，排除2008—2010年度里由外部环境冲击带来的不规则波动以外，2006年至今，整体表现为下滑的趋势，虽然2012年以后下滑行为放缓，近年来也有突破负增加值的期望，但是开放发展分项维度依然表现为持续低迷，这意味着在中国高质量发展的积极建设中，开放发展问题成为阻碍中国高质量发展全面实现的一组分项阻力，这一矛盾也亟待破解。自21世纪以来，中国大力强调要坚持改革开放战略，也致力于创造性地应答建设高质量开放政策，然而，现阶段在充分坚持主动开放、双向开放和共赢开放的科学内涵下，也因固化的矛盾和惯性僵局使得开放发展路径受阻。表现在两个方面；①开放发展的外部经济环境形势较为严峻。由于全球化和世界经济环境里，多国之间的意识形态和社会制度差异普遍较大，所处的经济发展阶段以及经济结构也大相径庭，虽然世界大国之间保持着一部分相契合的利益共同点，也对全球基本秩序、安全的经济环境以及世界贸易参与制度有着最基本的认同，但是，也必须承认，这种博弈共生的关系是复杂且脆弱的。随着世界多极化趋势加速，旧有的国际政治秩序不会轻易颠覆，世界格局变动的不确定性加剧，国际关系的矛盾和冲突尖锐。②中国内部的发

展不平衡性。开放发展的水平和层次在区域之间差异较大，对外开放成果在地区之间分配不均，不仅如此，对内开放在东、中、西地区也存在不均衡现象。而且由于中国现有的农业和服务业层次较低，工业供给低质且过剩，在新兴产业转型升级的压力和传统优势产业走向衰退的困境下，屹立于全球化经济大市场中竞争力初显薄弱，使得中国开放发展过程中内外联动效应持续低迷，高质量的开放发展征途举步维艰。要打破阶段性的矛盾，突破现有开放发展困境，一方面需要积极完善开放发展新战略，努力推动形成对外开放新体制，全面深入参与全球化经济治理，共同完善外部发展环境规则，承担国际义务和职责。另一方面则要重燃内外联动效应活力，通过加强地区之间的合作，对内打破地区和行业间的各种形式垄断割据，促进公平有序的竞争市场环境建设，以供资源的充分流动和自主配置，以激发中国高质量发展的开放潜力。

2.3.4 创新成果向生产力转化摩擦较大，高质量发展优势被锁定

基于对中国高质量发展的综合评价，创新发展维度指数近年来持续独占鳌头，意味着中国自2010年以来着力发展创新动力优势，创新科技成果突出，创新发展的水平已呈现出高层次、高水平状态。与此同时，在对高质量发展综合指标的观测和评价中发现，虽然中国高质量发展综合指数一直呈现出增长的基本态势，但是高质量发展的增速水平和动力效果与创新发展分项维度还具有一定的落差。尤其是近年来，创新成果的显著增强，似乎并没有对高质量发展综合指标给予同等水平的贡献度。毋庸置疑的是，创新发展是高质量发展的基本动力支撑与来源，这种动量增长背离的现象并不是与经济发展基本理论内生性相悖，而是经过经济运动与经济行为转化之间的调整路径发生的偏移，具有这种筛选共识的境遇下，就需要从创新路径的衍生层面进行剖析与解读。在既有强化科技创新实力的制度架构下，创新科技、创新人才在区域空间范围内大规模地盛行开来，技术层面强大的制度支持与激发，高校、科研机构以及高技术行业之间的共生与博弈，使得科技成果持续吸收着能量更新，进而科技方式、创新效果在深度进化和改变。以人力资源能力、物质技术含量为载体的创造发明优势积蓄，然而，特定的技术方式是具有抵制效应和转化效应的，抵制效应在于初始应用于生产前沿面的成本较为高昂，社会普及化生产行为具有保守和

排错性，新科技的引入在短期内势必会因成本投入带来收益率的降低，由于企业是以资本驱逐性为导向，而非科技向往性，这种基本属性会在短期里自动排他，是内源于行为主体在现有资源水平、预期利润下作出的综合判断和行为决策，当处于时间的延伸中，收益的逐渐回笼才会带动企业自发性的科技嵌入，反应时间滞后与错容就阻碍科技优良成果向生产力优化的高效对接，给定时点下生产力能力的表现效果便与创新实力成果无法匹配。而技术成果的转化效应，体现在技术的应用与扩散路径中，以制度优势强力消解认知锁定和固化锁定，通过经济奖惩、科技补贴以及间接诱致调整朝向抵制效应的惯性偏倚，扩大科技生产力建构力量，强化创新生产力的资源配比，以有效地润滑创新成果向生产力转化的摩擦阻力。因此，在新时代，中国创新实力渐强，而高质量发展优势锁定需要被打破之时，一方面，需要加快科技成果向生产力的转化效率和转化能力，创新动力的构建其终极目标是致力于生产力质量和效率的提高，而现阶段，创新成果丰厚且突出的优势下，亟须关注创新动力纳入生产方式的运动轨迹，以提高创新向生产前沿的流动速度和整合效率。另一方面，需要平滑产、学、研机制，完善从创新成果上游、企业中游以及生产下游的协整与链接，促进创新所需生产要素的有效组合，加快平台化、战略联盟化的合作模式形成，逐渐完善具有技术性、方向性和链条性的三方体系对接。

2.4 新时代中国高质量发展的路径选择

对中国高质量发展的制约因素分析，认为新时代中国高质量发展过程中依然存在着经济结构性失衡、区域城乡之间发展差距较大，高质量发展新动能缺失、绿色生产力嵌入程度不足、内外联动效应低下等问题，阻碍了新时代中国经济社会朝向高质量发展的路径实现。中国经济从衰微向复兴再向兴盛的动态变迁过程，是系统内部多层次结构、大规模运动以及系统外部的多因素整合的表现反馈，而涉及经济增长行为，是以比较优势禀赋的甄别和因势利导政策的激励，在竞争市场机制下自力更生、自我发挥的能力展示。新时代的中国，具有优质的前置资本，也拥有庞大的智慧团队，并且在中国特色社会主义的引领下，已成为新时代独特且耀眼的璀璨之星。虽然如此，中国特色社会主义的伟大理论和实践经验，正是在不断探索、不断实践、不断积累总结经验教训，并上升扩展至理论成果之间周而复始地运动。因此，试图打破影响中国高质量发展全面实现的矛盾和阻碍，设计新时代中国高质量发展的路径选择，不仅是中国在高质量发展中持续稳健向好的必然要求，更是新时代中国特色社会主义伟大复兴与繁荣昌盛的最终实现。

2.4.1 重构创新科技动力，有效甄别结构优势

经济发展的本真性实质上就是以追求一定经济质态条件下的更高质量目标为动机（金碚，2018）。而中国经济高质量的发展，是“阶梯攀登”相对艰难的跋涉期，涉及经济发展动力重塑和结构变迁的综合行为，正如现代经济发展的主要特征是持续性技术革新和结构变化。因此，中国高质量发展就亟须重构创新科技动力效应，以实现经济体在现下时点上最优的产业结构，即形成经济体在国内市场和国外市场总体上具有最强竞争力的产业配比和产业优势。随着分工行为的逐渐深化、资本资源的充分积累，经济要素禀赋结构在动态运动中持续演进，以此推动了产业结构优势偏离。此时，就需要提升科技创新能力，促进与新的偏离行为相一致、相匹配的产业技术革新，获得资源重组和更新性优化配置，激励潜在剩余价值发挥。重构创新科技动力，甄别结构性比较优势，就需要从以下 4 个方向具体切入。①发挥科教优势，加快理论创新动力培育。科教资源在经济结构的融入和接洽中可以带动经济结构的优化升级，在完成教育、创新、科技、经济一体化的新机制下，使科教优势转化为经济优势，是通过科技进步、人力资本开发、公共研发体系平台打造，促进新产业的孕育和孵化、新主体的成长和发展、新产品的设计和制造，成为构建创新科技的基本动力。②培育多层次创新人才，优化人力资本配置体系。创新型人力资本的培育，是创新动力合成的核心环节，尤其在现阶段中国人口红利消失、人口质量红利尚未有效激发的时期，更要致力于科技人才的培养、吸收、整合和配置体系，通过打破系统、地域等界限，吸引高层次创新创业人才，加强人才引流，整合多层次人才资源，拓展人才发展平台建设。③强化科技创新实力，平滑产、学、研协调创新。创新型经济虽是以知识理论和人才培育为主要依托，确是以发展拥有自主知识产权新技术和新产品为着力点。这意味着创新新动力的重塑，关键是形成以科技创新引领的创新型产业。因此，要积极推进科技创新，强化科技创新实力，并且平滑产、学、研机制的顺利对接，协调高校、企业和政府配合，以推进创新资源和生产

要素有效聚合的协同创新发展。④完善制度创新优势，修补政策非均衡支撑。在科技创新、产业创新形成企业新的增长点的基础上，还需完善制度体系创新优势，制度作为市场秩序和准则的框架构成，创新制度供给，得以消除制约科技进步、科技与经济相结合的体制障碍，以提高科教资源、人力资源、科技资源对经济发展的贡献率。

2.4.2 充分供给制度设置，平衡增进人民福祉

经济史学家中存在一个普遍且广泛的共识，认为政府在促进经济发展结构变迁并维持变迁的可持续性方面有着重要的作用。政府这一特殊的作用，并不是期望于对于市场自发性行为过多的干预和指挥，而是需要有效地进行增长扶持和增长甄别，外部化则依赖于因势利导的对于经济增长过程中提供基础硬件、软件设施，内生性则是全面考量对于制度设置的充分供给。在充分制度供给方面，既要规避出手过重的非侵犯性政策组合，又要权衡出于善意但是过于积极的政策，政策的设置是具有秩序性、严格性、规范性以及时间性约束的，不能事前模拟培育，也不能事后随时停滞，使其自身属性变得困难、不确定且高风险。因此，制度的供给既需要复核要素禀赋结构和时代发展水平，更要适应阶段性比较优势或潜在比较优势产业。在新时代，中国的高质量发展是基于创新发展为第一动力、提高人民福祉为终极目标，在这一价值取向下，制度供给安排就需要从以下3个方面优化和完善。①扩大技术变革制度选择集。制度对于创新行为的保护和服务是具有双向互动特征的，一方面，正如马克思所认为的，一个社会的制度结构根本上取决于这个社会的技术。这意味着技术变革能改变特定制度安排的相对效率。另一方面，在制度的保驾护航中，科技创新、企业创新能带动经济增长新动力。所以，需要构建全链条式科技服务体系，补贴扶持创新主体，对优势产业针对性地加大培育力度，形成主体多元、模式多样、服务专业的制度选择集聚。②深化产权制度改革。由于城乡区域发展不平衡、市场活力不足等矛盾突出，更要不断完善产权制度深化和改革，以生产关系协调性和要素市场配置合理性为基准点，激活要素供给、激活市场活力、激活主体能动性，增强产权制度供给的系统性、整体性和协同性。③注重公平，优化分配体系。发展的核心是人民，共同富裕的本质是共享，此时，制度的充分性和平衡性也体现在了增强公平以调节社会矛盾、建设兼顾公平和效率的收入分配体系，要建立健全共享发

展的“兜底”机制、保障机制、分享机制和动力机制，促进共享发展的实现（赵满华，2016），从而长效高质地平衡人民福祉水平。

2.4.3 深度嵌入绿色生产力，优化高效集约资源配置

基于人类社会发展的千百年进程中对于人与环境问题的深刻反思，对经济增长与环境资源的充分实践，以及对改造自然的生产方式的深刻追问，提出了绿色发展的新概念，也是极具创新性和时代性的新思路。由于生产要素具有固定的物理特性，资源禀赋具有特殊的稀缺性，资源的不可逆、环境的高污染充分表达了对粗放生产模式的不满和怨怼。与此同时，修复式补偿机制即使得以构建，也在机制内表现得极度薄弱且无力。纵观中国特色社会主义的绿色化建设，是以意识主导、制度保障、系统推进和全面实现 4 个阶段实现递进式发展的，而现阶段，正是为避免经济增长模式的惯性延续以及经济增长的不合理冲动下，考量经济生产力与生态生产力的协调和统一，在经济起点和过程中进行治理。此时，在经济起点需要深度嵌入绿色生产力配合经济增长，强调了对于生产力的更新和可持续，在经济过程中则着力于资源的高效集约、清洁循环。具体来说，包含以下 3 个方面。①深度嵌入绿色生产力。绿色生产力的深度嵌入，是将绿色的理念、绿色的技术应用到社会生产与再生产的每一个过程之中，把绿色产业链贯穿产品的全生命周期，包括绿色设计、绿色生产、绿色运行、绿色再生等全体系。从经济生产的源头进行绿色化整合以及绿色生产力的构建。②系统推进绿色创新体系构建。传统产业不仅资源配置效率低下、资源整合能力薄弱，还因其粗放生产模式造成环境污染加剧、资源浪费严重，因此，势必要大力发展绿色创新体系构建，促进形成包含绿色管理创新、绿色科技创新、绿色制度创新、绿色供给创新等全方位的系统推进，以打造高端化、高质化、高层次的绿色产业集聚群。③引入绿色技术，优化资源配置高效集约。一方面，要将突破传统产业和低级制造业的限制，转向发展低污染的战略性新型产业、高新技术产业以及高品质的服务业，提高产业结构绿色化转型。另一方面，推行绿色集约化的经济发展模式，推广生产方式的低碳化、减量化和清洁化，并利用资源循环技术，实现绿色生产的高效集约配置，从而在全社会内形成绿色健康且优质供给，领航中国特色的绿色集约化经济伟大变革。

2.4.4 重点协调层次差别，提高内外联动组合效果

马克思认为，任何的发展都是系统的发展，是由系统内部要素之间的相互联系和制约构成，因而，体系内的分力方向和大小之间也应是相互平衡、相互协调的。尤其是一国的经济发展，作为一个动态变化系统，内部的层次差别需要协同，各个要素之间的关系需要联动，系统内部的每个组成都在牵引着整体变动方向，那些看似细枝末节可忽视的环节，也在以不同方式制约着主体的优势组成，所以，其完整性、平衡性以及协同性需要被充分重视且关注。与此同时，中国在新时代高质量发展时期，国内开放效果也显示出薄弱和低迷，则需要在全球化趋势下，通过优化分工体系和科技配比，向全球高端价值链顶端迈进。因此，在面对内外联动效应持续低迷、区域城乡发展失衡等影响中国朝向高质量发展的具体矛盾和制约因素时，就需要通过协调层次差异，提高内外联动组合效果来进一步打破现有桎梏，以摆脱旧有经济增长轨道，谋求高质量新发展路径生成。①构建高密度经济发展极，协调发展区域差异。构建经济发展极意味着要由创新性行业在空间上的集聚效应推动该地区发展，并且辐射其他经济增长区域空间。通过在地区高质量发展水平较高的多个区域进行辐射和扩散，对外围周边地区的生产行为、生产方式以及生产布局进行影响和促进效果，在高密集度经济发展极的打造下，可以进行高质量且较为集中的专业化生产和密切化交流，不仅能烘托地区优势，还能对非核心功能区进行有序疏导和二次布局。②促进要素流动，打破城乡分割。通过建立较为统一的大市场战略，在现代市场体系健全、开放、竞争且统一的基础上，彻底消除限制资源自由充分流动的体制障碍，打破城乡、区域分割壁垒，并着力解决农村贫困、地区发展落后的矛盾，根据城市、农村不同区位的功能特征进行合理分工、高效对接，使城乡、区域之间形成相互联系、相互依赖、相互支撑的共同体。③深化供给侧结构性改革，增强内外联动开放效果。在全球化的大市场浪潮中，要把握开放新机遇，应对国际新挑战，建设高层次开放经济，务必要关注国际化市场竞争新标准，提高中国供给体系质量和效益，加快以创新科技引领的新动能培育，以实现东西双向共济、内外联动组合的开放新格局。

参考文献

[1] 任保平. 新时代中国经济从高速增长转向高质量发展:理论阐释与实践取向[J]. 学术月刊,2018,50(3):66-74,86.

[2] 黄茂兴,叶琪. 马克思主义绿色发展观与当代中国的绿色发展——兼评环境与发展不相容论[J]. 经济研究,2017,52(6):17-30.

[3] 李周. 中国经济学如何研究绿色发展[J]. 改革,2016(6):133-140.

[4] 裴长洪,刘洪愧. 习近平新时代对外开放思想的经济学分析[J]. 经济研究,2018,53(2):4-19.

[5] 金碚. 关于"高质量发展"的经济学研究[J]. 中国工业经济,2018(4):5-18.

[6] 赵满华. 共享发展的科学内涵及实现机制研究[J]. 经济问题,2016(3):7-13,66.

3 新时代中国实体经济的高质量发展

本章从实体经济的界定出发，以制造业为主要研究对象，构建了包含发展基本面和社会成果两个维度7个具体指标的综合质量评价体系。对27个制造业行业2004—2015年的实体经济质量进行度量。发现我国实体经济总体发展质量没有明显提升，传统资源加工型产业质量低下。发展质量相对较高的行业集中在高科技、服装和文化产业，这些行业质量依然有待提高。

3.1 引　言

从中国制造2025到党的十九大，振兴实体经济已经成为中国建立现代化经济体系的重要战略之一。工业革命以来，实体经济的强盛，尤其是制造业的强盛就成为推动国家实现富强的主要动力。作为国民经济的根基，实体经济对拉动就业、改善人民生活水平有重要作用。习近平总书记指出："振兴实体经济是供给侧结构性改革的主要任务，供给侧结构性改革要向振兴实体经济发力、聚力。不论经济发展到什么时候，实体经济都是我国经济发展、我们在国际经济竞争中赢得主动的根基。"（中共中央文献研究室，2017）。改革开放以来，我国的实体经济快速发展，2010年，我国的国民生产总值已经位居世界第二。党的十八大以来经济建设更是取得了重大成就，在工业化后期增速减缓和全球性问题加剧的背景下，我国的国内生产总值增长了48%，对世界经济增长贡献率超过30%。中国已经成为世界经济大国，但是并非真正达到了世界经济强国（黄群慧，2016）。我们必须清醒地认识到我国现阶段发展质量和效益还不高，创新能力不够强，实体经济水平有待提高。党的十九大报告中明确指出：“建设现代化经济体系，必须把发展经济的着力点放在实体经济上，把提高供给体系质量作为主攻方向，显著增强我国经济质量优势。”我国经济已由高速增长阶段转向高质量发展阶段，面对国内产能过剩、结构失衡、僵尸企业和创新能力不足等多种问题，以及对外发达国家再工业化的压力，提高我国实体经济质量才是打破瓶颈的唯一途径。我们必须坚持“质量第一、效益优先”的基本原则，推动实体经济发展的经济发展“质量变革、效率变革、动力变革”。

那么实体经济质量的具体含义是什么？如何全面评估实体经济发展质量呢？本章从对实体经济的界定出发，确定了以实体经济的核心制造业为主要研究对象。构建了包含两个维度 7 个具体指标的综合质量评价体系，并对 27 个行业 2004—2015 年的实体经济质量进行度量。本章第三部分对实体经济质量进行评价；第四部分给出相关政策建议。

3.2 新时代中国实体经济质量的评价体系

3.2.1 对实体经济的界定

近年来，“实体经济”一词频频出现在政府报告和政策会议中，学术界关于实体经济的研究更是层出不穷，但是对实体经济是什么却没有一个较为统一的界定。国际金融危机的出现引发了人们对于实体经济和虚拟经济关系的思考，在此类文献中对于实体经济的表述大多是相对于虚拟经济而言的。从理论方面来说，成思危和刘骏民从产品定价的角度对实体经济和虚拟经济进行了区分，认为实体经济依据成本进行定价，而虚拟经济的价格体系则以资本化定价行为为基础（成思危、刘骏民，2003）。王永钦等从投机的可能性出发，界定了与房地产业和金融业相对的实体经济（王永钦、高鑫、袁志刚、杜巨澜，2016）。也有观点认为金融与实体经济边界趋于模糊且彼此渗透，实体经济已不同程度地被“金融化”或“类金融化”了。具体表现在：一方面，随着金融创新的发展，实体经济中资产的流动性逐渐增强。一旦资产有了较高的流动性，便就在一定程度上被“货币化”和“金融化”了。另一方面，由于部分服务业自身并不创造价值，可视为虚拟经济的一部分。但如今制造业已经广泛服务化，制造业和服务业已经难以分割（李扬，2017）。从实证方面来说，李青原等通过分析工业行业数据来研究实体经济资本配置效率问题（李青原、潘雅敏、陈晓，2010）。黄群慧基于产业分类的视角提出了实体经济的三层次分类框架。其中第一层次的实体经济为制造业；第二层次包括制造业、农业、建筑业及其他工业；第二层次的实体经济和除金融和房地产业以外的服务业一起构成了第三层次的实体经济（黄群慧，2017）。制造业是国民经济的主体，是立国之本、兴国之器、强国之基，更是实体经济的核心所在（中国制造2025，2015）。新一轮科技革命给传统制造业带来了巨大的机遇与挑战，从全球范围来看，新一代信息技术与制造业的融合引领制造业向着数字化、服务化、绿色化、高级化的方向发展。制造业发展下的新产品、新产业正在不断改变着人们的生活方式，制造业的变革依然是社会进步的最主要动力。本章借鉴黄群慧对于第一层次实体经济的界定，选择制造业为主要研究对象，对实体经济进行研究。

3.2.2 实体经济质量指标体系的构建

（1）行业归并与缺失值处理

依据国民经济行业分类标准（GB－T 4754—2002）中的工业行业划分，制造业大类分为31个中类，本章构造的实体经济质量分行业数据正是针对这31个中类而言的。由于数据缺失严重，我们剔除了工艺品及其他制造业（行业代码42）及废弃资源和废旧材料处理业（行业代码43）。由于年鉴的统计口径在2012年前后发生了变化，为了统一口径，本章对2012年之前的橡胶品制造业和塑料品制造业进行合并（行业代码29&行业代码30），统称为橡胶和塑料制品业；对2012年之后的汽车制造业和航空航天及其他运输设备制造业进行合并，统称为交通运输设备制造业。最终本章一共估计了27个制造业行业的分行业数据，如表3－1所示：

表3－1 中国制造业两位数行业代码及行业名称

序号	两位数代码	行业名称	序号	两位数代码	行业名称
1	13	食品加工业	15	27	医药制造业
2	14	食品制造业	16	28	化学纤维制造业
3	15	饮料制造业	17	29&30	橡胶和塑料制品业
4	16	烟草制品业	18	31	非金属矿物制品业
5	17	纺织业	19	32	黑色金属冶炼及压延加工业
6	18	纺织服装、鞋、帽制造业	20	33	有色金属冶炼及压延加工业

续表

序号	两位数代码	行业名称	序号	两位数代码	行业名称
7	19	皮革、毛皮、羽毛（绒）及其制品业	21	34	金属制品业
8	20	木材加工及木、竹、藤、棕、草制品业	22	35	通用设备制造业
9	21	家具制造业	23	36	专用设备制造业
10	22	造纸及纸制品业	24	37	交通运输设备制造业
11	23	印刷业和记录媒介的复制	25	39	电气机械及器材制造业
12	24	文教体育用品制造业	26	40	通信设备、计算机及其他电子设备制造业
13	25	石油加工、炼焦及核燃料加工业	27	41	仪器仪表及文化、办公用机械制造业
14	26	化学原料及化学制品制造业			

（2）评价体系构成

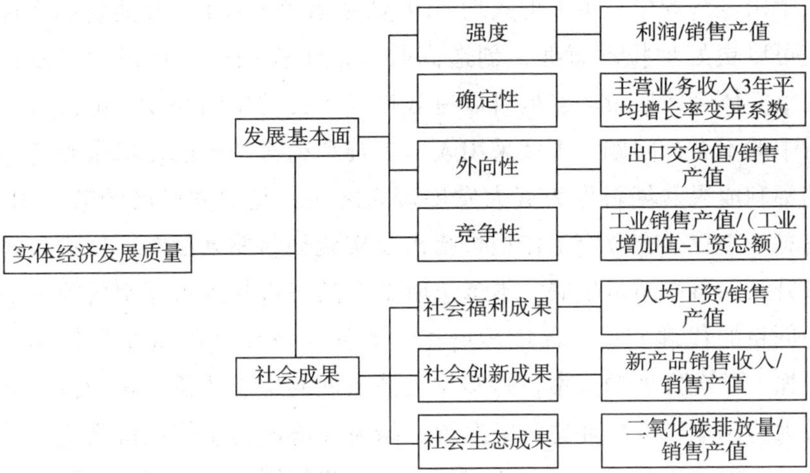

图3－1　实体经济发展质量评价体系构成

本章借鉴任保平等对于经济增长质量的评价体系，从发展基本面和社会成果两个维度对实体经济的高质量发展进行评价（见图3－1）。①发展基本面包括强度、稳定性、外向性和竞争性四方面内容。我们采用利润和销售产值的比值来测算各产业的强度，此时强度表示每单位销售产值获得的利润，强度越大，企业综合效率越高，经营状况越好。实体经济的稳定性由滚动的主营业务收入3年平均增长率的变异系数求倒数而得，变异系数越大，进而代表主营业务收入增长率的波动越大，实体经济发展不稳定。随着世界经济一体化的发展，实体经济的外向性也可以被看成衡量其质量的重要指标之一。一方面，实体经济的质量高，其制造业产品在国际上就会有较强的竞争力，而这种竞争力可以通过出口水平加以体现；另一方面，出口水平的提高也可以促进技术引进与外商投资，反过来推动实体经济发展。所以我们选取各产业出口交货值和销售产值的比值来度量外向性，外向性越高，实体经济质量越高。竞争性方面，市场竞争能促进资源更有效地配置，也可以提升生产创新的活力。本章借鉴师博等（2018）对于分行业竞争水平的测算方法，用（工业增加值－工资总额）/工业销售产值来估算PCM（Price Cost Margin），并用1/PCM表示制造业产业内的竞争水平MS。②我们把社会成果分为福利成果、创新成果和生态成果。党的十九大报告中提出，当前我国社会的主要矛盾已转化为人民日益增长的美好生活需要和不平衡不充分的发展之间的矛盾。而经济发展不充分主要体现在中国经济规模总量大但人均GDP仍然相对落后上。高质量的实体经济应该可以更好地拉动就业，创造高收入的工作岗位，真正实现藏富于民。注重实体经济质量的发展可以有效提高人民的生活品质，解决社会主要矛盾中的不充分问题。本章采用人均工资和销售产值的比值来测算实体经济的福利成果。创新作为五大发展理念之一，是引领发展的第一动力。国务院总理李克强在政府工作报告指出要实施创新驱动战略，促进实体经济转型升级向着高质量发展。本章选取新产品销售收入占总销售收入的比值作为创新的代理变量。环境污染作为实体经济发展的重要负外部性之一，增加了社会发展的成本，是实体经济发展的生态代价。作为世界碳排放量最大的国家，减少环境污染发展、绿色经济成为实体经济高质量发展的关键。二氧化碳是温室气体的主要构成，我们用单位二氧化碳销售产值（即二氧化碳排放量与销售产值之比）来代表社会生态成果。根据2016年《国家温室气体清单指南》提供的对于分行业二氧化碳排放量测算的参考方法，将制造业行业八种化石燃料的碳排放量和火力发电消耗碳排放量加总，得到总CO_2排放量。公式如下：

$$C_t = \sum_{i=1}^{8} C_{i,t} = \sum_{i=1}^{8} [E_{i,t} + (\mathrm{EE}_i \times \mathrm{RFF}_i \times \mathrm{CEFF})] \times \mathrm{NCV}_i \times \mathrm{CEF}_i \times \mathrm{COF}_i \times \frac{44}{12}$$

具体而言，C_t 表示二氧化碳总排放量，$C_{i,t}$ 为化石燃料 i 的二氧化碳总排放量，E_i 表示化石能源消耗量。EE_i 为电力消耗量，RFF_i 是电力消耗中火电占比，CEFF 是火电厂供电煤耗，三者相乘即可把火电消耗转化为标准煤。我们参考师博等（2018）的处理方法，用全国火电发电量占总发电量的比重替代各行业电力消耗中火电占比。NCV_i 代表《中国能源统计年鉴》提供的各类能源的平均低位发热量，CEF_i 为 IPCC（净发热值）温室气体清单提供的各类能源含碳量，COF_i 表征各类能源碳氧化因子，$NCV_i \times CEF_i \times COF_i$ 即为各类能源的碳排放系数；44 和 12 分别为二氧化碳和碳的分子量（见表 3－2）。

表 3－2　各能源二氧化碳排放系数

能源名称	平均低位发热量	单位热值含碳量（吨碳/TJ）	碳氧化率	二氧化碳排放系数 kg－co_2/kg
原煤	20908kJ/kg	26.37	0.94	1.9003
焦炭	28435 kJ/kg	29.5	0.93	2.8604
原油	41816 kJ/kg	20.1	0.98	3.0202
燃料油	41816 kJ/kg	21.1	0.98	3.1705
汽油	43070 kJ/kg	18.9	0.98	2.9251
煤油	43070 kJ/kg	19.5	0.98	3.0179
柴油	42652 kJ/kg	20.2	0.98	3.0959
液化石油气	50179 kJ/kg	17.2	0.98	3.1013
炼厂干气	46055 kJ/kg	18.2	0.98	3.0119
油田天然气	38931 kJ/m^3	15.3	0.99	2.1622

由于数据的可获得性，本章测度了 2004—2015 年的实体经济质量指数。上述数据中的利润、销售产值、主营业务收入、出口交货值、工业增加值均选自《中国工业统计年鉴》。其中，由于 2004 年之前的统计年鉴中缺少主营业务收入这一指标，我们用产品销售收入加以代替，并且以 1978 年为基期的 GDP 平减指数平减后计算平均增长率的变异系数；因为 2007 年之后的统计数据无工业增加值，本章通过用 2001—2007 年的平均毛附加价值率和 2007 年后各年的工业总产值相乘，进一步估算出工业增加值。除此之外，工资总额和人均工资选自《中国劳动统计年鉴》，新产品销售产值来自《中国科技统计年鉴》，二氧化碳相关数据取自《中国能源统计年

鉴》。

(3) 实体经济发展质量的测算

由于上述指标的性质和量级均不同，如果直接进行加总会造成偏差。为了在保证指标经济意义不受损失的基础上消除指标之间的量纲影响，本章采用最小—最大标准化的方法对数据进行标准化处理，并通过均等权重赋值加权得到实体经济发展质量指标。具体而言：

$$\text{实体经济发展质量}=\frac{1}{8}\text{强度}+\frac{1}{8}\text{稳定性}+\frac{1}{8}\text{外向性}+\frac{1}{8}\text{竞争性}+\frac{1}{6}\text{社会福利成果}+\frac{1}{6}\text{社会创新成果}+\frac{1}{6}\text{社会生态成果}$$

3.3 新时代中国实体经济质量的评价分析

3.3.1 中国实体经济总体发展质量没有明显提升，传统资源加工型产业质量低下

总体来看，我国实体经济发展质量在2004—2015年并没有显著提升；大多行业如饮料制造业、食品制造业、医疗制造业等的发展质量围绕各自均值上下波动。仪器仪表及文化、办公用机械制造业和皮革、毛皮、羽毛（绒）及其制品业的发展质量甚至有下降的趋势（见图3-2、图3-3）。中国已经发展成为实体经济世界第一大国，制造业全球占比位居世界第一，但是我国制造业大多以规模取胜，在质量上还没有真正成为实体经济强国。提高实体经济发展质量是推动我国由高速增长向高质量发展转化的主动力，是建设中国社会主义现代化经济体系的关键。

传统资源加工型产业发展质量普遍偏低，但是有质量提高的趋势。其中，排名在后的石油加工、炼焦及核燃料加工业发展质量从2004年的0.135191上升至2015年的0.184431，提高了近36%。与之相似的还有非金属矿物制品业，发展质量从2004年的0.213842增加到2015年的0.258125，增长了30%。黑色金属冶炼及压延加工业的发展质量基本保持在0.22左右，化学原料及化学制品制造业的质量水平在0.25的基础上略有提升。我国对高耗能行业的发展质量提升取得了初步进展。但是从具体指标来看，石油加工、炼焦及核燃料加工业的强度平均不足2%，并且在2005年、2006年和2008年的利润均为负值。黑色金属冶炼及压延加工业

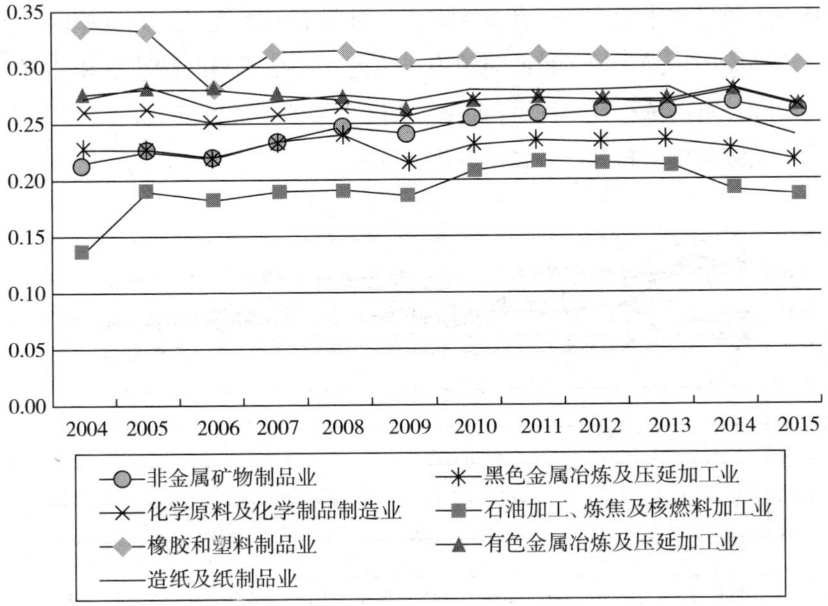

图 3－2　2004—2015 年中国实体经济发展质量（传统资源加工型产业）

和非金属矿物制品业的平均强度分别为4%和5%。传统资源加工型产业依然表现出经济占比高、盈利能力不足和低水平产量过剩等突出问题。除此之外，“僵尸企业”过多、缺乏优质企业也是发展质量低下的一大原因。张栋等基于2011—2015年的数据，从属于黑色金属冶炼及压延加工业的上市公司中随机选取了17家，研究发现其中仅有3家是“非僵尸企业”（张栋等，2016）。“僵尸企业”的存在严重影响了市场秩序，破坏了市场竞争，造成了资源配置的低效率，带来实体经济质量低下的后果。

3.3.2　发展质量较高的行业集中在高科技、服装和文化产业

从表3－3分行业实体经济发展质量数据上来看，发展质量一直排在前列的行业分别有：①文教体育用品制造业；②皮革、毛皮、羽毛（绒）及其制品业；③仪器仪表及文化、办公用机械制造业；④家具制造业；⑤通信设备、计算机及其他电子设备制造业。其中，通信设备、计算机及其他电子设备制造业的质量相对较高，在2007年其排名超过文教体育用品制造业跃居第一，并始终保持在领先水平。但是值得注意的是，从长期来看，通信设备、计算机及其他电子设备制造业的质量在2009年达到高峰后，2010年又回到了原先水平；2010

年后其发展质量水平始终维持在0.4左右，并没有显著提升。究其原因，主要是自主创新能力不强，缺少核心竞争力，关键核心技术与高端装备和关键零部件对进口和外资的依存度很高，“四基”［核心基础零部件（元器件）、先进基础工艺、关键基础材料和产业技术基础］基础能力薄弱。

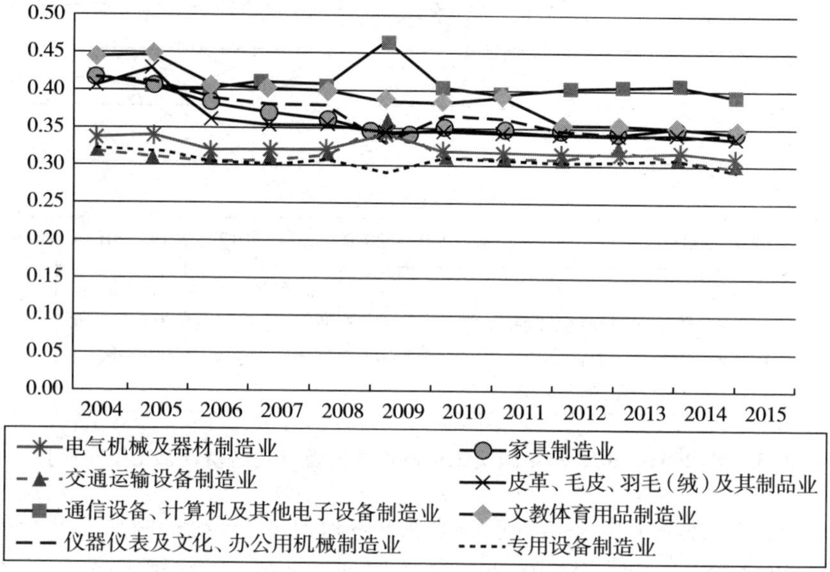

图3－3　2004—2015年中国实体经济发展质量（高科技、服装和文化产业）

交通运输设备制造业的质量变化较为平稳，在2009年出现一次小高峰，其余年份均保持在0.3左右。皮革、毛皮、羽毛（绒）及其制品业的发展质量在2005年时达到最高值0.421621，排名第二，而后一路下降，到2015年其发展质量仅为0.332871。问题主要表现为我国产品供给的档次偏低，缺乏高品质、个性化、创新性、高附加值的产品，品牌建设不到位。皮革、毛皮、羽毛（绒）及其制品业的外向性持续走低，出口交货值占销售产值的比重在2004年达到0.5816，但2015年该比重仅为0.2341。在失去成本优势后，我们必须打造一批质量高、创新性强、特色鲜明的产品，打造民族品牌、建设品牌文化，才能在国际市场中占有一席之地。

表3－3　代表性年份中国分行业实体经济发展质量指数

	行业	2005	2006	2008	2009	2014	2015
1	食品加工业	0.303632	0.278998	0.282916	0.279545	0.284674	0.278264
2	食品制造业	0.304518	0.285021	0.288455	0.285115	0.307477	0.29452

续表

	行业	2005	2006	2008	2009	2014	2015
3	饮料制造业	0. 278922	0. 276342	0. 282443	0. 277117	0. 288247	0. 282764
4	烟草制品业	0. 324458	0. 31831	0. 322604	0. 310426	0. 324522	0. 314471
5	纺织业	0. 324958	0. 298954	0. 298533	0. 292513	0. 287389	0. 287239
6	纺织服装、鞋、帽制造业	0. 380214	0. 347658	0. 3407	0. 331914	0. 328736	0. 322178
7	皮革、毛皮、羽毛（绒）及其制品业	0. 421621	0. 358768	0. 348517	0. 33645	0. 337771	0. 332871
8	木材加工及木、竹、藤、棕、草制品业	0. 328139	0. 305586	0. 299776	0. 293564	0. 284698	0. 291143
9	家具制造业	0. 404513	0. 380637	0. 359445	0. 343585	0. 347267	0. 339533
10	造纸及纸制品业	0. 280526	0. 263225	0. 272081	0. 267889	0. 254313	0. 237312
11	印刷业和记录媒介的复制	0. 338602	0. 314338	0. 316362	0. 314903	0. 317794	0. 31137
12	文教体育用品制造业	0. 444261	0. 406307	0. 395375	0. 383709	0. 346794	0. 341062
13	石油加工、炼焦及核燃料加工业	0. 188805	0. 181377	0. 187878	0. 185411	0. 189149	0. 184431
14	化学原料及化学制品制造业	0. 261862	0. 25024	0. 263207	0. 254909	0. 278279	0. 263886
15	医药制造业	0. 298903	0. 289642	0. 29825	0. 292959	0. 316939	0. 303087
16	化学纤维制造业	0. 373571	0. 296796	0. 298256	0. 297959	0. 285854	0. 285712
17	橡胶和塑料制品业	0. 331716	0. 275267	0. 313996	0. 305135	0. 304326	0. 30018
18	非金属矿物制品业	0. 222738	0. 218273	0. 24514	0. 240784	0. 267672	0. 258125
19	黑色金属冶炼及压延加工业	0. 220465	0. 217912	0. 238467	0. 212768	0. 226228	0. 215603
20	有色金属冶炼及压延加工业	0. 279719	0. 278818	0. 269318	0. 259906	0. 27723	0. 257254
21	金属制品业	0. 334042	0. 309585	0. 308061	0. 28522	0. 301206	0. 294768
22	通用设备制造业	0. 315123	0. 298912	0. 299115	0. 303263	0. 292781	0. 294082
23	专用设备制造业	0. 314477	0. 298811	0. 303837	0. 286538	0. 299622	0. 29157
24	交通运输设备制造业	0. 306493	0. 302511	0. 310538	0. 352629	0. 304396	0. 294829

续表

	行业	2005	2006	2008	2009	2014	2015
25	电气机械及器材制造业	0. 334688	0. 318281	0. 317981	0. 335756	0. 313544	0. 306061
26	通信设备、计算机及其他电子设备制造业	0. 399536	0. 401015	0. 403621	0. 462138	0. 402812	0. 388394
27	仪器仪表及文化、办公用机械制造业	0. 40891	0. 386227	0. 374613	0. 324526	0. 334203	0. 342633

3.4 政策建议

3.4.1 以提高制造业供给质量为核心，深化供给侧改革

提高实体经济发展质量关键是要解决制造业供需失衡问题。一方面，要积极淘汰落后产能，缓解低水平产量过剩问题，减少资源的浪费和效率的损失；积极处理“僵尸企业”，降低退出成本，减少政府补贴负担和银行信贷风险；深化国有企业改革，营造公平、高效的竞争环境，鼓励和引导创新行为；促进制造业转型升级，推进战略性新兴产业发展和传统制造业技术改造。另一方面，要注重培育高端品牌，加大质量监控力度，完善质量监管体系，提高产品质量；引导企业建立品牌意识，注重品牌管理，建设品牌文化，提升企业的内涵和底蕴；引导企业树立以质量为核心的竞争意识、传递创新、诚信的企业精神，提升制造业品牌国际竞争软实力。充分发挥媒体的宣传作用，推动中国品牌走向世界。

3.4.2 加大研究开放力度，打造创新型制造业

从基础工业入手，统筹推进以核心基础零部件（元器件）、先进基础工艺、关键基础材料和产业技术基础为内容的“四基”发展，建立基础工艺创新体系，加大研发投资，培养新型人才，对引进的先进技术进行消化吸收和再创新，减少对进口和外资的依赖程度，避免受制于人的局面。推动制造业智能化发展，加快信息化与实体经济的融合力度，实现生产方式、研发方式和销售方式的全面转型升级，充分发挥互联网和大数据在实体经济中的作用。完善制造业的知识产权保护制度，鼓励企业自主创新。

3.4.3 研发节能环保技术，加快建设绿色制造业体系

坚定不移地贯彻绿色的发展理念，建立健全绿色低碳循环发展的经济体系。全面推进高耗能制造业的绿色改造，从节约化石能源的使用、有毒有害原料代替、减少碳排放和大气污染、控制水污染和土地污染、提高回收利用效率等多角度对传统制造业进行技术改进。宣传绿色的消费观念，引导企业开发绿色环保的产品。

参考文献

[1]师博，姚峰，李辉. 创新投入、市场竞争与制造业绿色全要素生产率[J]. 人文杂志,2018(1).

[2]黄群慧. 论新时期中国实体经济的发展[J]. 中国工业经济,2017(9).

[3]李扬. “金融服务实体经济辩”[J]. 经济研究,2017(6).

[4]王永钦,高鑫,袁志刚,等. 金融发展、资产泡沫与实体经济：一个文献综述[J]. 金融研究,2016.(5).

[5]师博,张冰瑶. 新时代、新动能、新经济——当前中国经济高质量发展解析[J]. 上海经济研究,2018(5).

[6]陈诗一. 中国工业分行业统计数据估算:1980—2008[J]. 经济学(季刊),2011(3).

[7]李青原,潘雅敏,陈晓. 国有经济比重与我国地区实体经济资本配置效率——来自省级工业行业数据的证据[J]. 经济学家,2010(1).

[8]师博,任保平. 中国省际经济高质量发展的测度与分析[J]. 经济问题,2018(1).

[9]钞小静,任保平. 中国经济增长质量的时序变化与地区差异分析[J]. 经济研究,2011(4).

[10]钞小静,惠康. 中国经济增长质量的测度[J]. 数量经济技术经济研究,2009(6).

[11] 李青原,李江冰,江春. 金融发展与地区实体经济资本配置效率——来自省级工业行业数据的证据[J]. 经济学季刊,2013(2).

[12]彭树涛,李鹏飞. 中国制造业发展质量评价及提升路径[J]. 中国特

色社会主义研究,2018(5).

[13]张栋,谢志华,王靖雯.中国僵尸企业及其认定——基于钢铁业上市公司的探索性研究[J].中国工业经济,2016(11)。

[14]黄群慧.振兴实体经济要着力推进制造业转型[N].经济日报,2017-02-10.

4 新时代中国高质量发展的财富指数

随着中国经济从高速增长阶段进入高质量发展阶段，构建高质量的财富指数对国家财富进行衡量成为重要的理论和实践问题。本章梳理了财富观的演变，在分析新时代国家财富的内涵基础上，借助 Dasgupta（2007）包容性财富指数的总体框架，从人力财富、物质财富和自然财富三大维度构建了新时代高质量财富指数。并分别利用 J－F 终身收入法、永续盘存法和资源预期收益折现法对我国省际层面三大财富进行了测度、趋势分析和结构分析。研究发现，近 20 年来，我国高质量财富从 171 万亿元增长到 412 万亿元，从财富结构上，20 年来的财富驱动主要靠物质财富和人力财富驱动，其中物质财富驱动作用更大。从各省财富增长情况来看，高质量财富增长最快的省份均以人力财富为主导，而高质量财富增长最慢的省份均以自然财富为主导。在未来经济向高质量发展阶段转换过程中，为了实现高质量财富的增加，应积极推进人力资本财富的积累，实现从物质财富驱动向人力财富驱动的转型。

4.1 引言及文献综述

党的十九大报告中指出中国经济发展已进入新时代，新时代的重要特征就是发展阶段出现了重大变化，即从高速增长阶段转向高质量发展阶段。这一重要判断标志着我国经济发展从“数量时代”进入“质量时代”。在经济发展的“数量时代”，对一个国家或地区经济发展水平和富裕程度的衡量指标主要采用国民账户体系（SNA）中的国内生产总值（GDP），GDP 能够反映出一定时期内一国（或地区）生产出的全部最终产品和服务，但其存在两个缺陷：一是其只能反映出流量意义上的收入水平，而难以反映出存量意义上的财富水平；二是采用 GDP 难以全面衡量经济发展的非物质产出，也难以衡量经济发展中的资源代价和生态成本。

随着经济发展进入“质量时代”，如何衡量经济的高质量发展水平，特别是高质量的财富水平，成为新时代亟须解决的重大理论和实践问题。很多学者和学术研究机构也进一步去探索更为全面的衡量指标，如联合国开发计划署于《1990 年人文发展报告》中提出的人类发展指数（HDI）指标，HDI 指标主要由预期寿命、教育基础和实际人均 GDP 3 个基础指标等权相加而成，相比传统的 GDP 指标多纳入了人力资本水平。1993 年联合国经济和社会事务部在修订的《国民经济核算体系》中提出了绿色 GDP 的概念，提出应在传统 GDP 基础上扣减资源耗减成本和环境降级成本。

除去以上两个影响较大的指标外，目前主流的经济发展水平衡量指标还包括日本政府提出的国民福利指标（NNW）、中国国家统计局发布的全面小康检测指标（DOC）、William Nordhaus 和 James Tobin（1972）提出的经济福利测度指标（MEW），Herman Daly 和 John Cobb（2007）提出的可持续经济福利指数（ISEW）、任保平等（2012）提出的经济增长质量指数（QEGI）等。但以上指标着重于经济发展中的福利或质量水平，从社会财富的角度进行衡量的指标仍然较少。

在财富衡量方面，Dasgupta（2007）提出了“包容性财富指数”（Inclusive Wealth Index，IWI）的概念，并主要将其应用于测算一个国家的财富水平。包容性财富指数将国家财富分为三类，即人力资本、物质资本和自然资本，并认为总体财富是这三类财富的量化加总。由于在传统财富构造中加入了人力资本和自然资本，这一指标可以反映出财富的内涵和质量，也能够在一定程度上反映一个国家经济的长期可持续发展水平。依据这一基础概念，联合国环境规划署（UNEP，2012）发布的《包容性财富报告》（*inclusive Wealth Index*），测算并比较了世界主要国家的包容性财富值，将这一概念拓展到国家间的实际应用及比较中。我国学者也依据这一框架，针对中国省级包容性财富指数进行了估算，并与主流发达国家的包容性财富进行了对比分析（庄佳强，2013；李钢、刘吉超，2014）。但现有研究在新时代背景下新型财富的测算方面仍然可以继续完善，如对于人力资本的测度，现有研究采用基于受教育年限的重置成本法，其实质是以

“投入成本”代替“资本”，这在一定程度上可能会影响人力资本衡量的准确性。

综上所述，现有关于经济发展水平和财富的衡量指标的研究，已经为新时代高质量财富指数的深化研究提供了广阔的思路和深厚的基础，但也存在一些可以继续深入研究的空间：一是现有衡量指标聚焦于经济发展本身的数量（流量）和质量层面，而基于财富概念的内涵出发，从国家高质量财富角度进行衡量的指标较少，目前比较主流的仅有包容性财富指数；二是财富指数的衡量框架方面，包容性财富指数的二级指数的衡量可以更为科学；三是现有关于国家财富的研究，多是测算，而比较缺乏进一步的财富动力结构和财富布局结构的变迁分析。

基于此，本章基于新时代高质量发展背景下对于财富内涵的探讨，基于包容性财富指数的基本框架，构建了新时代高质量发展的财富指数，并进一步依据中国的省级面板数据，对高质量财富指数进行测度和比较分析。在此基础上，进一步研究财富结构的变迁，从而为提升新时代下中国国民经济的高质量财富水平提供相应的理论和政策参考。

4.2 新时代高质量发展财富指数的内涵与特征

对财富性质的研究，以及对财富创造的方法与路径的研究，是经济学永恒的追求，特别是自亚当·斯密的《国富论》问世以来，对于国民财富性质及其根本动力的研究就一直是经济学最重要的问题之一。关于财富的研究涉及整个经济的制度基础与经济社会发展方式的演变，这些研究主要集中于依次递进的几个理论问题，即探讨“什么是财富”“财富如何测度”“财富如何增长”。现代经济增长理论在研究“财富如何增长”方面已经形成了比较成熟的理论体系，但这些理论均是在传统数量增长时代形成的。要研究新时代的财富增长问题，就必须先明确高质量发展背景下财富的内涵特征是什么、高质量财富如何测度，这就需要研究财富的本质属性，通过不同发展阶段财富观的演变，提出科学测算高质量财富的维度和方法，为新时代高质量发展提供相应的依据和参考。

4.2.1 财富观的演变与财富的本质属性

对财富内涵特征的考察需要梳理经济学说史中的财富观念，从财富观念的演变来看，人们对于财富的认识总体经历了以下几种形态：

第一种是实物财富。实物形态财富观的代表是古希腊哲学家色诺芬，其在《经济论》中把物品的有用性作为财富衡量的标准，可以看出实物形态财富观的本质就是物品的使用价值。在色诺芬提出实物形态财富观后，亚里士多德、法国重农学派、阿奎那、亚当·斯密和马尔萨斯进一步探讨了实物形态的财富观。实物财富观强调社会总物质产品对人类社会的重要性，在早期财富观中占据主流地位，直到现代社会仍然有着重要影响。

第二种是货币财富。作为一种特殊的商品，货币的产生是商品交换越发扩大背景下的产物。随着16世纪中叶欧洲重商主义的兴起，金银货币也被纳入了财富的范畴。重商主义认为只有金银货币才能够被称为财富，所以一个国家的财富总量也就是该国所有金银贵金属的总量。基于这样的财富认识，重商主义者强调要通过在国际贸易中保持顺差来实现货币财富增值，因此，应该鼓励出口、限制进口，以获取金银货币作为国家发展战略的重要目标。重商主义者基于货币形态的财富观重视流通领域，对于财富增值中更为重要的生产领域缺乏关注，因此，这一财富观并未能触及经济社会运行的本质。

第三种是价值财富。主要的代表性观点包括劳动价值论、要素价值论和效用价值论三类。劳动价值论由配第提出，并由亚当·斯密、大卫·李嘉图和马克思等深化和拓展，这一财富观认为劳动是创造财富的根本源泉，因此，财富的增值就依赖于劳动力的增加和劳动效率的提升；要素价值论主要由萨伊、克拉克和西尼尔等提出，他们已经提出了财富的产生途径在于劳动、储蓄和土地，这三类要素共同形成了财富；效用价值论则主要是在西方经济学“边际革命”的背景下由边际学派提出的观点，其主要特点是基于个人的主观满足为标准来衡量财富。

第四种是无形财富。无形财富主要表现为知识和人力资本，对无形财富的认识是20世纪20年代中期后在自然科学和社会科学大发展的背景下发展起来的，伴随着工业化逐步过渡到后工业化阶段，知识技术等现代生产要素逐渐在经济增长中起到越来越大的作用，甚至超过了传统要素的贡献。知识技术，以及作为承载知识主体的人力资本，越来越受到人们的重视，并成为社会财富中的重要部分。与传统财富相比，无形财富突破了前三种财富观中“有形财富”的限制，同时，其不仅仅回答了“什么是财富”，更从知识创造和人力资本积累的角度回答了“如何创造财富”的问题，因此，知识和人力资本的无形财富成为现代财富的重要部分。

从财富观的演变来探讨财富的本质属性，可以发现，财富的本质就是全社会能够生产出物质总产品的有形要素与无形要素的总和。财富具有物质性、价值性和创造性三大特征，这三大特征也分别能够回答“什么是财富”“如何度量财富”以及“如何促进财富增长”三大问题。

4.2.2 新时代背景下高质量财富指数的主要维度

在传统的数量型增长时代，人们更关心经济规模的扩展和物质发展水平的改善，因此，重视财富的物质性。更多的研究集中于如何增长社会总产品，在发展要素层面也更加注重有形要素，而忽视无形要素。随着中国经济发展进入新时代，高质量发展成为新的时代要求，高质量发展要求在财富衡量中要有高质量的财富指数。高质量财富指数不仅仅能够反映出国家的富裕程度，也能够反映出财富的内涵和质量，更能反映出一国经济的可持续发展能力。

如何构建新时代的高质量财富指数，Dasgupta（2007）和联合国环境规划署（UNEP，2012）关于包容性财富指数的前期研究提供了一个很好的基础。这一指数将财富分为人力资本、生产性资本和自然资本三大类型，人力资本反映劳动力的数量和质量，生产性资本主要是包括基础设施、生产设备等，而自然资本主要是包括矿产、土地和渔场在内的自然资源。借助这一基本框架，我们将新时代高质量财富指数的三大维度界定为以下 3 个方面：

一是人力资本财富。人力资本财富包括两大层面，在人力资本的数量层面，主要指一国适龄劳动人口的数量；在人力资本的质量层面，主要指一个国家或地区的所有劳动者在教育、健康等方面进行投资从而获得的知识和技能的积累，这种积累可以转化为知识和技术，进而实现物质财富的增加和人们生活质量水平的提升。因此，从人力资本财富的来源来看，人力资本主要来源于教育、培训、工作变动和人口迁移等，此外，生育和抚养行为也能够提升未来的人力资本财富。

二是物质资本财富。物质资本财富主要指全社会物质资本存量，也就是已投入企业的各类资本的总和，其实质是全社会现存的全部资本资源，它通常可反映全社会当前的经济发展规模。其在生产过程中所处的状态可以划分为两类：即正在参与再生产的资产存量和处于闲置状态的资产存量，包括闲置的厂房、机器设备等。每个时期的物质资本存量均等于上期的物质资本存量减去折旧后再加上今年的新增投资，因此，物质资本存量是从积累的角度反映出全社会的物质财富总和。

三是自然资本财富。自然资本财富是指能从中导出有利于生计的资源流和服务的自然资源资本。自然资本财富不仅包括为人类所利用的资源，如水资源、矿物、木材等，还包括森林、草原、沼泽等生态系统及生物多样性。传统经济学以自然资源无限供给作为条件，但实际上，自然资本的稀缺性将直接影响一个地区的物质财富。此外，在新时代背景下，降低经济发展中的资源环境代价、实现经济增长和环境保护协同推进，更是高质量发展的核心要义。因此，对自然资本财富进行核算统计，是高质量财富指数的核心部分。

4.3 新时代高质量发展财富指数的测算与结构分析

依据新时代高质量财富指数的三大维度，结合数据的可得性，我们将分别统计 1997—2017 年中国及各省份的人力资本财富、物质资本财富和自然资本财富值。虽然各类财富的计算方法并不一致，但其最终都能够转换成为以货币计价为标准的财富核算值。因此，在最终各类财富值的计算中，我们均按照可比价折算到以 1997 年为基期的实际财富水平。

4.3.1 人力资本财富测算：基于 J - F 终身收入法的总体估计

对于人力资本财富的测算，目前主流的方法主要包括四类：一是测度人力资本财富的成本法（Kendrick，1976），其思路类似于物质资本测算的永续盘存法，即将人力资本存量看作初始存量加总投资减去折旧；二是收入法，其中具有代表性的是 Jorgenson 和 Fraumeni（1992）提出的 J - F 终身收入法，其主要思路是把人力资本存量看作个体在整个生命周期中收入流的净现值；三是未来收入余额现值法，主要是由世界银行在 1995 年提出的，其主要思路是把人力资本存量看作当前试点人口在生存剩余年限所能得到的未来收入贴现值减去人造资本价值和土地价值；四是人力资本特征法，即将人力资本形成中的某些核心指标作为人力资本的测度，典型的如采用平均受教育年限法等。

我们主要基于 J - F 终身收入法来对人力资本财富进行计算，这一方法的核心在于计算人力资本产生的未来效益，具备充分的理论基础。该方法假设人力资本可以在市场上交易，那么交易价格就是用预期生命的未来终身收入来衡量。运用终身收入法计算人力资本财富首先要解决个人当期收入的估计，主要思路是以经典的 Mincer 方程（Mincer，1974）为基础，基于微观调查数据库，运用 OLS 方法估计国家层面的个人当期收入，进一步通过加入省级宏观经济变量来区分各省份的 Mincer 方程估计参数差异①。此外，使用劳动生产率增长率作为实际收入增长率的近似值来预测未来个人收入，使用人口普查数据和抽查数据，估算各省份分年龄、性别、受教育程度的连续人口数。

此后，按照年龄把生命周期分为 5 个阶段②，基于生存率、升学率和就业率，采用倒推方式估计预期未来收入现值。如对于完全工作阶段（25 ~ 59 岁）的群体而言，其终身收入计算为：

$$mi_{y,s,a,e} = ymi_{y,s,a,e} + sr_{s,a+1,t+1} \times mi_{y,s,a+1,e} \times \frac{1+G}{1+R} \qquad (4-1)$$

其中，mi 代表预期未来终身市场劳动收入，sr 为存活率，ymi 为该群体当年年收入；下标 y，s，a，e 则分别代表年份、性别、年龄和受教育程度，G 为实际收入增长率，R 为折现率。该式说明，t 年 a 岁的人在 $t+1$ 年的人均收入等于 t 年 $a+1$ 岁相应人群的未来终身收入 mi 与（$1+G$）的乘积。

在此基础上，一个地区总人口的预期未来终身收入 MI（y）也就等于个人预期未来终生收入与总人口数的乘积，即有下式：

$$\mathrm{MI}(y) = \sum_s \sum_a \sum_e mi_{y,s,a,e} \times L_{y,s,a,e} \qquad (4-2)$$

李海峥等（2010）依据此方法对中国 1990 年以来各省份的人力资本进行了测度分析，并分别计算出了名义人力资本和实际人力资本存量。我们参照李海峥等（2010）的研究，计算出以 1997 年为基期的中国及各省份人力资本财富值，并按照各省份人口数计算出代表性年份的人均人力资本财富值，结果如表 4 -1 所示：

① 此处省级宏观经济变量包括各省份的人均 GDP 城镇平均职工工资、农村人均纯收入、一产就业比重等。

② 5 个阶段分别为不上学不工作阶段、上学阶段、可能上学也可能工作阶段、完全工作阶段和退休阶段。

表4-1　1997年以来中国及各省份人力资本财富（总量和人均）的增长情况

	1997/万亿	2007/万亿	2017/万亿	1997a/万	2007a/万	2017a/万	总增长率	人均增长率
全国	22.99	63.92	104.05	1.88	4.90	7.49	7.84%	7.16%
北京	0.76	3.33	7.32	6.12	19.89	33.72	12.00%	8.91%
天津	0.31	1.32	2.79	3.47	11.81	17.93	11.58%	8.56%
河北	0.89	2.32	3.99	1.37	3.34	5.31	7.78%	7.01%
山西	0.45	1.23	2.09	1.42	3.63	5.64	8.03%	7.15%
内蒙古	0.39	1.01	1.66	1.66	4.17	6.56	7.58%	7.13%
辽宁	1.01	2.04	2.69	2.47	4.75	6.16	5.05%	4.68%
吉林	0.53	1.25	1.87	2.03	4.58	6.88	6.53%	6.30%
黑龙江	0.62	1.49	1.95	1.64	3.89	5.14	5.92%	5.87%
上海	0.97	4.02	4.32	7.40	19.49	17.86	7.77%	4.50%
江苏	1.63	4.21	6.72	2.27	5.45	8.36	7.35%	6.73%
浙江	1.30	3.83	5.93	2.92	7.43	10.49	7.90%	6.60%
安徽	0.92	2.51	4.61	1.50	4.11	7.37	8.42%	8.29%
福建	0.82	2.01	3.25	2.51	5.56	8.32	7.11%	6.18%
江西	0.60	1.70	3.18	1.45	3.89	6.87	8.68%	8.10%
山东	1.74	4.46	7.36	1.98	4.76	7.36	7.49%	6.79%
河南	1.40	3.85	6.20	1.52	4.11	6.49	7.72%	7.54%
湖北	1.00	2.43	4.22	1.70	4.26	7.15	7.48%	7.45%
湖南	0.83	2.08	3.61	1.28	3.27	5.26	7.63%	7.31%
广东	2.08	6.53	9.72	2.67	6.76	8.70	8.03%	6.09%
广西	0.70	1.85	2.88	1.51	3.88	5.90	7.35%	7.06%
海南	0.15	0.42	0.64	1.98	4.92	6.88	7.60%	6.42%
重庆	0.48	1.29	2.31	1.67	4.57	7.52	8.19%	7.83%
四川	1.17	2.73	4.77	1.41	3.36	5.74	7.29%	7.26%
贵州	0.47	1.14	2.14	1.31	3.14	5.99	7.87%	7.90%
云南	0.51	1.43	2.25	1.25	3.17	4.69	7.70%	6.85%
西藏	0.04	0.11	0.17	1.40	3.70	4.98	7.88%	6.55%
陕西	0.56	1.46	2.44	1.56	3.93	6.36	7.66%	7.28%
甘肃	0.27	0.70	0.98	1.10	2.75	3.75	6.59%	6.32%
青海	0.06	0.14	0.20	1.17	2.49	3.33	6.37%	5.37%
宁夏	0.09	0.26	0.46	1.67	4.32	6.69	8.56%	7.19%

续表

	1997/万亿	2007/万亿	2017/万亿	1997a/万	2007a/万	2017a/万	总增长率	人均增长率
新疆	0.29	0.77	1.33	1.71	3.70	5.45	7.85%	5.96%

根据表4－1所示，2017年我国实际人力资本财富总量为104.05万亿元，而人均人力资本财富值达到7.49万元，相比较1997年而言，总人力资本财富和人均人力资本财富分别增长7.84%和7.16%。从各省的情况来看，总量人力资本财富排名前5的广东、山东、北京、江苏和河南分别达到9.72万亿元、7.36万亿元、7.32万亿元、6.72万亿元和6.20万亿元，而人均人力资本排名前5的北京、天津、上海、浙江和广东分别达到33.72万元、17.93万元、17.86万元、10.49万元和8.70万元。从年均增长率来看，1997—2017年，总量人力资本财富年均增长最快和人均人力资本年均增长最快的均是北京、天津和江西3个省份。总体来看，无论是人力资本财富总量还是增长速度，东部地区相比较中西部地区而言都占据明显优势。

4.3.2 物质资本财富测算：基于永续盘存法的总体估计

物质资本一般用固定资本存量来表示。本章采用永续盘存法按1997年不变价格计算各省份的资本存量。具体计算公式如下：

$$K_t = K_{t-1}(1-\delta_t) + I_t \tag{4－3}$$

其中，t 代表年份，K_t 和 K_{t-1} 分别指第 t 年和第 $t-1$ 年的资本存量，δ_t 指第 t 年的资本折旧率，I_t 指第 t 年的资本形成额或当年投资额。

对于基年物质资本存量 K_0，本章采用1997年的物质资本存量作为初始物质资本存量的值；对于当年投资 I 的选取，采用当前大部分学者的做法，将固定资本形成总额作为当年投资的 I 数值，从国家统计局网站获得历年分省份的固定资本形成总额数据；为了消除价格因素的影响，用固定资产投资价格指数将历年的物质资本存量折算到1997年的可比价水平，历年分省份的固定资产投资价格指数可以从国家统计局网站获得；对于折旧率 δ，不同学者的研究对折旧率的选取差异较大，本章采用张军等（2004）9.6%的折旧率。结果如表4－2所示：

表 4-2 1997 年以来中国及各省份物质资本财富（总量和人均）的增长情况

	1997/万亿	2007/万亿	2017/万亿	1997a/万	2007a/万	2017a/万	总增长率	人均增长率
全国	5.19	41.71	164.78	0.42	3.20	11.87	18.87%	18.13%
北京	0.31	1.62	4.30	2.52	9.95	19.81	14.01%	10.86%
天津	0.13	0.90	4.76	1.42	9.44	30.60	19.84%	16.60%
河北	0.27	2.09	8.03	0.41	3.01	10.69	18.48%	17.65%
山西	0.11	0.88	3.40	0.35	2.58	9.18	18.78%	17.81%
内蒙古	0.06	1.03	5.22	0.27	4.27	20.64	24.68%	24.16%
辽宁	0.22	1.85	6.23	0.53	4.32	14.26	18.31%	17.90%
吉林	0.08	0.94	4.57	0.30	3.49	16.82	22.52%	22.25%
黑龙江	0.18	0.95	3.88	0.47	2.49	10.24	16.70%	16.64%
上海	0.81	2.19	4.87	6.22	15.92	20.12	9.37%	6.05%
江苏	0.27	3.77	13.17	0.38	4.94	16.41	21.40%	20.70%
浙江	0.23	2.97	8.83	0.52	5.88	15.61	20.02%	18.57%
安徽	0.10	1.04	4.56	0.16	1.56	7.28	21.00%	20.85%
福建	0.12	1.44	6.62	0.36	4.01	16.93	22.30%	21.24%
江西	0.06	0.86	3.21	0.14	1.97	6.95	22.10%	21.45%
山东	0.25	3.78	13.74	0.28	4.04	13.73	22.29%	21.50%
河南	0.21	2.15	11.18	0.23	2.28	11.69	22.00%	21.79%
湖北	0.24	1.45	6.29	0.40	2.38	10.65	17.80%	17.77%
湖南	0.11	1.13	5.17	0.17	1.66	7.53	21.26%	20.90%
广东	0.50	3.63	13.17	0.64	3.84	11.79	17.81%	15.70%
广西	0.08	0.88	4.92	0.17	1.85	10.08	22.97%	22.65%
海南	0.06	0.20	0.94	0.82	2.40	10.16	14.68%	13.43%
重庆	0.06	0.81	3.33	0.20	2.87	10.83	22.44%	22.02%
四川	0.19	1.54	5.91	0.23	1.90	7.12	18.77%	18.74%
贵州	0.05	0.50	2.65	0.15	1.33	7.39	21.41%	21.46%
云南	0.14	0.70	4.32	0.34	1.56	9.00	18.73%	17.79%
西藏	0.01	0.08	0.43	0.20	2.85	12.90	24.98%	23.02%
陕西	0.08	0.85	4.19	0.22	2.27	10.93	21.93%	21.49%
甘肃	0.07	0.40	1.60	0.28	1.55	6.11	16.92%	16.61%
青海	0.03	0.18	1.10	0.60	3.24	18.35	19.78%	18.66%
宁夏	0.03	0.21	1.15	0.51	3.39	16.91	20.62%	19.09%

续表

	1997/万亿	2007/万亿	2017/万亿	1997a/万	2007a/万	2017a/万	总增长率	人均增长率
新疆	0.15	0.66	3.03	0.89	3.13	12.40	16.08%	14.05%

根据表4-2所示，2017年我国实际物质资本财富总量为164.78万亿元，而人均人力资本财富值达到11.87万元，相比较1997年而言，总人力资本财富和人均人力资本财富分别增长18.87%和18.13%。从各省的情况来看，总量物质资本财富排名前5的山东、江苏、广东、河南、浙江分别达到13.74万亿元、13.17万亿元、13.17万亿元、11.18万亿元和8.83万亿元，而人均物质资本财富排名前5的天津、内蒙古、上海、北京、青海分别达到30.60万元、20.64万元、20.12万元、19.81万元、18.35万元。从年均增长率来看，1997—2017年，总量人力资本财富年均增长最快和人均人力资本年均增长最快的均是西藏、内蒙古和广西3个省份。总体来看，东部地区物质资本财富更大，但西部地区在近20年中物质资本财富增长更快。

4.3.3 自然资本财富测算：资源预期收益的永续折现法

自然资本财富，从性质上划分主要分为两类：一类是农林牧渔类等生产性自然资本，另一类是矿藏类非生产性自然资本。我们参考李钢等（2014）的研究，采用资源预期收益的永续折现法，将两类自然资本分别计算并进行加总。

（1）生产性自然资本

对于农、林、牧、渔等生产性自然资源，本章用资源数量乘以单位资源的价值来估算，采用相关资源预期收益的永续折现法来估计其价值，具体算法如式（4-4）所示：

$$W_{ij} = T_{ij}\sum_{t=0}^{\infty}\frac{R_t}{(1+r)^t} \tag{4-4}$$

其中，W_{ij} 为第 i 个地区第 j 年某项生产性自然资源的财富价值；T_{ij} 为第 i 个地区第 j 年某项生产性自然资源的资源总量；R_t 为未来第 t 年某地区农、林、牧、渔业单位资源的当年毛利；r 为折现率。

对于毛利 R_t，本章假设相关资源1997年及后续年份的预期收益率保持不变，采用李钢等（2014）计算的中国农、林、牧、渔业的销售毛利率，其中农业27.93%、林业76.09%、牲畜饲养放牧业19.60%、渔业25.37%和海洋渔业34.71%，某地区当年农、林、牧、渔业的产值与销售毛利率的乘积即为当年该地区农、林、牧、渔业的毛利；折现率使用国家发展和改革委员会和建设部在《建设项目经济评价方法与参数（第三版）》(2006) 中的社会折现率的参考值8%。

农业资源的总量数据取国家统计局网站上的分地区历年农作物总播种面积；林业资源的总量数据取《中国统计年鉴》中分地区历年的森林面积，其中1997年和1998年有全国总量数据，但缺分地区的数据，本章根据1999年各地区森林面积占比分配到各地区；渔业资源的总量数据取国家统计局网站上公布的历年分地区的水产品养殖面积和海水养殖面积，二者相减即为淡水养殖面积；牧草地资源的总量数据来自《中国统计年鉴》中分地区历年牧草地面积，对于缺失的1997—2003年分地区数据，由于牧草地面积多年来基本保持不变，本章借用2004年的数据补足。

（2）非生产性自然资本

对于矿藏资源等非生产性自然资本历年资源储量的价值，借鉴永续盘存法估算包括自然资源耗减价值在内的1997—2017年各省份自然资源的储量价值，具体算法如式4-5所示：

$$S_{t-1} = S_t + P_t \tag{4-5}$$

其中，S_{t-1} 为某地区第 $t-1$ 年的矿藏资源储量完全开采出来后的市场价格；S_t 为第 t 年该地区矿藏资源储量完全开采出来后的市场价格；P_t 为第 t 年采掘业的总产值（折算到2017年价格水平）。

对于非生产性自然资本的价值估算，借鉴用由相关资源的市场价值减去开采成本所得的租金来表示其影子价格，本章用开采当年储量的预期净收益来估算非生产性自然资本的价值，其中预期净收益以利税总额代替，具体算法如式（4-6）所示：

$$V_t = \frac{S_t}{P_{2017}} \times I_{2017} \tag{4-6}$$

其中，V_t 为某地区第 t 年的矿藏资源储量的财富价值；S_t 为第 t 年该地区矿藏资源储量完全开采出来后的市场价值；P_{2017} 为2017年采掘业的产值；I_{2017} 为2017年采掘业利税总额。

对于矿藏资源2017年资源储量的市场价格，由单位资源2017年的价格乘以其资源储量计算而得。2017 年中国各省份矿藏资源的储量从国家统计局网站上得到，相关资源的 2017 年的单位价格由《中国国土资源年鉴》中相关资源 2017 年的工业总产值与产矿量的比值求得。历年各省份开采的矿藏资源的价值用 1997—2011 年《中国工业统计年鉴》中包括煤炭、石油天然气、黑色金属、有色金属、非金属在内的采掘业的产值代替，2012 年之后由于无工业总产值则用工业销售总值代替。其中，《中国工业统计年鉴》中有少量年份的数据缺失，对于缺失的数据本章采用等比插值法补足，再用采掘业价格指数将其折算到 2017 年的可比价格水平上去。由于《中国工业经济统计年鉴》中没有采掘业的利税总额，从《中国国土资源年鉴》中获得 2017 年采掘业的利税额 I_{2017} ，为了使数据的统计口径保持一致，用《中国工业经济统计年鉴》中的采掘业产值与《中国国土资源年鉴》中的采掘业产值的比值来调整 2017 年采掘业的利税额 I_{2017} 。具体计算结果如表 4 - 3 所示：

表 4 - 3　1997 年以来中国及各省份自然资本财富（总量和人均）的增长情况

	1997/万亿	2007/万亿	2017/万亿	1997a/万	2007a/万	2017a/万	总增长率	人均增长率
全国	143.42	148.41	143.20	11.72	11.38	10.31	-0.01%	-0.63%
北京	0.22	0.14	0.10	1.79	0.86	0.46	-3.94%	-6.59%
天津	0.22	0.17	0.17	2.43	1.80	1.12	-1.10%	-3.78%
河北	3.61	3.58	3.50	5.53	5.15	4.65	-0.16%	-0.86%
山西	3.20	3.16	2.79	10.20	9.33	7.54	-0.69%	-1.50%
内蒙古	22.57	23.47	20.03	97.04	97.60	79.21	-0.59%	-1.01%
辽宁	1.84	2.00	2.28	4.51	4.65	5.22	1.09%	0.74%
吉林	2.31	2.74	3.00	8.90	10.16	11.04	1.31%	1.09%
黑龙江	5.23	6.48	7.40	13.93	16.95	19.54	1.75%	1.70%
上海	0.21	0.15	0.11	1.58	1.07	0.46	-3.03%	-5.98%
江苏	3.01	2.90	3.01	4.21	3.80	3.74	-0.01%	-0.59%
浙江	1.88	1.46	1.35	4.25	2.88	2.38	-1.67%	-2.86%
安徽	3.56	3.72	3.68	5.83	5.57	5.88	0.16%	0.04%
福建	1.77	1.64	1.40	5.39	4.59	3.57	-1.18%	-2.04%
江西	3.01	2.92	3.05	7.26	6.68	6.60	0.06%	-0.47%
山东	4.15	4.14	4.36	4.72	4.42	4.36	0.25%	-0.40%

续表

	1997/万亿	2007/万亿	2017/万亿	1997a/万	2007a/万	2017a/万	总增长率	人均增长率
河南	4.51	5.21	5.57	4.88	5.52	5.82	1.05%	0.88%
湖北	3.34	3.18	3.66	5.70	5.23	6.20	0.45%	0.43%
湖南	3.74	3.66	4.02	5.78	5.38	5.85	0.36%	0.06%
广东	2.96	2.65	2.50	3.80	2.80	2.24	-0.84%	-2.61%
广西	3.19	3.24	3.46	6.88	6.79	7.08	0.41%	0.14%
海南	0.45	0.44	0.45	6.05	5.16	4.83	-0.03%	-1.12%
重庆	1.34	1.34	1.51	4.68	4.75	4.90	0.57%	0.23%
四川	8.41	8.74	8.14	10.17	10.75	9.80	-0.16%	-0.19%
贵州	3.38	3.45	3.39	9.36	9.17	9.46	0.01%	0.05%
云南	3.14	3.78	4.32	7.67	8.38	8.99	1.60%	0.80%
西藏	16.20	17.20	18.81	659.53	595.02	558.06	0.75%	-0.83%
陕西	5.63	5.51	4.47	15.78	14.70	11.65	-1.15%	-1.50%
甘肃	5.04	5.12	3.53	20.21	19.58	13.43	-1.77%	-2.02%
青海	10.36	10.59	10.74	209.01	192.07	179.56	0.18%	-0.76%
宁夏	1.04	1.12	0.91	19.57	18.34	13.34	-0.64%	-1.90%
新疆	13.89	14.53	11.52	80.87	69.33	47.13	-0.93%	-2.66%

根据表4-3所示，2017年我国实际自然资本财富总量为143.20万亿元，而人均自然资本财富值达到10.31万元，相比较1997年而言，总自然资本财富和人均自然资本财富都出现了下降，分别下降0.01%和0.63%。从各省的情况来看，总量自然资本财富排名前5的内蒙古、西藏、新疆、青海、四川分别达到20.03万亿元、18.81万亿元、11.52万亿元、10.74万亿元和8.14万亿元，而人均人力资本排名前5的西藏、青海、内蒙古、新疆、黑龙江分别达到558.06万元、179.56万元、79.21万元、47.13万元、19.54万元。从年均增长率来看，1997—2017年，31个省份中仅有14个省份自然资本财富实现了正增长，总量物质资本财富年均增长最快的是黑龙江、云南和吉林3个省份，但均未超过2%。而人均自然资本财富年均增长仅有11个省份实现了正增长，增长最快的是黑龙江、吉林、河南。总体来看，无论是自然资本财富总量还是增长速度，西部地区和东北地区，特别是国土面积更大的省份占据明显优势。

4.3.4 全国及各省份财富指数的测算结果及对比

结合高质量财富指数三大维度的测算结果，我们将三类财富加总，计算得1997—2017年高质量财富指数，并计算出20年来全国及各省份的高质量财富年均增长率，并分别计算出各类财富在总财富中的占比，具体结果如表4－4所示：

表4－4 1997年以来中国及各省份高质量财富指数及其结构

	1997/万亿	2007/万亿	2017/万亿	总财富年均增长率	人力财富占比（2017）	物质财富占比（2017）	自然财富占比（2017）
全国	171.67	254.01	412.02	4.47%	25.25%	39.99%	34.76%
北京	1.29	5.09	11.72	11.66%	62.46%	36.69%	0.85%
天津	0.66	2.39	7.72	13.10%	36.12%	61.62%	2.27%
河北	4.77	7.99	15.52	6.08%	25.71%	51.75%	22.54%
山西	3.76	5.27	8.28	4.02%	25.24%	41.06%	33.71%
内蒙古	23.02	25.51	26.91	0.78%	6.17%	19.40%	74.43%
辽宁	3.07	5.89	11.20	6.69%	24.01%	55.61%	20.37%
吉林	2.92	4.93	9.44	6.04%	19.81%	48.41%	31.78%
黑龙江	6.03	8.92	13.23	4.01%	14.74%	29.32%	55.94%
上海	1.99	6.36	9.30	8.03%	46.45%	52.36%	1.20%
江苏	4.91	10.88	22.90	8.00%	29.35%	57.52%	13.13%
浙江	3.41	8.26	16.11	8.06%	36.82%	54.82%	8.36%
安徽	4.58	7.27	12.85	5.29%	35.88%	35.49%	28.62%
福建	2.71	5.09	11.27	7.38%	28.84%	58.75%	12.40%
江西	3.67	5.48	9.44	4.84%	33.69%	34.00%	32.31%
山东	6.14	12.38	25.46	7.37%	28.91%	53.97%	17.12%
河南	6.12	11.21	22.95	6.83%	27.02%	48.72%	24.26%
湖北	4.58	7.06	14.17	5.80%	29.78%	44.38%	25.84%
湖南	4.68	6.87	12.80	5.16%	28.21%	40.40%	31.38%
广东	5.54	12.81	25.39	7.91%	38.28%	51.87%	9.85%
广西	3.97	5.97	11.26	5.35%	25.58%	43.70%	30.71%
海南	0.66	1.06	2.03	5.78%	31.57%	46.37%	22.05%
重庆	1.88	3.44	7.15	6.89%	32.32%	46.60%	21.08%
四川	9.77	13.01	18.82	3.33%	25.35%	31.40%	43.25%

续表

	1997/万亿	2007/万亿	2017/万亿	总财富年均增长率	人力财富占比（2017）	物质财富占比（2017）	自然财富占比（2017）
贵州	3.90	5.09	8.18	3.77%	26.18%	32.41%	41.41%
云南	3.79	5.91	10.89	5.42%	20.67%	39.68%	39.65%
西藏	16.25	17.39	19.41	0.89%	0.88%	2.22%	96.91%
陕西	6.27	7.82	11.10	2.89%	21.99%	37.76%	40.26%
甘肃	5.38	6.22	6.11	0.64%	16.04%	26.20%	57.76%
青海	10.45	10.91	12.04	0.71%	1.66%	9.14%	89.20%
宁夏	1.16	1.59	2.52	3.98%	18.25%	45.64%	36.11%
新疆	14.33	15.96	15.88	0.51%	8.37%	19.08%	72.55%

依据表4－4的测算结果可知，1997—2017年，我国高质量财富从171.67万亿元增长到412.02万亿元，20年来的年均增长率达到4.47%。而人力资本财富、物质资本财富和自然资本财富的占比则从13.42%:3.03%:83.54%变化为25.25%:39.99%:34.76%。从财富结构的变动来看，近20年来我国经济发展总体属于物质资本财富和人力资本财富共同驱动型，其中，物质资本增长对总财富贡献最大，在20年中对总财富增长的贡献率达到66.39%，其次是人力资本财富增长，在20年中对总财富增长的贡献率达到33.71%，而自然资本财富增长对总财富增长的影响为负，且贡献率仅有－0.09%。

从各省份的财富值及财富结构来看，2017年总财富排名前5的内蒙古、山东、广东、河南、江苏分别达到26.91万亿元、25.46万亿元、25.39万亿元、22.95万亿元和22.90万亿元，这5个省份中除内蒙古属于自然资本财富主导型省份外，其余省份均属于物质资本财富与人力资本财富共同主导型。从近20年来总财富增长速度来看，排名最靠前的天津、北京、浙江、上海、江苏分别达到13.10%、11.66%、8.06%、8.03%和8.00%，均超过8%，而从这几个省份的特征来看，均属于人力资本财富与物质资本财富主导型，特别是人力资本财富占比，分别高达36.12%、62.46%、36.82%、46.45%、29.35%，均高于全国平均水平。而总财富增长速度最慢的新疆、甘肃、青海、内蒙古和西藏，增长速度仅分别为0.51%、0.64%、0.71%、0.78%和0.89%，均低于1%。而从这几个省份的特征来看，均无一例外属于自然资本主导型，自然资源财富占比分别达到72.55%、57.76%、89.20%、74.43%和96.91%。因此，省份财富结构在一定程度上与总财富增长速度之间有着密切的联系，高质量的财富结构意味着人力资本财富在总财富中的占比更好，而高质量的财富也意味着更高的总财富增长速度。

4.4 结论与政策建议

本章借助 Dasgupta（2007）的包容性财富指数的总体框架，从人力财富、物质财富和自然财富三大维度构建了我国新时代高质量财富指数。并对我国省际层面三大财富进行了测度和结构分析。研究发现：①近20年来，我国高质量财富年均增长率达到4.47%，2017年达到412万亿元，从财富结构上，20年来的财富驱动主要靠物质财富和人力财富驱动，其中物质财富驱动作用更大。②从各省财富增长情况来看，高质量财富增长最快的省份均以人力财富和物质财富为主导，而高质量财富增长最慢的省份均以自然财富为主导。③在高质量财富指数的三大维度中，人力资本财富和物质资本财富会随着经济发展水平的提升而不断提升，而自然资本财富则受到自然资源环境的限制，特别是矿藏类非生产性自然资本具有不可再生性，随着开采量的逐渐扩大，自然资本财富扩张最终将受到限制而减少，而此时只有人力资本财富和物质资本财富维持增长，才能使得总财富实现不断增长，从而为新时代经济高质量发展提供保障。

结合以上研究结论，在未来经济向高质量发展阶段转换过程中，为了实现高质量财富的增加，应积极推进人力资本财富和物质资本财富的积累，推进财富结构进一步优化。具体而言：①继续深入推进城市化和工业化，推进物质资本财富积累，物质资本财富虽然具有很强的“数量型增长”特征，但应看到物质资本财富是总财富提升的基础，特别是在城市化和工业化还在深入推进的中国，物质资本的积累不仅仅是完成结构调整的重要基础，也是人力资本财富积累的重要基础。因此，积极推动经济结构调整，同时维持一定的中高速增长。仍然是中国在未来较长一段时期内的重要任务。②加大人力资本投入，特别是在教育培训、科技研发方面应加大投入。知识技术是新时代经济增长的重要动力，高质量发展的核心要义就是实现创新发展，而创新发展无疑依赖于人力资本财富的持续增长。未来中国发展中要以加快人力资本积累为财富增长的第一动力，最终实现从过去的自然资本财富主导、当前的物质资本财富主导向未来的人力资本财富主导转型。③全面放开计划生育政策，同时辅之以必要的人口生育激励，为未来人力资本财富的增长提供条件。一定数量的人口和劳动力数量是人力资本财富形成的基础，当前中国人口结构出现的“少子化”和“老龄化”现象对为未来人力资本财富积累造成了比较严峻的挑战。因此，未来应适时全面放开计划生育政策，同时从生育津贴、托幼服务、产妇就业支持等多个方面为未来的生育提供相应的激励和保障，以为未来高质量人力资本财富的积累提供基础。

参考文献

[1]刘智勇，李海峥，胡永远，李陈华. 人力资本结构高级化与经济增长——兼论东中西部地区差距的形成和缩小[J]. 经济研究，2018，53(3)：50-63.

[2]李钢，刘吉超. 中国省际包容性财富指数的估算：1990—2010[J]. 中国工业经济，2014(1)：5-17.

[3]庄佳强. 省际可持续发展：基于包容性财富的测量和比较[J]. 中国人口·资源与环境，2013，23(9)：90-99.

[4]李海峥，贾娜，张晓蓓，Barbara Fraumeni. 中国人力资本的区域分布及发展动态[J]. 经济研究，2013，48(7)：49-62.

[5]王燕梅. 转变发展方式目标下的财富政策——三大财富综合求解的视角[J]. 中国工业经济，2011(3)：26-35.

[6]李海峥，梁赟玲，Barbara Fraumeni，刘智强，王小军. 中国人力资本测度与指数构建[J]. 经济研究，2010，45(8)：42-54.

[7]任保平. 西方经济学财富观的历史演变：一个文献述评[J]. 经济学家，2010(1)：12-19.

[8]李海舰，原磊. 三大财富及其关系研究[J]. 中国工业经济，2008(12)：5-15.

[9]张军，吴桂英，张吉鹏. 中国省际物质资本存量估算：1952—2000[J]. 经济研究，2004(10)：35-44.

[10]Daly，H. E.，Cobb，J. B. ISEW. The 'Debunking' Interpretation and the Person-in-Community Paradox：Comment on Rafael Ziegler[J]. *Environ-*

mental Values, 2007, 16(3).

[11] Anonymous. Inclusive Wealth Report 2012 – Measuring Progress Toward Sustainability[J]. *International Journal of Sustainability in Higher Education*, 2012, 13(4):429 –430.

[12] Kendrick, J. W. Front matter, The Formation and Stocks of Total Capital[J]. *NBER, Columbia University Press, New York*, 1976.

[13] Jorgenson, Dale W., Fraumeni, Barbara, M. Investment in Education and U. S. Economic Growth[J]. *Scandinavian Journal of Economics*, 1992, 94(5):51 –70.

5 新时代中国供给体系的高质量

随着改革开放的不断深化，我国经济增长成果显著，2017 年我国的人均 GNI 接近 9000 美元，新时代我国已经迈入中高等收入国家行列，并进入以服务业为主导的工业化后期。但难以为继的数量型经济增长方式以及多变的国际贸易环境，使得我国经济发展面临着增速下滑、结构失衡等诸多挑战。为应对新时代经济发展的新问题，2015 年我国开始推行旨在优化影响我国经济增长的长期因素的供给侧结构性改革。党的十九大报告明确提出必须把发展经济的着力点放在实体经济上，把提高供给体系质量作为主攻方向，显著增强我国经济的质量优势，并提出针对供给体系的质量的具体要求，即优化存量资源配置，扩大优质增量供给，实现供需动态平衡。供给体系质量的提升不仅是实现高质量发展的基础，更是保障经济可持续发展的重要因素。因此，有必要从理论视角梳理供给体系的内涵，比较分析我国供给体系的基本特征，从而探寻提高新时代我国供给体系质量的路径。

5.1 供给体系质量的内涵

相对于需求而言，供给侧重分析影响市场主体产出水平的因素，主要是基于经济增长理论，对影响经济长期发展能力和潜在增长率的因素的分析。经济增长不仅取决于各个要素的投入数量和质量，还取决于生产率不同的要素组合以及配置效率。洪银兴（2018）提出，一个国家国民财富的增长，不仅是资金、自然资源和劳动等物质要素投入量的函数，而且是体现在生产过程中的技术进步因素和经济赖以运行的环境因素的函数。

古典经济增长理论与现代经济增长理论对影响国民财富增长的因素进行了探究，亚当·斯密（1972）提出劳动力分工和物质资本积累是国民财富增长的源泉；熊彼特（1912）认为企业家引入新的生产要素或对新的要素组合形成的创新是经济发展的源泉。新古典增长理论中，哈罗德（1939）在继承了凯恩斯基本思想的基础上第一次寻找到经济增长的动力——储蓄率，提出资本积累是经济增长的源泉。索罗（1956）构建的新古典增长模型提出劳动力的增长、资本的增长以及包含在劳动和资本上的技术进步是经济增长的源泉，拉姆齐（1928）、卡斯（1965）、库普曼斯（1965）、戴蒙德（1965）等都明确经济增长的动力和基本源泉在于资本积累。新增长理论的代表人物阿罗（1962）构建了“干中学”模型，宇泽弘文（1964）提出了人力资本模型，罗默（1986）和卢卡斯（1988）将技术内生化，同时也寻找到一国长期经济增长的动力在于人力资本和知识溢出。当不再局限于对要素和技术的分析时，以钱纳里（1969）、库兹涅茨（1966）等为代表的结构主义认为结构转变才是持续经济增长实现的基本动力。诺斯（1973）将经济增长定义为一个制度效率提高促动的过程，制度学派认为制度变迁才是一国长期经济增长的不竭动力。

基于现代增长理论对影响产出水平因素的讨论，可以看出，影响经济长期增长的供给体系包括劳动力、资本、技术以及制度等影响企业产出水平和产业供给能力的因素。供给体系的质量体现为要素投入的质量与要素产出的质量两个方面（见图5－1）。

一方面是要素投入的质量，是建立在有序的要素规模扩张基础上，是要素禀赋结构的优化升级。除了表现为劳动力、资本以及自然资源等传统要素投入数量的增长以及质量的提升，还表现为技术、制度等高级要素供给的扩张。首先，劳动力作为影响经济增长的基础投入，是实现经济增长的必要条件，适度的人口增长形成了充分的劳动力供给，适应产业发展需求的有效的人力资本积累是劳动力供给质量的核心。其次，物质资本的积累是决定经济增速和增长潜力的关键要素，私人储蓄、政府投资以及国外直接投资等不同主体的储蓄投资活动是影响物质资本积累质量的关键。再次，对于不可再生能源以及土地等自然资源的投资质量，更强调通过开发可替代、可再生、低污染、低成本的新能源的供给，减少自然资源的消耗。最后，对于技术进步与制度等高级要素的投入质量，表现为可持续的技术进步来源、有效的技术创新成果转化是扩大技术要素的关键，此外，还要通过优化政府与市场环境，建立健全正式制度，优化完善非正式制度，为市场主体提高有效的激励机制和监督机制。

另一方面体现在要素配置效率与要素配置结构的要素产出的质量。有效的要素配置效率，不仅包括劳动、资本等传统要素产出水平的提升，还包括技术进步、新的要素组合方式引起的全要素生产率的提升。一是通过发挥有效的市场机制，利用价格信号，提高要素存量的配置效率。二是通过技术进步、制度优化等优化要素配置方式，提升全要素生产率水平。与此同时，对正处于工业化阶段的后发追赶型经济体而言，优化要素配置结构也是提高供给体系质量的重点。要素的空间配置结构体现为要素禀赋结构和配置效率区域差异，合理的要素空间配置结构有利于区域比较优势的互补和区域间的协同发展，并能通过要素集聚形成规模经济，节约交易成本。要素的产业配置结构体现为产业产值比重与要素比重的相对均衡程度。合理的产业结构不仅有利于全面推动各产业产出水平的提高，还能通过产业融合、技术溢出等增强产业间的协同发展水平，是实现产业升级的根本因素。

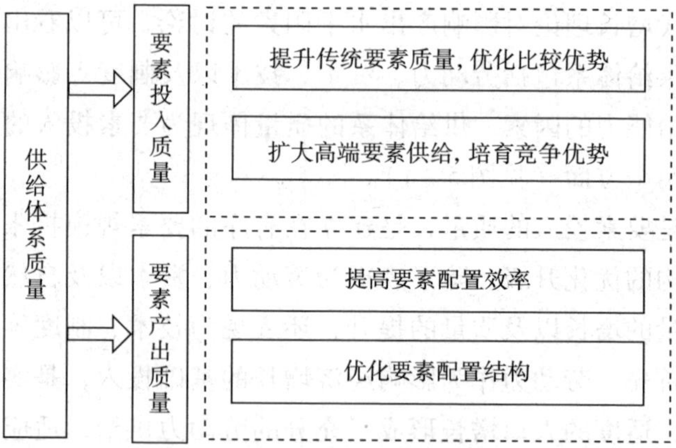

图5－1　供给体系质量的内涵

数据来源：笔者整理。

综上可以看出，要素供给体系的质量包括了影响经济增长和企业产出水平的要素投入质量和要素产出质量两个方面。技术、制度等高端要素的增多以及劳动力、资本等传统要素质量的提升是提高要素投入质量的关键，同时，有效的要素重置和全要素生产率提升，以及要素在区域间、产业间的配置结构的优化和配置效率差异的缩小是提高要素产出质量的核心。

5.2 中国供给体系的典型特征及国际比较

基于对供给体系及其质量内涵的探究，本章通过与发达国家供给体系变化特征的比较，以及对区域与产业供给体系的特征的分析，总结我国供给体系的基本特征。

5.2.1 中国与发达国家供给体系的比较

首先，本章利用宾州世界表，比较分析1950—2014年的G7国家（加拿大、法国、德国、意大利、日本、英国以及美国）以及中国要素禀赋结构以及生产率水平的情况。

如图5－2所示，从要素禀赋的质量来看，在劳动要素的供给方面，我国劳动力不断增长，1990年以前，我国的劳动力增长速度显著高于G7国家的平均水平，20世纪80年代末，我国的劳动力增速开始逐渐放缓，2000年之后，更是在部分年份低于G7国家的平均水平。从劳动力的质量来看，我国人力资本尽管保持稳步提高的态势，但依然显著低于G7国家的平均水平，且该差异并未能出现显著的收敛趋势。在资本要素方面，我国资本存量增长显著，特别是在2000年之后超过G7国家的平均水平，并大幅提升。但我国劳均资本存量远低于G7国家的劳均资本存量，且该差距不断扩大（见图5－3）。

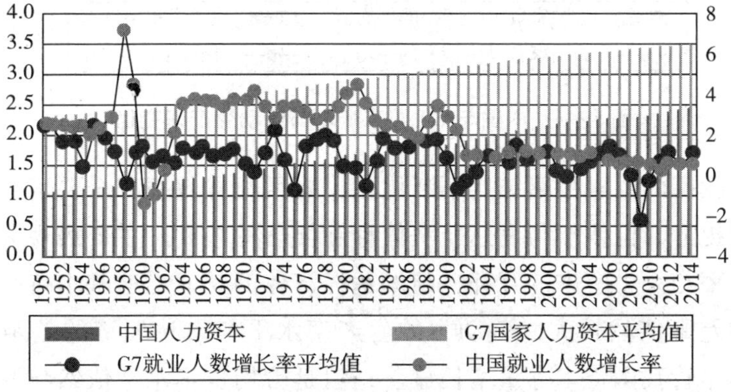

图5－2 中国与G7国家就业人数增长率与人力资本的变化

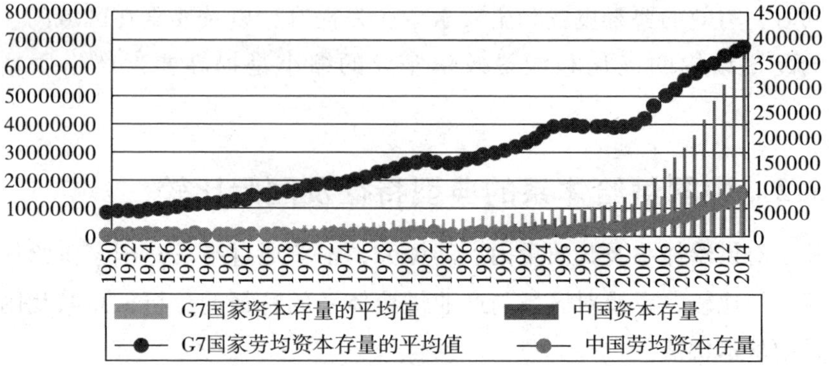

图 5－3　中国与 G7 国家资本存量与劳均资本变化

数据来源：PWT9.0。

从要素生产率来看，我国的劳动生产率水平虽然持续上升，特别是在2000年以后大幅提升，但是与发达经济的差距依然显著，且差距不断扩大。同时，资本生产率水平逐渐下降，逐渐与 G7 国家的水平相一致。从全要素生产率水平来看，我国的 TFP 水平与发达国家的差距在 1980—2000 年有所扩大，但 20 世纪 90 年代末期起开始不断缩小（见图 5－4）。

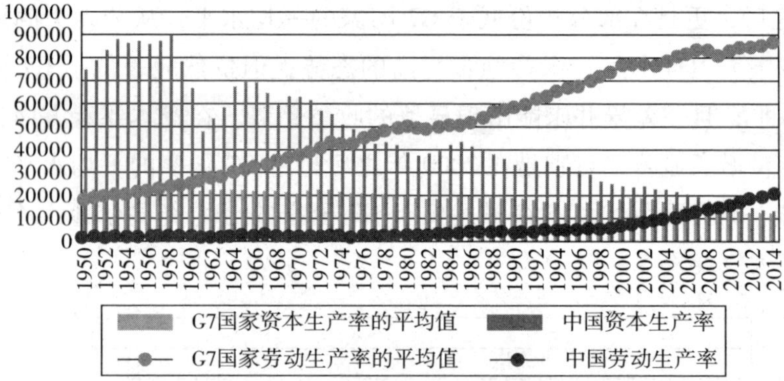

图 5－4　中国与 G7 国家资本与劳动生产率变化

尽管我国的要素禀赋结构不断优化，要素配置效率和全要素生产率水平也不断提升，但依然与发达经济体存在显著的差距。主要表现为：一是就业增长率与人力资本的互补，与发达经济体的就业增速基本持平，但人力资本的差距依然较大。劳动力的生产率水平与发达经济的差距不断扩大。二是尽管我国资本存量增长显著，但是劳均资本水平依然与发达经济

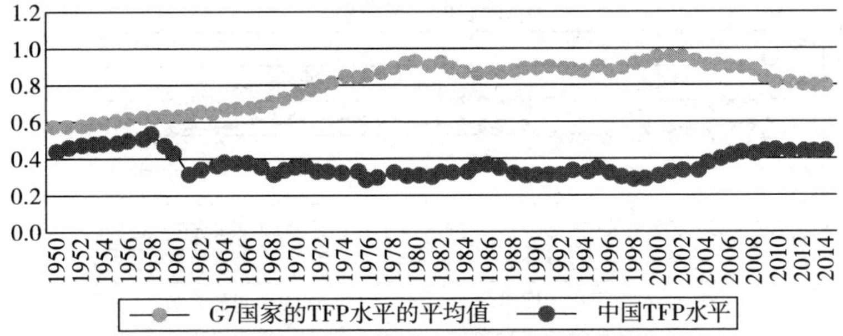

图 5－5　中国与 G7 国家 TFP 变化

数据来源：PWT9.0。

体存在显著差异，且资本生产率的水平逐渐下降。三是 20 世纪 90 年代末期我国的全要素生产率开始不断提升，与发达经济 TFP 的差距逐渐缩小（见图 5－5）。

5.2.2　我国供给体系的基本结构特征

改革开放以来，我国区域经济增长显著收敛，如图 5－6 所示，1980 年以来，中国人均产出和劳动生产率的变异系数反映出区域经济增长差异在 2013 年之前呈现出显著的“先降、后升、再降”的倒“N”形演变轨迹，并在 2014 年起出现小幅回升态势。从中国区域产业结构变迁差异来看，中国区域工业化程度存在显著差异。在产值结构方面，区域第一产业产值比重的差异最大，并自 1985 年起不断扩大。第二产业产值比重差异自 1982 年起趋于收敛，第三产业产值比重的差异在改革初期相对平稳，之后呈倒“N”形波动。在就业结构方面，区域第一产业就业比重的差异不断扩大，2013 年以来与第二产业就业比重的差异程度相当。第二产业就业比重的差异最大，自 1986 年起呈波动缩小态势。第三产业就业比重的差异自改革开放以来呈逐年下降的趋势，并在 2000 年之后趋稳。可以看出，新时代我国经济增长面临严峻的不平衡不充分的问题，失衡的区域发展以及不充分的产业发展是供给侧改革着重要解决的问题。因此，有必要进一步分析供给体系的区域差异与产业差异。

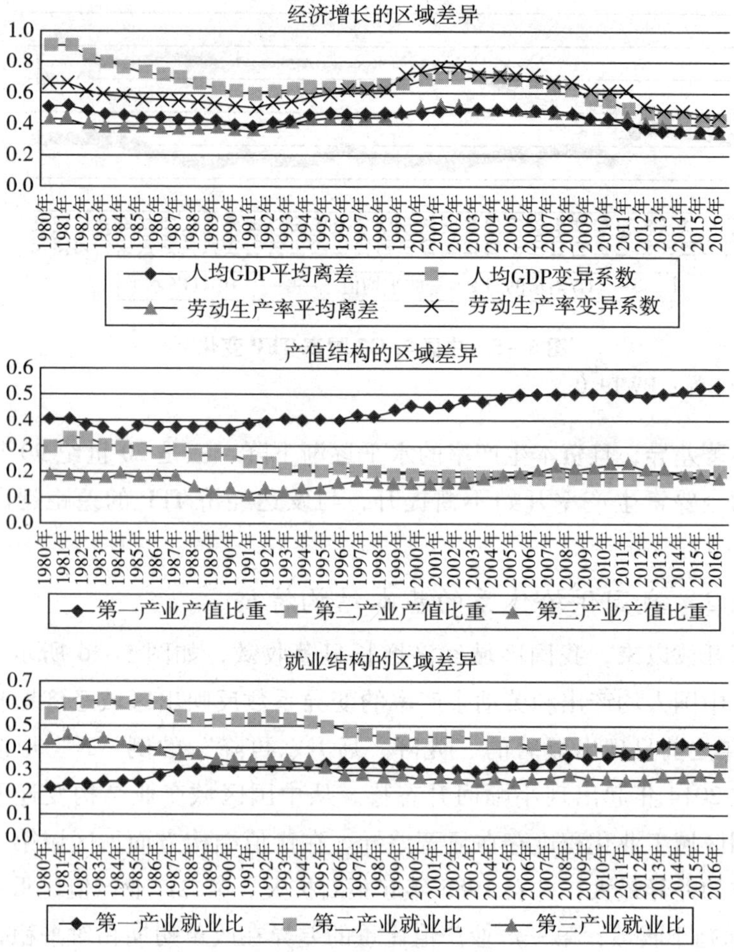

图 5-6　区域经济增长与产业结构差异演化①

资料来源：历年《中国统计年鉴》。

因此，基于区域间和产业间发展的差异，本章进一步分析供给体系的区域特征和产业特征。首先，本章分别比较分析了 1978—2016 年 28 个省份（除去港澳台、西藏、海南，重庆归为四川），东北地区、东部地区、中部地区以及西部地区四大区域②板块的供给体系情况。

① 变异系数是指相关指标的标准差除以该部门的平均值。

② 将区域划分为东北地区（辽宁、吉林、黑龙江）、东部地区（北京、天津、河北、上海、江苏、浙江、福建、山东、广东）、中部地区（山西、安徽、江西、河南、湖北、湖南）以及西部地区（内蒙古、广西、四川、贵州、云南、陕西、甘肃、青海、宁夏、新疆）。

由于要素跨区域流动存在一定的制度约束，区域的要素禀赋结构存在显著差异，并且由于地区市场机制和制度环境的差异，要素的产出水平和全要素生产率也有所不同。因此，要素禀赋结构的区域差异主要表现为：一是区域的人力资本①水平差距相对较小，1978—2000 年，西部地区与其他地区的差距较为显著，但 2000 年以后，东部地区和西部地区的人力资本继续上升，但是东北地区和中部地区有所下降。二是尽管各地区的劳均资本存量均不断提升，其中东部地区增长最为显著，远高于其他地区，东北地区和西部地区的增长也较大，中部地区相对较差。可见，东部地区的要素禀赋结构显著优于其他地区，西部地区的初期禀赋虽然最差，但是发展稳定。而中部地区和东北地区的要素禀赋结构相对较弱（见图 5 –7）。

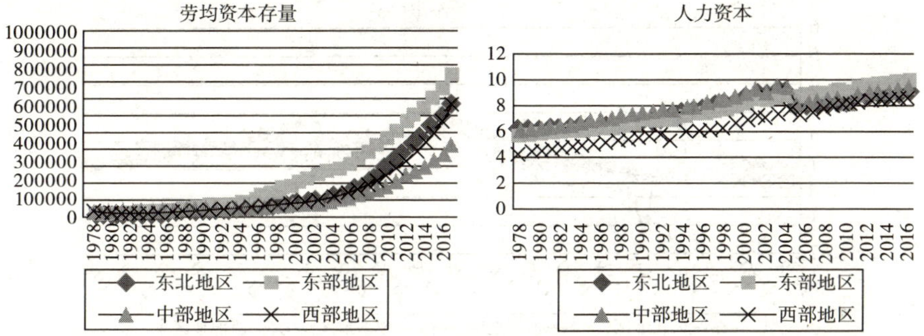

图 5 –7 要素禀赋的区域差异

资料来源：历年《中国统计年鉴》。

区域的劳动生产率水平的地区差异表现为：一方面，改革开放以来，各地区的劳动生产均有显著提升，其中东部地区的增长最为显著，远高于其他地区。西部地区的劳动生产率逐渐追赶上中部地区，同时，东北地区的劳动生产率在 2011 年以来出现下降的态势，逐渐与中西部地区收敛。另一方面，我国地区的资本生产率波动较大，特别是东北地区与中部地区。东部地区与西部地区的增长基本保持显著。同时，尽管各地区全要素生产率都出现了显著波动，东部地区的全要素生产率水平略高于其他地区，特

① 人力资本采用平均受教育层次的受教育年限计算。参照文献的做法，文盲为 0 年，小学为 6 年，初中为 9 年，高中为 12 年，大专及以上为 16 年，其中 2015 年的教育分类中增加了中职，在计算过程中将其并入高中文化。由于自 2005 年起，中国省级区域的人口数据为常住人口口径，其他年份的人口统计数据中城镇人口并未考虑常住人口。因此，本章参照周一星和田帅（2006）的做法，对人口数据进行修正。

别是1992年以来，地区的全要素生产管理水平呈现出下降的趋势，东北地区和中部地区的下降趋势显著（见图5－8、图5－9）。

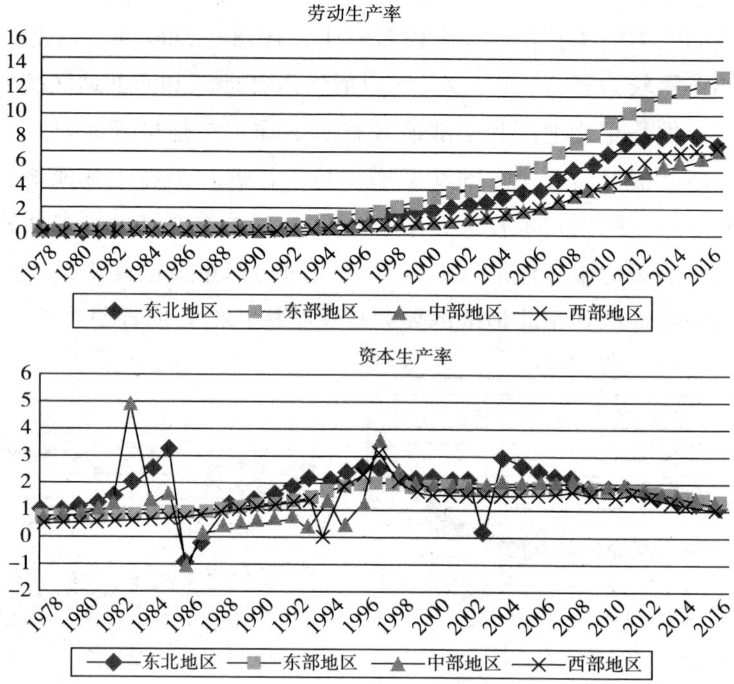

图5－8　要素生产率的区域差异

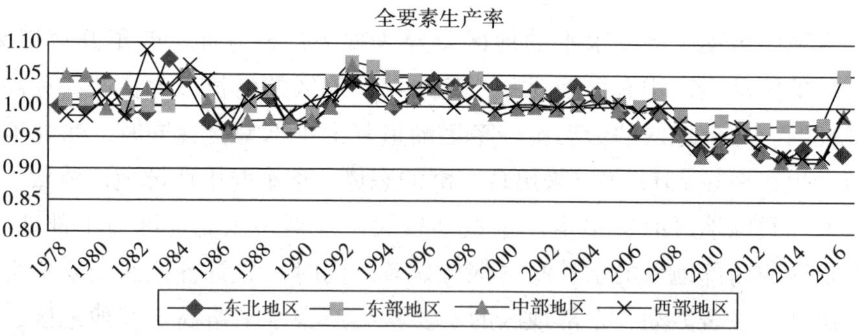

图5－9　全要素生产率的区域差异

资料来源：历年《中国统计年鉴》。

另外，本章通过分析产业结构的高级化和合理化水平，分析供给体系的产业差异。分别采用第三产业产值与第二产业产值之比反映产业结构高

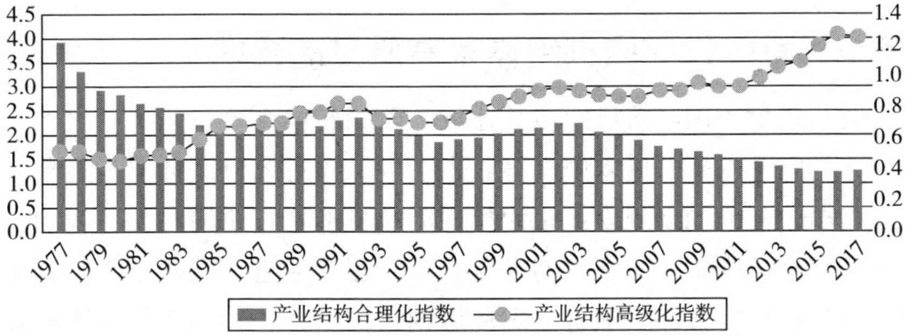

图 5－10　产业结构高级化和合理化

资料来源：历年《中国统计年鉴》。

级化，采用结构偏离度对产业结构合理化进行衡量。$E = \sum_{i=1}^{n}\left|\frac{\frac{Y_i}{Y}}{\frac{L_i}{L}}-1\right|$，其中，$E$ 表示结构偏离度，Y 表示产值，L 表示就业，i 表示产业，n 表示产业部门数。E 值越大，表示经济越偏离均衡状态。如图 5－10 所示，1978—2016 年的变迁结构表明，改革开放以来我国工业化进程表现为第一产业占比逐年下降，第三产业占比稳步提升，第二产业经历了小幅波动提高以后，2006 年起开始逐渐下降，2013 年第三产业增加值占比首次超过第二产业，实现了由工业部门为主导的工业化阶段向以服务业为主导的后工业化阶段的转变，同时，反映产业间的聚合质量的产业结构合理化水平虽自 2003 年以来呈逐年下降态势，但在 1985—2005 年呈现波动上升态势，这表明我国在加速推进工业化的同时也造成产值结构与就业结构的失衡。与此同时，我国产业结构的高级化程度也呈波动上升态势。这表明伴随着工业化的快速推进，我国产业结构的合理化与高级化程度相对较弱，要素重置效率与产业协调发展水平有待进一步提高。

可以看出，供给体系的区域结构差异是导致区域发展失衡的重要因素，供给体系的产业结构差异抑制了产业的协调发展，限制了产业升级，导致了不充分的工业化。无论是传统要素的产出水平还是全要素生产率水平都表明，我国供给体系在区域结构与产业结构方面都有待进一步提升。

5.3 新时代中国供给体系高质量的要求

新时代强调中国经济已经由高速增长阶段转向高质量发展阶段。现阶段我国人均收入水平已进入中高等收入行列，并进入以服务业为主导的后工业化阶段。与前期以规模扩张为特征的数量型增长阶段相比，我国传统要素红利逐渐减少，一方面，刘易斯拐点的逐渐逼近，限制了我国的劳动力供给规模；另一方面，随着生态环境约束的增强，自然资源利用的成本不断提高。同时，随着与发达经济体差距的缩小，以及全球贸易格局的变化和贸易保护主义的回潮，我国后发优势减弱，直接引进技术设备的阻碍增强。因此，新时代我国供给体系的高质量，一方面体现为以人力资本积累和自主创新为核心的高端要素的培育，另一方面强调以要素重置与技术进步为核心的产出效率的提高以及要素配置结构的优化。

首先，新时代供给体系高质量的基础是人力资本积累与以企业为核心的自主创新能力提升。通过提高企业与个人的学习能力，提升企业的自主创新水平，培育技术与人力资本等高端要素，提高要素投入的质量。新时代要素禀赋结构的升级是要形成以人力资本的积累和技术创新等高级要素为主体的要素禀赋结构。新时代的人力资本提升，不仅强调劳动力受教育水平的全面提高，还关注劳动力在“干中学”中积累的技术能力，从而有效缓解人口红利衰减导致的要素成本上涨，满足以资本密集型和技术密集型为主导的后工业化阶段的产业发展需求。同时，企业的学习能力以及企业间的技术溢出效应是提高自主创新能力、促进技术进步的基础。在有序的竞争环境下，企业会以市场为导向进行研发创新，并利用跨流程、跨功能、跨产业链的学习，推进产业链由中间制造环境向研发环境延伸，在提高产出效率的同时，获得技术垄断利润。在此基础上，企业、高校和科研院所等不同主体能够依托高效的协同创新体系，通过联合研发、重点攻关等合作，降低创新过程的协调成本，提高创新成果转化效率，全面提高我国产业的国际竞争力。

其次，提高供给体系的高质量重点是要通过有效的要素重置，提高要素在各区域、各产业的生产效率以及全要素生产率水平，优化要素的配置结构。有效的要素重置是提高要素产出质量的关键，一是需要化解要素跨地区、跨部门流动的制度障碍，促进要素依据价格信号自由地跨部门、跨地区流动。随着工业化进程的推进，劳动力的流动具有自我锁定效应，需要通过协调部门的劳动报酬、减少户籍制度的约束，提高劳动力流转效率。同时，企业的资本积累受到所有制结构的约束，中小企业融资难的困境制约了中小企业的物质资本积累。国有经济与非国有经济贷款能力的差异，限制了资本要素的跨所有制流动。因此，需要通过进一步推进所有制改革，提高国有资产管理，完善金融市场，促进资本要素的有效配置。二是需要有效发挥地区的比较优势，创新要素组合方式，通过区域间的协同发展，全面提高地区产出水平，由于地理条件、资源禀赋以及发展阶段的差异使得地区发展存在一定的差异，早期东部沿海地区依托地理优势和制度红利，率先通过融入全球价值链，实现了快速增长，而作为“一五”规则的重工业优先发展战略的重地，东北地区尽管工业化程度较高，但是近年来的发展持续放缓，中西部地区通过为沿海地区提供要素支持，被限制在区域产业分工的中下游。同时，受地区产业政策的影响，未能有效释放各地区的比较优势，造成区域产业趋同发展的情况，不仅未能有效发挥东部地区对其他地区的拉动作用，也限制了中西部地区承载东部地区产业转移的能力。因此，不仅需要发挥地区的比较优势，完善地区的营商环境和贸易便利化程度，通过直接参与全球价值链，优化地区的要素配置效率，还需要协同发挥各地区的要素优势，通过城市群、经济带等跨地区的合作模式，提高区域产业分工水平。三是需要发挥规模经济的效率，促进技术外溢，提高技术扩散水平，特别是发挥工业部门技术进步对其他产业技术进步的拉动作用。随着分工的不断深化，不仅逐渐形成了农业现代化与制造业服务化趋势，其本质是通过产业融合促进技术溢出水平，提高各产业的要素配置效率，还增强了上下游企业的联系，逐渐形成了为节约交易成本的产业集聚，增强了企业间的联系和产出效率协调。

最后，新时代提高供给体系质量的目标是实现现代产业体系。现代产业体系不仅意味着随着我国创新能力与产业技术水平的显著提升，技术进步成为产业发展的主要推动力，还意味着劳动力学习路径的多元化、学习成本的下降以及预期收益的提升，使得人力资本迅速积累，成为保持创新活力的关键，进而共同发挥科技创新与人力资本等高端要素对产业发展的支持作用。现代产业体系强调企业的良性竞争与互利共赢、市场主体结构合理有效。一方面，大企业能够发挥资金、技术等优势，引导产业发展方式，并通过知识溢出、人员流动带动中小企业发展。而小企业能够发挥灵活性的优势，及时调整市场供求结构。另一方面，国有企业能够在关系国家安全和国民经济命脉的重要行业和关键领域起到保障作用，同时混合所有制的发展有利于投资主体多元化，保障市场活力。现代产业体系要求在产业协同发展的基础上，重点发展实体经济。不仅要通过制造业和服务业的双向融合，实现制造业服务化与服务业制造化，特别是实体经济的发展需要现代金融通过多元融资方式提高资金支持，还要通过构建纵向和横向产业链，增强信息化与工业化的融合，推进工业结构转向中高端，实现产业结构的协调和现代化。因此，高质量发展阶段的产业升级目标就是实现实体经济、科技创新、现代金融与人力资源协同发展，技术水平、生产效率、经济效应以绿色发展全面提升的现代产业体系。

5.4 新时代提升供给体系质量的政策建议

为全面提高新时代我国供给体系的质量，政府需要从优化比较优势、培育竞争优势，以及促进要素重置与技术扩散等方面提供政策支持。为提升要素投入质量，需要政府采取有利于构建学习型社会、完善市场条件的产业政策，优化我国的比较优势。通过进一步优化教育体制，降低学习的成本，提高学习的预期收益，不仅要扩大政府的公共教育的财政支出，优化地区教育资源分布结构，提升基础教育的普及度，提高高等教育的质量，全面提升劳动力质量，还应增加劳动力学习的方式，着力增强劳动力的技能教育，发挥劳动力在“干中学”中积累的技能资本，化解劳动力流动的制度约束以及劳动力流动的自我锁定引起的结构性失业。还需要政府扩大对自主创新能力以及创新成果转化的支持力度，培育高端要素，提高竞争优势。由于市场自身难以产生学习型社会，实现充分的学习与经济增长，需要政府通过增强对科技创新与人力资本培育的支持构建学习型社会。要进一步扩大政府对基础创新的支持力度，不仅要扩大 R&D 研发投入，着力缓解创新人力与资本的结构失衡，还应发挥政府的辅助协调作用，构建合作交流平台，加快构建以企业为核心的产、学、研协同创新体系，积极构建国家创新体系与学习型社会。并且通过完善技术市场和产权制度，强化市场良好运转的各项制度，能够保证创新主体的利益，培育并发挥企业家才能，激励企业自主创新和企业间的协同创新与知识外溢。

同时，需要优化市场条件，充分发挥市场机制，提高要素重置效率。优化市场条件的核心是保障市场机制在资源配置中起决定性作用，形成有效的价格信号和公平有序的竞争机制。这需要政府实施竞争政策，制定实施反垄断法，优化国有资产管理，降低垄断导致的效率损失，并完善市场准入制度，消除市场壁垒，培育中小企业活力。另外，更重要的是，需要优化中央政府与地方政府产业政策制定与实施的协调性。一方面，全面优化地区基础设施，减少非均衡的区域发展政策与特惠性和选择性产业政策，优化产业空间布局，遏制地区产业结构趋同发展，促进地区产业互补与协同发展，形成有效的区域产业分工。另一方面，通过深化对外开放政策与提高贸易便利化，促进各地区的企业直接融入全球价值链，通过全面、深度地融入复杂的全球价值链分工中，发挥地区比较优势，并利用进口贸易的技术溢出效应，提高本地企业的产出效率，促进地区发展收敛。

参考文献

[1] Adam Szirmai. Industrialisation as An Engine of Growth in Developing Countries,1950—2005 [J]. *Structural Change and Economic Dynamics*, 2012 (23):406 - 420.

[2] Garnaut, R. The Sustainability and Some Consequences of Chinese Economic Growth[J]. *Australian Journal of International Affairs*, 2005,59(4): 509 - 518.

[3] Louis Putterman. Institutions, Social Capability and Economic Growth [J]. *Economic System*, 2013(37):345 - 353.

[4] Schaefer, A. et al. Long - term Growth Driven by A Sequence of General Purpose Technologies[J]. *Economic Medelling*,2014(37):23 - 31.

[5] Krugman, P. The Myth of The Asian Miracle[J]. *Foreign Affairs*, 1994,73(6):62 - 78.

[6] Rawski, T., Perkins D. H. Forecasting China's Economic Growth to 2025[J]. *China's great economic transformation*,2008:829 - 887.

[7] Lewis. Economic Development under Conditions of Unlimited Supply of Labor [J]. *University of Manchester Journal*,1954.

[8] [美]罗斯托. 经济增长的阶段——非共产党宣言[M]. 北京：中国

社会科学出版社,2001.

[9] Solow R. M. A Contribution to The Theory of Economic Growth [J]. *Quarterly Journal of Economics*,1956,70:65 -95.

[10] [美]凯恩斯.就业、利息货币通论[M].北京:商务印书馆,1999.

[11] [美]诺斯,托马斯.西方世界的兴起[M].北京:华夏出版社,1989.

[12] Edward Fulton Denison. *The Sources of Economic Growth in the United States and The Alternatives Before US* [Z]. 1962.

[13] Robert, E. lucas, Jr. On the Mechanics of Economic Development [J]. *Journal of Monetary Economics*,1998(22):3 -42.

[14] 洪银兴.资源配置效率和供给体系的高质量[J].江海学刊,2018(5).

6　新时代中国需求体系的高质量

供给总是相对于需求的。党的十九大报告中强调新时代中国经济发展要“以供给侧结构性改革为主线”，并进一步明确指出：“把提高供给体系质量作为主攻方向，显著增强我国经济质量优势。”在当下中国经济发展的进程中，供给侧之所以要进行结构性改革，是因为供给体系不适应需求体系的变化。这种供需失衡是中国近年来经济增速逐年减缓的重要原因之一（黄益平等，2013；林毅夫，2015；李建明，2015）。因此，无论是从理论上研究供给侧问题，还是从实践上推进供给侧结构性改革，都离不开需求体系。可以说，研究和分析需求侧的需求体系变化，是新时代推进供给侧结构性改革、实现经济高质量发展的一个重要的前提条件。

高质量发展是经济发展质量的高级状态和最优状态，其主要内涵是从总量扩张向结构优化转变，即从“有没有”向“好不好”转变。高质量发展状态下，需求侧的变化不再单独体现在数量上，更突出表现在质量上，即需求体系质量的状态变化问题。当前中国经济已由高速增长阶段转向高质量发展阶段，这一阶段随着新常态下经济增速的下行，将是我国经济发展方式转变、经济结构优化、增长动力转换的攻坚时期，不仅需要供给体系质量的有效提升，更加需要需求体系质量的保驾护航。因此，重视我国需求体系质量变化、有效促进我国需求体系质量提升，在高质量发展阶段具有重要意义。

6.1　需求体系质量的内涵界定及要求

需求是经济增长的重要因素，传统凯恩斯主义认为经济增长是一个有效需求驱动的过程；经济发展不仅是产出总量的增长过程，更是需求扩张及结构转换的过程。在实践和政策层面，有效需求和需求体系结构问题一直是关注的焦点之一。供给和需求作为经济系统的两个侧面，需求侧和供给侧从不同角度对经济增长具有重要影响。

6.1.1 需求体系的内涵界定

依据一般经济学理论，需求指的是在一定时期内，在既定价格水平下，消费者愿意并且能够购买的商品数量。而国民经济核算中，需求的总体含义即总需求，指的是在既定价格水平下全社会对产品和服务的总支付能力。1987年国家统计局拟定了《社会总需求和总供给平衡测算方案》，该方案将总需求核定为投资需求、消费需求和国外需求之和（吴丕斌，1991）。Keynes（1936）在《就业、利息和货币通论》一书中论述的有效需求理论注重需求总量研究，认为经济增长是一个有效需求驱动过程，有效需求不足是现代市场经济或资本主义经济必然存在的问题。在封闭经济中，有效需求由消费需求和投资需求组成，消费需求决定于收入和消费倾向，投资需求决定于资本边际效率和流动性偏好。

需求体系是需求的广义维度，即需求侧多元需求要素的总和，与供给体系对应，体现着需求侧包含需求主体、需求结构、需求效率等多个元素的整体运行机制。在经济运行中，需求体系和供给体系作为驱动经济发展的两维动力，各自拥有不同的动力机制和特征。相对于供给体系的运行更加关注推动长期经济前沿面，需求体系则更加侧重在短期内通过需求刺激带动总需求的增长，进一步带动总产出同步增长。在长期内，供给体系和需求体系在动态协调均衡中共同促进实现经济平稳健康增长。因此，我们除关注需求体系之外，也更应当关注需求体系的运行状态，即需求体系质量。

6.1.2 需求体系质量的内涵界定

从一般意义上来看，质量有两层含义：一层含义是用来表示事物的优劣程度，而另一层含义则是指事物的本质与特性。我们进一步定义需求体系质量为需求体系运行状态优劣程度的价值判断。需求体系质量提升，则需求侧多层次要素运行状态提升，具体体现为需求体系效率提升、需求体系主体活力增加、需求体系结构优化、需求体系目标绩效提升及供需体系达到协调均衡5个方面：

（1）需求体系的效率是指在一定的需求投入下所能带动的经济增长收益。根据总需求定义，即为外需（投资需求、消费需求）和内需（净出口需求）的经济拉动率，体现出需求侧三大需求对实际经济增长的拉动程度。

（2）需求体系的结构是指需求结构的演进状态，主要包含需求结构合理化和需求结构高级化两个方面。需求结构合理化是指三大需求增速同产出增速协调均衡发展。需求结构高级化指的是需求结构从低级状态向高级状态的发展过程，反映经济增长的最终目的和经济增长质量提高的一般变化趋势。

（3）需求体系的主体是指以三大需求为核心的驱动主体，消费需求的驱动主体为居民消费和政府消费，投资需求的驱动主体为企业固定资产投资，净出口需求的驱动主体为外贸企业货物与服务净出口。需求体系质量提升在主体维度的具体体现是各个主体的需求活力增加。

（4）需求体系的目标是指需求体系在经济增长中的绩效追求。在经济数量增长阶段，需求体系的目标主要在于通过扩大需求侧的各要素需求，进一步扩大总需求，带动产出实现高速增长。决定短期需求的因素主要是资本的数量。当经济进入质量增长阶段，整体经济处于结构优化、动能转换、政策消化的阵痛期，经济增速逐步由高速增长转向中高速增长。此时需求体系的核心任务在于配合供给侧的结构改革，实现稳增长和保就业的重要目标，为供给体系调整下的经济转型提供保障。

（5）供需体系的协调均衡是指供给体系与需求体系实现动态协调均衡。一方面是社会总供给与社会总需求的均衡，其主要特征有社会生产良性循环，生产结构协调，生产能力正常发挥，资源得到充分利用，消费需求依社会生产的发展而正常增长，消费结构与产业结构演进协调，财政、信贷、国际收支和进出口基本平衡；另一方面是有效供给与有效需求的均衡，具体为需求结构与供给结构均衡，技术结构与产品结构均衡，供给主体与需求主体均衡。

6.1.3 新时代中国需求体系的高质量发展要求

当前中国经济已由高速增长阶段转向高质量发展阶段，这一阶段随着新常态下经济增速的下行，将是我国经济发展方式转变、经济结构优化、增长动力转换的攻坚时期，不仅需要供给体系质量的有效提升，更加需要需求体系质量的保驾护航。因此，重视我国需求体系质量变化、有效促进我国需求体系质量提升在高质量发展阶段具有重要意义。新时代我国需求体系的高质量发展要求如下：

在需求体系的效率和结构方面，以提升内外需拉动率扩大内需，促进需求结构向高级化、合理化演进。具体来说，在外需拉动率上通过提高贸易自由化程度优化外贸出口结构，改善国际市场交易的外贸环境。在内需拉动率上通过建立扩大消费需求的长效机制，释放居民消费活力，提升消费在经济增长中的基础作用。

在需求体系的主体和目标方面，刺激需求主体活力，以稳增长和保就业为主线。高质量发展阶段，经济进入质量型增长，整体经济处于结构优化、动能转换、政策消化的阵痛期。此时需求体系的核心任务在于配合供给侧的结构改革，实现稳增长和保就业的重要目标。在需求主体方面，投资主体这一阶段应转变投资方式，优化投资结构，调整投资方向，提高投资效率，支持实体经济的发展，重点关注制造业及民间投资，同时注意企业债务负担过快攀升。消费主体这一阶段应以发挥居民消费内需潜力为主，提升居民服务消费和主动型消费，警惕居民部门债务负担上升，激发居民消费需求活力。外贸主体则应加大创新力度，提高产品的科技含量和产品的附加值，使国内产品在国际竞争中更具价格和质量优势。

在供需体系的协调均衡方面，把握有效需求的适度调控。供给体系是否有效是相对需求体系而言的。满足人民群众不断增长的物质和文化需求是社会主义条件下对供给有效性的基本要求。在低收入阶段，满足需求主要是数量问题。而进入中等收入阶段后，满足需求主要是结构和质量问题。为保障国民经济健康发展，需求侧需把握好“稳”与“调”的“度”。扩大总需求不仅要“适度”，还要“改进”，重视提高国内消费需求的地位，让其逐步替代“两驾马车”在需求侧的角色。

6.2 高质量发展背景下中国需求体系质量的测算

6.2.1 指标体系构建

根据对“需求体系”和“需求体系质量”内涵的界定，结合新时代我国需求体系的高质量发展要求，参考《中国经济增长质量报告（2012）》

中的研究方法，本章构建了衡量新时代下基于高质量发展背景的我国需求体系质量指标体系，具体包括需求体系的效率、需求体系的结构、需求体系的主体、需求体系的目标以及供需体系的协调匹配5个方面指标，再将这5个方面指标进一步细化为24个基础指标，如表6-1所示。

表6-1 基于高质量发展背景的中国需求体系质量指标体系构成

方面指数	分项指标	基础指标	单位	指标属性		
				正指标	逆指标	适度指标
需求体系的效率	内需拉动率	消费需求拉动率（X1）（%）		√		
		投资需求拉动率（X2）（%）		√		
	外需拉动率	净出口需求拉动率（X3）（%）		√		
需求体系的结构	合理化	最终需求与投资需求之比（X4）（%）				√
	高级化	消费需求占总需求之比（X5）（%）		√		
需求体系的主体	投资主体	制造业固定投资增速（X6）	—	√		
		民间固定投资占比（X7）（%）		√		
		工业企业负债率（X8）（%）			√	
	消费主体	居民人均消费支出增速（X9）	—	√		
		居民服务消费占比（X10）（%）		√		
		居民杠杆率（X11）	—		√	
	外贸主体	货物和服务净出口增速（X12）	—	√		
		高附加值产品出口占比（X13）（%）		√		
		制造业出口技术复杂度（X14）	—	√		
供需体系的协调匹配	国内均衡	存货增加率（X15）（%）				√
		平均产能利用率（X16）（%）		√		
	国内外均衡	货物和服务净出口率（X17）（%）				√
需求体系的目标	稳增长	规模以上工业增加值（X18）	—	√		
		固定资产投资增速（X19）	—	√		
		社会消费品零售总额增速（X20）	—	√		
		经济波动率（X21）（%）			√	
	保就业	城镇新增就业人数（X22）	万人次	√		
		城镇登记失业率（X23）（%）			√	
		城镇单位就业人员平均工资（X24）	元	√		

从需求体系的效率维度指标选择来看，主要包含内需拉动率和外需拉

动率两个分项指标。其中，内需拉动率包含消费需求拉动率和投资需求拉动率，外需拉动率包含净出口需求拉动率，分别以最终消费需求、投资需求和货物及服务净出口需求与 GDP 增加值的比值来反映。根据上文所述，本章对需求体系的效率测度更加关注需求侧的三大需求对经济增长的拉动程度，因此选取了 GDP 增加值作为分母，能更好地体现需求侧对实体经济的诱发增长效应。

从需求体系的结构维度指标选择来看，我们采取需求体系合理化指数和需求体系高级化指数来测度。其中，需求结构合理化指数参照纪明、刘志彪（2014）的方法，计算出最终需求（消费需求 + 净出口需求）与投资需求的比值，再采取偏离份额法得出需求结构合理化指数的年度指标。需求结构合理化指数的计算源于新古典模型中对最优需求结构的定义，即最终需求与投资需求增速之和与产出同增速增长。因此，根据定义，需求结构合理化指数为 0 时为最优需求结构，即不存在结构上的偏离。需求结构高级化指数用消费需求在总需求中的占比表示，符合在世界需求结构演进过程中，工业化后期第三产业带动经济进入大众消费阶段。需求结构高级化指数的值大于 0 而小于 1，其值越大，表明需求结构高级化水平越高。

从需求体系的主体维度指标选择来看，分项指标主要包括消费主体、投资主体及外贸主体三项指标。其中，投资主体即企业，决定需求侧投资需求的活力和潜力。基于我国需求体系质量在高质量发展阶段的具体要求，本章采取制造业固定投资增速、民间固定投资占比和工业企业负债率来反映投资需求的主体活力。消费主体是高质量发展阶段消费需求的中坚力量，居民消费是高质量发展阶段消费需求中最具有活力和主力的部分，因此，本章选择居民人均消费支出增速、居民消费服务占比（教育、文娱、医疗及通信交通消费占居民消费比例）和居民杠杆率（居民部门债务余额/居民可支配收入）来衡量消费需求的主体活力。外贸主体反映净出口需求的主体活力，主要采取货物服务净出口增速、高附加值产品出口占比（高附加值行业产品出口额占总出口额比例）和制造业技术复杂度来衡量。中高附加值产品占比提升、制造业技术复杂度增加体现着净出口需求在高质量发展阶段的出口结构转变、出口需求价值链攀升。这里，高附加值出口产品的划分依照经济与合作发展组织（OECD）对制造业产品的技术水平分类方法，主要包含机械及运输设备和工业制成品。制造业技术复杂度指标参照邢彦和张慧颖（2017）的方法进行计算。

从供需体系的协调匹配维度指标选择来看，分为国内供需均衡和国内外供需均衡两项。国内供需均衡选择存货增加率和工业产能利用率来反映，其中，存货增加率是存货增加占支出法国内生产总值的比率，当存货增加率为正且比率越大，供大于求，存货增加；当存货增加率为负的比率越大，供小于求，存货下降；存货增加率为 0 或较小，供需均衡。平均产能利用率是制造业行业平均产出与生产设备投入的比率，即实体经济的生产运行能力，能够体现出供需体系下经济的实际运行情况。平均产能利用率的正常区间为 79% ~83%；超过 90% 则会被认为超负荷生产，即供过于求；若产能利用率低于 79%，则出现了产能过剩、设备闲置，实体经济供小于求。国内外供需均衡选择货物和服务净出口率来衡量，当货物和服务净出口率为正的比率越大，国内总供给过剩，对外部需求的依赖越大；为负的比率越大，国内总需求过大，对外部供给的依赖越大；净出口率为 0 或比率较小，则出口需求与进口需求均衡。

从需求体系的目标维度指标选择上，主要分为稳增长和保就业两个分项指标。在高质量发展阶段，相对于供给体系的结构优化的目标，需求体系的核心目标在于通过扩大需求解决短期内的经济增长和就业问题。因此，在稳就业目标上，选取规模以上工业增加值、固定资产投资增速、社会消费品零售总额增速三个正向指标和经济波动率一个负向指标来衡量。在保就业目标上，则采取城镇新增就业人数、城镇单位就业人员平均工资两个正向指标和城镇登记失业率一个负向指标来衡量。

6.2.2 数据来源及测算方法说明

本章旨在研究高质量发展背景下我国需求体系质量的阶段性特征及未来路径，结合指标体系相关数据的可得性，我们选取 1992—2016 年作为时间序列，测度我国需求体系质量的变化情况。数据主要来源于《新中国六十年资料汇编》《中国工业经济年鉴》、EPS 统计数据库、国家统计数据库、中国劳动经济数据库等。对于含有价格因素的数据，选择以 1992 年为基期进行平减，将其调整成不含有价格因素的实际值。我们首先将各个基础指标的数据均值化以达到去除量纲的目的，之后为各方面指标赋予权重，采用主成分分析法，通过输出基础指标的协方差矩阵和进一步的计算得到各方面指数，再以相同的方法最终加总得到我国需求体系质量指数。

6.2.3 测算过程及结果

我们采用第一主成分来确定权重，将第一主成分系数除以其相应的特征根开根后所得到的单位特征向量作为基础指标的权重（见表6－2、表6－3），由此求得各方面指数，再以同样的方法计算各方面指数的权重，最终计算得到1992—2016年我国需求体系质量及方面指数的数值（见表6－4）。

表6－2 各级指标的统计特征

维度	成分	特征根	方差贡献率（%）	累计方差贡献率（%）
需求体系的效率	1	1.287	67.878	67.878
	2	1.768	20.012	85.012
需求体系的结构	1	2.287	85.345	85.345
	2	3.198	19.671	97.111
需求体系的主体	1	1.276	81.234	81.324
	2	4.256	15.987	87.156
供需体系的协调匹配	1	0.987	85.356	85.356
	2	1.265	13.298	86.354
需求体系的目标	1	3.786	86.712	86.712
	2	2.675	11.275	88.561

由表6－2可见，我国需求体系质量5个方面指数的第一主成分综合原始数据信息的能力非常强，其中，需求体系的结构、需求体系的目标及供需体系的协调匹配维度的方差贡献率已经超过一般要求的85%，而需求体系的主体维度的方差贡献率也基本接近于85%。因此，我们采用第一主成分来确定相应权重具有较强的合理性。

由表6－3可见，需求体系的效率在需求体系质量指数各个维度指数中的权重最高，为0.460，这意味着1992—2016年我国需求体系质量的变化更多地体现在需求体系的主体这一维度上，即投资主体、消费主体和外贸主体三方面因素。其次为需求体系的结构维度，其综合主成分权重为0.215，这表明1992—2016年我国需求体系质量变化也在很大程度上受到需求结构合理化和需求结构高级化因素的影响。需求体系的效率维度和供需体系的协调匹配维度在我国需求体系质量指数中的权重大致相同，分别为0.100和0.132，说明这两个维度对需求体系质量指数的贡献大小基本相当。需求体系的目标维度的权重相对最小，为0.092，对我国需求体系质量的影响相对最小。5个维度的方面指数权重均大于0，这表明这五方面因素对我国1992—2016年的需求体系质量提升均有正向影响。

表6-3　各基础指标、方面指数的主成分权重

基础指标	综合主成分权重	基础指标	综合主成分权重
消费需求拉动率（X1）	0.271	高附加值产品出口占比（X13）	-0.124
投资需求拉动率（X2）	0.129	制造业出口技术复杂度（X14）	0.332
净出口需求拉动率（X3）	0.100	存货增加率（X15）	-0.123
最终需求与投资需求之比（X4）	0.536	平均产能利用率（X16）	0.657
消费需求占总需求之比（X5）	0.264	货物和服务净出口率（X17）	0.029
制造业固定投资增速（X6）	0.355	规模以上工业增加值（X18）	0.256
民间固定投资占比（X7）	-0.234	固定资产投资增速（X19）	-0.365
工业企业负债率（X8）	0.087	社会消费品零售总额增速（X20）	0.265
居民人均消费支出增速（X9）	0.267	经济波动率（X21）	0.109
居民服务消费占比（X10）	-0.143	城镇新增就业人数（X22）	0.008
居民杠杆率（X11）	0.187	城镇登记失业率（X23）	0.276
货物和服务净出口增速（X12）	0.113	城镇单位就业人员平均工资（X24）	-0.188
方面指数	**综合主成分权重**	**方面指数**	**综合主成分权重**
需求体系的主体	0.460	供需体系的协调匹配	0.132
需求体系的结构	0.215	需求体系的目标	0.092
需求体系的效率	0.100		

我们进一步根据所得各基础指标的相应权重求得各方面指数值，然后采用同样的方法获得各方面指数的权重合成高质量发展背景下的我国需求体系质量指数值，所得测度结果如表6-4所示。由表6-4可见，自1992年以来我国总体层面的需求体系质量水平基本上呈现出波动变化的态势，在1992—1996年这一阶段需求体系质量水平是稳步提高的，而在1996年后出现较大幅度的下降，进一步在2000—2014年保持着缓慢上升，2014年后则一直处于逐步走低的趋势中。我国需求体系质量指数在不同阶段具体的变化趋势与需求体系的主体方面指数的变动趋势基本保持一致，这说明市场经济体制改革近30年以来，我国需求体系质量的变化主要体现在需求体系的主体方面。1992年以来我国需求体系的主体指数整体在波动中提升，由1992年的0.231提升至2016年的0.512，在2008年前后达到峰值

0.577，体现出市场经济体制改革以来我国需求侧主体活力逐步提升带来的整体需求体系质量提升，并从需求侧最终影响整体经济的高质量发展。而需求体系的效率和需求体系的目标是促进1992年以来我国需求体系质量提升的另外两个因素，它们在1992—2016年整体呈上升趋势。

表6-4 高质量发展背景下中国需求体系质量测算结果

年份	需求体系的主体	需求体系的效率	需求体系的结构	供需体系的协调匹配	需求体系的目标	需求体系质量
1992	0.231	0.132	0.331	0.254	0.187	0.472
1993	0.256	0.145	0.332	0.271	0.176	0.462
1994	0.315	0.136	0.343	0.221	0.145	0.466
1995	0.355	0.141	0.361	0.256	0.176	0.478
1996	0.256	0.187	0.376	0.261	0.187	0.493
1997	0.276	0.165	0.335	0.331	0.198	0.422
1998	0.289	0.198	0.325	0.324	0.187	0.419
1999	0.335	0.123	0.332	0.298	0.218	0.425
2000	0.354	0.187	0.315	0.291	0.223	0.415
2001	0.441	0.198	0.313	0.319	0.228	0.431
2002	0.431	0.213	0.275	0.324	0.276	0.480
2003	0.453	0.243	0.221	0.387	0.254	0.488
2004	0.487	0.226	0.132	0.392	0.276	0.493
2005	0.532	0.215	0.176	0.390	0.299	0.513
2006	0.554	0.228	0.182	0.376	0.293	0.518
2007	0.576	0.232	0.188	0.319	0.354	0.529
2008	0.577	0.256	0.193	0.276	0.367	0.531
2009	0.492	0.276	0.235	0.287	0.258	0.514
2010	0.512	0.227	0.251	0.265	0.277	0.527
2011	0.514	0.287	0.275	0.254	0.258	0.518
2012	0.528	0.317	0.283	0.272	0.245	0.501
2013	0.523	0.332	0.287	0.276	0.287	0.517
2014	0.524	0.354	0.296	0.257	0.298	0.512
2015	0.515	0.310	0.298	0.200	0.312	0.472
2016	0.512	0.331	0.310	0.195	0.336	0.432

6.3 高质量发展背景下中国需求体系质量的阶段性特征及制约因素

新时代下，为有效推进供给侧结构性改革的深化，推动我国经济高质量发展，有必要深入探索我国需求体系在经济发展阶段中实现有效质量提升的路径。因此，我们基于前文在高质量发展背景下我国需求体系质量指数的整体测算，遵循经济发展阶段理论框架，来研究我国社会主义市场化改革以来需求体系质量变化的阶段性特征，并进一步分析我国需求体系质量提升在转向高质量发展阶段中存在的制约因素。

6.3.1 高质量发展背景下我国需求体系质量的阶段性特征

改革开放以来，我国经济经历了不同的增长阶段。1992 年社会主义市场经济改革后，我国需求体系质量整体经历了有起有落的波动变化。为进一步分析其阶段性特征，本章使用 Fisher 最优分割法分别对测算的我国需求体系质量指数及方面指数进行了阶段划分，结果如表 6－5 和图 6－1 所示。

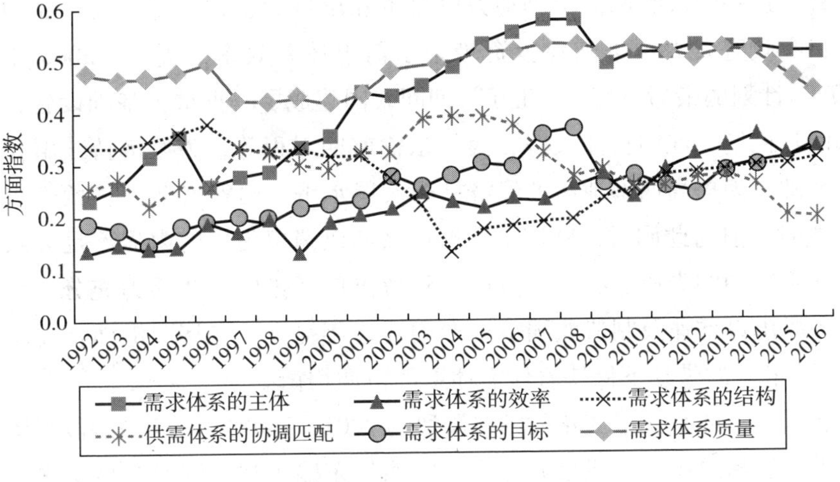

图 6－1 1992—2016 年中国需求体系质量及方面指数变化

根据阶段划分结果，我国 1992—2016 年的需求体系质量变化的过程基本上可以分为 3 个阶段体来说，我国需求体系质量变化可分为 1992—2000 年，2001—2008 年，2009—2016 年 3 个阶段。其中，需求体系的效率指数可分为 1992—2002 年，2003—2007 年，2008—2016 年 3 个阶段；需求体系的结构可分为1992—2001年，2002—2009年，2010—2016年3个阶段；需求体系的主体可分为1992—2000年，2001—2007年，2008—2016年3个阶段；供需体系的协调匹配可分为1992—2002年，2003—2006年，2007—2016年3个阶段；需求体系的目标可分为1992—2001年，2002—2008年，2008—2016年3个阶段。

表6－5　1992—2016年中国需求体系质量变化的阶段划分

阶段	需求体系的效率	需求体系的结构	需求体系的主体	供需体系的协调匹配	需求体系的目标	需求体系质量
第一阶段	1992—2002	1992—2001	1992—2000	1992—2002	1992—2001	1992—2000
第二阶段	2003—2007	2002—2009	2001—2007	2003—2006	2002—2008	2001—2008
第三阶段	2008—2016	2010—2016	2008—2016	2007—2016	2009—2016	2009—2016

我国需求体系质量变化的第一阶段为1992—2000年。这一阶段我国经济发展主要靠投资和出口拉动，对外开放程度日益加深，经济高速增长，发展成果举世瞩目。从指数上来看，我国需求体系质量指数整体呈小幅上升后下降的趋势，其中，需求体系的结构指数呈下降趋势，其余指数均波动上升。这一阶段我国需求侧动力以投资和出口为主，大量初级产品的外贸出口和政府大力推进基建投资带来了需求体系效率的提升。2000年是“九五”计划的最后一年，“九五”期间我国建成了一批重大基础设施，如首都国际机场、江阴长江大桥、西气东输前期工程等，为经济持续增长奠定了基础。为提高西部地区的经济社会发展水平，国家启动了“西部大开发”战略。但与此同时，外贸依存度过高和以消费为主的内需不足导致了需求体系结构的失衡。在这一阶段，外贸出口及投资主体活力充分，货物及服务净出口增速及制造业固定资产增速连年提升。经济前沿面在需求侧“两驾马车”的带动下保持着供需体系的协调均衡。

我国需求体系质量变化的第二阶段为2001—2008年。这一阶段我国加入了世界贸易组织，全线投产并完成了西气东输工程，同时全球金融危机爆发。从指数上看，我国需求体系质量指数整体平稳上升，其中需求体系的主体指数和需求体系的目标指数上升趋势明显，需求体系的结构指数呈波动下降趋势，供需体系的协调匹配指数则呈先上升后下降趋势。这一阶段我国需求体系结构仍由投资和出口为主，后期全球金融危机使得我国外向型经济受到影响，经济增长遭受严重冲击，提高消费和拉动内需成为拉动经济的重要方式之一。中国制造及民营经济发展逐渐起步，成为需求体系主体中最具活力的部分。需求侧稳增长目标成果明显，经济增速仍保持在8%以上，规上工业增加值增速等增长指标仍保持不俗的实力。供需体系的协调匹配指数在2004—2006年达到最大值，体现出良好的经济运行形势。

我国需求体系质量变化的第三阶段为2009年至今。这一阶段金融危机后续影响席卷全球，世界宏观经济整体复苏乏力，我国逐步成为世界第二大经济体，经济发展进入新常态阶段。从指数上看，我国需求体系质量指数整体保持平稳，于2014年开始有较大的降幅。其中需求体系的主体指数平稳上升，需求体系的目标指数和结构指数均缓慢上升，供需体系的协调匹配指数在这一阶段出现了较大下降。在这一阶段，一方面，金融危机后续影响阻碍了需求体系的效率，2008年“4万亿”刺激方案对“铁公基”和房地产的大量投资导致供需体系的相对失衡，钢铁、煤炭、水泥等重化工行业产能过剩严重，高房价提升了居民部门债务压力，阻碍了居民主体的消费活力；另一方面，消费近年来的经济拉动率不断提升，我国经济在工业化发展后期阶段逐渐释放大众消费，使得需求体系的效率有效提升，结构逐步高级化。以稳增长和保就业的货币政策和财政政策调控依然是新常态以来我国需求侧管理的主线。

6.3.2 高质量发展背景下中国需求体系质量提升的制约因素

当前我国经济正由高速增长阶段转向高质量发展阶段，相对应我国需求体系质量变化正处于第三阶段。这一阶段我国需求体系质量的制约因素主要有以下几点：

第一，内外因素导致需求体系效率下降。内部因素体现为需求扩张的放缓和供给侧改革的逐步发力。2015年供给侧改革在供给端实施“三去一降一补”以来，除产业政策倾斜的制造业投资外，房地产投资、基础设施投资增长均持续下降，导致我国整体投资的增速大幅度滑坡。外部因素则体现为国际宏观环境乏力及贸易摩擦频频发生，导致近年来出口增长大幅下降，甚至出现了负增长。中美贸易摩擦的加剧，进一步带来经济基本面的恶化，影响需求体系中外需拉动率的提升。内外因素导致需求体系效率下降直接表征为经济增长持续放缓，其后果为城乡居民收入增长明显下降，进而导致消费增长也出现低迷的趋势。需求增长明显放缓之后，与高速增长相适应的供给必然会出现数量上的过剩，进一步加剧供需体系的失衡。

第二，供需体系失衡加剧经济下行压力。近年来，供需体系失衡主要体现为两方面：一是需求结构变化与有效供给不足。高质量发展阶段我国人均收入达到中等水平，随着人民收入水平的提高和生活水平的改善，居民消费需求升级，消费倾向逐渐从数量型转向质量型，高端化、多样化消费需求日益增长，而能够生产符合消费者需求的有效供给缺乏，造成内需外流。二是中低端供给过剩与高端供给不足。部分中低端产业要素价格在政府干预下整体偏低，使得企业生产成本偏低，带来资源浪费性配置和产能严重过剩，大量中低端过剩产能在行业内积存，而与此同时，相当大比例的高端制造业产能不足，只能依靠进口。整体经济的供需失衡导致要素和产品市场无法出清，供需体系的失衡桎梏着实体经济的良好运行，进一步加剧了整体经济下行的压力。

第三，高杠杆、高风险抑制需求主体活力。2008 年金融危机以后，我国非金融部门总杠杆率快速上升，伴随高杠杆而来的资产泡沫快速上涨，绑架了需求体系主体的经济活力，加剧了实体经济金融风险。一是企业主体活力受到抑制。实体经济部门中，非金融企业部门的高储蓄率、间接融资为主的融资结构以及国有企业承担大量非市场化的社会公共职能阻碍了民间投资进入金融市场，加剧了经济脱实入虚风险。二是居民主体活力受到抑制。近年来，一、二线城市的房价上涨呈信贷驱动新特征，由此带来居民部门债务问题的进一步凸显，抑制了居民的消费需求。居民消费作为最终消费需求中最具活力和潜力的基础部分，受债务杠杆和收入下行压力的影响，居民消费需求疲软。三是外贸主体活力受到抑制。宏观经济外部环境的风险和贸易条件的恶化，加大了出口企业的外部贸易损失风险，外贸主体缺乏活力。

第四，需求体系目标的调控压力与风险。一方面，受需求体系结构限制，我国对外需的依赖使得经济系统受外需波动影响较大，国外经济不景气时，我国经济也会面临较大的下行压力。此时，“稳增长”只能依靠投资拉动的“老办法”。当前我国经济正由高速增长阶段转向高质量发展阶段，而这又进一步加大了地方政府的债务压力，推高了系统性风险发生概率。另一方面，整体宏观环境形势不明，前期政策阵痛期尚未结束，在整体经济动能转换和结构调整下，需求体系的重要目标在于通过稳增长和保就业实现平稳转型。而前期经济下行压力大、需求主体对改革成果预期不明、国际环境日益复杂等都加大了需求体系目标未来实现的风险和未知性。

6.4 新时代中国需求体系高质量发展的路径选择

经济发展动力是有效供给与有效需求的结合，两端协调才能促使经济持续发展。当前在短期内，供给侧调结构可能会在一定程度上影响经济增速，因此，需求体系的高质量发展在当前阶段仍然至关重要，基于以上制约因素，新时代我国需求体系高质量发展的路径如下：

一是适度扩大总需求。通过适度扩大总需求，把经济调整的幅度压缩在市场可接受范围内，从而为实体经济的调整赢得时间、赢得空间。这些年，我国一方面强调供给侧结构性改革，另一方面强调积极、稳健的财政和货币政策，扩大总需求，营造良好的环境，为实体经济的调整创造好的条件。

二是把投资刺激与投资方式转变相结合。在新时代我国经济增长中，投资的作用不可忽视，短期内仍然需要投资带动，但是需要转变投资方式，优化投资结构，调整投资方向，提高投资效率，支持实体经济的发展。一方面，要将投资对象转向中小企业，通过中小企业的发展实现充分就业。同时造就大量的中产阶级，促进社会收入分配结构的改善。促进民间投资的增长，形成新的经济增长动力。另一方面，投资方式由政府投资转向民间投资。政府投资见效快，但受制于财政约束，具有不可持续性，只能改变经济运行的方向，而民间投资机制灵活、产权清晰、投资效益高，是推动经济持续增长的长期动力。

三是把需求刺激和需求结构优化相结合，重点调整需求内部结构中的投资消费结构，进一步扩大消费对需求的拉动作用。不仅要提高人均可支配收入以扩大产品市场中的最终消费需求，还要依据改善民生的需要，投入与改善与民生相关的公共服务和环境保护，扩大公共生活消费资料和生产资料的需求，提高社会教育、医疗、养老、失业、低保、住房等公共服务的覆盖面，为提升国民素质和国民的幸福感服务。

四是把转变对外开放方式和提高竞争力相结合。通过提高贸易自由化程度优化外贸出口结构，改善与国际市场交易的外贸环境，进一步优惠和强化贸易政策保障。加大企业创新力度，提高产品的科技含量和产品的附加值，使国内产品在国际竞争中更具价格和质量优势。

参考文献

[1]纪明.需求结构演进逻辑及中国经济持续均衡增长[J].社会科学,2013(2):15－23.

[2]纪明,刘志彪.中国需求结构演进对经济增长及经济波动的影响[J].经济科学,2014(1):10－22.

[3]邢彦,张慧颖.生产性服务业FDI与制造业出口技术进步——基于知识产权保护的门槛效应[J].科学学与科学技术管理,2017,38(8):29－45.

[4]任保平.新时代中国经济增长的新变化及其转向高质量发展的路径[J].社会科学辑刊,2018(5):35－43.

[5]任保平.新时代中国经济高质量发展的判断标准、决定因素与实现途径[J].中国邮政,2018(10):8－11.

7 新时代中国高质量发展的效率变革

党的十九大报告中指出，建设现代化经济体系，必须坚持质量第一、效益优先，以供给侧结构性改革为主线，推动经济发展质量变革、效率变革、动力变革。这是以习近平同志为核心的党中央对我国经济发展路径作出的最新论述，既是建设现代化经济体系的根本路径，也是推动经济发展的重要目标。我国经济已由高速增长阶段转向高质量发展阶段，正处在转变发展方式、优化经济结构、转换增长动力的攻关期。这一时期，资本报酬递减现象开始出现，靠大规模的政府主导型投资以保持经济增长速度的方式，不再具有可持续性。发展阶段转换亟待推进质量变革、效率变革、动力变革。这三大变革既是推动高质量发展的根本途径，也是实现高质量发展的重要标志。

在这三大重要变革中，质量变革是主体，既包括通常所说的提高产品和服务质量，也包括提高国民经济各领域、各层面素质；效率变革是主线，也是提升我国经济竞争力的关键和实现高质量发展的支撑，要求破除制约效率提升的各种体制机制障碍，以既定的投入获取最大的产出；动力变革是基础，在我国传统动力减弱的背景下重新培植经济发展新动力、新优势，将传统要素驱动力转变为创新驱动力。三者相互依托，是有机联系的整体，必须系统推进。推进三大变革的根本目的是提高全要素生产率，不断增强我国经济的创新力和竞争力，从而为实现“两个一百年”奋斗目标构筑坚实基础。

7.1 正确理解效率变革

我国经济进入高质量发展阶段后，已经不可能像以往那样主要依靠要素投入数量的增长，必须转向更多依靠全要素生产率的提高。在三大重要变革中，质量变革是主体，效率变革是主线，动力变革是基础，关键是切实、持续地提高全要素生产率。解决好这个关键问题，我们才能在保持一定增长速度的同时，开创质量效益明显提高、稳定性和可持续性明显增强的发展新局面。

经济发展效率是对一个国家和地区一定时期内在给定投入和技术等条件下有效使用资源以满足经济发展需要的评价，是资源配置能力、市场竞争能力、投入产出能力和可持续发展能力的综合反映。效率变革，就是要找出并填平在以往高速增长阶段被掩盖或忽视的各种低效率洼地，为高质量发展打下一个效率和竞争力的稳固基础（刘世锦，2017）。

党的十九大报告中指出，我国经济已由高速增长阶段转向高质量发展阶段，正处在转变发展方式、优化经济结构、转换增长动力的攻关期。这是对我国经济发展阶段变化作出的重要判断。为适应发展阶段变化，社会的主要矛盾也发生了转化，已经从人民日益增长的物质文化需要同落后的生产力之间的矛盾转化为人民日益增长的美好生活需要和不平衡不充分的发展之间的矛盾。与之相对应，经济发展的考核指标也要相应调整，从原来主要考核经济增长速度、规模等数量指标转向考核全要素生产率、税收贡献、就业、利润等经济发展质量指标。要加快质量强国建设，在全社会牢固树立质量第一、效益优先和持续创新理念，加强以“重视品质、追求卓越”的工匠精神为核心的质量文化建设，引导企业树立“质量高于天”的产品理念，专注品质，一丝不苟，精益求精，注重细节。倡导优质安全绿色消费理念，转变消费者理念，提高全民质量意识，通过“用脚投票”让假冒伪劣产品退出市场。强化质检、环保、安全等监管和执法力量，加大对生产假冒伪劣产品的企业或个人的负面曝光和惩处力度，引导企业增强质量、品牌和标准意识，形成政府重视质量、企业追求质量、社会崇尚质量、人人关心质量的良好社会氛围。

7.2 中国当前发展效率的现状

1978 年改革开放以来，中国经济保持了近 30 年 10% 的高速增长，然而 2008 年以来，增长速度开始不断下降，2013—2017 年 GDP 增长速度更是跌破 7.9% 的增速[①]。这一现象引起了国内外学者的广泛关注，我国经济增长速度持续下降的源泉与趋势引起了学界的深入讨论，主要有两种观点：一是认为这是一种周期性下降，是投资型的短期趋势；二是认为这是一种由于潜在经济增长率下降引起的效率型长期趋势。2014 年习近平总书记首次提出“新常态”，认识到我国经济由高速增长转向中高速增长，经济增速下降是一种长期趋势。党的十九大报告中也指出“我国经济已由高速增长阶段转向高质量发展阶段”，并认识到效率的不足，提出不断填平各种低效率洼地，实现高质量发展的效率与竞争力的稳固基础。因此，通过分析我国当前发展效率的优势与短板、找到高质量发展的低效率洼地，是实现效率变革的重中之重。

7.2.1 高速增长阶段发展效率得到改善

（1）宏观效率

改革开放以来，凭借丰富的劳动力资源，运用高投资和出口导向型发展模式，中国经济取得了显著增长，增长速度也一度远远超过其他大国。

首先，劳动生产率快速提升。改革开放的提出不断推动我国物质资本的积累，促进先进技术的不断引进，以及教育水平的不断提升，劳动生产率得到了大幅提高。全员劳动生产率从 1978 年的 0.09 万元/人跃升至 2016 年的 9.37 万元/人，年均增长率达到 13%，东、中、西部地区的劳动生产率也得到显著提高，东部地区更是异军突起，远超中西部地区，但三大地区劳动生产率相较于改革开放初期均有质的飞跃，2016 年劳动生产率分别达到 12.05 万元/人、6.93 万元/人和 7.24 万元/人。改革开放初期劳动生产率差距保持近似不变的趋势，进入 20 世纪 90 年代之后，东部地区与中、西部地区之间的差距呈扩大趋势，这与改革开放实施的优先发展东部沿海地区战略密切相关，并带动全员劳动生产率不断提高，随着地区间差距的不断拉大，进入 21 世纪，国家提出了代表性的西部大开发战略以应

① 2013—2017 年 GDP 增长速度分别为 7.67%、7.40%、6.90%、6.70%、6.90%。

对地区发展差距。战略实施之后，中、西部地区劳动生产率增长率不断提升，与东部地区的差距也随之出现转变，东西部地区劳动生产率差距由2002年的峰值2.40倍，降到2016年的1.66倍。东、中、西部地区的不断发展，带动全员劳动生产率也不断提升，并在1992年、2002年出现增长率的提升，其中全员劳动生产率2002—2016年年均提高0.54万元/人，显著优于1992—2015年年均0.12万元/人的提高幅度（见图7-1）。

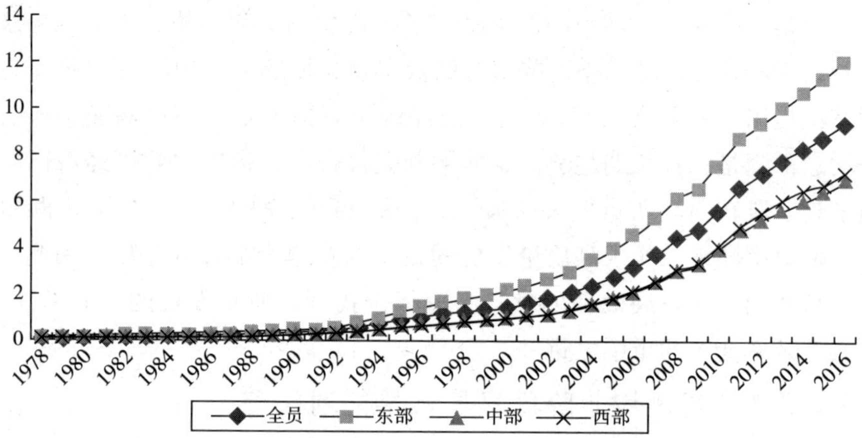

图7-1　1978—2016年全员与东、中、西部劳动生产率①

其次，全要素生产率稳步提高。改革开放以来，随着我国市场经济体制的建立完善、对外开放全面推进以及经济的优化调整，全要素生产率呈上升趋势，对经济增长的贡献也显著提升。据测算，改革开放初期，我国全要素生产率快速提升，表现为东部高、西部低、中部居中，三大地区全要素生产率以近似的差距共同上升。21世纪90年代中后期，增长放缓，并呈三大地区差距不断缩小的趋势，90年代“西部大开发”战略的提出，为西部地区全要素生产率提高带来了动力，并带动全国全要素生产率短时间内实现上升。然后90年代中后期至今，中、西部地区全要素生产率不断下降，东部地区在2008年以后同样出现缓慢下降，但现阶段全要素生产率仍然高于改革开放初期（见图7-2），全要素生产率更是贡献了经济增长的43%（肖宏伟、王庆华，2017）。

① 参考任保平等（2012）劳动生产率测算方法GDP（1978年不变价）/从业人数。

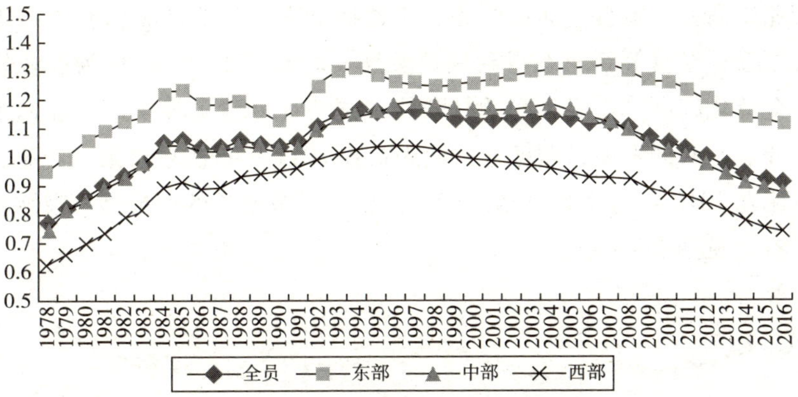

图 7－2　1978—2016 年全员与东、中、西部全要素生产率①

（2）中观效率

改革开放 40 年，我国快速跃升为世界第二大经济体和第一大货物贸易国，这些举世瞩目的伟大成就与我国产业发展密切相关，尤其是不同行业的快速发展，使我国由一个农业大国转变为世界第一工业大国、第一制造大国，并触发世界竞争格局和全球分工体系的深刻变革。

首先，产业结构明显优化。改革开放对我国社会主义市场经济体制的确定，解放了我国长期以来的产业发展禁锢，全社会生产力与产业发展活力得到了极大的释放，经济快速发展，产业结构明显优化。1978 年三次产业结构占比为 0. 28∶0. 48∶0. 24，第三产业落后于第一产业与第二产业，随着改革开放带来的工业化快速发展，2000 年三次产业结构占比调整到 0. 14∶0. 46∶0. 40。其中，改革开放初期，家庭联产承包责任制为农业发展带来了红利效应，农业劳动生产率从 1978 年的 359 元/人快速增长到 1985 年的 816 元/人，在 1982 年达到农业占比高峰 32. 8%，此后，随着工业化的不断深入，农业占比逐步下降，2000 年降至 14%。为了矫正计划经济时期重工业优先发展的失衡战略，形成了以满足人民基本生活需求的纺织、服装、食品等轻工业为主导的工业发展，轻工业在工业中的占比从 1978 年的 43% 跃升到 1981 年的 50%（盛朝迅，2018）。第三产业则随着市场的不断开放得到快速发展，公有制为主、多种所有制共同发展的定位，促进以

① 本章运用 Cobb－Douglas 生产函数（C－D 生产函数）对 1978—2016 年各省份全要素生产率进行测算，其中利用 GDP（1978 年不变价）表示产出，参考张军（2004）的方法，折旧率取 9. 6% 测算固定资本存量，与就业人数共同作为宏观要素投入。

第三产业中商业、饮食、居民服务、交通运输等为核心的私营企业遍地开花，大型连锁经营等新业态得到快速发展。2001 年加入 WTO 为产业发展带来了全球化红利，世界大门的打开使中国快速变身世界工厂，加速工业化与服务业的共同发展，服务业就业人数在 2011 年首次超过第一产业，而产业占比在 2012 年首次超过第二产业，成为经济增长的助推器、吸纳就业的稳定器（见图 7 -3）。

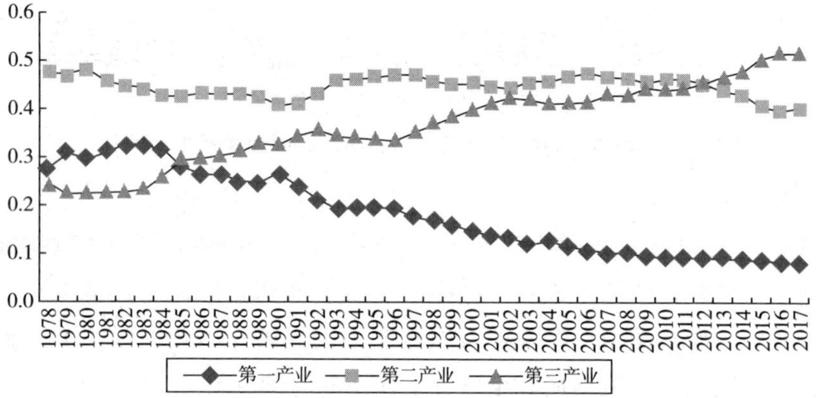

图 7 -3　1978—2017 年三次产业结构变动

其次，各行业效率齐头并进。1978 年改革开放在小岗村拉开序幕，以农业改革为起点，之后城市改革全面展开，经过土地改革、国企改革、科技体制改革，逐步放开金融市场、劳动力市场、房地产市场、技术市场、信息市场，带动各个行业遍地开花。加入 WTO 进一步带领中国走出国门，融入全球市场，不仅快速成为世界工厂，高科技产品甚至比肩美国，行业发展也与国际接轨，行业效率不断提升。如图 7 -4 所示，2003 年以来各个行业全要素生产率不断攀升，其中凭借我国生物科技的不断进步与国际金融行业的高度融合，农业与金融业效率实现高速提升，金融业全要素生产率年均涨幅达到 11.7%，远超其他行业；批发和零售业与工业全要素生产率紧随其后，服务行业中的住宿和餐饮业以及交通运输业全要素生产率相对较低，但各个行业全要素生产率均呈现出上升趋势。

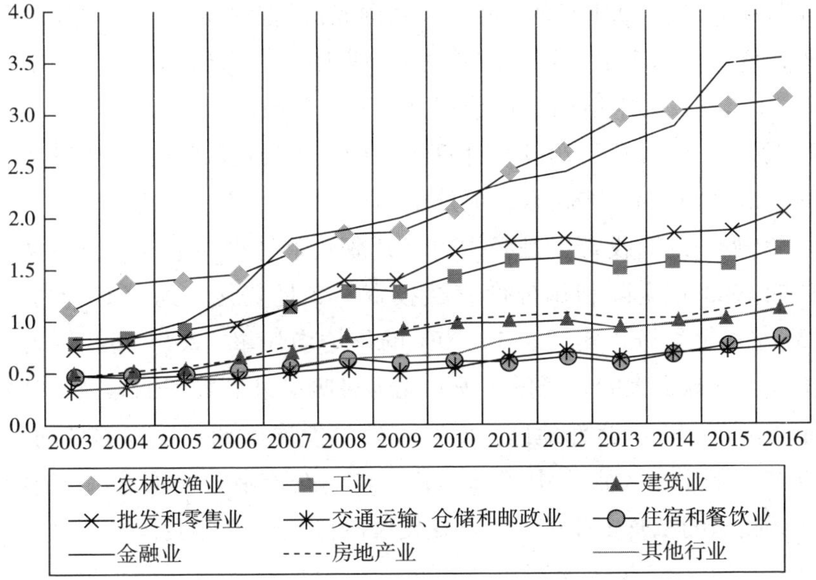

图 7－4　2003—2016 年各行业全要素生产率变动

数据来源：根据国家统计局数据测算绘制。

（3）微观效率

改革开放 40 年以来，中国企业在经济社会地位、所有制结构、管理水平、经营机制、管理观念、企业组织结构以及企业制度等方面都发生了根本变化。国有企业不断变革，并在关系国家安全、民生的关键行业和领域发挥着重要作用；股份制企业、私营企业、外商投资企业从无到有，由小到大，由弱到强，迅速成长，已经成为推动中国经济发展的核心力量，这些企业的竞争力不断增强，在国际市场产生了重要影响。

首先，各类企业高速发展。改革开放对社会主义市场经济体制的确立打开了我国经济发展的大门，经济市场不仅有国有企业，多种所有制不断涌现、共同发展，实现了我国经济的高速发展。国有企业作为计划经济时期的宠儿，改革开放时期更是我国经济体制改革、结构调整、市场化改革的主要承担者，也正是由于国有企业承担了巨大的改革成本，各种非国有经济成分才得以迅速发展。①我国股份制企业萌发于改革开放的热潮中，1986 年国务院明确提出“各地可以选择少数有条件的全民所有制大中型企业进行股份制试点”，由此开启了我国股份制企业的发展浪潮。1990 年 11 月和 1991 年 4 月先后批准上交所与深交所成立，股份制企业在中国迅速发展，尤其在1997—2001年的5年间，我国股份制企业从7.2万家发展到30多万家，增长了3.2倍，年均增长达到33.1%，到2001年年底，上市公司达到1213家，其中境内上市公司（A股、B股）1154家，境外上市公司（H股）59家。截至2017年年底，我国上市公司数量达到3739家，其中境内上市公司达到3485家，境外上市公司（H股）达到254家（见图7-5）。②吸引外商投资也是我国对外开放政策的重要组成部分，从改革开放初期1983年实际利用外商直接投资9.2亿美元，到2017年上升至1310.35亿美元投资，实现了15.70%的年均增长率。2015年我国首次超过美国成为全球最大的外资投入国并成为最吸引外商投资的国家，外资企业遍布我国东、中、西部地区，对我国经济发展起到了良好的带动作用。③1987年党的十三大报告中明确私营经济是公有制经济必要和有益的补充，此后我国的私营企业进入了迅猛发展阶段，1989年我国私营企业户数为9万户，到2017年达到2726.3万户，实现了22.63%的年均增长率。我国私营经济的发展速度远超全国经济增长速度，成为经济增长的主要推动力量，私营企业在创造就业机会、吸纳下岗人员再就业、出口创汇、缴纳税费等方面都发挥了重要作用，为我国经济发展做出了重大贡献。

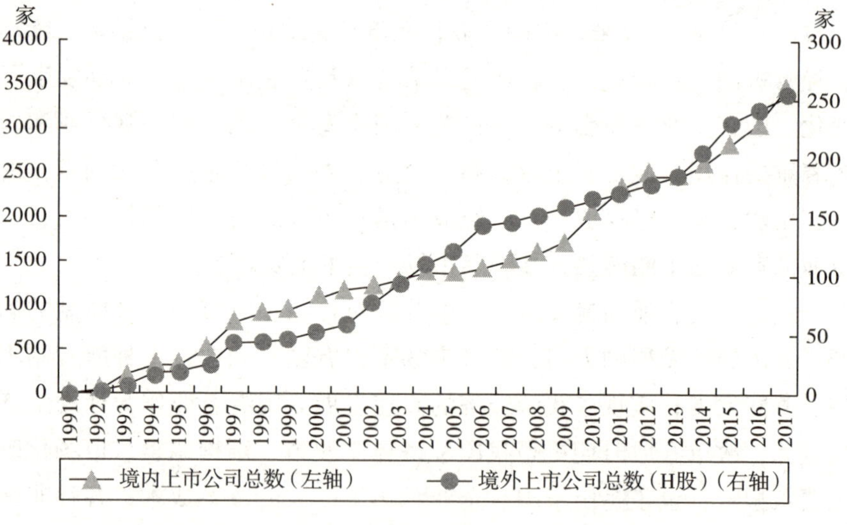

图7-5　1991—2017年中国境内、境外上市公司总数

其次，企业生产率不断提高。改革开放打开了国家发展的大门，我国企业凭借快速的学习能力，追赶国际先进生产技术，不断实现自身生产率的快速变革，全面挤占国际产品市场，凭借我国企业的高速发展，我国在2017年再次成为世界第一贸易大国（见图7－6）。当前进入知识经济时代，传统的、基于强边界的单元型企业与资源配置方式严重影响了资源配置的效能与效率，滞后了创新与发展的步伐，然而我国企业凭借敏锐的技术嗅觉，运用新科技革命和产业变革催生了经济社会发展的新动力，以互联网、物联网、大数据、云计算、人工智能为代表的新技术、新产业、新业态、新模式逐步取代了以资源和政府为导向的传统经济发展模式，为企业实施新的组织方式提供了新的可能，更加带动企业生产率不断提高。中国企业自觉以国家战略指导自身发展，不断探索新动能、打造新动能，实践以新要素市场化配置资源、培育新产业，同时，新动能处于世界领先地位，不仅为国家和产业的创新发展探索出了具有中国特色的新路，而且实现了我国在国际市场地位的质的飞跃。

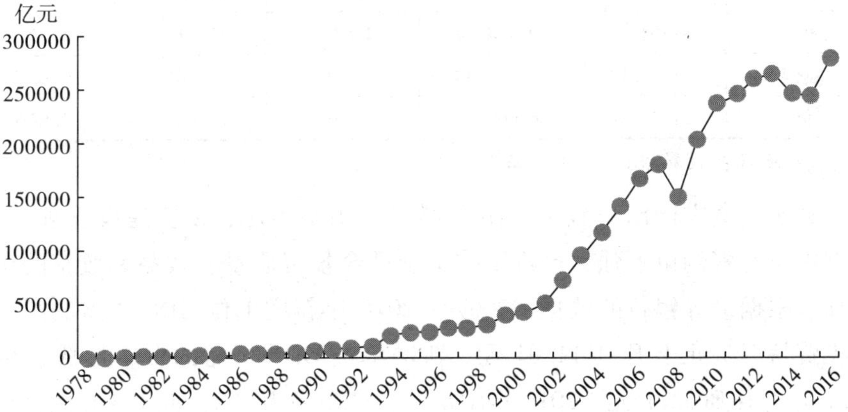

图7－6　1978—2017年中国进出口总额

7.2.2　高质量发展阶段发展效率仍存短板

（1）宏观效率仍存短板

首先，劳动生产率仍低于国际平均水平。虽然我国与世界的差距不断缩小，但由于生产技术总体水平较低、劳动力素质与发达国家相差较大，2016年我国劳动生产率仅为12075.18美元/人，仅为美国的11.63%（103835.35美元/人）、日本的13.35%（90477.59美元/人）、德国的13.88%（87011.53美元/人）、法国的13.03%（92645.55美元/人）、加拿大的13.21%（91418.24美元/人）、英国的14.78%（81678.88美元/

人)、韩国的25.66%（47066.58美元/人）（见表7－1）。但是，21世纪以来，我国与其他国家的差距正在不断缩小。2000—2016年，我国劳动生产率不断提升，相当于美国的比率从3.51%上升到11.63%，年均增长率达到7.51%，远超其他国家。

表7－1　中国与其他国家的劳动生产率（2010年不变价购买力平价美元）

国家	2000年劳动生产率（美元/人）	2016年劳动生产率（美元/人）	2000年中国相当于其他国家的比重	2016年中国相当于其他国家的比重	年均增长率
中国	3044.26	12075.18			8.99%
美国	86620.31	103835.35	3.51%	11.63%	1.14%
日本	79043.83	90477.59	3.85%	13.35%	0.85%
德国	77607.93	87011.53	3.92%	13.88%	0.72%
法国	85390.13	92645.55	3.57%	13.03%	0.51%
加拿大	82704.63	91418.24	3.68%	13.21%	0.63%
英国	71519.12	81678.88	4.26%	14.78%	0.83%
韩国	31127.12	47066.58	9.78%	25.66%	2.62%

数据来源：世界银行WDI数据库。

其次，资本产出率较低。由于产能利用率不足、投资建设管理粗放、国有单位融资约束不强，严重影响了全社会投资质量、效益和效率的全面提高。根据世界银行的数据，2007—2016年新增单位GDP所需的固定资产投资从2.7元上升到11.01元，新增单位GDP所需的资本形成总额从2.21元上升到6.11元。2016年增量资本产出率为1.2，低于3.6的世界平均水平和OECD国家4、德国4.1、英国3.8、美国3.5、法国2、韩国1.8、日本1.8的水平。

最后，全要素生产率增长率不断下降。由于研发效率、科技成果产业化率较低等原因，全要素生产率呈不断下降的趋势（见图7－7），并且低于发达国家水平。美国宾州大学国际比较项目发布的数据表明，2014年，我国全要素生产率仅为世界平均水平的53.1%、G7国家的52%、美国的43%、德国的46%、英国的60%。The Conference Board数据显示，2016年我国全要素生产率增长率为－1.6%，低于主要发达经济体的增速，如日本的－0.2%、韩国的0.6%、美国的－0.4%、法国的0%、德国的0.8%和英国的0.2%等。

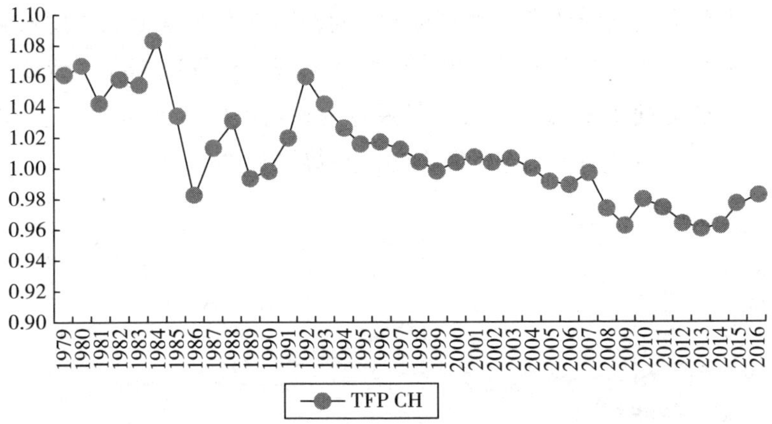

图 7－7 1978—2016 年全要素生产率增长率变动趋势①

（2）中观效率提升不足

首先，产业结构现代化水平较低。我国产业结构现代化水平与发达经济体还存在较大差距，优化升级面临困难和瓶颈。据中国民生银行研究院采用产业结构演变系数 DCIS 作为评价指标的测算，中、美、德、日、韩五国工业化发展进程水平从高至低依次为韩国、美国、日本、德国和中国。在工业化发展速度方面，在可选数据范围内，以产业结构演变系数上升一个单位来衡量，日本需用时 31 年，美国、韩国均需用时 11 年，德国需用时 18 年，而我国因尚处于工业化发展中后期，产业结构演变系数尚未出现一单位的变动，慢于其他国家。采用第三产业和第二产业的比重来衡量产业结构的高级化指标显示，产业结构高级化程度由高到低分别是美国、韩国、日本、德国和中国，韩国和美国这两个传统的资本主义强国正处于一般意义上的后工业化时期，二者的产业结构高级化水平明显高于其他三国。

其次，三次产业全要素生产率提高动力不足。纵观近 40 年来的产业发展演变，我国产业结构总体呈现出由“二、一、三”向“二、三、一”，再向“三、二、一”的转变趋势，第一产业与第三产业呈“剪刀式”对称消长态势，第三产业逐渐取代了第二产业在国民经济中的主导地位。第一产业占比总体下降；第二产业占比总体变化幅度较小，基本在 40% ~50% 的区间内震荡；第三产业占比总体呈持续上升态势，经历了三次较快的上行周期。然

① 利用 Chung et al.（1997）定义融入非期望产出的全要素生产率指数（Malmquist – Luenberger Index，ML 指数）对我国全要素生产率增长率进行测算。

而三次产业的全要素生产率变动方向却不同，第一产业由于生产技术的不断进步，全要素生产率不断上升；由于产业体系现代化程度不高、劳动生产率较为落后、产能利用率总体偏低、资源与生态约束依然严峻等问题，第二、第三产业全要素生产率却出现不断下降的趋势（见图 7－8）。

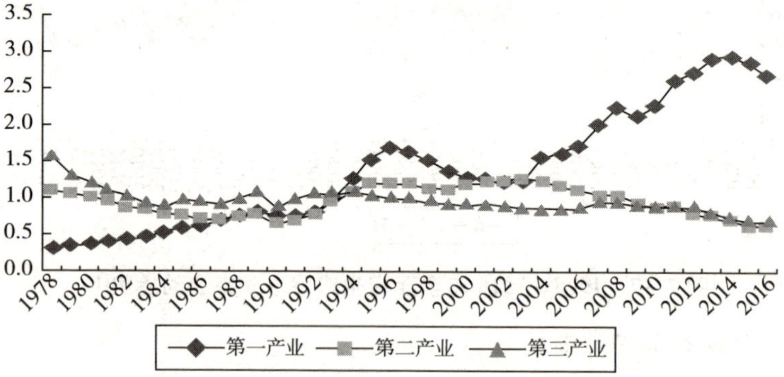

图 7－8　1978—2016 年三次产业全要素生产率变动趋势①

（3）微观效率呈现出下降趋势

首先，企业利润率不断下降。近年来，规模以上工业企业利润率总体呈下降趋势，由 2010 年的 7.6% 下降至 2015 年的 6%，2016 年仅小幅回升到 6.2%（见图 7－9）。国有企业净资产收益率连续下降，2016 年全国和地方国有企业平均净资产收益率仅为 4.7%，连续 6 年下降，该数值于 2007 年曾达到 6.7% 的峰值。

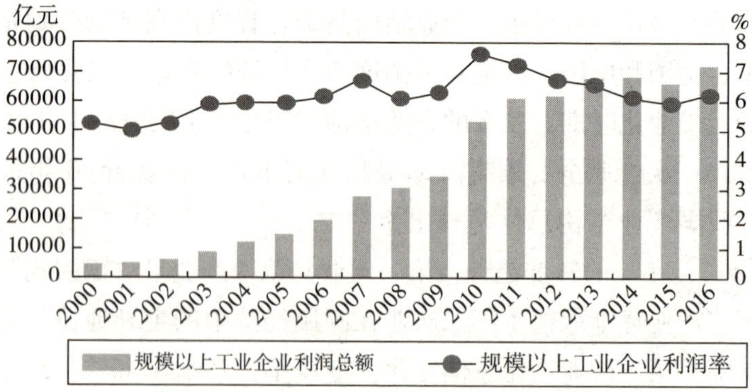

图 7－9　2000—2016 年规模以上工业企业利润总额和利润率

① 利用 Chung et al.（1997）定义融入非期望产出的全要素生产率指数（Malmquist－Luenberger Index，ML 指数）对我国全要素生产率增长率进行测算。

其次，资产负债率仍然较高。从企业的资产负债率水平看，近年来，我国工业企业的资产负债率有所回落，如根据国家统计局公布的数据，2017 年 3 月规模以上工业企业的资产负债率是 56.2%，同比下降了 0.7 个百分点，但基建和房地产行业 2016 年的资产负债率超过 65%，依然居高不下（见图 7－10）。从所有制性质分类来看，民企资产负债率在下降，国企及国有控股企业资产负债率仍居高不下，2016 年达到了 66%，比工业企业的平均水平高出 10 个百分点。此外，尽管我国非金融企业的资产负债率总体呈下行势头，但总杠杆率水平却仍在上升。

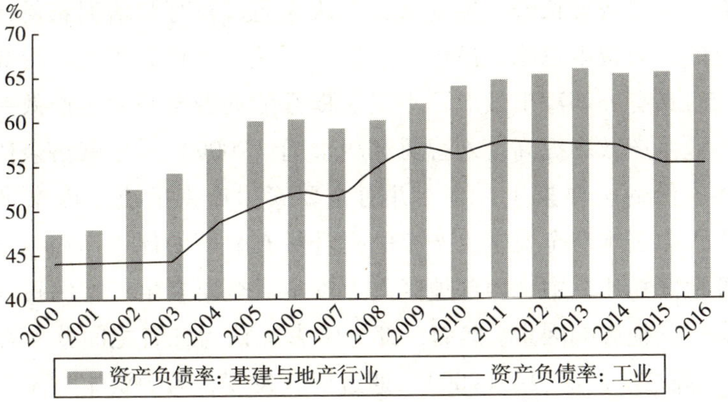

图 7－10　2000—2016 年工业、基建与地产行业资产负债率

数据来源：Wind，中泰证券研究所。

7.3　制约高质量效率发展的因素分析

7.3.1　宏观效率

（1）要素配置效率不足是影响中国宏观效率提升的关键因素

改革开放以来，要素配置效率的改善是我国全要素生产率提高的重要原因之一。随着政府不断放宽对于劳动力流动的限制以及对于资本市场的管制，市场逐渐成为要素配置的主要方式，大大降低了劳动力和资本要素投入的扭曲程度，使得劳动力流动性增加、资金使用效率提高，从而推动全要素生产率提升。对于要素配置和全要素生产率之间的关系，国内学者进行了详细的实证分析。钱雪亚和缪仁余（2014）运用 SFA 模型对我国 2003—2011 年的 TFP 进行研究后发现，要素配置效率是阻碍我国全要素生产率提升的最大约束，在“要素配置有效”的假设下我国全要素生产率增长率将提高3.06%。简泽（2011）通过对制造业产业进行研究后发现，市场不完全引起的产业内要素配置扭曲使得全要素生产率年损失达到40%以上。因此，可以得出要素配置扭曲是制约我国全要素生产率进一步提升的重要因素。

（2）教育和人力资本投资缺失是影响中国宏观效率提升的长期因素

人力资本是指劳动者受到教育、培训等投资所获得的知识和技能。卢卡斯认为，人力资本积累是使经济能够持续增长的决定性因素。他将知识和技术看作是经济增长的内生变量，并认为通过教育和培训获得特殊知识和专业化的人力资本也能促进经济增长 。人力资本的积累可以提高劳动力质量，同时具有外部溢出效应，不仅能提升劳动者自身的生产效率，也能促使全行业生产效率提高。刘智勇和胡永远（2009）采用索洛余值法估算了中国各省份的全要素生产率，并对全要素生产率的决定因素进行了分析，得出人力资本对全要素生产率的提升具有显著的促进作用的结论，同时与东部地区相比，中、西部地区人力资本对全要素生产率的贡献十分突出，远高于其他影响因素。然而，部分学者却认为二者之间并不存在正相关关系，如颜鹏飞和王兵（2004）通过研究发现，人力资本对于全要素生产率的增长和技术进步具有负向的影响。彭国华（2007）考虑到人力资本结构的异质性，采用DPD一阶差分GMM估计方法分析了不同人力资本类型对TFP的影响，结果表明：总体人力资本与TFP呈负相关关系，其中高等教育程度的人力资本对TFP有显著的正向影响，而中学教育程度和基础教育程度的人力资本对TFP的提升存在明显的抑制作用。结合以上理论分析和实证研究可以得出人力资本积累，尤其是高等教育程度的人力资本积累可以提升我国的宏观效率。

7.3.2 中观效率

（1）产业结构优化升级是促进中国中观效率提升的核心因素

产业结构优化升级是指经济发展重心从第一产业转移到第二、第三产业的过程，产业结构标志着经济发展的方向。从劳动力流动情况看，劳动力从生产效率较低的产业向较高的产业流动，从而促进全社会全要素生产率水平的提高，维持了经济的持续增长。国内学界关于产业结构优化升级对我国TFP提升的影响进行了实证研究，毛丰付和潘加顺（2012）通过将产业结构变量引入城市 TFP 函数来分析产业结构对城市劳动生产率的影响。他们研究认为，产业结构对中国城市劳动生产率的提升有正向影响，同时中部区域的“工业化”水平提高能显著提升城市劳动生产率，而东部和西部区域由于“工业化”水平已经相对较高，对城市劳动生产率的提升作用已经不太明显。尤济红和高志刚（2013）采用随机前沿模型研究了西北地区 1990—2010 年的生产效率变化及其影响因素，认为由于西北地区的工业发展模式仍然较为粗放，过于依赖能源消耗与资本投入，技术效率较低，从而抑制了整体经济发展效率的进一步提高。根据理论分析和实证研究结果看出，产业结构优化升级能显著提升我国的产业全要素生产率。

（2）供给结构有效是促进中国中观效率提升的基础因素

提高全要素生产率，确保优质供给、减少无效供给、扩大有效供给。经过40 年的改革开放，我国产业发展到一定阶段之后，土地、劳动力、资本、技术、管理等生产要素质量与效率出现了边际效用递减的趋势，资本报酬效应逐渐消失。另外，投入各类生产要素后的产出不能完全满足社会需求，造成了供需失衡与错位。在这种条件下，需要提高全要素生产率，通过产业要素优化导向实现从数量增加转向效率和质量提升。一是在劳动力方面，建设知识型、技能型、创新型劳动者大军，弘扬劳模精神和工匠精神，加快促进高端人才的培育与集聚，提高单位劳动的产出效率和产品质量，实现从人口红利向人才红利的转变。二是在土地等自然资源方面，建立权责明确、监管到位的自然资源管理制度，健全土地等自然资源集约利用制度，实现土地等自然资源从粗放供给转向集约利用。三是在生产资本投入方面，需要提高资本运作效率，吸引社会投资，发挥社会动能，建立政府与社会收益共享、风险共担的长期合作关系，实现资本投入从政府主导转向社会主导。

（3）提高产能利用率是促进中国中观效率提升的关键因素

中国的产能利用率具有明显的时代特征。在以“短缺”著称的计划经济时代，以行政指令为指导的供需结构在全社会范围内实现相互“匹配”，国内消费需求远超市场生产能力，产能利用率及产能过剩问题在当时经济发展过程中并不突出。随着社会主义市场经济体制的逐步确立，产能利用率不足逐渐成为经济发展过程中的常态，并呈现出愈演愈烈的趋势，特别是在 2008 年全球性金融危机爆发后，中国政府针对实体经济的疲软推出了一系列振兴和刺激经济的政策，这些措施在客观挖掘市场需求潜力的同时也导致了国内部分行业的盲目投资和重复建设，造成中国的产能过剩问题，工业产能利用率已成为影响经济增长的主要“顽疾”和国家宏观调控的重点。耿强等（2011）指出产能过剩不但会导致产业组织恶化、企业亏损增加、浪费资源环境，还会带来更大的经济波动。林毅夫等（2010）认为产能过剩已经成为影响发展中国家经济乃至重构发展中国家宏观经济理论的重要问题，严重影响了我国产业全要素生产率的提升。

7.3.3 微观效率

（1）提高 R&D 投入是促进中国微观效率提升的基础因素

根据罗默（Romer）的内生经济增长模型，知识和技术研发产生科技创新，科技创新产生知识溢出效应，推动生产前沿面前移，可以促使全要素生产率提升，拉动经济增长。同时，微观层面的制度创新，会激发劳动者的创造性和积极性，推动技术效率提升，同样可以提升全要素生产率。关于我国 R&D 投入和全要素生产率的关系，国内众多学者从实证角度进行了研究。董桂才和朱晨（2013）使用增长核算法测算出 32 个行业 2003—2012 年的 TFP 增长率，在此基础上分析得出 R&D 投资与 TFP 之间存在显著的正相关关系。徐圆（2009）运用基于罗默的知识驱动型 R&D 模型分析了国内和国际 R&D 投资对中国工业行业 TFP 的影响，发现，虽然总体 R&D 投资拉动了 TFP 的提升，但是行业之间 R&D 投资的影响却大于行业内部 R&D 投资的影响，并且国外 R&D 投资对 TFP 产生的正向溢出效应也高于国内 R&D 投资的正向溢出效应。通过以上理论分析和实证研究可以得出，加大科技投入对全要素生产率有显著的正向促进作用。

（2）改善营商环境是促进中国微观效率提升的核心因素

企业家才能对企业全要素生产率的重要作用不可忽视，同时对于当前处于经济和社会转型期的中国而言，企业家在设立和运营企业的过程中显而易见地需要与地方政府及相关职能部门频繁打交道，进行各种要件准备及报备等审批和监管手续。从宏观经济层面看，地方政府对于辖区内的企业发展甚至发挥着“点头不算摇头算”的作用。因此，地方政府主导下的营商环境建设自然也受到越来越多的关注，国务院总理李克强在 2017 年 6 月的全国深化“放管服”改革电视会议上更是提出了“营商环境就是生产力”这一新理念，强调了营商环境对企业运营的决定性作用。从微观企业层面看，营商环境是企业创立和发展的前提和基础，良好的营商环境将有益于企业的设立、运营、融资和绩效，企业运作的全过程都离不开营商环境的渗透作用。正是由于营商环境对企业家才能是否发挥作用具有巨大的影响，企业家才能在对企业全要素生产率发挥积极作用时是否会受到当地营商环境的制约则受到很多学者的关注。薄文广等（2018）通过使用2016年35个城市的上市公司微观数据，并匹配相应的营商环境指标和企业家才能指标数据，定量分析了企业家才能、营商环境对企业全要素生产率的影响，结果表明企业家才能对企业全要素生产率的影响存在营商环境"门槛效应"，即企业家才能只有与一定的营商环境相结合，才会对企业全要素生产率提升产生积极作用。谢海东（2006）建立起投资经营环境和民营企业绩效的直接联系，认为在利润增长机制和投资诱导的两重作用下，营商环境与民营企业绩效显著正相关。通过以上理论分析和实证研究可以得出提高营商环境对企业全要素生产率有显著的正向促进作用。

7.4 实现新时代高质量发展的效率变革

7.4.1 宏观效率改善路径

（1）发挥市场机制作用，提高宏观生产要素配置效率

提高全要素生产率，首先应该通过单要素生产率的提升路径来实现，即通过劳动生产率提升和物质资本生产率提升的路径来实现，因此，必须通过市场机制作用发挥对劳动力生产要素和资本生产要素的配置作用，而要素配置结构的转变主要应通过要素价格体系的转变来实现。具体就是：首先，建立劳动力、物质资本、土地及资源等要素价格的市场化机制，同时消除生产要素流动中的制度性障碍。例如，从第一产业到第二产业、第三产业的劳动力流动，实际上就是从农村向城市的流动，要清除户籍差异等制度性障碍，以防止出现"逆库兹涅茨"现象。其次，在同一个行业内部形成生产要素的优化配置，推动创新要素转移集聚，为经济发展提供充足的生产要素支持。

（2）提高教育水平与人力资本质量，为提高宏观效率提供根本保障

教育是为国家经济社会发展提供人才的根本保障，虽然我国教育发展成果显著，但是和美国的教育水平相比仍有差距，2015年我国高等教育入学率仅为39%，而美国为87%，我国不及美国的一半。教育投入方面，

2010 年仅为美国教育投入的 22.8%，2016 年为 45.8%；2016 年人均教育经费美国是我国的 10 倍。按照 QS 世界大学排名，2017 年中国有 39 所高校入围世界排名 1000 高校名单，而美国有 157 所。可以看出，我国的高等教育水平无论是数量还是质量与美国相比都有差距，要有一流的高等教育才能为提高全要素生产率提供人才保障。

人力资本是人类拥有知识和有效运用知识的能力，人力资本水平直接决定了我国的技术创新能力，从以 TFP 提升促进经济高质量发展的要求看，提高人口的素质和人力资本质量就成为提升 TFP 的根本保障。应在以下方面积极采取措施：充分发挥政府在人力资本投资中的主体作用，加大教育投入，提高财政性教育经费占 GDP 的比重；创造条件培育包括社会、企业、个人等在内的多元化人力资本投资体系；优化教育投资结构，合理配置教育资源，推广网络教育，促进地区间教育协调发展；在继续普及和巩固九年制义务教育的基础上加快推行十二年义务教育的步伐，完善职业教育和培训体系，加大对技能人才的培养力度，加快一流教学和一流学科建设，提高人力资本质量。

（3）建立以全要素生产率为核心的绩效考核体系，为提高全要素生产率提供制度保障

习近平总书记在 2018 年第十三届全国人民代表大会召开时强调“功成不必在我”，意即各级政府既要做显功，也要做潜功。要提高全要素生产增长率就必须改变各级政府的政绩观，改变过去单纯以 GDP 增长考核地方政府经济发展成绩的做法，取而代之以全要素生产率为核心的各级政府绩效考核体系。因此，应大力开展对经济运行系统中各细分行业全要素生产率的统计和核算工作；改变以 GDP 为核心考核经济发展的传统方法，建立健全以全要素生产率为核心的考核和评价体系。同时，将城镇就业率、人均收入水平、生态环境、社会治安秩序等反映人民生活质量的指标纳入考核体系中，从而在发展目标上更加注重经济发展的效率以及可持续性。

7.4.2 中观效率改善路径

（1）促进市场竞争、减少行政垄断，为中观效率提升铺平道路

市场竞争，归根结蒂是投入产出比较的竞争、效率高低的竞争。必须深化行政性垄断问题依然突出领域的改革，重点在石油天然气、电力、铁路、电信、金融等行业引入和加强竞争，全面降低实体经济运营的能源、

物流、通信、融资等成本，提高发展实体经济特别是制造业的吸引力、竞争力；进一步实质性放宽市场准入，完善退出机制，健全社会保障体制，使高效要素“进得去”、低效要素“退得出”，通过生产要素的合理流动和优化组合、企业兼并重组、产业转型升级，全面提高经济的投入产出效率；增强金融服务实体经济的能力，防止和治理各类经济泡沫，降低过高的杠杆率，化解金融风险，为实体经济创新发展、转型升级提供有效的金融服务；提高开放型经济水平，“引进来”与“走出去”相结合，更大范围、更高水平地参与国际竞争和合作，稳步提升我国产业在全球价值链中的地位。

（2）全面构建三次产业协同合作的新体系，促进产业结构优化，提高中观效率

三次产业之间的合作是增强产业发展潜力、推动产业成长的有效途径。重新定位三次产业的地位与功能，构建三次产业协同合作新体系，既要重视工业，走新型工业化道路，也要重视农业，实现农业现代化，还要发展现代服务业和高新技术产业，实现三次产业协调发展。一是推动产业融合发展。要发挥第三产业的引领功能，大力发展加工制造业，尤其是农产品加工制造业和装备制造业，通过延伸产业链、培育产业簇群、推动政府间纵向与横向协作等方式，形成产业链、创新链、资金链、人才链分工，促进三次产业之间的互动与合作。二是建立产业间的强强联合。通过产业之间的互动以及各种联系，发挥各次产业增长与发展的地域环境优势，形成三次产业之间的双向溢出效应。三是搭建产业体系协同发展机制和平台。建立健全当前产、学、研制度机制，成立产、学、研、金深度融合机构，搭建产融深层次合作平台，形成产业与要素之间的无缝对接，形成产业与要素之间的联动发展，协同协调共建现代产业体系。

（3）推动市场体制改革，改善产能过剩，提升中观效率

从根本上治理产能过剩需要推进市场体制改革。从产能过剩的形成机理来看，转轨体制下的产能过剩并非“市场失灵”，而是一种制度局限，即体制上的根本性弊端扭曲了地方政府和企业的行为，并使得市场协调供需均衡的机制难以有效运转，进而导致系统性的“产能过剩”和宏观经济的波动加剧。因此，治理产能过剩不应通过管制投资和干预市场的政策模式，这种政策模式不但难以从根本上治理产能过剩，反而会导致许多不良

的政策效应（江飞涛等，2007）。既然产能过剩是一种制度局限，那么治理产能过剩应采取改革和增进与扩展市场的政策模式，矫正现有制度对于市场的扭曲。产业政策应当以维护市场竞争、增进市场机能与扩展市场范围作为主要目标，通过推动体制改革和不断完善市场机制的方式，让市场充分发挥作用，并且不断扩展市场发挥作用的领域，进而促进产业与国民经济健康发展。

具体而言，应通过推进体制机制改革，健全和完善市场制度，矫正现有不合理制度对市场主体行为的扭曲，同时为市场机制调节产能过剩创造良好的制度环境，以充分发挥市场机制在利用分散信息、协调供需均衡、淘汰落后产能方面的高效率性。一是必须调整财税体制，特别是中央与地方之间的利益分配机制，改革以考核 GDP 增长为核心的政府官员政治晋升体制，消除地方政府不当干预企业投资的强烈动机；二是改革现有土地管理制度，明晰土地产权，杜绝地方政府通过低价供地为企业投资提供补贴的行为；三是进一步硬化银行预算约束，理顺地方政府与银行的关系，通过市场手段提高企业投资中自有资本金比例，降低企业投资行为中的风险外部化问题。

7.4.3 微观效率改善路径

（1）加大 R&D 投入，提高技术创新水平和促进技术进步效率

R&D 投入是支持科技活动开展的投入。R&D 占 GDP 比重可以衡量国家对科技的重视程度。我国 R&D 投入占 GDP 比重增长显著，从 1996 年的 0.57%上涨到 2015 年的 2.07%，而 2015 年美国的 R&D 占 GDP 的比重在 2.50%以上。考虑到我国 2015 年 GDP 仅为美国的 60%，所以就 R&D 投入总额比与美国有较大差距，我国要以科技创新促进全要素生产率提升，实现经济增长就要持续加大 R&D 投入。从宏观层面来看，R&D 投入更多地着眼于新领域、新产业、新产品、新业态；通过硬技术创新、制度创新、产业升级以扩大生产前沿面边界，形成新的生产能力和高质量的产品供给，具体来说，就是加强对网络经济的 R&D 投入。因为网络经济就是创新经济，网络经济能诱发各种创新，能提升劳动生产率，能促进产业结构升级，能实现农业时代、工业时代无法实现的生产组织方式的升级。网络经济能提高生产效率和生产组织效率，降低生产成本。“互联网 +”已是我国的国家战略，因此在一些基础性、关键性的互联网技术领域，要发挥政府的组织作用，集中

优势人力、财力开展研究，抢占互联网技术高地，形成网络经济核心竞争力。

（2）深化企业改革，提高技术效率和规模效率

在提高全要素生产率的过程中，要发挥实体经济的作用，实体经济的作用就是要深化企业改革，发挥充分的市场竞争作用，通过部门内部进入、退出等改革，淘汰生产效率低的“僵尸企业”，使生产效率较高的企业得以不断发展。在2017年世界500强企业中，我国内地有109家，其中民营企业25家；54%是国有及国有控股企业，营业收入9.63万亿美元；企业主要是金融和能源类。美国有132家，营业收入为12万亿美元，企业主要是电子、通信和装备制造类。对比可以看出，生产要素要向电子、通信和装备制造类企业配置，要激活民营企业活力。要开辟拓宽企业融资渠道和融资手段，鼓励企业通过IPO等方式上市，降低企业的融资成本；开展税收优惠，降低企业税收，通过税收鼓励创业和创新性地扩大经营。

（3）提升营商环境，促进企业效率提高

在提升地方政府营商环境上，首先，地方政府应自上而下地构建“清和亲”的政商关系，营造一个透明化、公平化、便利化和法治化的营商环境。政府作为营商环境的主要营造方，应努力提高办事效率，进行机制体制创新，制定优化营商环境的相关合理性政策，并让相关企业有一直长期和稳定的预期，以此来打造优胜劣汰的公平竞争的市场环境。其次，地方政府应深入推进“放管服”改革，实行“不见面”审批、“承诺制”无审批等简化企业办事流程，“让企业家只跑一次”等节约时间和经济成本的举措，并多听取更多自下而上的企业诉求，协同企业、高校等科研机构以及社会组织等，找到相关行业发展的痛点或难点（应更多集中于非企业家可以控制的一些制度或政策壁垒），以先行先试的名义去除一些制度和政策壁垒，更好地激发企业活力。最后，从营商环境的内涵出发，虽然政企相关的办事程序和市场环境是营商环境的重要组成成分，但随着百姓收入水平的提升以及对美好生活的期待，之前的“人随产动”日益转向“产随人走”，且越是高端人才越是对单纯工资之外的软环境越发看重，优美的生态环境以及高水平的教育卫生等社会精英配套产业对于营商环境的提升以及高层次人才的吸引正发挥着日益重要的作用。因此，在提高营商环境的过程中，优美的生态环境和配套完善的社会公共服务业也是应有之义。

参考文献

[1] 刘世锦. 推动经济发展质量变革、效率变革、动力变革[J]. 中国发展观察,2017(21):5-6.

[2] 盛朝迅. 改革开放40年中国产业发展成就与方向前瞻[J]. 中国发展观察,2018(22):5-9.

[3] 肖宏伟,王庆华. 我国全要素生产率驱动因素及提升对策[J]. 宏观经济管理,2017(3):49-53.

[4] 钱雪亚,缪仁余. 人力资本、要素价格与配置效率[J]. 统计研究,2014,31(8):3-10.

[5] 董桂才,朱晨. 中国工业全要素生产率增长行业差异及其影响因素研究——基于增长核算法2位数编码工业行业面板数据的实证分析[J]. 中央财经大学学报,2013(11):62-68.

[6] 尤济红,高志刚. 1990—2010年西北地区经济增长效率及其影响因素的实证研究[J]. 兰州商学院学报,2013,29(4):56-65.

[7] 毛丰付,潘加顺. 资本深化、产业结构与中国城市劳动生产率[J]. 中国工业经济,2012(10):32-44.

[8] 耿强,江飞涛,傅坦. 政策性补贴、产能过剩与中国的经济波动——引入产能利用率RBC模型的实证检验[J]. 中国工业经济,2011(5):27-36.

[9] 简泽. 市场扭曲、跨企业的资源配置与制造业部门的生产率[J]. 中国工业经济,2011(1):58-68.

[10] 林毅夫,巫和懋,邢亦青. "潮涌现象"与产能过剩的形成机制[J]. 经济研究,2010,45(10):4-19.

[11] 徐圆. 国际R&D溢出、产业间贸易流与中国制造业生产率[J]. 经济科学,2009(3):49-58.

[12] 刘智勇,胡永远. 人力资本、要素边际生产率与地区差异——基于全要素生产率视角的研究[J]. 中国人口科学,2009(3):21-31,111.

[13] 彭国华. 双边国际贸易引力模型中地区生产率的经验研究[J]. 经济研究,2007(8):123-132.

[14] 谢海东. 投资经营环境对民营企业绩效的影响:理论与实证[J]. 经济经纬,2006(3):104-107.

[15] 颜鹏飞，王兵. 技术效率、技术进步与生产率增长：基于 DEA 的实证分析[J]. 经济研究，2004(12)：55 - 65.

[16] 郭春丽，王蕴，易信，张铭慎. 正确认识和有效推动高质量发展[J]. 宏观经济管理，2018(4)：18 - 25.

[17] 盛朝迅. 如何推动质量变革、效率变革和动力变革[J]. 经济研究参考，2017(63)：24 - 25.

[18] 黎智洪. 我国产业发展“三大变革”的理论逻辑与方法论[J]. 改革，2018(8)：91 - 101.

8 新时代中国高质量发展的动力变革

自1978年改革开放以来，中国经济经历了30多年的高速增长，根据国家统计局的数据，1980—2016年我国经济年均增长速度为9.7%，创造了世界经济发展的“中国奇迹”。高速的经济增长迅速改善了我国人民的生活水平，提升了我国的国际影响力。但是在带来积极影响的同时，经济的高速增长也带来一些问题，资源过量消耗、生产效率低下、环境污染严重、不均衡不充分发展等问题的存在，成为制约我国经济进一步发展的主要因素，我国进入了经济发展的结构调整时期，发展目标也由高速发展转向了高质量发展，要求在经济数量增加的同时实现经济质量提升。在新的发展时期，高速增长阶段的动力体系已经不适用于新的发展环境和发展目标。在发展环境方面，劳动力成本不断上升，资源瓶颈的出现以及不断缩小的我国与发达国家的技术差距已经不能支撑原有动力体系的持续。在发展目标方面，传统的动力体系产生的是一种粗放型的增长，不符合高质量发展目标的要求。所以，在发展环境和发展目标已经改变的情况下，为了实现高质量发展，实现惠及全体人民的发展，实现可持续的发展，必须加快实现新旧动力体系的转换。①

8.1 高质量发展动力变革的理论逻辑

8.1.1 高质量发展的理论内涵

党的十九大报告中指出，“我国经济已由高速增长阶段转向高质量发

① 本章数据均来源于《中国统计年鉴》。

展阶段”，这一转变意味着中国特色社会主义经济发展进入了新时期，是在社会主要矛盾发生改变的前提下，推进五大发展新理念、破除现阶段经济增长桎梏、实现我国经济可持续发展的必然要求。高质量发展是在我国经历30多年高速增长之后的升级版。长期以来，我国的经济增长都依赖于刺激性投资和低廉的要素成本，但是随着“人口红利”和“后发优势”的不断削弱，原有的发展模式已经无法维持，要实现我国经济的可持续发展，解决在高速增长阶段造成的发展不均衡、不全面的问题，就必须立足于新的发展目标，确定发展思路，重塑发展动力。具体来说，高质量发展的内涵包含以下几个方面：

（1）就微观层面而言，高质量发展是依赖于集约形式的发展

与传统的依靠企业扩大资本、劳动要素投入规模实现的经济增长不同，高质量发展要求企业以依靠技术进步、提高要素利用率的方式实现我国经济的可持续发展。在高速增长阶段，我国企业的发展过多地依赖于生产资料型要素的投入，在造成要素低效滥用、中低端产品生产力过剩等问题以外，还对资源和环境造成了巨大压力。而高质量发展则要求企业实现由依靠资本和资源的增长模式向依靠先进科学技术、高素质人力资本增长模式的转变，增强自主创新能力，强化环境和生态保护，节约能源资源，形成绿色友好的生产方式和消费模式，在政府优化我国现行财税、价格等体制的前提下，在微观层面阻止外延式经济扩张的进一步发展，从而提高经济活动的质量和效益，实现我国经济的高质量发展。

（2）就中观层面而言，高质量发展是以第三产业为支撑的发展

改革开放以来，我国实现了经济高速增长的一大原因是实现了生产要素在三大产业间的重新分配，过剩劳动力从农村向城市转移，大量物质资本投资在工业化的指导下流向了第二产业，在提高资源配置效率的同时，实现了主导产业由农业向工业的转移。高质量发展，从供给层面考虑，即为在所受生产约束条件下实现最优化的问题，在现阶段，其表现为产业结构的顺序演进，即主导产业向第三产业的转移。第三产业是一个新的经济增长点，在缓解就业压力、促进市场繁荣的同时，缓解了第二产业快速发展对生态环境造成的过度压力，提高了人民生活水平，有利于实现经济的绿色发展，从而助力于我国高质量发展进程。

(3) 就宏观层面而言，高质量发展是以协调为特点的发展

高速增长阶段，在实现我国经济总量迅速增长的同时，也造成了经济结构内部和经济结构与生态结构间的不均衡、不协调发展。具体来说，经济结构内部的不协调包括各地区经济的不均衡、城乡经济的不均衡、收入分配结构的不均衡和产业结构的不均衡，经济结构与生态结构间的不协调表现为对生态环境、资源环境的过度消耗。在这种增长状态下，社会矛盾不断加剧，人民对经济增长的获得感不强；而高质量发展，则是一种各方面都均衡的发展，即在维持优先发展地区与行业稳定的前提下，加大力度促进落后地区和幼稚产业的发展，实现政策和产业的依次转移，成为经济发展的重要驱动力，从而形成各方面协调共进、经济结构逐渐均衡的发展模式，协调的发展可以逐步改善城乡二元结构、满足多样性的民生需求、改善生态环境，实现惠及全体人民、惠及子孙后代的高质量发展。

8.1.2 高质量发展动力变革的理论内涵

动力变革是以动能转换为核心对高速增长阶段动力体系全方位的变革，要真正实现高质量发展，就必须做到优化经济结构、提升经济产出效率、改善资源环境和提高人民生活水平，这都取决于动力体系是否发生根本性改变。所以，动力变革是实现高质量发展的关键。动力变革主要包括以下 4 个方面：从要素驱动到创新驱动、从投资拉动到消费拉动、从工业主导到服务业主导和从不均衡发展到均衡发展。

(1) 从要素驱动到创新驱动

自第二次工业革命以来，全球工业化迅速发展，观察各国的发展经验发现，经济发展的主要驱动力大都经历了从要素驱动向技术驱动的过程。我国作为第一人口大国，拥有丰富的人力资源，改革开放以来，国内企业凭借廉价的要素价格和优惠的政策环境吸引了大量外资与技术，实现了经济的高速增长，但是这种企业发展的主要来源是要素的投入，对资源和环境造成了极大的压力。《BP 世界能源统计年鉴 2018》的数据显示，2017 年，我国天然能源消费量为 31.32 亿吨油当量，占全球消费总量的 23%，连续 17 年稳居全球能源增长榜首，原油天然气进口依存度高，GDP 能耗 3.1 吨油当量/万美元，能源利用率低（见图 8-1）。为了缓解企业经济发展对资源、环境的消耗与破坏，实现我国经济的高质量发展，促进要素驱动向创新驱动的转变就显得尤为重要。创新驱动就是全面推进制度、科

技、产品和管理方面的创新，向创新要动力，使创新成为经济持续发展的新引擎，意味着要发挥企业创新主体的作用，加大自主研发创新投入，引入高技术人才，优化创新环境，实现创新能力的提高，利用先进的科学技术提高生产效率，促进经济结构不断优化和经济持续健康发展。

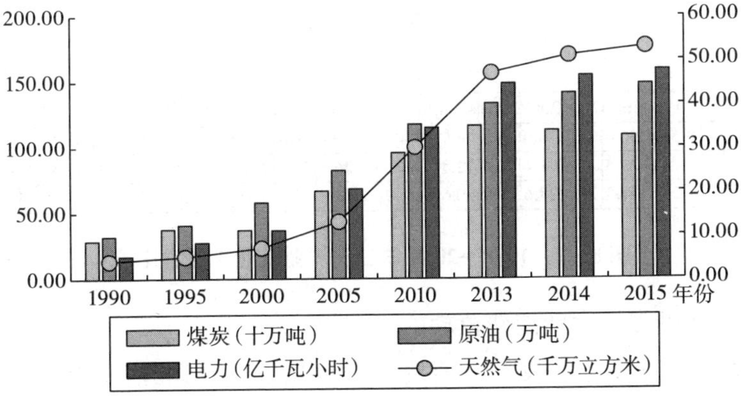

图 8－1 代表年份中国平均每天能源消耗量

（2）从工业主导到现代服务业主导

在我国工业化的起步阶段，由于受到当时物质资本投资的制约，只能进行以纺织业为代表的轻工业生产，之后随着工业化的不断推进，大量的物质资本投入促进了重工业的发展，通过发挥“人口红利”和“后发优势”的有利作用，在实现了我国经济总量扩张的同时，促进了人口不断向城市迁移，实现了工业化和城市化的互动发展，在这一阶段，工业是我国的主导产业。随着工业化进入中后期，资源配置结构失衡、技术利用率低、环境污染严重和中低端产品供给过剩等问题层出不穷，要求我们在发展高端制造业的同时，实现主导产业由工业向服务业的转变，为经济的高质量发展提供新一轮的动力。服务业主导地位逐步强化的过程，是以工业为主导的经济发展方式不断由以现代服务业为主导的经济发展方式所替代的过程。现代服务业是一种以现代管理理念、现代经营方式和现代组织形式为支撑，同时广泛运用新技术的服务业形式，具有高技术、高知识含量、高人力资本等特点，往往伴随着与信息化的不断融合，在利用信息化强渗透性、高辐射性和广传播性等特点的情况下，不断增强发展竞争力，实现以现代服务业为主导、以高端制造业助推的高质量发展（见图 8－2）。

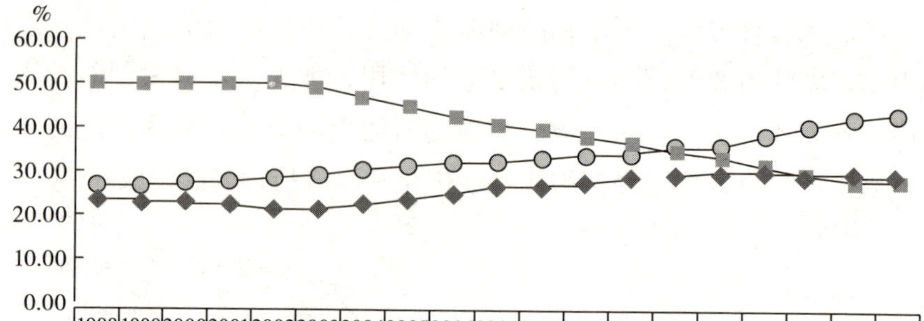

	1998	1999	2000	2001	2002	2003	2004	2005	2006	2007	2008	2009	2010	2011	2012	2013	2014	2015	2016
一产	49.8	50.1	50.0	50.0	50.0	49.1	46.9	44.8	42.6	40.8	39.6	38.1	36.7	34.8	33.6	31.4	29.5	28.3	27.7
二产	23.5	23.0	22.5	22.3	21.4	21.6	22.5	23.8	25.2	26.8	27.2	27.8	28.7	29.5	30.3	30.1	29.9	29.3	28.8
三产	26.7	26.9	27.5	27.7	28.6	29.3	30.6	31.4	32.2	32.4	33.2	34.1	34.6	35.7	36.1	38.5	40.6	42.4	43.5

图 8－2　1998—2016 年三次产业就业人数占比

（3）从投资拉动到消费拉动

在过去的 30 多年，投资、消费和出口是拉动我国经济增长的“三驾马车”，极大地促进了我国经济的高速增长，同时，在三者内部相比，投资拉动是我国经济发展的主要驱动力。投资是促进经济增长的推动力，通过增加基础设施、机械设备投入，扩大物质资本存量，实现对经济增长的推动，但是，较强的刺激计划导致了大量低效、重复投资，原料、能源的供给也无法满足投资需求的增长，投资规模与投资结构都出现一定程度的不合理，使得投资对经济增长的拉动效率下降。在新的经济发展时期，将以投资拉动为主导的动力体系转向以消费拉动是适应新的经济环境和经济目标的必要转变。与投资相比，消费是一种更稳定、更持久的发展动力，消费拉动就是要积极增强消费对经济发展的拉动作用。与国际平均水平相比，我国的消费率长期处于较低水平，消费增长乏力，消费升级缓慢，这些问题都极大地制约了消费对经济发展的积极作用。消费拉动要求我们注重提升居民收入，通过这一途径更好地开拓国内市场，逐步提高消费率，提升居民的生活幸福感，将国内巨大的消费潜力转化为现实购买力，进一步促进消费升级，再由消费升级倒逼产业结构升级与产品升级，从而为我国经济的高质量发展提供长久稳定的驱动力（见图 8－3）。

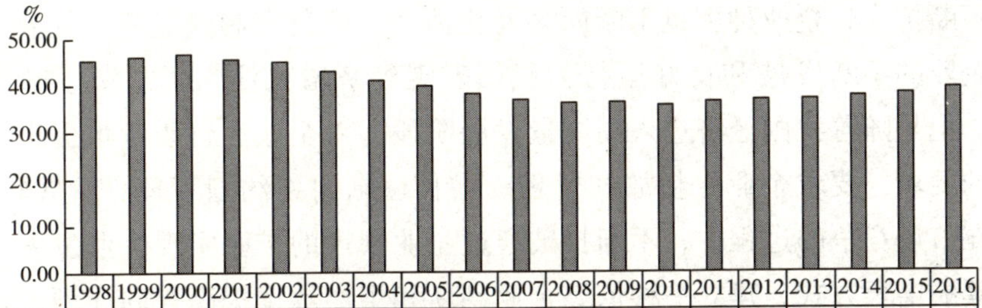

	1998	1999	2000	2001	2002	2003	2004	2005	2006	2007	2008	2009	2010	2011	2012	2013	2014	2015	2016
■占比	45.4	46.1	46.7	45.5	45.0	42.9	40.9	39.7	38.0	36.7	36.0	36.2	35.5	36.3	36.7	36.8	37.4	38.0	39.2

图 8－3　1998—2016 年居民消费占 GDP 比重

（4）从制度约束到制度创新

改革开放 40 年来，我国社会主义事业快速发展，取得了辉煌的成就，但同时涌现出大量新问题与新挑战，改革进入了“深水区”。实现我国经济高质量发展，全面落实五大发展理念，最主要的阻碍来自制度制约，为了突破这一阻碍，就必须加快制度创新的步伐。所谓制度创新，表现为在顺应历史趋势、符合社会发展现状的前提下，旧制度内部的调整改变或新制度对旧制度的替代。制度创新对突破我国发展困境、转换发展动力、实现高质量发展要求具有重要意义。制度创新有利于我国社会经济“内聚力”的提高，弱化地区间、城乡间经济发展水平的差异，强化省际纵深合作，加速城乡融合发展，延伸经济网络的有效范围，实现“功能互补，区域联动”的大融合，为高质量发展注入巨大新动能。消除旧的落后制度，孕育先进创新制度，选择新兴发展对象，构建战略性协调发展机制，实现资源、人才、技术的重组，是实现高质量发展的重要一环。

8.2　高质量发展动力变革的内在要求

动力变革是原有动力体系逐渐削弱、新动力体系逐渐形成的过程，是在新时代背景下，重塑经济发展动力、实现经济持续稳定发展的关键。实现高质量发展的动力变革，要求我们在微观、中观和宏观三个层面作出努力。

从微观层面来看，动力变革要求促进企业内涵型发展以实现经济高质量发展。企业是经济运行中的微观个体，是经济活动最重要的参与者，实现企业内涵型发展是动力变革中的重要一环，在决定要素利用率提升的同时还影响着经济运行效率。在高速增长期间，我国企业数量不断增加、规模不断扩大，企业种类也不断向多元化演变，非公有制企业蓬勃发展，微观企业的不断发展和良好运行为我国宏观经济增长注入了源源不断的活力。但是随着我国经济进入高质量发展阶段，对企业运营质量也提出了更高的要求，要求企业由粗放式管理、增长逐渐向集约型管理、发展转变，即在市场竞争的过程中，不断打破通过企业规模的扩张实现企业发展这种外延的增长方式，建立一种依靠企业创新和生产效率提高等内涵型途径实现企业发展的体系。而内涵型发展因素的提高，不仅取决于企业创新能力的提升，同时还取决于企业自身管理模式的优劣。因此，在新旧动力体系转变的过程中，要注重企业层面内涵型发展的实现，不断提高公司内部资源的配置效率和公司价值，为质量型经济增长提供新动力（见图 8 -4）。

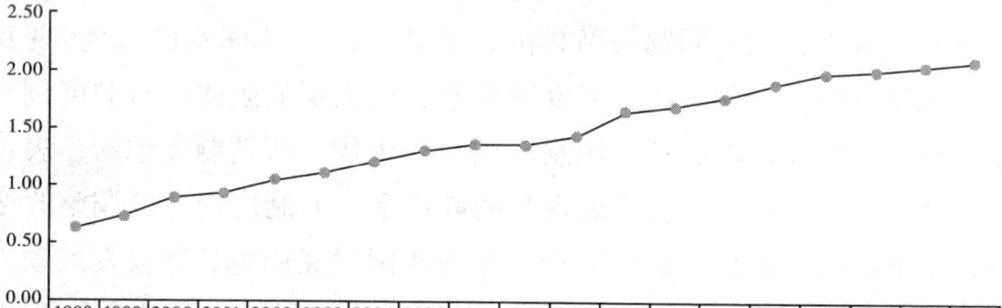

	1998	1999	2000	2001	2002	2003	2004	2005	2006	2007	2008	2009	2010	2011	2012	2013	2014	2015	2016
研发支出占比	0.65	0.75	0.89	0.94	1.06	1.12	1.21	1.31	1.37	1.37	1.44	1.66	1.71	1.78	1.91	1.99	2.02	2.06	2.10

图 8 -4　1998—2016 年研发支出占 GDP 比重

从中观层面来看，动力变革要求加快产业结构优化以实现经济高质量发展。产业结构的优化调整不只是经济发展的结果，更是经济发展的动力变革的内在要求。纵观工业化的发展历程可知，工业化的发展过程伴随着产业结构的不断优化调整，具体表现为主导产业的依次变迁，由第一产业逐渐过渡到第二产业，进一步演变为以第三产业为核心。核心产业的主导地位不仅体现在总量方面，更体现在质的优势上，是一种由低端产业优势向高端产业优势的转化。现阶段，我国的产业结构仍然是以传统制造业和初级工业为主，中低端产品过剩而高端产品供给不足，整体经济运行阻力较大，突破动力变革的结构性壁垒存在一定的困难，在这种现实条件下，就要求我们加快传统产业优化升级与促进新兴产业崛起同步推进，清理无效低端供给，化解产能过剩，培育新兴产业，发展竞争新优势，不断优化资源配置效率，从而加快规模报酬递增机制的建设，破解当前阶段动力体系变革的难题。总而言之，促进产业结构的优化调整、更好地发挥先进科学技术对生产的促进作用、实现经济结构的均衡发展，是实现动力变革的关键（见图8－5）。

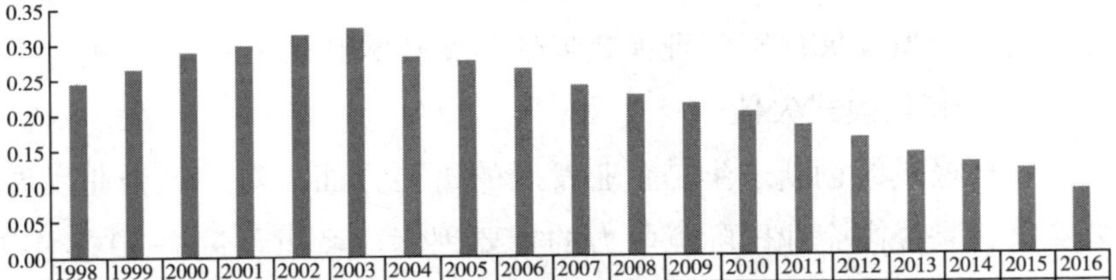

	1998	1999	2000	2001	2002	2003	2004	2005	2006	2007	2008	2009	2010	2011	2012	2013	2014	2015	2016
■结构偏离的泰尔指数	0.24	0.26	0.29	0.30	0.31	0.32	0.28	0.28	0.26	0.24	0.23	0.21	0.20	0.18	0.16	0.14	0.13	0.12	0.09

图8－5　1998—2016年结构偏离的泰尔指数

从宏观层面来看，动力变革要求完善现代化经济体系制度支持以实现经济高质量发展。要实现经济的高质量发展，就必须加快完善现代化经济体系的制度支持，提供优质的制度供给，发挥制度体系的先导作用，为经济持续均衡发展提供制度保障。近年来，虽然我国的经济体系建设取得了巨大的进展，为我国经济的高速增长提供了很大支持，但是仍然存在不完善、不成熟的地方，在进入高质量发展阶段以后，这些经济体系的不完善与不成熟成为制约我国经济进一步发展的重要因素，因此，加快制度创新、完善制度支持就成为建设现代化经济体系的必然要求。完善制度体系，就是要求政府在合理有度的范围内，制定各类经济政策，履行经济管理职能，通过建立合适的制度安排，建立多元主体的制度创新结构，保障市场的有序运行，完成要素资源的有效配置，为市场活动提供更多的正向外部性，以适应社会发展需要。总体而言，要实现宏观层面的动力变革，就必须在政府发挥作用的发展规划构建、协调产业和区域经济机制方面提供必要的制度保障，释放市场活力，为经济主体提供良好的社会环境，从而提高资源配置效率，推动技术进步，最终实现经济的高质量发展。

8.3　高质量发展动力变革的制约因素

根据动力变革的内在要求，目前制约我国高质量发展动力变革的因素主要表现为以下层面：

8.3.1 微观层面制约中国高质量发展动力变革的因素

企业是经济运行中的微观主体，我国高质量发展的动力变革在企业层面要求企业摒弃粗放型的发展方式，实现内涵型发展。在新时代背景下，企业的内涵型发展面临管理模式欠佳、新技术利用不足等问题。

（1）管理模式欠佳

管理模式的创新进步是企业发展的重要方面，对一国企业发展具有重要意义，是提高企业国际竞争力的重要因素。经历了过去30多年的发展，我国企业管理创新取得了显著成就，但是仍处于由传统管理模式向现代模式的转变阶段，距离全球先进水平还有一定的差距。具体来说，在巨大市场竞争压力的作用下，我国大多数企业都意识到了通过改进管理模式提升企业整体竞争力的重要性，逐渐探索出以市场为导向，融合现代管理技术和信息技术的管理模式，提高了对市场的应变能力，但是多数企业并没有从根本上改变传统的管理模式，仍然存在机构臃肿、沟通迟缓、决策缓慢等问题，并且在管理信息化方面也存在较大问题，没有形成独特的现代化管理模式，与国际先进水平差距较大，还需要作出更多努力，提高现代化水平，实现我国高质量发展阶段的动力变革。

（2）专利转化不足

专利转化是指从专利研发到专利应用的过渡，是对专利经济价值与技术价值的开发，是专利自身价值的实现过程。目前我国企业所面临的一个重要问题是专利转化速度缓慢，即专利研发与专利应用之间存在鸿沟。这一鸿沟的出现，主要是企业对专利转化认识滞后、资金短缺和市场匹配度不高等因素导致的。现有的政策体系对专利的促进作用主要体现在专利申请方面，对专利的商业化缺少激励作用，而专利的转化过程需要大量的资金支持，这对企业而言是一种不确定的风险投资，在没有政府政策支撑的情况下，即使专利转化可以产生巨大的社会和经济效益，企业也不会有动力主动将专利转化为生产技术，这就产生了大量待转化的专利，造成了无谓损失。并且在专利转化的过程中还涉及对企业各部门的利益重新分配，在复杂多样、职责交错的企业内部难以整合成有效的专利转化力量，从而延缓了专利转化为新技术提高生产率的速度。总之，企业专利转化能力的不足阻碍了我国企业层面的动力变革。

8.3.2 产业层面制约中国高质量发展动力变革的因素

产业结构的不断优化是实现我国高质量发展的动力变革的必然要求。在国内层面，产业结构优化意味着主导产业向第三产业转移；在国际层面则要求在全球价值链中由中低端加工制造向高附加值产品供给的转变。

（1）产业结构高级化发展缓慢

产业结构的高级化是指主导产业和劳动力逐渐由第一、第二产业向第三产业转移的过程。现阶段，我国的产业结构仍以第二产业为主导产业，在第二产业内部存在粗放型增长的问题，资源配置结构失衡，技术利用率低，环境污染严重，中低端产品供给过剩，面临着由中低端制造业向现代化制造业转变的难题；在主导产业向第三产业转变的过程中，存在新兴产业发展不足、生产性服务业发展不充分、先进科学技术支撑不足等问题。这些问题的存在，为我国高质量发展的动力变革造成了阻碍，不利于资源的合理配置和新型竞争优势的培育，不利于产业结构高级化的发展，更不利于现代产业体系的建立（见图 8 -6）。

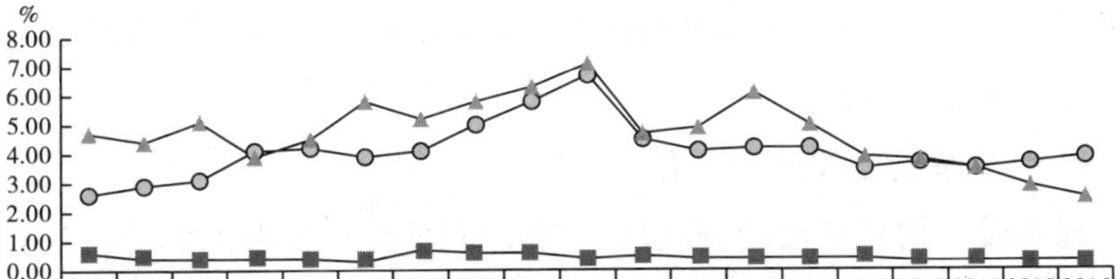

	1998	1999	2000	2001	2002	2003	2004	2005	2006	2007	2008	2009	2010	2011	2012	2013	2014	2015	2016
一产	0.60	0.40	0.40	0.40	0.40	0.30	0.70	0.60	0.60	0.40	0.50	0.40	0.40	0.40	0.40	0.30	0.30	0.30	0.30
二产	4.70	4.40	5.10	3.90	4.50	5.80	5.20	5.80	6.30	7.10	4.70	4.90	6.10	5.00	3.90	3.80	3.50	2.90	2.50
三产	2.60	2.90	3.10	4.10	4.20	3.90	4.10	5.00	5.80	6.70	4.50	4.10	4.20	4.20	3.50	3.70	3.50	3.70	3.90

图 8 -6 1998—2016 年三次产业对经济增长的贡献

（2）产业结构价值链低端锁定

随着贸易全球化与国际分工的发展，最终消费品生产的各个环节得以在全球不同国家进行，不断推进全球价值链的形成与深入。一方面，我国在入世以来获得了嵌入全球价值链的契机，并借此提升了自身的技术水平，优化了产业结构，但是在另一方面，发达国家仍是全球价值链的主导者，掌握着价值链的高端和战略核心环节，我国面临着被锁定在价值链中低端的风险。目前，我国的“人口红利”逐渐消减，低生产成本优势逐步消失，如果不能实现价值链的攀升，就面临着被生产成本更加低廉的发展中国家所替代的风险。如何在价值链主导者的打压下突破这一困境，实现我国在全球价值链中的攀升，在原有竞争优势削弱的情况下，延长全球价值链在国内的环节，分享到更多的发展利好，实现国内动力体系的转换，实现高质量的发展，是我国急需解决的重要难题。

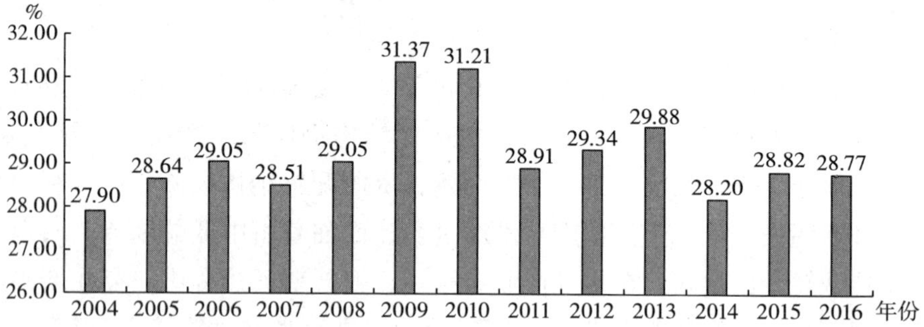

图 8－7　2004—2016 年高技术产品占总出口额份额①

8.3.3　宏观层面制约中国高质量发展动力变革的因素

实现我国高质量发展的动力变革，在宏观层面上要求完善现代化经济体系制度支持，但是目前我国在这一层面存在政策制度体系碎片化、制度创新进展缓慢的问题。

（1）政策制度体系碎片化

现阶段，构建全面的制度体系对于促进我国动能体系转换具有重要意义，是实现我国经济高质量发展的根本保障。近年来，国家各部门为推进新旧动能转换提出了一系列的政策文件，但是由于现阶段我国还处于为动力变革积累经验、总结规律的阶段，没有清晰、完善的制度逻辑指导制度设计和路径选择，致使这些政策设计在一定程度上缺乏统筹性和协调性，呈现出碎片化、不合理的特征，对制度体系的良好运行提出了挑战，导致企业内部无法正常运转，人为地增加了政府负担，影响了现代化经济体系的完善。制度问题是根本性、全局性的问题，制度政策制定的不合理，会影响统一开放、有序竞争的全国市场的建设，阻碍我国治理能力和治理体系的现代化，不利于高质量发展的动力变革。

① 2004 年以前，《中国统计年鉴》未公布高技术产品出口金额。

（2）制度创新进展缓慢

推进高质量发展的动力变革，促进微观层面、中观层面和宏观层面高质量发展的实现，需要进一步推动制度创新。制度创新是对政府管理经济、社会方式的创新，具体表现为以激活市场活力、规范市场环境为目的，以“简政放权、放管结合、优化服务”的行政审批制度为手段的制度改革。改革开放以来，我国经济之所以可以取得“奇迹式”的增长，与政府管理理念的调整、管理方式的转化和体制机制的优化有着极其密切的关联。现阶段，我国正处在实现“两个一百年”奋斗目标、实现中华民族伟大复兴的中国梦的关键时期，一些制度体系已严重滞后，不能适应新的发展阶段要求，不利于动能体系的转换，这对政府的制度供给提出了更高的要求。目前，微观制度创新进展缓慢，还不足以解决日渐复杂的利益纠纷和正在浮现的诸多系统性、基础性问题，政府在制度创新方面还需要作出更多努力。

8.4 高质量发展动力变革的实现路径

要实现新旧动能体系的转变，推动我国经济高质量发展，就必须突破投入、过程和结果层面对动力变革的制约因素，以实现要素利用率提升、企业内涵型发展和现代化制度体系的完善。

8.4.1 微观层面动力变革的实现路径

（1）以现代化管理模式促进企业层面动力变革的实现

实现传统管理模式向现代管理模式的转变是提高企业竞争力的内在要求。具体措施如下：第一，探索选择适合我国企业发展的管理模式。在学习、移植和引进国外先进管理技术的前提下，结合我国企业自身特征和文化背景，创新管理模式经验，形成自身核心竞争力。第二，实现企业管理信息化水平的提高。目前，我国企业缺乏管理信息化的意识与能力，政府必须加强对企业管理信息化水平的宏观指导，培育企业在管理信息化方面的创新能力，推进管理信息化建设，提升我国企业的竞争优势。

（2）以激励专利商业化促进企业层面动力变革的实现

专利研发成果向专利应用的转化是提高企业生产效率的关键一步。具体措施如下：第一，政府和高校要合力推动企业促进专利转化。在专利商业化的过程中，政府需要提供相应的政策支持，激励专利向生产环节的转化，高校则需要注重对专利转化人才的培养，挖掘协调、管理人才，协助企业完成专利的高效、稳定转化。第二，政府要侧重于对中小企业专利转化的扶持。与大企业相比，资金规模、人才支持等方面的劣势都制约了中小企业的发展，从而限制了中小企业的专利商业化行为，更加需要政府提供更多的便利。

8.4.2 产业层面动力变革的实现路径

（1）以产业结构高级化促进产业层面动力变革的实现

主导产业和劳动力逐渐向第三产业转移是优化经济结构的必然要求。具体措施如下：第一，实现第二产业内部的优化升级。加快低端产业和劳动密集型产业的升级转化，减少低端产品产能过剩，着重向技术先进、洁净卫生的中高端产业体系转变，促进传统产业改造。第二，促进新兴产业发展。通过科学技术与高层次人力资本的结合，不断提升产业升级能力，推进信息化与实体经济深度融合，增加高端产业部门供给，实现产业结构迈向中高端水平。

（2）以产业价值链攀升促进产业层面动力变革的实现

产业价值链的攀升有助于我国深入参与国际分工，掌握价值链高端环节。具体措施如下：第一，政府应制定政策促进国内产业链的延伸，客观判断不同产业的集聚程度，制定具有针对性的政策意见，鼓励本土企业积极参与国际分工，延长全球产业链在国内的环节，从而实现国内产业链与全球价值链的协调发展。第二，进一步均衡资本密集型和劳动密集型产业升级的关系。注重发挥资本密集型、技术密集型产业对劳动密集型产业的带动作用，在产业联动升级的过程中实现国内价值链的提升，从而加快融入国际市场的力度，推进我国产业在全球价值链中的攀升。

8.4.3 宏观层面动力变革的实现路径

（1）以制度体系系统化促进宏观层面动力变革的实现

制度体系的完善对我国经济发展的质量和效率有着决定性影响。具体措施如下：第一，实现正式制度与非正式制度同时推进。政府要促进在产业政策、财政政策等方面的制度改革力度，通过正式制度和非正式制度同时发力，实现供给管理与需求管理相结合，促进要素便捷流动，提升资源配置效率，调整区域政策，完善市场制度，激发经济发展潜力。第二，理清制度逻辑，完善考核机制。深化纵向层面和横向层面的协同合作，简化行政审批程序，降低制度性交易成本，与此同时，构建多元约束机制，运用负面清单制度，发挥正向引导与负向约束作用，共同促进新阶段新旧动能转换的实现。

（2）以加快制度创新促进宏观层面动力变革的实现

制度创新是促进我国动力变革的重中之重，有利于激发经济发展活力，从制度层面解放影响经济发展的制约因素。具体措施如下：第一，进一步调整政府与市场的关系。在尊重市场规律与规则的前提下，依照市场竞争和市场价格实现对要素资源的合理配置，减少政府的直接干预，将政府作用逐步演变为规划引导以及维持市场运营环境的公平透明，充分发挥市场的作用机制，实现经济效率的最大化。第二，深入推进财税改革。在形成规范的政府财政管理制度的同时，促进政府与公民、中央与地方之间维持稳定的经济关系。财政是国家治理的基础与重要支柱，在新的发展阶段，财政改革既要纵深推进自身改革，也要兼顾与其他改革之间的协调配合，营造良好的市场竞争环境，促进社会的公平正义，助力高质量发展的动力变革。

参考文献

[1]金碚.关于“高质量发展”的经济学研究[J].中国工业经济,2018(4).

[2]任保平,文丰安.新时代中国高质量发展的判断标准、决定因素与实现途径[J].改革,2018(4).

[3]任保平,李禹墨.经济高质量发展中生产力质量的决定因素及其提高路径[J].经济纵横,2018(7).

[4]靳涛,陶新宇.中国经济增长的结构性羁绊与国际比较[J].经济学家,2015(10).

[5]杨琛,李群,王宾.“新常态”下中国经济发展动力强弱因素研究[J].经济问题探索,2016(2).

[6]成学真,宋亚.产出缺口、拉动效率与我国内需结构关系的探讨[J].经济问题探索,2013(12).

[7]张月友,董启昌,倪敏.服务业发展与“结构性减速”辨析——兼论建

设高质量发展的现代化经济体系[J]. 经济学动态,2018(2).

[8]陈秀英. 制造业投入服务化对制造业价值链攀升影响的实证研究[J]. 经济问题探索,2016(7).

[9]洪银兴. 培育新动能:供给侧结构性改革的升级版[J]. 经济科学,2018(3).

[10]金碚. 基于价值论与供求论范式的供给侧结构性改革研析[J]. 中国工业经济,2017(4).

[11]张永恒,郝寿义. 高质量发展阶段新旧动力转换的产业优化升级路径[J]. 改革,2018(11).

[12]闫星宇,张月友. 我国现代服务业主导产业选择研究[J]. 中国工业经济,2010(6).

[13]姜长云. 服务业主导新格局对经济发展的影响及思考[J]. 经济纵横,2015(9).

[14]肖功为,刘洪涛,郭建华. 制度创新、金融发展与实体经济增长[J]. 经济问题探索,2018(8).

[15]任保平,李梦欣. 中国经济新阶段质量型增长的动力转换难点与破解思路[J]. 经济纵横,2016(9).

[16]徐现祥,李书娟,王贤彬,毕青苗. 中国经济增长目标的选择:以高质量发展终结"崩溃论"[J]. 世界经济,2018(10).

[17]张国胜,王远洋,陈明明. 长波中技术变革、范式转换与中国供给侧结构性改革[J]. 经济学家,2017(7).

[18]沈坤荣,余红艳. 税制结构优化与经济增长动力重构[J]. 经济学家,2014(10).

[19]江飞涛,武鹏,李晓萍. 中国工业经济增长动力机制转换[J]. 中国工业经济,2014(5).

[20]郑江淮,宋建,张玉昌,郑玉,姜青克. 中国经济增长新旧动能转换的进展评估[J]. 中国工业经济,2018(6).

[21]黄汉权. 推进产业新旧动能转换的成效、问题与对策[J]. 经济纵横,2018(8).

[22]黄玖立,范皓然. 资本配置效率与地区比较优势[J]. 经济学动态,2016(4).

[23]郝大江,张荣.要素禀赋、集聚效应与经济增长动力转换[J].经济学家,2018(1).

[24]蒲志仲,刘新卫,毛程丝.能源对中国工业化时期经济增长的贡献分析[J].数量经济技术经济研究,2015(10).

[25]彭宜钟,童健,吴敏.究竟是什么推动了我国经济增长方式转变?[J].数量经济技术经济研究,2014(6).

[26]洪银兴.市场化导向的政府和市场关系改革40年[J].政治经济学评论,2018(11).

9 新时代中国企业的高质量发展

我国经济建设目标经历了漫长的转变之路，可以概括为3个重要的转折点："又快又好""又好又快""稳中求进"，这是我国经济增长由高速增长向中高速增长转变，最终向高质量发展阶段转变的重要体现，各界学者对于经济增长的研究也经历了从量到质的变化。党的十九大报告中提出"高质量发展"概念以来，很多学者都对"高质量发展"作出了自己的解读，高质量发展被认为是与五大发展理念相契合的发展（师博、张冰瑶，2018），包括经济发展高质量、改革开放的高质量、城乡发展高质量、生态环境高质量和人民生活高质量5个方面（任保平、李禹墨，2018），是区别于高速增长的新时代经济发展的一种新质态（金碚，2018）。目前对于高质量发展的研究，大多是围绕宏观层面展开的，从微观角度研究高质量发展的极少，尤其是企业高质量发展。企业是经济发展的主体单元，是社会进步的主要推动力。企业高质量不仅影响着产业高质量发展，其采取的发展方式、资源利用效率等在一定程度上也制约着生态环境高质量的实现，最终影响人民生活的高质量发展。此外，当今世界国与国之间的竞争，归根到底是企业与企业间的竞争，尤其是由创新所决定的企业质量的竞争，企业质量是一国经济高质量发展的重要组成部分和决定因素，企业质量的高低直接影响一国经济实力的强弱。为实现新时代下我国经济高质量发展的目标，必须重视企业这一微观层面，正确认识我国高质量发展中企业高质量的内涵及标准，分析当前企业高质量发展存在的问题，从中探寻我国高质量发展中企业高质量发展的实现路径。

9.1 中国高质量发展中企业高质量发展的内涵及界定

9.1.1 企业高质量的内涵

企业高质量包括两个方面：一是企业；二是质量。理解企业高质量，首先必须明确“质量”的基本概念。一般而言，在现代经济学的主体框架中，“质量”是一个被“抽象”掉的因素（金碚，2018）。在经济学中，一般假定企业生产的产品为同质产品，即假定质量不变。或者用价格代替质量，假定较高价格产品的质量高于较低价格产品的质量，金碚将其称之为“质—价”对称性假定（金碚，2018）。概括而言，经济学静态地构建了质量与价格之间的关系，假定某一特定时点质量高的产品相对质量低的产品具有更高的附加价值。这实际上是与现实情况不符的。随着工业化和信息化的发展，不乏高性价比和物美价廉的产品。此时，单凭价格难以正确反映出产品质量。

“质量”这一概念从根本上来说是对产品优劣程度的表述，是以满足人们的根本需要为目标的。更确切地说，“质量”概念对应着马克思商品二重性中的“使用价值”这一属性。在经济发展过程中，人们一度以交换价值代替使用价值，资本家不断追逐货币增殖过程（即交换价值），忽视了对质量的追求。也就是说，资本家更乐于在忽略使用价值及其质量特性的情形下达到货币增殖的目标，这也是“虚拟经济”存在的逻辑（金碚，2017a）。事实上，虚拟经济的长期发展必须“依托”于实体经济，而实体经济发展的关键在于其产品或服务质量能够满足人们的真实需要，尤其是在竞争性领域能更有效地满足真实需要，体现使用价值，从而实现和创造更多的交换价值。随着经济的发展，质量的内涵也不断丰富，从最初强调产品的有用性转变为产品能够满足顾客和社会真实需要的程度，质量关注重点从关注产品本身逐渐扩展到顾客、利益相关方乃至整个社会（杨幽红，2013），更加重视人本主义，关注社会价值这一终极价值判断（任保平，2017）。新时代下，我国社会主要矛盾转变为人民日益增长的美好生活需要和不平衡不充分的发展之间的矛盾，重视以人为本、走可持续发展、创造和实现更多的经济价值和社会价值是解决我国主要矛盾的迫切要求和必由之路。基于上述层面，可以更好地理解，所谓“高质量”，其实是对质量的高水平、高层次、全方位的要求，是追求更优更好的一种状态。

9.1.2 企业高质量的界定

从企业质量的理论渊源来看，在传统经济学理论中，其实是不存在企业质量的相关理论的，更多时候企业被定义为追求利润最大化目标的生产函数，通过生产函数对企业进行分析，可以求解企业的最优产量和最优规模，从而实现企业追求利润最大化的目标。企业只是一个纯粹的生产者。在熊彼特的《经济发展理论》一书中，尽管企业被定义为进行创新活动的场所，企业家是破坏性创造的主体，企业的创新作用被肯定。但很长一段时间内，企业依然被作为追求利润最大化的生产函数，经济学界对于企业的相关研究更多地侧重于企业增长视角，更关注外在数量和规模，研究企业质量的极少。

此外，传统的经济增长理论在解释经济增长问题时，虽然承认企业是经济增长的关键，但是却忽略了不同企业在规模、赢利能力、生产率、创新能力等方面的差异对经济增长的影响。而这些因素，正是解释微观层面上经济增长产生差异的有力因素，更是企业质量内涵的重要组成部分。

早期文献对于企业质量的定义主要分为三种观点：第一种观点把企业质量理解为企业绩效，着重分析企业绩效与经济增长之间的关系。Melitz（2003）指出，就平均绩效而言，企业在产业内的异质性远大于国家间、产业间的异质性。第二种观点将企业竞争力等价于企业质量。国际上诸多机构争相发表竞争力报告，如洛桑国际管理发展学院（IMD）发布的《世界竞争力年鉴》、世界经济论坛（WEF）历年发布的《全球竞争力报告》等。这类研究机构通过建立相关的指标对企业的国际竞争力进行分析和比较。著名管理学家波特的竞争力理论也在全球被广泛应用。此外，国内一些学者依托经济学和管理学的相关知识，运用统计方法建立相关的测评指标对企业竞争力进行分析和跨国比较（彭丽红，1999；金碚，2001、2003；林汉川、管鸿禧，2005；王爱群、郭庆海，2008）。第三种观点是将企业质量理解为企业的效率或者生产率。生产效率的提高是经济长期增长的重要前提。国内学者主要从生产率角度分析中国经济增长的可持续性（涂正革、肖耿，2006；郑京海等，2008；贺京同、何蕾，2016；杨志云、陈再齐，2018）。

上述文献都片面地将企业质量视为纯粹的企业绩效、企业竞争力以及企业生产率，没有注意到各自的局限。企业绩效是企业质量的一部分，通常用EVA、ROE、托宾Q等财务指标进行衡量，形式单一，无法很好地分析企业质量与经济增长的具体关系。而企业竞争力虽然比较符合企业实际，有较为丰富的理论支持，在国际竞争力比较中具有广泛应用，但是由于有些指标体系过于复杂，且部分指标所需的数据难以量化，在经济学研究应用中难度不小。至于企业生产率方面，现有研究大范围地采用全要素生产率 TFP 进行分析。TFP 虽然更能反映出由企业内部和外部制度变革所引起的投入、产出效应，但用 TFP 反映企业生产率也具有局限性，表现在两个方面：一是综合反映出企业的投入、产出水平，因此分析企业生产率来源时不可避免地难以提供更加细致、准确的信息；二是估算生产函数时没有剥离数据本身的随机误差，从而导致测算出的全要素生产率包含数据误差。此外，用不同方法测算的全要素生产率之间无法比较。易纲等（2003）研究表明，用完全相同的方法测算出的发达国家和新兴经济体间的全要素生产率，如果没有考虑这两种经济体之间技术进步机制以及投资方向上的不同，两者是不能比较的。因此，单纯依靠企业绩效、企业竞争力、企业生产率三者之一，无法准确表述企业质量，企业质量应该是包括但不限于上述三者，是企业绩效、企业竞争力、企业生产率和其他要素的有机统一。

综上所述，企业质量是相对于企业数量而言的，除涉及企业优劣、好坏的判断外，还应包括企业赢利能力、企业成长性、企业创新性等因素，必须体现经济价值和社会价值创造以及持续发展能力的要求，企业高质量是企业质量的较高标准，包括企业规模的扩大，赢利能力的提高，企业素质、效率的提升，企业创新能力的提高。企业高质量可以概括为企业以人为本，重视质量，追求更高水平、更高效率的经济价值和社会价值创造，同时承担社会责任，具有良好的持续发展能力和创造力的一种发展。

9.2 中国高质量发展中企业高质量发展的标准

企业高质量发展是在新时代下主要矛盾转化的背景下提出的，是与“创新、协调、绿色、开放、共享”五大发展理念相契合的新型发展概念和发展模式。企业高质量发展包括三个维度：经济价值维度、社会价值维度、持续发展能力。

首先，经济价值维度，这是企业高质量发展的基本要素。企业始终是追求利益最大化的微观个体，尽管当前企业转变了以往纯粹追求利润的观念，在实现利益最大化的同时也注重社会价值创造，但不可否认的是，企业始终是以营利为目的的法人，经济利益的实现是企业发展的首要目标，是企业进行其他活动的基础，是企业实现社会价值创造、提高持续发展能力的主要来源和重要保障。经济价值的实现可以通过企业盈利能力、企业规模来衡量。赢利能力是企业生存和发展的基础，是企业进行研发创新、获取市场占有率和竞争力的最终目的。赢利能力的提升可以增强企业内部资源的积累，提高企业抵抗风险的能力，利润是企业竞争力的最终结果。企业积极采取措施改善竞争环境、提高生产率、增加市场份额，归根到底都是为了增加利润，实现企业的利润最大化目标。企业的赢利能力通常用以下几个指标衡量。销售利润率。销售利润率是指一定时期的企业销售利润总额与销售收入总额的比率。它表明单位销售收入所能获得的利润，反映出销售收入与利润直接的关系。通过对比不同时期企业的销售利润率，可以清晰地看出企业不同时期的盈利水平；通过对比不同企业间的销售利润率，可以发现不同企业之间的差距。总资产报酬率。总资产报酬率是企业在一定时期内净利润与总资产的比率，是评价企业总资产获取报酬水平的代表性指标，充分体现了企业总资产获取净收益的能力，反映了企业经济管理水平的高低。通过对比同行业不同企业的总资产报酬率可以了解到企业的获利能力在同行业中所处的位置，发现同类企业的差异之处，体现企业在同类型企业中的竞争力水平。此外，资产负债率也会影响企业的盈利能力。适度的资产负债率可以达到去杠杆的目标，提高防范风险的能力。

相对企业赢利能力而言，企业规模是判断企业发展水平更为直观的因素。企业规模是衡量一个企业成功的标志之一。企业发展首先表现为企业增长，最直接的表现是资产总额的上升和营业收入的增加。企业规模的扩张可以使企业发挥规模优势，降低成本，增加产出，提高企业产品市场占有率和竞争力，获得更大的利润空间。企业规模的扩大也有利于企业创新活动的开展，提高企业创新的风险承受能力。企业规模可以用以下指标来衡量：营业收入、员工数量、资产总额。

其次，社会价值维度。高质量发展是经济发展的新阶段，更加注重人文关怀和社会价值这一种终极判断，这同时也对微观层面的企业提出了要求，企业高质量发展应该是环境友好的、发展成果惠及大众的发展模式。环境友好体现在企业高质量发展模式应该尽可能走绿色经济、低碳经济的路子，减少污染物排放，降低能源消耗，减少对生态环境的破坏。这些要求可以简单概括为两点：一是少污染，二是多治理。可以通过多个指标衡量企业的环境友好程度：工业废水排放量、工业废气排放量、工业固体废弃物排放量、工业废水排放达标率、工业固体废弃物综合利用率、污染治理环保支出金额。其中，工业固体废弃物综合利用率是指工业固体废弃物综合利用量占工业固体废弃物产生量的百分率，计算公式为：工业固体废弃物综合利用率 = 工业固体废弃物综合利用量 ÷（工业固体废弃物产生量 + 综合利用往年储存量）。前三者从源头上减少了污染物的排放，后面三项指标可以说明企业的污染治理情况。此外，企业专职环保人员数也是反映企业环保程度的重要指标。企业的普惠性最直观的表现为员工福利的变化，包括人均销售收入的增加、人均利润率的上升、就业人数的扩张以及劳动者报酬占企业营业收入的比重等因素。

最后，持续发展能力维度。企业的持续发展能力是支撑企业实现经济价值和社会价值创造的不可或缺的重要力量。企业的持续发展能力是决定企业能否长期发展的关键，关系企业的生死存亡。企业要想实现长期发展，首先，要保证实现持续增长，包括企业资本、资产、营业收入和利润的持续增长，分别用资本积累率、总资产增长率、营业收入增长率和净利润增长率来衡量，增长是发展的前提。总资产增长率可以从侧面反映出企业产品的市场需求大小、业务扩张能力的强弱。净利润增长率的持续上升，说明企业的赢利能力在不断增强，为企业持续发展提供了强大保障。其次，企业要实现持续发展，重点在于有持续的发展动力，而这个动力，很大程度上是由企业的创新能力提供的。一般而言，企业的创新投入越大，开发出新产品的可能性越大，创新能力越强，进而提供有效供给和服务的范围越广。创新能力的提高，有助于企业生产高品质、高层次、个性化的产品和服务，满足人民多样化的消费需求。此外，创新能力的提高，新技术、新的生产工艺的采用，才能进一步提高企业的生产效率和资本利用率。企业的创新能力首先通过企业的 R&D 经费支出以及 R&D 经费支出占主营业务收入之比来体现，这表明企业具有进行科技创新的观念。其次，要关注企业的有效发明专利数和新产品销售收入，特别是新产品销售收入以及新产品销售收入占总销售收入的比重，表明了创新应用到实际生产的转化能力强弱。发展后期，还需要关注新产品出口数，这是扩张国际市场的必然要求。

9.3 中国企业高质量发展现状

改革开放40年来，我国企业发展，尤其是工业企业发展取得了一系列可喜的成就。工业在三大产业中占比极高，对经济增长的贡献也不容忽视，因此，以下将以规模以上工业企业作为主要说明对象，以展现我国企业发展现状。

一是中国的工业实力显著增强。第一，改革开放40年来，我国工业总量实现突破性增长。改革开放前，我国工业基础比较薄弱。1978年工业增加值仅有1622亿元。改革开放后，工业经济发生了翻天覆地的巨大变化，主要经济指标迅猛增长。1992年工业增加值突破1万亿元大关，2007年突破10万亿元大关，2012年突破20万亿元大关，2017年工业增加值接近28万亿元，按可比价计算，比1978年增长53倍，年均增长10.8%。2017年工业企业资产总计达到112万亿元，较1978年增长247倍；实现利润总额为7.5万亿元，较1978年增长125倍。第二，改革开放以来，制造业在全球比重不断增大，2007年位居世界第二，2010年成功跃居榜首，此后连续多年稳居世界第一，成为名副其实的“制造大国”。第三，企业产品生产能力和国际竞争力大幅度提升。很多产品完成了从无到有再到蓬勃发展的历史转变。工业企业数量迅速增加，产品生产能力大幅提高，产品国际竞争力得到提升，出口总值在2009年从1980年全球排名26位跃居全球第一位，并且自此之后一直保持着全球货物贸易第一出口国的地位。

二是调结构、促转型有了初步成果，我国由工业大国向着工业强国迈进。创新驱动发展战略的深入推进，促进了“三新经济”的出现，七大新型战略化产业建设如火如荼，2017年我国新能源汽车产量达到69万辆，连续三年位居世界第一，我国已经成为全球最大的动力电池生产国，产品出口海外多个国家和地区；民用无人机、工业机器人保持高速增长，2017年产品产量分别达到290万架和13万台（套）；光伏产业链各环节生产规模全球占比均超过50%，多晶硅、硅片、电池片、组件产量均高速增长。同时，传统产业优化升级效果显著，产能利用率有了提升，经济效益好转。新技术、新工艺、新材料逐渐运用到传统产业改造升级中，传统动能得到提升，2013—2017年，制造业技术改造投资年均增长率稳步上升。此外，高科技、信息化与工业化联系日益紧密，涌现出一系列数字化、网络化、智能化和高端制造业企业。

三是多种经济成分并存，企业活力竞相迸发。国有企业核心竞争力不断增强，在载人航天、探月工程、深海探测、高速铁路、商用飞机、特高压输变电、移动通信等领域，取得了一批具有世界先进水平的重大科技创新成果，“天眼”探空、“蛟龙”探海、神舟飞天、高铁奔驰、北斗组网、大飞机首飞等惊艳全球。民营经济取得长足发展。2017 年，私营工业企业已发展到 285.9 万家，占全部工业企业法人单位的 78.4%。其中，规模以上私营工业企业 22.2 万家，吸纳就业人数 3271 万人，占全部规模以上工业企业的比重分别为 57.7% 和 36.9%；规模以上私营工业企业资产总计达 25.1 万亿元，主营业务收入为 40 万亿元，占全部规模以上工业企业比重分别达 22.3% 和 34.4%。外商投资企业也由 1980 年的 3 家增加到 2017 年的 5 万家规模以上外商及港澳台商投资企业。

图 9－1、图 9－2、图 9－3 分别提供了 2000 年以及 2002—2016 年规模以上工业企业的基本经济信息。

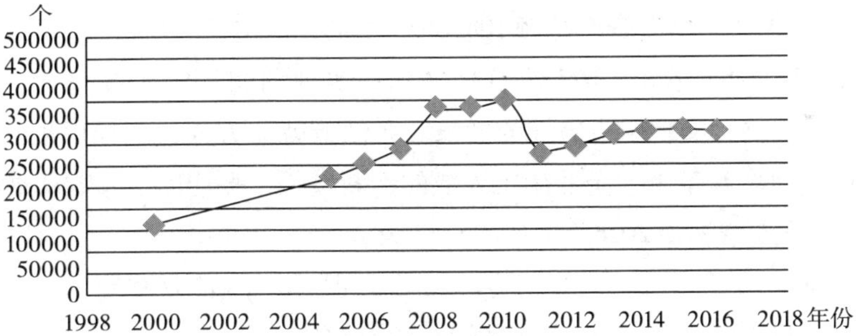

图 9－1　企业单位数量

数据来源：国家统计局《中国统计年鉴 2017》。

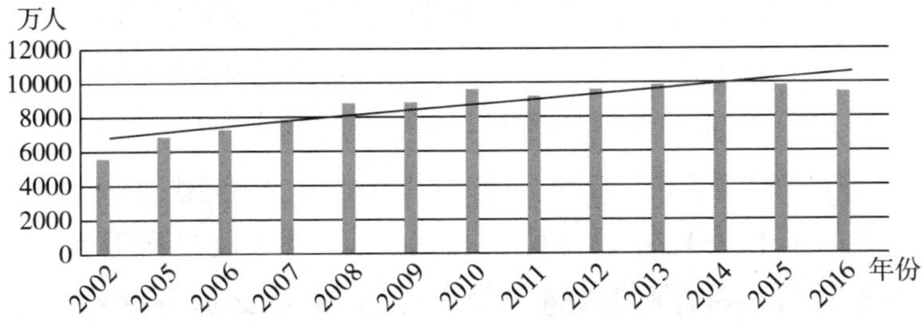

图 9－2　平均用工人数

数据来源：国家统计局《中国统计年鉴 2017》。

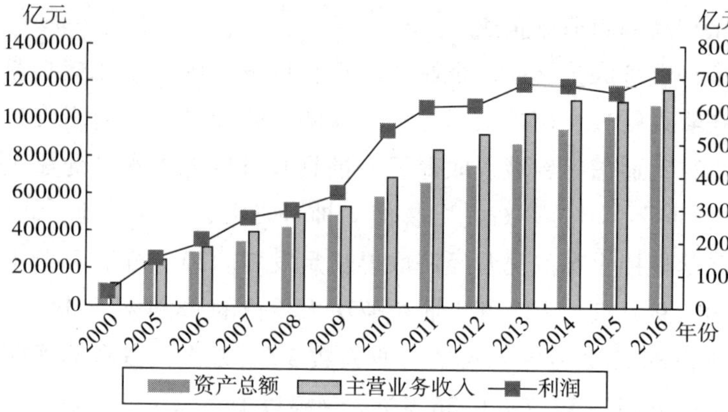

图 9－3　模式以上工业企业基本经济状况

数据来源：国家统计局《中国统计年鉴 2017》。

2000 年，我国规模以上工业企业数量仅有 162885 个，资产总额 126211.24 亿元，创造主营业务收入 84151.75 亿元，实现利润 4393.48 亿元。仅仅 16 年后（2016 年），我国规模以上工业企业数量已经达到 378599 个，是 2000 年的 2.3 倍，资产总额 1085865.94 亿元，增长了 8.6 倍，主要营业外收入 1158998.52 亿元，增长了 13.77 倍，实现利润 71921.43 亿元，是 2000 年的 16.37 倍，实现了突破性的增长。在创造就业方面，规模以上工业企业数量的迅速增长带来了企业用工人数的不断增长，平均用工人数从 2000 年的 5559.36 万人增加到 2016 年的 9475.57 万人。

企业发展获得的巨大成果令人瞩目，但是当前企业发展仍处于向新阶段发展不断摸索的状态，有许多问题亟待解决。

首先，地区发展不平衡，两极化严重。分地区看，2016 年企业单位数排名前 10 的地区分别是江苏、广东、浙江、山东、河南、安徽、福建、湖北、河北、湖南；实现利润排名前 10 的地区分别是江苏、山东、广东、河南、浙江、上海、福建、河北、湖北、江西；平均用工人数排名前 10 的地区分别是广东、江苏、山东、河南、浙江、福建、河北、湖北、四川、湖南，需要注意的是，广东和江苏两个省份平均用工人数分别高达 1435.86 万人、1111.84 万人，这与它们庞大的企业数量和强大的利润创造能力是分不开的。拥有大中型企业数排名前 10 的地区分别是广东、江苏、河南、山东、浙江、福建、湖南、四川、湖北、江西。通过对比上述几个指标的排名不难发现，无论指标如何变化，排名前 10 的地区变化始终很小，广东、江苏、山东三省甚至可以说稳定在三甲之列。东部地区企业数量占全国企业数量的59%，中部、西部和东北部地区仅分别占全国的22%、13%和6%。更准确地说，东部主要城市广东、江苏、山东、浙江等创造了全国绝大部分的利润，也提供了绝大范围的就业。相比之下，中部、西部和东北部发展缓慢。从企业创新来看，东部地区无论是在有R&D活动、有研发机构还是有新产品销售上，企业数量都远远高于中部、西部和东北部，区域差异过大。

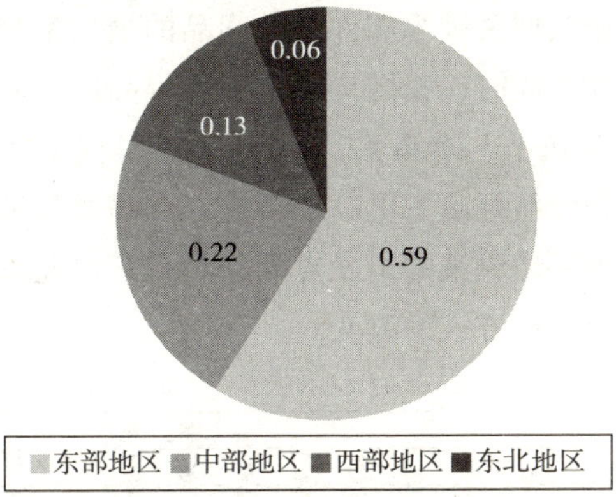

图9-4 各地区企业分布状况

数据来源：《工业企业科技活动统计年鉴2016》。

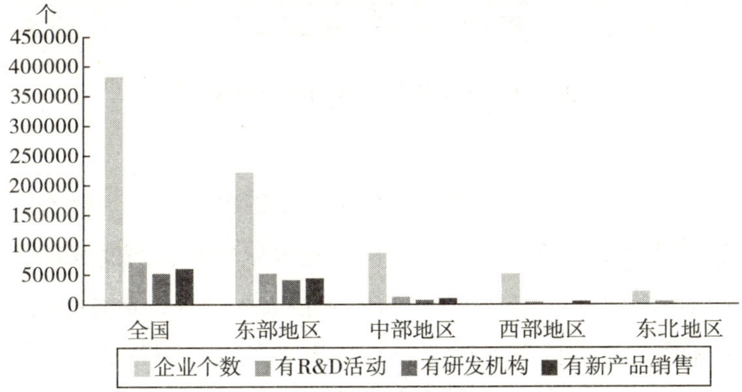

图9-5 各地区企业科创活动情况

数据来源：《工业企业科技活动统计年鉴2016》。

其次，企业质量管理存在问题。我国同所有发展中国家一样，通过对发达国家的学习、引进和吸收，逐步形成了现有质量管理的框架，与国内适应程度较低，造成了企业决策时对质量方面不够重视。企业“重产出、轻质量”，没有形成深厚的环保意识。近年来，随着国家有关质量标准和环境保护政策的出台，企业在发展方式上作出了一定调整，例如，强化产品和服务质量，污水达标排放，工业固体废弃物利用率不断提升等，但是企业调整和力度较小，传统的粗放式发展观念没有彻底转换过来。上市公司环境信息披露也存在不少问题，绿色透明水平不高。此外，原材料和用工成本的上涨也对企业发展提出了挑战。产品和服务没有形成系统化的体系。当前我国制造业领域关键零部件和中间品的国产配套水平较低，存在过分依赖进口的问题，同时，我国产品的品牌、品质、品种都与世界先进水平有一定差距（任保平、李禹墨，2018）。新时代下我国提倡高质量发展，对企业的质量和效益提出了更高的要求。在高质量发展阶段，企业必须将质量和效益作为一切决策的出发点和立足点，以此来推动产品和服务质量的提升以及企业生产方式的改变。

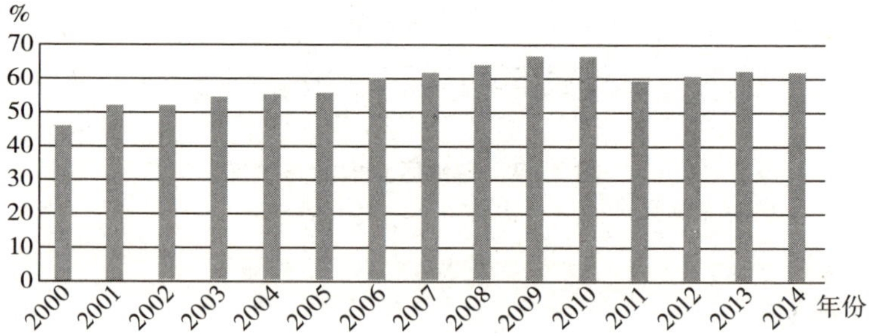

图 9-6　工业固体废弃物综合利用率

数据来源：国家统计局《环境统计数据 2014》。

再次，融资难、融资贵问题仍然存在。融资贵仍然是当前企业反映最普遍、最突出的问题。贷款期限比较长、成本比较高，到期要续贷也有很多问题，有的不能顺利续贷，企业不得不到社会去融资，成本更高。企业的创新性活动需要大量的资本支持，但是从事该类工作的企业往往很少能获得金融机构的融资。银行在审核融资申请时一般要求用固定资产进行抵押，但对于新创企业而言它们的固定资产极少，不符合银行发放融资的要求。银行更倾向于将资金提供给风险更低、稳定发展的企业，但这部分企业往往很少进行科技创新。企业工艺设备更新改造、引进技术和优秀的管理人员，都需要资金的支持。在高质量发展的新时代下，企业高质量的实现必须依托科技创新形成新的发展动能，但是资金问题往往是进行科技创新的前提。在我国，中小企业贡献了50%以上的税收、60%以上的GDP、70%以上的技术创新、80%以上的城镇劳动就业、90%以上的企业数量，但中小企业的融资问题也十分突出。融资难、融资贵问题深深地制约着企业的发展。

最后，企业的科技创新后发优势减弱，对企业发展提出了新的挑战。随着我国主要矛盾的转化，人民对企业的产品和服务也提出了多层次、高质量、个性化的需求，我国产业发展也在不断向中高端迈进，产业类型和产品附加值不断提升，企业发展背景发生了变化。之前，我国与发达国家的技术创新水平差距很大，处于金字塔底端，主要依靠吸收、引进国外的先进技术和管理经验实现企业的高速发展，后发优势明显。然而，随着我国科技创新能力的提高，我国企业离世界科技前沿越来越近，难以从发达国家引进成熟技术，更需要企业自身进行新技术和新产品的研发，企业承担的风险越来越大。不同企业的创新动力也不尽相同。企业的管理决策也会影响企业制定和实施相关的创新战略。企业、政府属研究机构、高等学校经费研发支出占比分别为77.6%、13.8%、7.2%。虽然企业经费研发支出占比很高，企业专利申请件数和有效专利数总量较大，但从结果来看，形成国家或行业标准数占比较小。2016年中国工业产权专利占世界总量的42.8%，居世界首位。专利数量庞大，绝大部分是实用新型专利和外观设计专利（高于75%），含金量最高的发明专利数量最少。当前科技创新存在量与质的不一致性，专利质量和创新水平需要提高。国内专利保护相关法律的缺失，也影响着企业开展创新活动的动力。

9.4 实现企业高质量发展的路径

企业高质量发展的实现，要以企业这一微观主体为主要抓手，从企业自身的生产运营和管理出发，构建起高质量发展的微观基础，还需要政府和市场化改革为企业高质量发展提供良好的外部环境。

实现企业高质量发展，一是转变思想观念。企业必须以“创新、协调、绿色、开放、共享”的五大发展理念作为企业今后发展的指导思想，把五大发展理念落实在企业活动的方方面面。在经营决策和日常管理上，要转变思想观念，扭转“重产出、轻质量”的错误观念，企业决策者要结合企业发展的大背景、大环境，科学规划企业发展路径，克服短视观念，谋求绿色发展、创新发展，从而实现企业的长期发展。在企业内部要重视企业文化的培养，塑造良好的工作氛围。企业要转变思想观念，强化用户思维、质量思维、个性化思维和体验式思维。

二是企业要坚持“质量和效益”优先的原则。我国经济由高速增长转向高质量发展阶段，必须高度重视经济质量，坚持质量第一的原则。高质量发展是在矛盾转换的背景下应运而生的，是为了解决发展不平衡不充分的问题，在企业这个微观层面对应的是产品和服务质量高、种类多。企业要把质量作为根本出发点，强化和提高产品或服务质量，推进产品和服务质量升级，改善供给体系质量，去除无效供给，增加有效供给，以满足人民日益增长的对高质量产品或服务的需要为己任。企业只有生产的产品和提供的服务满足了人民的真实需求，产品和服务才能在市场上大范围流通，企业的经济利益才能够实现。

三是提高企业的创新能力，建设创新型企业。企业高质量发展的关键在于企业创新能力的提高，只有创新能力提高了，企业才可能提高生产效率，减少单位产出能耗，提高污染治理和转化水平，从而达到节约资源、保护环境的绿色发展要求。企业创新能力的提高是企业产品和服务质量提高的重要来源，是提高产品市场竞争力的根本保证。创新能力是企业实现经济价值和社会价值创造的根源，是企业持续发展能力的关键构成因素。企业的高质量发展，离不开企业创新能力的提高。提高企业创新能力，首先要加大企业研发投入支出，提高企业研发支出占主营业务收入的比重，为科技活动的开展提供充足的资金支持，增强企业的自主创新能力。其次，企业在研发项目的选择上要有所侧重，增加对战略性新兴产业的研发，将个人成长与国家发展联系起来。再次，企业要加强与政府属科研机构、高等学校的交流与合作，深化产、学、研互动。一方面，企业要强化和高等院校的合作，吸纳优秀的创新人才和管理人才，提高企业工作人员的整体素质。另一方面，企业要多与政府属科研机构和高等院校开展业务往来，实现优势互补，积极吸纳有发展前景的研究项目，提高科技成果转化率。最后，企业在研发过程中，还要注意坚持数量与质量的统一。

四是大力推进企业品牌化、系统化建设。企业品牌是一个企业区别于其他企业的重要体现，是企业核心竞争力在文化层面的表达。企业要抓好企业品牌建设，将品牌建设纳入企业战略决策之中，企业结合自身的发展特色和企业文化，打造优秀的企业品牌，努力成为行业标准，形成自己的比较优势，带动企业及产业发展。企业要加强企业品牌建设，争取早日打造出能够代表民族形象的大品牌，提高国际竞争力。

五是完善企业改革和管理体制改革。要加快现代企业制度建设，充分释放各类经济主体的创造活力。进一步完善国有企业改革，规范国企治理结构，提高运行效率。要继续推进清除“僵尸企业”，研究表明，“僵尸企业”通过加剧资源约束、扭曲信贷配置和损害行业公平竞争等渠道影响了正常企业的创新能力（王永钦等，2018），阻碍了企业的高质量发展。民营经济是推动供给侧结构性改革、推动高质量发展、建设现代化经济体系的重要主体。要提高私营企业的企业治理能力，完善公司的激励制度和晋升制度，吸纳优秀员工入股，实现利益共享，提高管理效率和研发积极性。

六是改善制度环境。企业高质量发展离不开良好的制度环境。首先，改善企业的融资环境。要完善金融体系改革，使得融资标准科学化、系统化，进一步放宽中小金融机构的准入门槛，吸引民营资本。在加快建立多形式的地方性中小金融机构，形成多层次、多元化的信贷服务体系的同时，要强化市场监管。其次，要建立全国统一的要素市场，各个地区优势互补，缩小地区发展差距。要规范市场准入制度，营造合理良性竞争、公平正义的市场环境。最后，要强化法制建设，保护企业家所有权、创新权和自主经营权。要深化产权保护制度改革，明晰企业的权责利关系，通过产权激励协调好各种利益关系。企业家的合法权益得到法律保护，更有利于企业家精神的发挥、推动企业的高质量发展。此外，政府相关政策提供的科技研发补贴等也会推动企业的高质量发展。

参考文献

[1]任保平，等.超越数量：质量经济学的范式与标准研究[M].北京：人民出版社，2017.

[2]金碚.关于“高质量发展”的经济学研究[J].中国工业经济，2018(4)：5－18.

[3]任保平，李禹墨.新时代我国高质量发展评判体系的构建及其转型路径[J].陕西师范大学学报(哲学社会科学版)，2018，47(3)：105－113.

[4]任保平,文丰安.新时代中国高质量发展的判断标准、决定因素与实现途径[J].改革,2018(4):5-16.

[5]金碚.基于价值论与供求论范式的供给侧结构性改革研析[J].中国工业经济,2017(4):5-16.

[6]黄速建,肖红军,王欣.论国有企业高质量发展[J].中国工业经济,2018(10):19-41.

[7]杨志云,陈再齐.要素生产率、资本深化与经济增长——基于1979—2016年中国经济的增长核算[J].广东社会科学,2018(5):41-51.

[8]邹薇,袁飞兰.劳动收入份额、总需求与劳动生产率[J].中国工业经济,2018(2):5-23.

[9]王永进,刘灿雷.国有企业上游垄断阻碍了中国的经济增长?——基于制造业数据的微观考察[J].管理世界,2016(6):10-21,187.

[10]贺京同,何蕾.要素配置、生产率与经济增长——基于全行业视角的实证研究[J].产业经济研究,2016(3):11-20.

[11]贺晓宇,沈坤荣.现代化经济体系、全要素生产率与高质量发展[J].上海经济研究,2018(6):25-34.

[12]王世良.4P策略:助推企业高质量发展[J].清华管理评论,2018(11):82-87.

[13]余斌.经济高质量发展阶段中的转型升级与挑战[J].中国经贸导刊,2018(3):20-21.

[14]王永钦,李蔚,戴芸.僵尸企业如何影响了企业创新?——来自中国工业企业的证据[J].经济研究,2018,53(11):99-114.

[15]张蕊.企业战略经营业绩评价问题研究——基于高质量经济发展的视角[J].会计之友,2018(22):2-5.

[16]高萍,王小红.财政投入、环境规制与绿色技术创新效率——基于2008—2015年规模以上工业企业数据的实证[J].生态经济,2018,34(4):93-99.

10 新时代中国生态环境的高质量发展

本章基于 PSR 框架构建了符合新时代发展的生态环境质量评价指标体系，利用基于 AHP 的模糊综合评价法，测度了 2011—2016 年中国 30 个省份（除西藏和港澳台地区）的生态环境质量指数，并将空间因素和地理关联属性考虑在内，运用泰尔指数与 Moran's I 指数及其散点图，分析了中国生态环境质量的变动态势、区域差异和空间分布格局，最后构建了空间杜宾模型检验其影响因素。主要结论如下：①从总体来看，中国生态环境质量是逐渐变好的，部分省份显示出波动上升趋势；生态环境质量等级具有明显的空间分布格局，东部沿海和西南地区高，西北地区低。②中国生态环境质量指数总差异为 0.05，区域间差异大于区域内差异。③中国生态环境质量呈现出显著的空间集聚效应，且高—高或低—低集聚效应明显，高—低或低—高的空间分异效应并不明显。④对外贸易的提高有助于改善本地区生态环境质量，对邻近省份具有负面影响；环境管制的加强对本地区生态环境质量的改善具有滞后性；能源效率的直接效应和间接效应都为正。

10.1 引言及文献综述

党中央、国务院部署到 2020 年要全面建成小康社会，从经济层面来看，许多任务将会超额完成，但生态环境质量这一短板可能会拖全面建成小康社会重要部署的后腿。“十二五”期间，各级环保部门积极贯彻落实党中央、国务院关于生态保护工作的一系列重大决策部署，加大生态保护力度，在示范引领、系统保护、综合监管等方面取得积极进展，部分重点保护物种种群数量稳中有升，但经济水平高速发展的同时，伴随着人口高度集中和土地高集约利用导致的资源过度开采和对大气、水土资源、空气质量的污染，生态环境建设滞后问题凸显，生态空间破碎化加剧、生态系统质量和服务功能低效明显，构建高质量生态环境、牢固树立社会主义生态文明观、推动形成人与自然和谐发展的现代化建设新格局，是落实十九大精神、让居民有更多获得感和幸福感的重要途径和内容。

构建科学、合理的高质量生态环境评价指标体系，考察中国各地区生态环境发展状况，准确把握地区生态环境的空间差异与动态演化特征，是促进各区域生态环境质量协调统一发展的理论支撑，并为改善生态环境质量指明了方向与道路。从“地理学第一定律”出发可以发现，在地理空间上共同运行的经济活动、资源系统、生态系统都在不断演变并且相互影响，因此，研究生态环境质量问题不可忽视其空间要素与区域差异的分析，区域间发展不平衡将导致自然资源消耗的不均等，出现不同区域生态“掠夺”效应与资源环境承载压力的“空间溢出”效应。本章基于新时代生态环境高质量发展的要求与生态环境质量现状特征，构建了符合新时代发展的生态环境质量评价指标体系，并将空间因素和地理关联属性考虑在内，应用区域差异与空间计量的分析方法，分析了“十二五”时期中国生态环境质量的变动态势、区域差异和空间分布格局。

生态环境质量评价始于20世纪80年代，主要集中于生态环境污染和环境风险评价，当时比较有影响力的研究是由美国环保局提出的环境监测与评价项目（EMAP）。进入20世纪90年代，逐步形成实现生态健康的评价目标，Ferguson（1994）提出生态健康的概念，认为生态环境评价的目标就是实现生态健康。近些年社会经济发展与生态区服务功能评价、人与自然和谐发展也被纳入评价指标体系。国内较早对生态环境质量进行系统评价的是中国科学院生态环境研究中心发布的《中国各省区生态环境质量评价与排序》。生态环境的评价涉及广泛，包括生态环境质量评价、生态风险评价、生态脆弱性评价、生态系统健评价、生态足迹等方面；生态环境质量评价的研究领域不仅涉及河湖流域、土地山丘、大气环境、湿地状况等单因素领域，同时包括城市、农村、区域等综合领域；生态环境质量的研究方法有层次分析法、主成分分析法、灰色聚类法、模糊综合评价法、模糊神经网络、地理信息系统（GIS）和遥感（RS）等，学者依据各自的优势和具体评价目标及对象特征进行方法选择。

10.2 生态环境质量测度指标体系的构建

生态环境是支撑人类生命系统的整个自然系统的统称，是人们在适应自然环境以及改造环境的过程中逐渐建立起来的一种复合生态系统，生态环境的主要成分是自然生态系统中不同层次的生物所组成的生命系统。生态环境是一个社会—经济—自然复合的生态系统，是一个因素众多、结构交叠、功能综合的有机整体，它的包容性与开放性为人类提供了赖以生存和发展的空间以及自然资源。生态环境的各层子系统、各要素通过特定空间内的生物地球化学循环、人类的生活和生产活动等多种复杂过程，形成一个具有内在联系的统一整体，生态环境的质量水平对人类的生存和发展至关重要。

生态环境质量评价已从简单的环境监测，上升到对环境、经济以及社会三者之间的协调发展的研究，其各组成成分之间的相互联系、制约关系及其对外界冲击因子的响应方式均是其研究内容。

生态环境是不断变化的动态系统，随着时间与空间的变化，生态环境将呈现出不同的特点，其影响因素也随着时间与空间的动态演变而不同，因此，生态环境质量评价指标必须从多层次、多角度来反映生态环境质量在时空尺度上的动态变化与空间分异格局。由于生态环境质量评价涉及的地域复杂和因素众多，至今未形成统一的评价指标体系。2015年3月环保部发布的《生态环境状况评价技术规范》中构建了一个包括生物丰富度指数、植被覆盖指数、水网密度指数、土地胁迫指数、污染负荷指数5个分指数和1个环境限制指数的综合评价体系；叶亚平建立的省域生态环境质量评价指标体系由生态环境质量背景、人类对生态环境的影响程度和人类对生态环境的适宜度需求三部分组成。王丽霞从大气、土壤、水体、植被、社会经济5个环境要素选取指标，对陕西省省辖各地市的生态环境进行分析评价。孙东琪等从生态破坏因素、自然资源因素、环境污染因素和社会经济因素4个方面选择指标构建了生态环境质量综合评价体系，并利用层次分析法选择权重，对中国31个省份的生态环境质量状况与变动趋势、空间差异进行分析。

生态环境质量涉及资源、环境、经济、社会等各个方面，具有高度的包容性与系统性，生态环境质量测度也必须充分考虑所涉及的要素，新时代生态环境质量评价指标体系需要在三方面改进：一是我国进入新时代，生态环境质量测度指标要体现“十三五”时期的资源环境约束问题和“生态环境质量总体改善”的目标；二是要开展周期性、动态跟踪评价机制，有目的性地测度各个时期环保政策的实施效果；三是指标选取要符合人与自然和谐发展的现代化建设新格局。本章利用 PSR（压力—状态—反映）模型并结合新时代生态环境高质量发展的要求与生态环境质量现状特征构建了评价指标体系，来测度我国省际层面与区域层面生态环境质量的时空动态变化与空间分异格局。

（1）指标选取

PSR（压力—状态—反映）模型是由经济合作与发展组织（Organization for Economic Cooperation and Development，OECD）与联合国环境规划署（UNEP）于 20 世纪 80 年代末共同提出的，模型以因果关系为基础，从人类与生态系统的相互作用与影响出发对生态指标进行组织分类，其中“压力”是指社会、经济发展过程中由于人类的经济社会活动（开发自然资源、使用土地等）对自然系统产生的生态胁迫与环境压力，“状态”是指当前的资源数量与环境状况，用来表征生态系统的健康状况与可持续性，“响应”是指面对当前的资源约束与环境压力，人类为阻止、补偿及适应生态状态的变化所采取的应对措施，包括环境保护与节约资源政策等。PSR 模型较好地反映了人与自然环境之间的相互作用关系，基于此构建的指标体系具有科学性、系统性与完整性的特点。

基于 PSR（压力—状态—反映）框架，本章从生态环境质量压力系统、生态环境质量状态系统和生态环境质量人文响应系统 3 个层面构建了我国的生态环境质量评价指标体系。考虑到“十三五”时期资源环境约束的主要问题，生态环境“压力”子系统将从 3 个方面刻画人类活动对自然环境造成的压力，即人口压力、资源压力、环境压力，环境“压力”的控制，要积极实施资源环境要素投入总量与强度的“双控”，显著降低水资源、土地资源、单位 GDP 能耗强度，减少工业“三废”的排放；生态环境“状态”子系统从水土资源、植被覆盖、空气质量 3 个方面来描述现阶段生态环境的资源与环境状况，其中的空气质量指数、植被覆盖率、水资源消耗污染指数代表了“蓝天常在、青山常在、绿水常在”的新时代生态观与发展理念；在生态环境“响应”系统中从经济指数、污染治理指数、环境保护指数3个方面刻画人类应对生态环境变化所采取的响应措施，“十三五”规划所强调的“绿色发展”诉求与着力解决突出环境问题的导向，将通过环保投入力度与污染治理水平来衡量，将经济发展水平与经济结构纳入评价体系来反映人与自然和谐发展。结合上述三个子系统，依据科学性、系统性、综合性、可操作性原则，构建新时代生态环境质量测度评价指标体系，如表10－1所示。

表10－1　PSR框架下中国生态环境质量评价指标体系

一级指标	二级指标	三级指标	单位	指标属性
压力系统	人口压力	人口自然增长率（‰）		逆指标
		人口密度	人/平方公里	逆指标
	资源压力	单位GDP能耗	吨标准煤/万元	逆指标
		人均用水量	立方米	逆指标
	环境压力	单位GDP化学需氧量（COD）排放量	吨/亿元	逆指标
		单位GDP二氧化硫排放量	吨/亿元	逆指标
		单位GDP工业固体废物产生量	吨/亿元	逆指标
状态系统	水土资源	建设用地占国土面积比重（%）		逆指标
		人均耕地面积	亩	正指标
		人均水资源	立方米	正指标
	植被覆盖	森林覆盖率（%）		正指标
		湿地覆盖率（%）		正指标
	空气质量	二氧化硫年平均浓度	微克/立方米	逆指标
		可吸入颗粒（PM10）年平均浓度	微克/立方米	逆指标
		空气质量达标天数比重（%）		正指标

续表

一级指标	二级指标	三级指标	单位	指标属性
人文响应系统	经济指数	人均 GDP	万元	正指标
		第三产业产值占 GDP 比重（%）		正指标
	污染治理指数	工业废水处理量	万吨	正指标
		工业废气治理设施处理能力	万立方米/时	正指标
		工业固废综合利用率（%）		正指标
	环境保护指数	城市生活垃圾无害化处理率（%）		正指标
		环保投入占 GDP 比重（%）		正指标
		自然保护区面积占比（%）		正指标

（2）数据来源

根据数据的可得性，样本选取中国 30 个省份（除西藏和港澳台地区），为了测度“十二五”期间出台的各项环境保护、经济引领等政策对生态环境质量指数的影响程度，本章研究的时间跨度为 2011—2016 年，各指标数据来源于《中国统计年鉴》《中国环境统计年鉴》《中国环境年鉴》《中国能源统计年鉴》《中国国土资源年鉴》。各指标数据统计口径基本一致，能够保证指标数据的真实性和客观性。

（3）评价方法

本章运用基于 AHP 的模糊综合评价法测度中国生态环境质量指数，其基本思路为：先确定各指标因子的评价等级基础，然后运用层次分析法（AHP）确定指标权重，运用模糊集合变换原理，建立隶属函数，以隶属度描述因子的模糊界限，构造模糊判断矩阵，通过加权平均最终计算出生态环境质量指数。

本章应用层次分析法（AHP）确定权重，层次分析法（AHP）是一种系统分析方法技术，使人们对复杂问题判断、决策的过程得以系统化、层次化和数量化。层次分析法因其系统、简单、准确、易用、适用性广等优点，而被广泛应用于生态环境质量评价中。层次分析法的步骤：①建立递阶层次结构；②构建判断矩；③权重计算与排序；④判断矩阵的一致性检验。确定评价指标权重：

$W_i = \{W_1, W_2, W_3, \cdots, W_n\}$，$W_i$ 为评价指标的权重，满足：$\sum_{i=1}^{n} W_i = 1$；$W_i \geqslant 0$。

模糊系统适用于存在模糊概念与模糊逻辑的系统，它由模糊产生器、模糊规则库、模糊推理机和反模糊化器四部分组成。由于生态环境质量指标的优劣等级具有一定的模糊性，根据模糊理论建立隶属函数，对非线性的评价进行量化综合，得到可比的量化结果，能够比较准确地测度生态环境质量的等级。

由于生态环境质量评价指标类型众多、尺度不一，无法进行直接比较，本章根据评价指标体系将生态环境质量划分为 5 个等级（即 I、II、III、IV、V）对我国生态环境质量进行评价，通过查阅相关文献，并参考《生态环境状况评价技术规范》（HJ/T 192—2015），最终确定各指标等级划分范围，如表 10－2 所示。

表 10－2　生态环境质量评价指标分级标准

评价指标	一级	二级	三级	四级	五级
人口自然增长率（‰）	1	3	5	7	10
人口密度（人/平方千米）	100	300	500	700	1000
单位 GDP 能耗（吨标准煤/万元）	0.2	0.4	0.6	0.8	1
人均用水量/立方米	250	350	550	750	1000
单位 GDP 化学需氧量排放量（吨/亿元）	10	20	35	50	70
单位 GDP 二氧化硫排放量（吨/亿元）	10	20	35	50	70
单位 GDP 工业固体废物排放量（吨/亿元）	1000	3500	5500	7500	10000
建设用地占国土面积比率（%）	3	5	10	15	20
人均耕地面积/亩	3	2.5	2	1.5	1
人均水资源/立方米	3000	2500	1500	1000	500
森林覆盖率（%）	75	65	55	35	20
湿地覆盖率（%）	20	15	10	7	5
SO_2 年平均质量浓度（微克/立方米）	15	25	35	50	60

续表

评价指标	一级	二级	三级	四级	五级
PM10 年平均浓度（微克/立方米）	60	70	80	100	120
空气质量达标天数比例（%）	85	70	55	45	35
人均 GDP/万元	8	6	4	3	2
第三产业产值占 GDP 比重（%）	65	55	45	35	30
工业废水处理量/亿吨	30	25	20	15	10
工业废气治理设施处理能力（万立方米/时）	100000	75000	50000	35000	25000
工业固体废物综合利用率（%）	85	75	65	55	45
城市生活垃圾无害化处理率（%）	95	85	75	65	55
环保投入占 GDP 比重（%）	2.5	2	1.5	1	0.8
保护区面积占比（%）	25	20	15	10	5

本章进行模糊综合评判的因素集是生态环境质量指数 X 、压力系统 U_1 、状态系统 U_2 、人文响应系统 U_3 ，即 $X = \{U_1, U_2, U_3\}$ ，3 个子集分别为 $U_1 = \{U_{11}, U_{12}, U_{13}, \cdots, U_{17}\}$, $U_2 = \{U_{21}, U_{22}, U_{23}, \cdots, U_{28}\}$, $U_3 = \{U_{31}, U_{32}, U_{33}, \cdots, U_{38}\}$ 。抉择评语集为: $v = \{I, II, III, IV, V\}$ 。

通过建立隶属函数确定每个因素对评价等级的隶属度。建立每种评价因子相应于不同级别的隶属函数表达式，对于逆向指标采用降半梯形分布，隶属函数计算公式为：

$$U_{1(X)} = \begin{cases} 0, & x \geqslant a_2 \\ \dfrac{a_2 - x}{a_2 - a_1}, & a_1 < x < a_2 \\ 1, & x \leqslant a_1 \end{cases} \tag{10-1}$$

$$U_{j(X)} = \begin{cases} 0, & x \leqslant a_{j-1} \text{ 或 } x \geqslant a_{j+1} \\ \dfrac{a_{j+1} - x}{a_{j+1} - a_j}, & a_j < x < a_{j+1}, j = 2,3,4 \\ \dfrac{x - a_{j-1}}{a_j - a_{j-1}}, & a_{j-1} < x < a_j \end{cases} \tag{10-2}$$

$$U_{5(X)} = \begin{cases} 0, & x \leqslant a_4 \\ \dfrac{x - a_4}{a_5 - a_4}, & a_4 < x < a_5 \\ 1, & x \geqslant a_5 \end{cases} \qquad (10-3)$$

式中，a_1, a_2, a_3, a_4, a_5 表示生态环境质量等级值。

对于正项指标，上述公式的“大于”改为“小于”，“小于”改为“大于”即可。

由上式确定指标的隶属度，进而得到模糊判断矩阵 R。

$$R = \begin{bmatrix} R/U_1 \\ R/U_2 \\ \cdots \\ R/U_p \end{bmatrix} = \begin{bmatrix} r_{11} & r_{12} \cdots & r_{1m} \\ r_{21} & r_{22} \cdots & r_{2m} \\ \vdots & \cdots & \vdots \\ r_{p1} & r_{p2} \cdots & r_{pm} \end{bmatrix}$$

r_{ij} 表示 i 种指标的生态环境质量数值属于第 j 类评价指标的隶属度。

（4）建立模糊综合评价模型

$$B = W \cdot R = \sum_{i=1}^{n} W \cdot R = (b_1, b_2, b_3, \cdots, b_n)$$

其中，$b_i = \sum (W_i * r_{ij})$，求出模糊综合评价结果 B。

$$X = B * I$$

其中，

$$I = [5\ 4\ 3\ 2\ 1]$$

X 即生态环境质量指数。

10.3 中国各省份生态环境质量变化态势及空间分布格局

利用 MATLAB 实现上文的模糊综合评价模型，计算出中国 30 个省份 2011—2016 年的生态环境质量指数，由于中国地域辽阔，各个地区资源禀赋、生态环境不尽相同，本章分别从省际和区域两个维度来测度生态环境质量变动态势。

（1）省际生态环境质量分析

结合上述指标体系与测度方法，计算出中国各省份 2011—2016 年各年度生态环境质量指数，如表 10－3 所示。

表 10－3　中国生态环境质量指数

省份	2011	2012	2013	2014	2015	2016
北京	3.478	3.5081	3.7193	3.7601	3.6809	3.8266
天津	3.1884	3.0936	3.401	3.4148	3.5376	3.7812
河北	2.2877	2.3407	2.371	2.4446	2.6187	3.001
山西	2.1955	2.1285	2.1896	2.18	2.1373	2.4403
内蒙古	2.115	2.1381	2.1488	2.2527	2.2609	2.9058
辽宁	2.4272	2.6919	2.706	2.8552	2.918	3.1055
吉林	2.3677	2.5678	2.8149	2.8379	2.8962	3.4656
黑龙江	2.6397	2.5624	2.7745	2.7452	2.7686	3.1495
上海	3.3259	3.436	3.5593	3.7153	3.7178	3.7048
江苏	3.5627	3.7009	3.8214	3.9026	4.0357	4.1142
浙江	3.586	3.8235	3.8076	3.9164	3.9875	4.1592
安徽	2.7051	2.9331	3.133	3.204	3.3251	3.7161
福建	3.3371	3.4348	3.6396	3.67	3.7222	3.8433
江西	2.3513	2.6406	2.7243	2.9203	3.0306	3.2475
山东	2.9864	3.1779	3.3269	3.3721	3.4362	3.4669
河南	2.3337	2.5037	2.646	2.8048	2.9462	3.5546
湖北	2.8807	3.0927	3.108	3.3406	3.4228	3.841
湖南	2.6145	2.7337	3.0619	3.2043	3.4647	3.7638
广东	3.5986	4.057	3.8727	3.9565	3.9518	4.0524
广西	2.6991	2.8667	3.0938	3.057	3.1925	3.6181
海南	3.178	3.623	3.4371	3.4029	3.4471	3.6337
重庆	2.4892	2.5642	2.8827	3.0421	3.1486	3.4864
四川	2.5446	2.6941	2.7083	3.0348	3.0665	3.4138
贵州	1.777	1.883	1.9092	2.1189	2.2812	2.432
云南	1.9	2.0013	2.3676	2.4542	2.5976	2.8349
陕西	2.1586	2.7024	2.7786	2.9362	2.881	3.5125
甘肃	1.5835	2.0041	2.0673	2.0964	1.8348	2.4525
青海	1.8687	1.8927	1.9397	2.0011	2.0792	2.4823
宁夏	1.7551	1.7649	1.8442	1.8859	1.8026	1.8734
新疆	1.852	1.8336	2.405	2.3924	2.0558	2.4163
全国均值	2.5929	2.7465	2.8753	2.9639	3.0082	3.3098

总体来看，中国生态环境质量是逐渐变好的，由2011年的2.5929上升为2016年的3.3098，涨幅为27.65%，说明我国在“十二五”期间所作出的保护环境、污染治理、低碳发展、绿色经济的各项政策措施取得了一定的成效，但对于新时代所提出的“高质量”发展的生态环境目标仍有所差距，并且政策的侧重点也应与“十二五”期间有所不同，高质量的生态环境状况更加注重人民对美好生活的向往，以及人民生活水平总体的提高。

从省际层面来看，2016年生态环境质量指数最高的是浙江，为4.1592，接下来依次是江苏、广东，生态环境质量指数均高于4；然后是福建、湖北、北京、天津、湖南、安徽、上海、海南、广西、河南、山西、重庆、山东、吉林、四川、江西、黑龙江、辽宁、河北，生态环境质量指数介于3至4之间，而内蒙古、云南、青海、山西、贵州、新疆、宁夏的生态环境质量指数均低于3，生态环境相对较差，宁夏最低为1.8734，从极值来看，浙江的生态环境质量指数是宁夏的2.22倍。中国各个省份的生态环境质量指数虽然都是上升的，但并不是直线上升的，北京市在2015年出现了下降态势，从2014年的3.7601下降为3.6809，而天津市的生态环境质量指数在2012年下降了0.0948，山西省的波动态势更为明显，2012年、2014年、2015年都出现不同程度的下降，这说明山西省的生态环境是极其不稳定的，当地环保局应该注重环保措施的连续性，以确保生态环境质量保持平稳上升。黑龙江省在2012年、2014年分别出现下降趋势，下降程度较小。上海市是唯一一个在2016年出现下降的省份，由2015年的3.7178下降为3.7048。2011—2016年上升幅度较大的省份有河南、陕西、甘肃，上升幅度均超过50%，而上升幅度较小的省份有北京、山西、上海、广东、海南、宁夏，涨幅小于15%，但是它们涨幅较小的缘由却不尽相同，北京、上海、广东、海南是由于其基数较大，涨幅相对较小，但其质量指数仍然高于全国平均水平，而山西、宁夏上升幅度较小，说明当地生态环境压力较大，而环保措施落实不到位，政策执行力度不强。

生态环境质量等级具有明显的空间分布特征，东部沿海地区的上海、江苏、浙江、安徽、福建、广东，生态环境质量指数远远高于全国平均水平，而河北、山西、内蒙古、贵州、云南、甘肃、青海、宁夏、新疆的生态环境质量指数远远低于全国平均水平。北京、天津由于地处政治中心，其生态环境质量指数也较高，主要归功于首都的重点治理。各省份生态环境质量总体上呈现出空间集聚特征，生态环境质量指数高的地区主要分布在经济发展水平较好的东部沿海地区和生态资源禀赋较好的西南地区，低生态环境质量指数地区主要分布在经济发展落后、生态资源禀赋缺乏的西北地区。

（2）区域生态环境质量分析

根据东北地区、北部沿海、东部沿海、南部沿海、黄河中游、长江中游、西南区域、西北区域八大经济区的划分，本章计算出2011—2016年各个区域的生态环境质量指数（见表10－4）。八大经济区生态环境质量指数均值排名由高到低依次为东部沿海、南部沿海、北部沿海、长江中游、东北地区、西南地区、黄河中游、西北地区。总体空间格局表现为沿海地区生态环境质量指数高，随着向内陆地区延伸，生态环境质量指数逐渐递减。从图10－1中可以看出，八大地区各省份的生态环境质量指数总体趋势与全国基本一致，只有南部沿海在2015年出现下降趋势，黄河中段在2013年出现小幅下降，西北地区在2014年和2015年分别下降0.1407和0.1508，下降幅度较大。

表10－4　八大区域生态环境质量指数

区域	2011	2012	2013	2014	2015	2016
东北地区	2.4782	2.6074	2.7651	2.8128	2.8609	3.2402
北部沿海	2.9851	3.0301	3.2045	3.2479	3.3183	3.5189
东部沿海	3.4915	3.6535	3.7294	3.8448	3.9137	3.9927
南部沿海	3.3712	3.6230	3.6498	3.6765	3.6075	3.8431
黄河中游	2.2007	2.4682	2.4407	2.5434	2.5563	3.1033
长江中游	2.6379	2.8500	3.0068	3.1673	3.3108	3.6421
西南区域	2.2820	2.4019	2.0641	2.7414	2.8573	3.1570
西北区域	1.7648	1.8738	2.2346	2.0939	1.9431	2.3061

对生态环境质量评价的目的，不仅仅在于比较区域间的高低差异，更应该分析地区差异的来源，从而针对不同区域制定差异化的政策指导。泰尔指数被广泛地应用于区域间差异的分析，泰尔指数的最大优点在于将区域间的总体差异分解为组内差异和组间差异，从而为观察和揭示组内差异与组间差异各自变动方向和变动幅度，以及各自的贡献度提供依据。本章

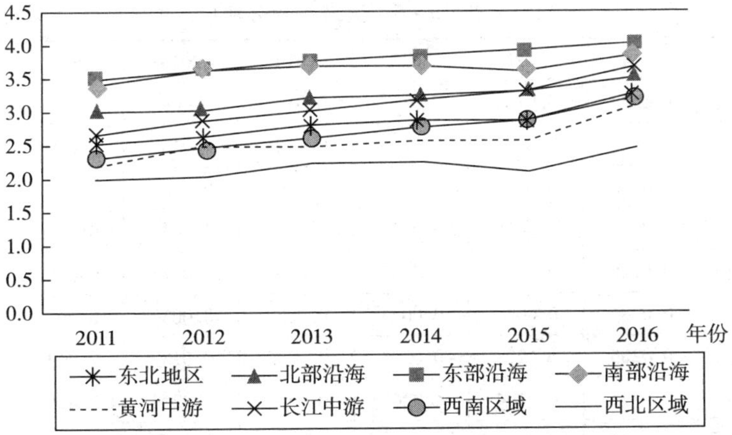

图 10－1 八大区域生态质量变化趋势

依据杨赛等（2012）对泰尔指数及其结构分解的方法论述，将生态环境质量指数的泰尔指数及其结构分解的测算公式调整如下：

$$T = \sum_i \left(\frac{X_i}{X}\right)\ln\left(\frac{X_i/X}{G_i/G}\right) \tag{10－4}$$

$$T_{wi} = \sum_i \left(\frac{X_{ji}}{X_j}\right)\ln\left(\frac{X_{ji}/X_j}{G_{ji}/G_j}\right) \tag{10－5}$$

$$T_W = \sum_j \left(\frac{X_j}{X}\right)T_{wi} = \sum_j \sum_i \left(\frac{X_j}{X}\right)\left(\frac{X_{ji}}{X_j}\right)\ln\left(\frac{X_{ji}/X_j}{G_{ji}/G_j}\right) \tag{10－6}$$

$$T_b = \sum_j \left(\frac{X_j}{X}\right)\ln\left(\frac{X_j/X}{G_j/G}\right) \tag{10－7}$$

$$T = T_w + T_b \tag{10－8}$$

式（10－4）测算的是生态环境质量总体泰尔指数 T，式（10－5）测算的是区域内部各基本单元生态环境质量的泰尔指数差异 T_{wi}，式(10－6)和式（10－7）分别测度的是区域内泰尔指数 T_W 和区域间泰尔指数 T_b。X 代表各省份生态环境质量指数之和，X_j 代表各区域生态环境质量指数之和，X_i 代表各省份生态环境质量指数；G 代表各省份 GDP 之和，G_j 代表各区域 GDP 之和，G_i 代表各省份 GDP，其中 GDP 为实际 GDP 水平（以 2000 年为基期）。根据上述公式可计算中国八大区域生态环境质量指数差异，结果如表 10－5 所示。

表 10－5　区域差异分解

区域	2011	2012	2013	2014	2015	2016	均值
东北地区	0.0143	0.0108	0.0107	0.0115	0.0096	0.0146	0.0119
北部沿海	0.0065	0.0078	0.0124	0.0126	0.0137	0.0107	0.0106
东部沿海	0.0085	0.0106	0.0120	0.0103	0.0086	0.0068	0.0095
南部沿海	0.0014	0.0025	0.0034	0.0020	0.0023	0.0008	0.0021
黄河中游	0.0226	0.0341	0.0347	0.0366	0.0345	0.0296	0.0320
长江中游	0.0036	0.0025	0.0023	0.0032	0.0033	0.0051	0.0033
西南区域	0.0285	0.0228	0.0208	0.0210	0.0137	0.0099	0.0194
西北区域	0.0395	0.0194	0.0267	0.0314	0.0204	0.0132	0.0251
区域内差异	0.0151	0.0134	0.0148	0.0153	0.0126	0.0108	0.0137
区域间差异	0.0255	0.0363	0.0352	0.0374	0.0432	0.0406	0.0364
总差异	0.0406	0.0497	0.0500	0.0527	0.0558	0.0514	0.0500

由表 10－5 可以看出，2011—2016 年中国生态环境质量指数整体差异为0.05，其中区域内差异为0.0137，年均贡献率为27.4%，区域间差异为0.0364，年均贡献率为72.6%，区域间差异大于区域内差异，说明我国各区域生态环境质量差异明显。对区域差异的分解可以看出，对总差异贡献最大的地区为黄河中游地区，贡献率为7.36%，接下来依次为西南地区、西北地区、北部沿海、东部沿海、东北地区、长江中游，贡献率最小的是南部沿海，仅为0.52%。2011—2016 年各区域贡献率变动最大的是西南地区，从2011 年的2.83%增加到11.18%，西北地区的贡献率从2.34%增加到9.03%，其他区域的贡献率保持稳定。各区域对生态环境总体差异的贡献率不尽相同，因此，要针对不同区域的重点部署，明确重点调控对象。不同区域的资源禀赋、经济发展水平、产业结构存在差异性，因此，不能施行“一刀切”的政策，要制定差异化环保政策措施，以缩小区域间生态环境质量差异。

10.4　生态环境影响因素的空间效应分析

（1）生态环境质量指数的空间相关性

空间自相关是研究某一区域属性时空格局演进的常用方法，空间自相关可理解为位置相近的区域具有相似的变量取值，通常用“莫兰指数 I”

（Moran's I）指数来测度，包括全局空间自相关和局域空间自相关两部分。

全局空间自相关分析用于描述某一区域属性在总体空间内是否存在集聚性状态，计算公式为：

$$I = \frac{n\sum_{i=1}^{n}\sum_{j=1}^{n} W_{ij}|y_i - \bar{y}||y_j - \bar{y}|}{\sum_{i=1}^{n}\sum_{j=1}^{n} W_{ij}\sum_{i=1}^{n}(y_i - \bar{y})^2}$$

其中，I 为全局 Moran 指数，n 为区域个数，y_i 和 y_j 分别为区域 i 、j 地理单元的属性值，$\bar{y}$ 为各区域属性值的平均值；W_{ij} 为空间关系权重矩阵。

I 的取值范围为［-1，1］，当 $0 < I \leqslant 1$ 时，说明各省份某属性空间正相关，也就是预期空间集聚；当 $-1 \leqslant I < 0$ 时，说明该属性空间负相关，值越小，说明空间分异性越强。

本章运用 STATA 14 对 2011—2016 年中国 30 个省份的生态环境质量指数的面板数据进行空间自相关性检验，计算出各省的全局 Moran 指数，空间权重矩阵选择 rook 一阶邻近矩阵，并对 Moran 指数进行了显著性检验。结果如表 10-6 所示。

表 10-6 全局 Moran's *I* 指数

年份	*I*	sd（I）	Z 统计量	P 值
2011	0.472	0.116	4.354	0.000
2012	0.457	0.116	4.241	0.000
2013	0.472	0.116	4.369	0.000
2014	0.482	0.116	4.441	0.000
2015	0.562	0.116	5.141	0.000
2016	0.418	0.115	3.926	0.000

结果显示，2011—2016 年省级生态环境质量指数的 Moran's I 全部为正值，且通过了显著性检验，说明中国生态环境质量指数呈现出显著的空间集聚效应，即地区生态环境质量会受到相邻区域的影响，生态环境质量指数高的地区相邻，生态环境质量指数低的地区相邻。数据显示，Moran's I 在 2016 年出现了较大的下跌，说明我国生态环境质量的空间集聚效应在减弱，生态环境质量在区域上逐渐走向平衡，这主要归功于“十

二五”期间，全国各个省份加大力度搞好生态保护，生态质量较差的地区也加紧实施各项政策措施，助力打造生态压力弱、生态状态优良、空气质量良好、绿水青山的高质量生态环境。

该局域空间自相关指数可以将全局空间自相关的 Moran 指数分解到各个组成单元，用以检验局部地区是否存在空间集聚区，计算公式为：

$$I_i = \frac{X_i - \bar{X}}{S} \sum_{j=1}^{N} W_{ij}(X_j - \bar{X})$$

I_i 为正，说明区域单元周围呈现出高—高或低—低的相似空间集聚区，I_i 为负，说明区域单元周围呈现出高—低或低—高的空间分异格局。

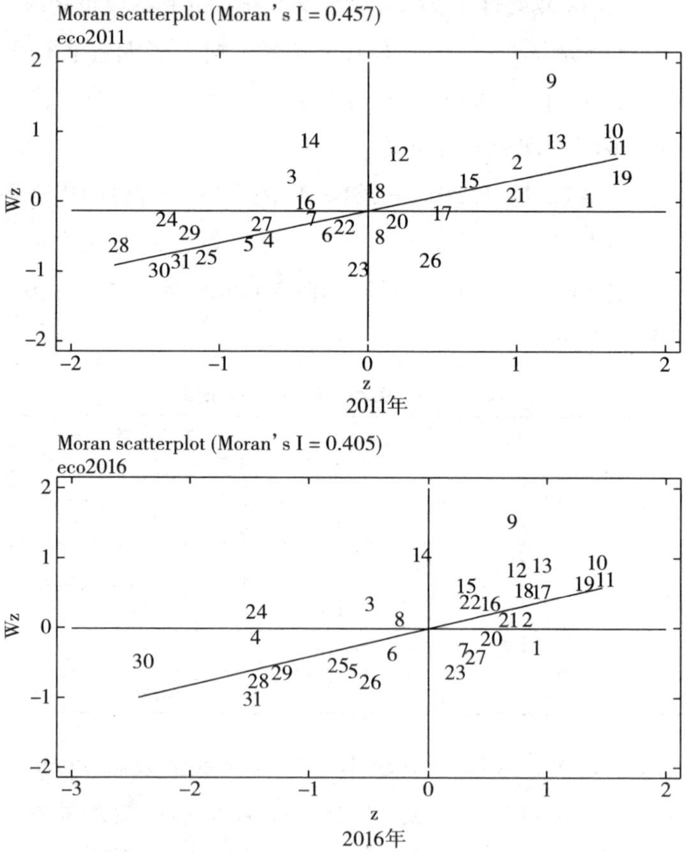

图 10－2　2011 年和 2016 年生态环境质量指数空间分布 Moran's *I* 散点图

我们可以计算出 2011—2016 年中国各省份局域空间自相关指数，并且做出 Moran's *I* 散点图，在 2011—2016 年度内分别有 77.41%、80.65%、

80.65%、80.65%、87.1%、74.19%的区域显示正向空间关联，在地理上集中分布在第I和第III象限，呈现出高—高或低—低集聚，说明中国生态环境质量存在显著的空间溢出效应，生态环境质量指数较高的省份会对其邻近省份产生积极的诱发效应。

利用Moran's *I*散点图分析2011—2016年中国生态环境质量指数空间演化过程，2011—2016年，中国各省域生态环境质量指数呈现出高—高或低—低集聚效应明显，高—低或低—高的空间分异效应并不明显。

1）高—高集聚区（H－H）。第一象限的高—高集聚区是指本区域和相邻区域生态环境质量指数相对较高，空间关联表现为扩散效应。2016年中国30个省份的生态环境质量指数处于高—高集聚区的有：上海、江苏、浙江、安徽、福建、广东，高—高集聚区主要分布在东南沿海地区。位于高—高集聚区的省份和相邻省份生态环境质量指数相对较高，且在自身发展的同时具有良好的扩散效应，对周边的生态环境质量具有带动作用。2011年处于高—高集聚区的省份只有4个，即上海、江苏、浙江、福建，说明这4个省份的生态环境质量一直较好。而安徽、广东在2011年虽处于高—高集聚区，但并未通过显著性检验，说明这两个省份在“十二五”期间不仅极大地提高了自身的生态环境质量，同时对周边省份也产生了积极效应，同时这两个省份生态环境质量的跃迁也离不开邻近省份的利好扩散效应。

2）低—高集聚区（L－H）。第二象限为低—高集聚区，指本区域生态环境质量指数较低而相邻区域生态环境质量指数较高，空间关联表现为过渡区域。低—高聚集现象不显著，主要分布于东部沿海省份的西部边缘及高—高集聚区周边，2016年处于高—低集聚区的有河北、江西、贵州，2011年处于高—低集聚区的有河北、江西、河南。河南从2011年的低—高区域跃迁为2016年的高—高区域，虽不显著，但说明河南已经越过了低—高（L－H）的过渡阶段，有望成为显著的高—高（H－H）集聚区，河南生态环境质量的跃迁一方面得益于当地环保部门环境保护、污染治理措施的实施得当，另一方面也得益于邻近省份江苏、福建的积极扩散。

3）低—低集聚区（L－L）。第三象限为低—低集聚区，指本区域和相邻区域的生态环境质量均相对较低，空间关联表现为低水平区域。2016年处于低—低集聚区的省份有内蒙古、甘肃、青海、宁夏、新疆，主要分布在西北地区，这些省份的生态禀赋较差，环保投入、污染治理力度不够，民众的环保意识相对比较薄弱，生态环境质量低于全国平均水平。2011 年处于低—低集聚区的省份有内蒙古、云南、陕西、甘肃、青海、宁夏、新疆，云南省在 2016 年仍处于低—低集聚区域，但是不显著；陕西省从 2011 年的低—低区域跃迁至 2016 年的高—低集聚区，说明在“十二五”期间，陕西省的生态环境质量获得了极大改善。陕西省是以煤炭为主的能源产业偏重型的经济结构，资源消耗、污染物控制压力大，“十二五”期间陕西处于经济发展与生态保护的矛盾凸显期、交错期，当局抓住发展方式战略转型的机遇，积极以转变产业结构、发展绿色低碳产业为契机，极大地促进了生态环境质量的提升。

4）高—低集聚区（H－L）。高—低集聚区是指本区域生态环境质量指数发展水平高而相邻区域较低，空间关联表现为极化效应。高—低集聚区现象不显著，2016 年处于高—低集聚区的省份有北京、吉林、四川、陕西，2011 年处于高—低集聚区的省份有黑龙江、湖北、广西，高—低集聚区是四种集聚区中变化最大的。

利用不同时段内各空间集聚类型所包含省份的变动情况，来反映各省份生态环境质量的时空跃迁。第一种情况：观测省份呈现出集聚特征，即观测省份和邻近省份生态环境质量指数均较高或较低，且未发生跃迁的省份有：①高—高集聚区：天津、上海、江苏、浙江、安徽、福建、山东、湖南、广东、海南；②低—低集聚区：山西、内蒙古、辽宁、云南、甘肃、青海、宁夏、新疆。第二种情况：观测省份呈现出空间分异特征，即观测省份和邻近省份生态环境质量指数呈现出高低相反特征，且未发生跃迁的省份有：河北、江西、广西。第三种情况，观测省份跃迁至邻近象限的省份有：吉林（低低—高低）、黑龙江（高低—低低）、河南（低高—高高）、湖北（高低—高高）、四川（低低—高低）、贵州（低低—低高）、陕西（低低—高低）。第四种情况，观测省份跃迁至相间象限，只有重庆（低低—高高），说明重庆不仅自身生态环境质量指数得以提升，其邻近省份也得到较大提升。总体来看，“十二五”期间，生态环境质量取得较大提升的省份有吉林、河南、四川、重庆、陕西，均跃迁至高生态环境质量指数“俱乐部”，而生态环境质量落后的省份有黑龙江、贵州，在其邻近省份生态环境质量优化的同时，其自身生态环境质量却无较大改善。

（2）空间面板模型估计

本章选取对外贸易 *exp*、环境管制 *er*、能源结构 *ec*、能源效率 *en*、经济发展水平 lnGDP、城镇化水平 *city*、民众素质 edu 这 7 个指标来研究生态环境质量指数 Eco 的影响因素。对外贸易对生态环境的影响作用一直是学者们讨论的热点，故本章引入对外贸易指数来研究其对生态环境质量的空间效应，采用每个省份的对外贸易出口额与 GDP 的比值来衡量对外贸易。政府是生态环境治理与保护的总抓手，政府对生态环境的重视与环保投入的加强，可以抑制本省环境恶化，改善生态环境，本章借鉴闫文娟等的方法，采用环境污染治理投入与工业污水排放量的比值衡量环境管制。在能源的消耗过程中，煤炭占主要位置，因其消耗过程中会产生大量污染物，对环境造成了巨大损害，煤炭能源消耗在能源消耗中所占的比重可以用来衡量能源消耗强度。能源使用效率的增强，即单位能源消耗所带来的 GDP 的增加，能够体现生产技术水平的提高与产业升级的程度。在经济发展的过程中必然伴随着对环境的损害，环境保护与经济发展的矛盾越来越尖锐。一方面，经济发展将会过度消耗资源，对生态环境造成巨大压力；另一方面，经济发展水平越高，将会有更充实的资金来发展绿色经济，反馈给生态环境一些利好产品，经济发展对生态环境的空间效应研究至关重要。随着城镇化进程的推进，更多的人涌入城市给城市生态环境造成了更大的压力，同时城镇化推进过程中应运而生的城市建设、道路疏通等基础设施会增强，可以提高环境治理的能力。本章用人均教育年限来衡量公民素质，公民素质的增强，一方面体现在整个社会公民环保意识的增强、环境破坏行为的减少；另一方面，高素质人才将会为环保设备的研发和生产提供丰富的智力支持，进而有助于改善生态环境。

首先，进行非空间效应的 OLS 面板模型估计，并进行 LM 检验，LM_ lag和 LM_ Error 统计量分别在 1%、5% 的显著性水平下拒绝原假设（见表 10 - 7），说明我国生态环境质量存在空间相关性。通过 Hausman 检验确定随机效应模型效果优于固定效应模型，本章构建了随机效应的空间杜宾模型（SDM）来估计上述因素对生态环境质量的影响。建立 SDM 模型如下：

$$Eco_{it} = \alpha + \gamma_t + \mu_i + \beta_0 \sum_{j=1}^{31} W_{ij} Eco_{it} + \beta_1 exp_{it} + \beta_2 er_{it} + \beta_3 ec_{it} + \beta_4 en_{it} + \beta_5 \ln GDP_{it} + \beta_6 city_{it} + \beta_7 edu_{it} + \theta_1 \sum_{i-1}^{j} W_{ij} exp_{it} + \theta_2 \sum_{i-1}^{j} W_{ij} er_{it} + \theta_3 \sum_{i-1}^{j} W_{ij} ec_{it} + \theta_4 \sum_{i-1}^{j} W_{ij} en_{it} + \theta_5 \sum_{i-1}^{j} W_{ij} \ln GDP_{it} + \theta_6 \sum_{i-1}^{j} W_{ij} city_{it} + \theta_7 \sum_{i-1}^{j} W_{ij} edu_{it} + \varepsilon_{it} \quad (10-5)$$

其中，W_{ij} 为空间权重矩阵，估计 SDM 模型参数如表 10 –7 所示。

表 10 –7　相关拉格朗日乘子检验与稳健拉格朗日乘子检验

检验类型	Value	P 值
LM spatial lag	13.5673***	0.000
Robust LM spatial lag	8.5378***	0.000
LM spatial error	8.5437**	0.035
Robust LM spatial error	15.7593***	0.000

注：*，**，***分别表示在 10%，5%，1% 的显著性水平下显著。

由表 10 –8 的空间滞后和空间误差两个 Wald 统计量检验结果可知，两者均通过了 1% 的显著性水平，说明 SDM 不能简化为 SAR 模型或者 SEM 模型。

表 10 –8　空间杜宾模型估计结果

变量名称	系数	变量名称	系数
exp	0.0876*** (0.4426)	W * *exp*	–0.9849** (–0.1954)
er	–6.6288* (–11.6788)	W * *er*	1.2045 (–6.4254)
ec	–0.0034 (–0.3852)	W * *ec*	–0.6530 (–0.5916)
en	0.5149*** (0.2324)	W * *en*	–0.0631 (–0.3635)
city	0.3669 (–2.0629)	W * *city*	1.6204 (0.4509)
lnGDP	0.2547 (–0.2694)	W * lnGDP	–0.1479 (–0.3355)
edu	0.0389 (0.1734)	W * *edu*	–0.8134 (–0.2919)

续表

变量名称	系数	变量名称	系数
$W*Eco$	0.3967** (0.3567)		
R^2	0.8844	logL	66.7342
Wald test spatial lag	25.6457***	Wald test spatial error	23.8436***

注：*，**，***分别表示在10%，5%，1%的显著性水平下显著。

由估计结果可以看出，空间滞后被解释变量的系数为0.3967，且在5%的显著性水平下显著，表明生态环境质量存在空间溢出效应，某个省份生态环境质量的优化会对邻近省份产生积极的空间扩散效应。

LeSage 和 Pace 借助微分方程，求出解释变量对被解释变量的影响来源，将其分为直接效应和间接效应。被解释变量对第 k 个解释变量从地区1到地区 N 求偏导，得到的矩阵对角线元素值之和的均值即为直接效应，非对角线元素所有行和所有列元素之和的均值为间接效应。表10－9显示了随机空间杜宾模型下各个解释变量对被解释变量的直接效应与间接效应。

表10－9　总效应分解：直接效应与间接效应测度

变量名称	直接效应	间接效应	总效应
exp	0.0816*** (0.03985)	−0.0958 (−0.2403)	−0.0141 (−0.1586)
er	−6.8569* (−12.0723)	−2.2102 (−15.0380)	−9.0672 (−24.9248)
ec	0.0071 (0.3332)	−0.1275 (−0.7022)	−0.1205 (−0.5992)
en	0.5401*** (0.2628)	0.2425 (0.0903)	0.7826*** (0.3921)
city	0.6223 (1.8465)	2.7769 (0.8892)	3.3993 (2.0717)
lnGDP	0.2466 (0.2846)	−0.0456 (−0.4431)	0.2009 (0.6614)
edu	−0.0537 (−0.1961)	−0.1532 (−0.4782)	−0.2069 (−0.6098)

注：*，**，***分别表示在10%，5%，1%的显著性水平下显著。

由表10－9可知，对外贸易对生态环境质量的直接效应为正，且在1%的显著性水平下显著，提高对外贸易水平将会提升本地区的整体经济水平，经济的发展必然会带来产业的升级，诱发产业转移，致使本省第二产业的缩减与第三产业的扩张，第三产业的发展将会降低生态压力，改善本地区的生态环境。而对外贸易的间接效应却显著为负，即对外贸易额的增加会对邻近省份的生态环境质量产生负向影响，可能是因为相对落后地区被迫承接其相邻地区的高污染产业，从而对当地生态环境造成进一步的破坏。

环境管制的直接效应与间接效应都为负，且直接效应系数在10%的显著性水平下显著，这与众所周知的环境管制的加强必然会改善生态环境的看法不一致，笔者认为，一般来说，环保投入较大的省份，其所造成的环境污染、资源消耗现象同样也很严重，这种负向效应可能是由于环保措施实施效果的滞后性与环境破坏的不可逆性，这进一步说明了生态环境保护的重要性，不要抱有先污染、后治理的侥幸心理。

能源结构对生态环境质量的影响是不显著的，总效应为负，直接效应为正，即本省份能源结构的改善将会降低当地的生态环境质量，而间接效应为负，即本省煤炭消耗量的降低将会改善邻近省份的生态环境质量。煤炭消耗量的降低，将会减少二氧化硫、二氧化氮、煤炭残渣等污染物的排放，将会对生态环境质量产生利好影响。

能源效率的直接效应和间接效应都为正，直接效应系数为0.5401，通过了1%的显著性检验。单位能源消费带来了更高的经济增加值，这说明能源利用效率的提升，一方面可能得益于生产技术的改进；另一方面可能由于能源消耗量的降低，经济增加值更多地来源于资本、技术密集型产业，而非资源密集型产业。能源利用效率的提升不仅可以促进本省生态环境质量的改善，还可以显著提升邻近省份的生态环境质量，从而形成地理区位协同效应。

城市化进程、经济发展水平与公民素质对生态环境的影响效应都不显著，可能是由于城镇化、经济发展水平和居民素质具有集聚效应，存在区域差别，随着地理空间距离范围的扩大而不再显著。

10.5 结论与政策建议

本章利用PSR框架，结合新时代生态环境高质量发展的要求与生态环境质量现状特征，构建了符合新时代发展的生态环境质量评价指标体系，利用基于 AHP 的模糊综合评价法，测度了 2011—2016 年中国 30 个省份（除西藏和港澳台地区）的生态环境质量指数，并将空间因素和地理关联属性考虑在内，运用用泰尔指数与 Moran's *I* 指数及其散点图，分析了中国生态环境质量的变动态势、区域差异和空间分布格局，最后构建空间杜宾模型检验其影响因素。得出结论如下：

（1）从总体来看，中国生态环境质量是逐渐变好的，说明我国在“十二五”期间所作出的保护环境、污染治理、低碳发展、绿色经济的各项政策措施取得了一定的成效。从省际层面来看，2016 年生态环境质量指数最高的是浙江，最低的是宁夏。生态环境质量等级具有明显的空间分布特征，生态环境质量指数高的地区主要分布在经济发展水平较好的东部沿海地区、京津冀地区和生态资源禀赋较好的西南地区，低生态环境质量指数地区主要分布在经济发展落后、生态资源禀赋缺乏的西北地区。

（2）从区域层面来看，八大经济区生态环境质量指数均值排名由高到低依次为东部沿海、南部沿海、北部沿海、长江中游、东北地区、西南地区、黄河中游、西北地区。2011—2016 年中国生态环境质量指数整体差异为 0.05，其中区域内差异为 0.0137，年均贡献率为 27.4%，区域间差异为 0.0364，年均贡献率为 72.6%，区域间差异大于区域内差异。八大区域贡献率最大的是黄河中游，为 7.36%，最小的是南海地区，仅为 0.52%。

（3）2011—2016 年省级生态环境质量指数的 Moran's *I* 全部为正值，说明中国生态环境质量呈现出显著的空间集聚效应。由 Moran's *I* 散点图分析得知，中国各省域生态环境质量指数呈现出高—高或低—低的集聚效应明显，高—低或低—高的空间分异效应并不明显。总体来看，“十二五”期间，生态环境质量取得较大提升的省份有吉林、河南、四川、重庆、陕西，均跃迁至高生态环境质量指数“俱乐部”，而生态环境质量落后的省份有黑龙江、贵州，在其邻近省份生态环境质量优化的同时，其自身生态环境质量却无较大改善。

（4）对外贸易对生态环境质量的直接效应为正，且在 1% 的显著性水平下显著，这说明提高对外贸易水平会改善本地区的生态环境，而对外贸易的间接效应却显著为负，即对外贸易额的增加会对邻近省份的生态环境质量产生负向影响；环境管制的直接效应与间接效应都为负；能源结构对生态环境质量的影响不显著；能源效率的直接效应和间接效应都为正，直接效应系数为0.5401，通过了1%的显著性检验；城市化进程、经济发展水平与公民素质对生态环境的影响效应都不显著。

本章的研究有助于对“十二五”期间中国生态环境质量的变动进行较为全面的把握，对于各个省份应对新时代生态环境高质量发展诉求具有以下几方面的政策启示。

（1）强化空间治理体系。由于生态环境质量具有空间集聚与空间溢出效应，某个省份生态环境质量指数的提高会对相邻省份产生积极的诱发效应，同时地域性差异明显，需要实施空间规划，进行差异化的政策支持与用途管制，划定生态环境空间分区，充分发挥地区间的交互作用，推动生态环境质量协调发展。对于东部沿海地区，要扩大生态空间，有效提高资源利用效率，推动产业进一步升级，积极发展绿色低碳产业，保证生态环境质量稳定提升的同时，发挥其辐射带动作用；对于中部地区，要建设一批流域及交通生态走廊，以资源环境承载力为限，有效承接东部沿海地区产业转移；西部地区需提高石油、煤炭、天然气等战略性资源的使用效率，发展一批新型企业，提供更多优质生态产品。

（2）发展绿色经济，释放环境红利。缓解生态环境压力，有效遏制落后产业、中低端产业对生态环境造成的污染压力，坚持全民共治、源头防治，推动价值链向中高端进步，促进产业价值链绿色化，提高绿色产品附加值；大力发展节能环保产业，培育和发展绿色服务业，推动形成低物耗、低能耗、低污染的绿色发展方式，实现经济发展与生态环境质量改善双轨前进。

（3）系统性治理防护。生态环境系统是一个社会—经济—自然复合的生态系统，要紧紧围绕“五位一体”总体布局，协调推进“四个全面”战略布局，坚持“山水林田湖是一个生命共同体”的理念，从压力系统、状态系统、人文响应系统三方面着手，释放生态环境压力，提升环境资源承载力，强化生态保护与修复。以提高生态环境质量为核心，高度重视大气、水、土壤三大环境要素的约束性指标，将治理目标和任务落实到区域、流域、城市和控制单元，实施环境质量改善的清单式管理。

参考文献

[1]生态环境部.全国生态保护“十三五”规划纲要[J].政策资讯,2018(6):3-6.

[2]成金华,李悦,陈军.中国生态文明发展水平的空间差异与趋同性[J].中国人口·资源与环境,2015(5):1-9.

[3]王鹏,魏信,乔玉良.多尺度下汾河流域生态环境质量评价与时序分析[J].遥感技术与应用,2011(12):798-807.

[4]Fergson,B. K. The Concept of Landscape Health[J]. *Journal of Environmental Management*,1994,40(2):129-137.

[5]付在毅,许学工.区域生态风险评价[J].地球科学进展,2001,16(2):267-271.

[6]马真臻,王忠静,顾艳玲,等.中国西北干旱区自然保护区生态脆弱性评价——以甘肃西湖、苏干湖自然保护区为例[J].中国沙漠,2015,35(1):253-259.

[7]马克明,孔红梅,关文彬,等.生态系统健康评价:方法与方向[J].生态学报,2001,21(12):2106-2116.

[8]陈勇,茆长宝,程琳.基于地区生态足迹差异的生态适度人口研究[J].生态环境学报,2009,18(2):560-566.

[9]刘建军,李春来.基于遥感和GIS的巢湖流域人口信息提取[J].科学通报,2002(23):1835-1837.

[10]胡会峰,徐福留,赵臻彦等.青海湖生态系统健康评价[J].城市环境与城市生态,2003(3):71-72.

[11]周成刚,马玉增,樊宝敏.山岳生态环境评价指标体系[J].环境保护,1995(6):30-32.

[12]孟学涛.基于模糊神经网络的空气质量评价研究(硕士学位论文)[D].淮南:安徽理工大学,2009.

[13]汪朝辉,王克林,许联芳.湿地生态系统健康评估指标体系研究[J].国土与自然资源研究,2003(4):63-64.

[14]王耕,王利.基于Mapinfo的城市生态环境质量与影响评价研究:以朝阳市为例[J].水土保持研究,2004(1):13-16.

[15]王晓君,吴敬学,蒋和平.中国农村生态环境质量动态评价及未来

发展趋势预测[J]. 自然资源学报,2017,32(5):864-876.

[16]王丽霞,任志远. 陕西省各地市生态环境质量评价与差异分析[J]. 干旱区地理,2015,28(2):210-214.

[17]谢志仁,刘庄. 江苏省区域生态环境综合评价研究[J]. 中国人口·资源与环境,2001,11(3):85-88.

[18]朱晓华,杨秀春. 层次分析法在区域生态环境质量评价中的应用研究[J]. 环境管理,2001,18(5):43-46.

[19]厉彦玲. 基于灰色聚类分析方法的生态环境质量综合评价模型[J]. 测绘科学,2007,32(5):77-79.

[20]张燕萍,黄江峰,等. 基于模糊综合评价法的太泊湖水环境质量评价[J]. 安徽农业科学,2014,42(25):8733-8735.

[21]李洪义,史舟,郭亚东,等. 基于遥感与GIS技术的福建省生态环境质量评价[J]. 遥感技术与应用,2006,21(1):49-54.

[22]叶亚平,刘鲁君. 中国省域生态环境质量评价指标体系研究[J]. 环境科学研究,2000,13(3):33-36.

[23]孙东琪,等. 中国生态环境质量变化态势及其空间分异分析[J]. 地理学报,2012,67(12):1599-1610.

[24]杨赛,刘华军. 中国二氧化碳排放的区域差异分阶及影响因素——基于1995—2009年省际面板数据的研究[J]. 数量经济技术经济研究,2012(5):36-50.

[25]闫文娟,郭树龙,史亚东. 环境规制、产业结构省际与就业效应:线性还是非线性?[J]. 经济科学,2012(6):23-32.

11 新时代中国高质量发展的美丽指数

习近平总书记在党的十九大报告中开篇就强调“中国共产党人的初心和使命，就是为中国人民谋幸福”。同时，党的十九大报告中还指出我国经济已经由高速增长阶段转向了高质量发展阶段。具体来讲，高质量发展的内涵包括经济发展的高质量、改革开放的高质量、城乡发展的高质量、生态环境的高质量及人民生活的高质量。在经济发展的新时代，我国社会主要矛盾也由“人民日益增长的物质文化需求同落后的社会生产之间的矛盾”转化为“人民日益增长的美好生活需要和不平衡不充分的发展之间的矛盾”。为了实现这一伟大目标，需要我们从理论上梳理人民美好生活的研究历程，从现实角度对人民美好生活水平进行调研评估。

11.1 引言及文献综述

多方关系的平衡一直是人类社会追求的主题，只有各种关系处于平衡的状态才能实现社会的和谐发展。而新时代下的高质量发展，追求的就是人民美好生活的需要与经济、社会、生态等的多方面平衡。而若想对其进行进一步研究，首先要在概念上进行明晰。党的十九大报告中指出，人民美好生活需要日益广泛，不仅对物质文化生活提出了更高的要求，而且在民主、法治、公平、正义、安全、环境等方面的要求日益增长。可以看到，美好生活不仅对经济等硬性指标作了要求，同时也包含了软需求的内容。在现代文化和社会环境的双重影响下，人民对美好生活片的认知和评价具有了新的时代特点。具体来说，新时代的美好生活至少应该包含以下几方面内容：第一，是经济层次的需求。按照人本主义科学的观点，马斯洛曾将人的需求分为五个层次，第一层就是生理需求，它是所有需求的基础。而这一需求需要依靠物质基础的厚实和可支配收入的宽裕来保障。第二，是生态与社会环境的需求。新时代的美好生活在生态环境和社会环境上都有着更高的要求。生态环境体现了人对自然环境的需求，而社会环境体现了人对社会保障及政府的需求。第三，是精神文化需求，它是人类在从事物质文化基础生产上产生的一种人类所特有的意识形态，也是人类各种意识观念形态的集合。这些需求共同构成了人民美好生活的需要。

经济学研究总是存在时代背景的，工业革命的繁盛给长期处于物质短缺的人们带来了极大的震撼与满足，这就不难理解传统经济学认为增加财富是提高生活水平及幸福感的最主要手段。随着时代的发展，在发达国家工业化进程完成之后，人们认识到仅以收入水平等客观要素衡量人民生活水平是有失偏颇的。1972 年，不丹国王创造性地提出了由政府善治、经济增长、文化发展和环境保护四项内容组成的“国民幸福总值”（GNH），主张政府应该关注幸福，并以实现幸福为目标。不丹的实践受到了国际社会的高度关注，学者们开始把目光投向这个南亚小国，开始认真研究“不丹模式”，这也是最早对人民美好生活水平的研究。1977 年，美国国立卫生统计中心定制出了“总体幸福感量表”，并将其作为一种定式型测查工具，用来评价受试者对幸福感的陈述。由此可见，除收入以外，更多的因素被纳入人民美好生活调查的范围中。

在我国，这方面的研究开始于 20 世纪 90 年代，并随着时间的推移有了深入的发展。在理论研究方面，莫子刚（2017）认为人民美好生活的内涵要求十分丰富，它包括物质生活、精神文化以及自然社会环境等方面的更高要求。陈民（2018）提出中国特色社会主义建设进入新时代后，收入增长对提升幸福感的作用在日益减弱，人民美好生活需要将主要集中在民主、法治、公平、正义、安全、环境等方面。杨延圣（2018）指出马克思关于人的需要理论是中国共产党提出“人民美好生活需要”的理论前提，并基于此做出了初步的分析框架。

在研究方法上，刘军强、苏阳（2012）基于 CGSS 数据的追踪研究，采用多元回归分析法对国民幸福感的变化趋势进行了研究测算。赵新宇、范欣等（2013）利用中国公众主观幸福感调查问卷数据，运用有序概率模型进行实证分析，考察决定收入、相对收入和预期对公众主观幸福感的影响。姜海纳、侯俊军（2013）通过主成分分析法和多元逐步回归法从职业状况、经济基础、文化氛围、健康状况和社会环境 5 个方面对国民幸福指数进行了测算。

学者们对人民美好生活需要的研讨做出了许多贡献与探讨。综上所述，经济发展水平的提高确实能够提升人民幸福，但人民作为美好生活的主体，对美好生活的感知应该是一种价值判断，美好生活是相对的，除收入外，更应当加入教育水平、工作与就业、公平、文化等因素来考量。基于此，本章在后续研究和指标体系构建中将综合“硬指标”与“软指标”，多方面地对人民美好生活进行研究，同时，在研究方法上为了更直观地表述，将采用问卷分析法来进行结果呈现。

11.2 美丽指数研究的对象与方法

（1）调查对象

本次调查的对象来自全国 31 个省份，共计 4470 人，收到有效问卷 4470 份。样本分布状况具体如下：①从性别分布来看，男性 2020 人，女性 2450 人；②从户籍来看，城市户籍者 3523 人，农村户籍者 947 人；③从年龄分布来看，25 岁以下共 1273 人，25 岁至 35 岁共 1839 人，35 岁至 50 岁共 868 人，50 岁至 60 岁共 445 人，60 岁以上共 45 人；④从学历分布来看，小学以下学历共 18 人，初中学历共 118 人，高中或中专学历共 197 人，大专学历共 376 人，本科学历共 1701 人，硕士学历共 1474 人，博士学历共 585 人；⑤从婚姻状况来看，未婚 1655 人，已婚 2719 人，离异 96 人。

（2）问卷设计调查方法

本次调查采用问卷法。问卷分为两个部分：第一部分为个人情况问卷，涉及被调查者的性别、户籍、现居地、年龄、学历和婚姻状况等内容；第二部分在参考 Campbell 幸福感量表和杨延圣（2018）的人民美好生活需要衡量量表的基础上构建了一套指标体系，并基于此设计出了 16 个项目。具体如表 11 - 1 所示。

表 11-1 人民美好生活需要指标选择一览

一级指标	分项指标	基础指标
人民美好生活需要	经济基础需求	月均收入
		月均支出
	工作就业需求	就业状况
		对收入的满意度
		对工作环境的满意度
		对就业压力的评价
	社会和谐需求	对社会医疗保障的满意度
		对社会养老保障的满意度
		对社会教育保障的满意度
		对社会治安环境的满意度
	生态文明需求	对生态环境的满意度
		对环境污染治理成效的满意度
	政府善治需求	对政府执法公正性的评价
		对政府服务态度的满意度
	文化丰富需求	对个人精神生活的评价
		对自身心理状况的评价

由表 11-1 可见，人民美好生活需求指标涉及了 1 个目标层——人民美好生活需求，6 个评价层——经济基础需求、工作就业需求、社会和谐需求、生态文明需求、政府善治需求和文化丰富需求。从经济基础需求来看，经济因素是衡量生活美好与否的重要指标，它决定了每个人的生活质量。此外，作为经济基础的重要组成部分，经济基础还影响了人们在经济方面的获得感及消费支出等经济行为。基于此，本章从月均消费与月均支出两个方面对经济基础需求进行衡量。从工作就业需求来看，就业是人们进入正常社会生活环境所必不可少的条件。随着经济发展与现代化的推进，社会分工体系越来越复杂和周密，分工对社会生活的影响也越来越大。每一个适龄的社会成员在这个分工体系中都应该有一个特有的位置使其融入正常的社会生活环境。同时，就业也是缓解贫富差距、大面积消除贫困现象的有效途径，它有助于社会成员的财富积累及自身生存发展。本章将从就业状况、对收入的满意度、对工作环境的满意度及对就业压力的评价 4 个方面对工作就业需求进行衡量。从社会和谐需求来看，民生是国

家发展的重要问题，它关系每一个公民的切身利益，而社会保障是现代社会健康文明发展中极其重要的制度安排，也是民生的安全网。因此，社会和谐需求将从对社会医疗保障的满意度、对社会养老保障的满意度、对社会教育保障的满意度和对社会治安环境的满意度来衡量。从生态文明需求来看，多年来我国经济在快速增长的同时，经济发展与生态环境不和谐、不协调的情况也日益凸显。从人与自然的关系来看，保护环境就是保护人类自己；从环境与经济发展的关系来看，保护环境有利于转变经济增长方式，实现经济的可持续发展；从环境与社会发展的关系来看，环境保护是社会文明进步的尺度。人民美好生活中对生态文明的需求将从对生态环境的满意度和对环境污染治理成效的满意度两个层面进行考量。从政府善治需求来看，人民美好生活需求从深层次来讲就是对民主、法治、公平、正义等政治愿景的诉求。善治的本质就是公共利益最大化下的社会管理过程。公民是善治的现实基础，没有一个健全发达的公民社会，就不可能有真正的善治，而善治也是人民美好生活的重要需求。政府善治需求将从对政府执法公正性的评价、对政府服务态度的满意度这两个角度衡量。最后从文化丰富需求来看，人是自然存在物、社会存在物、精神存在物的统一体，随着生活条件的改善，人的需要必将从物质向精神方面转变，测评民众的文化丰富需求，有利于为下一步推进文化建设寻找主攻方向。基于此，本次问卷将从对个人精神生活的评价及对自身心理状况的评价两个方面进行研究。

11.3 新时代中国美丽指数调查的结果与分析

本次问卷通过22个问题对新时代我国高质量发展下人民美好生活水平的6个方面进行评价。采用单项出现频率占比来判断人们对当前影响人民美好生活的各因素的具体看法和认识。

(1) 影响人民美好生活的经济基础需求因素

影响人民美好生活的经济基础需求因素主要从受访者月均收入和月均支出两个层面进行分析和评价，问卷结果如图11-1、图11-2所示。

从图1-11、图11-2中可以看出，月均收入在3000元以下的占27.1%，月均收入在3000~5000元的占18.8%，月均收入在5000~8000元的占23.4%，月均收入在8000~10000元的占12.6%，月均收入在

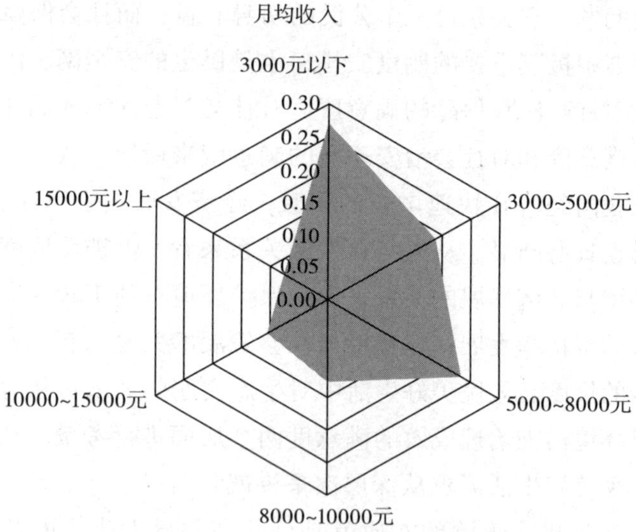

图 11－1　影响人民美好生活的经济基础需求因素（a）

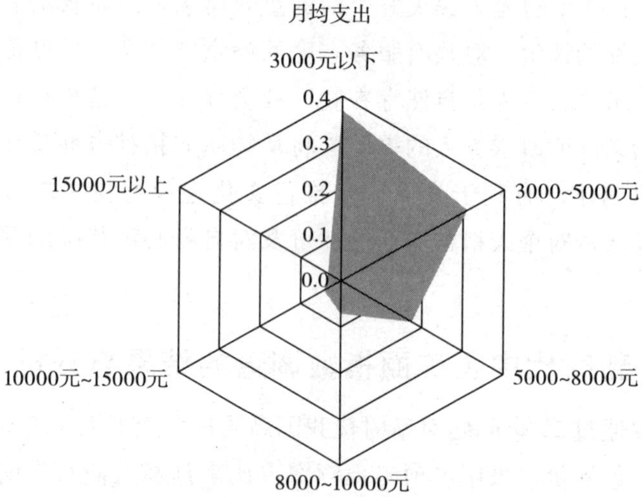

图 11－2　影响人民美好生活的经济基础需求因素（b）

10000～15000 元的占 10.4%，月均收入在 15000 元以上的占 7.6%。考虑到学生和待业人数共占问卷受访者的 26.4%，可以看出虽然月均收入 3000 元以下的占比最多，但实际已就业者月均收入基本都达到了 3000 元以上，与 2017 年国家统计局公布的国民平均月收入 4617.6 元的情况基本吻合。同时，月均收入万元以上的共占 18%，仍有较大增长空间。

在月均支出这一指标上，月均支出3000元以下的占37.0%，月均支出在3000～5000元的占31.0%，月均支出在5000～8000元的占17.5%，月均支出在8000～10000元的占7.1%，月均支出在10000～15000元的占4.2%，月均支出在15000元以上的占3.2%。在目前消费降级的大背景下，近七成的问卷受访者月均支出都在5000元以下，而尽管有18%的问卷受访者月均收入上万元，但月均支出上万元者仅占7.4%。

（2）影响人民美好生活的工作就业需求因素

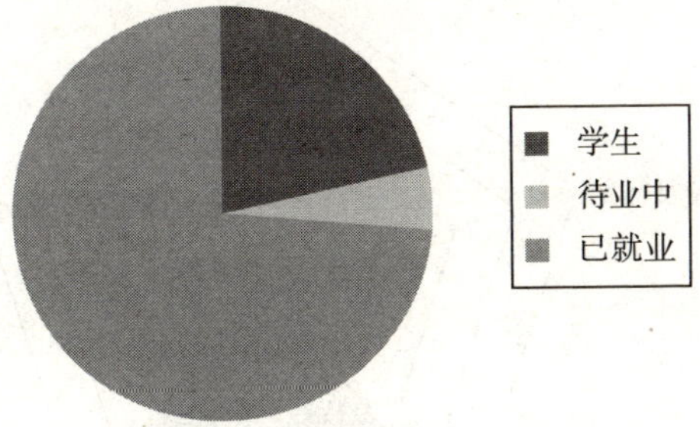

图11－3　影响人民美好生活的工作就业需求因素（a）

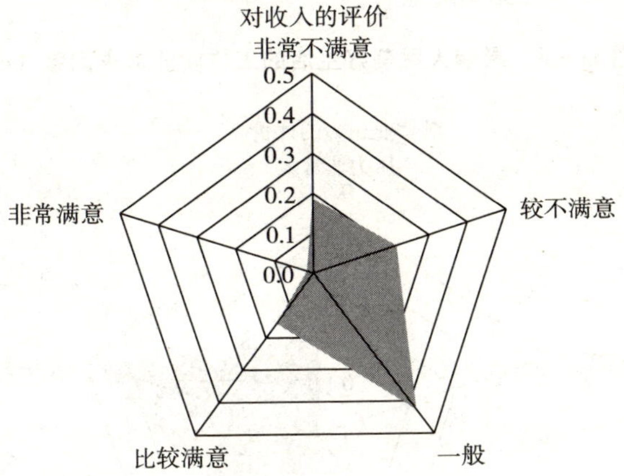

图11－4　影响人民美好生活的工作就业需求因素（b）

从图11－3和图11－4可以看出，在就业情况方面，4470名问卷调查者中学生占比21.6%，待业人数占比4.9%，已就业人员占比73.5%。国家统计局公布的资料显示，我国2018年10月全国城镇调查失业率为4.9%，与本次问卷调查结果基本持平。

此外，在对当前收入满意度的调查中可以看出，18.7%的问卷受访者表示对当前收入非常不满意，21.6%的问卷受访者表示对当前收入较不满意，42.6%的问卷受访者对当前收入评价为一般，15.5%的问卷受访者表示对当前收入比较满意，而仅有1.6%的问卷受访者表示对当前收入非常满意。可以看出近半数的受访者对收入评价为一般，而对当前收入的满意度呈负面评价的共有40.3%。

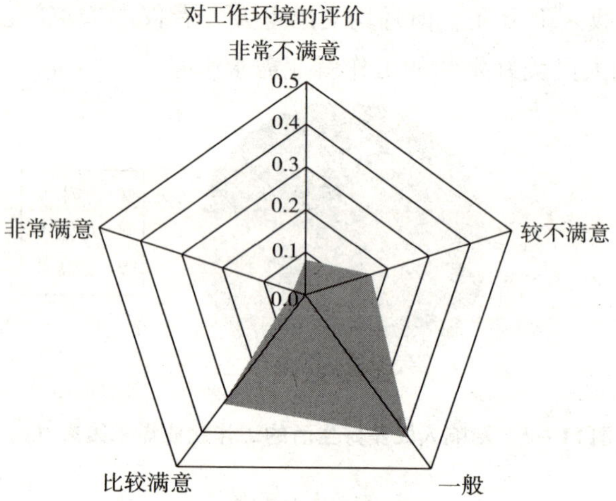

图11－5　影响人民美好生活的工作就业需求因素（c）

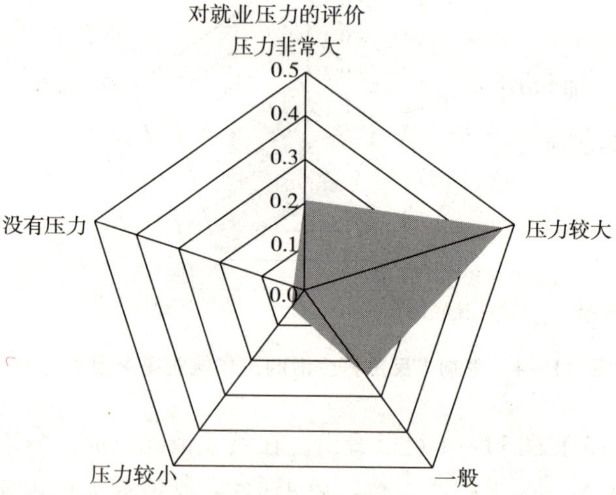

图11－6　影响人民美好生活的工作就业需求因素（d）

在工作环境评价方面，考虑到部分受访者尚未就业或仍处于待业阶段，故仅对3781名已就业的问卷受访者进行了该项指标的调查。通过上述

图 11 –5 和图 11 –6 可以看出，8. 2% 的问卷受访者表示对当前工作环境非常不满意，16. 0% 的问卷受访者表示对当前工作环境较不满意，41. 2% 的问卷受访者认为当前工作环境为一般，3. 2% 的问卷受访者表示对当前工作环境比较满意，而仅有 3. 0% 的问卷受访者表示对当前工作环境非常满意。

在就业压力方面，20. 6% 的问卷受访者表示当前就业压力非常大，47. 6% 的问卷受访者认为当前就业压力比较大，24. 3% 的问卷受访者表示当前就业压力一般，4. 9% 的问卷受访者表示当前就业压力较小，而仅有 2. 6% 的受访者认为当前就业没有压力。在 2018 年的国务院常务会议上，总理李克强就表示今年有 820 万的高校毕业生、近 500 万的中专毕业生、近百万的复转军人以及去产能转岗职工，因此，存在很大的就业压力。近几年国家去产能、降杠杆、进行供给侧改革，贸易类中小企业和农产品加工企业都出现了缩编，人才需求端不断萎缩，本次问卷调查也反映出了这一情况下人民的就业压力。

（3）影响人民美好生活的社会和谐需求因素

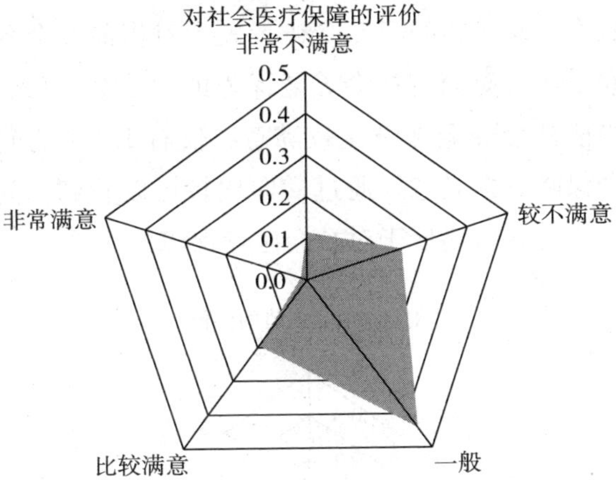

图 11 –7　影响人民美好生活的社会和谐需求因素（a）

教育和医疗是社会的底线。只要医疗公正透明，公民生命就会得到尊重。国家统计局公开数据显示，截至 2018 年 2 月，中国基本医疗参保人数已经超过 13. 5 亿，参保率基本稳定在 95% 以上，医保覆盖面也在不断扩大。而如图 11 – 7、图 11 – 8 所示，在对社会医疗保障的评价方面，11. 3% 的问卷受访者表示对当前社会医疗保障非常不满意，23. 6% 的问卷

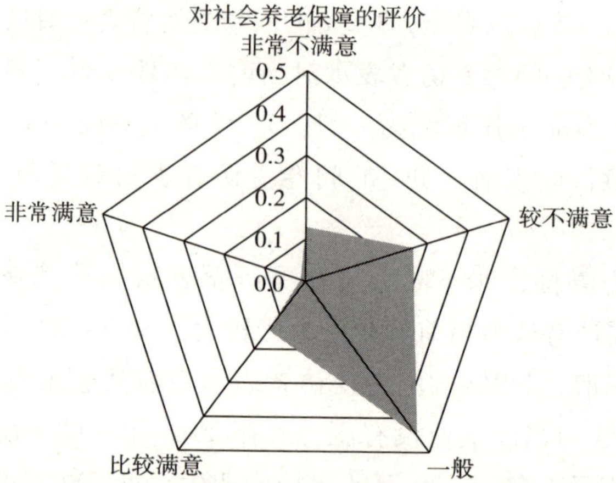

图 11-8　影响人民美好生活的社会和谐需求因素（b）

受访者表示对当前社会医疗保障较不满意，44.1% 的问卷受访者对当前社会医疗保障的评价为一般，19.4% 的问卷受访者表示对当前社会医疗保障比较满意，仅有 1.5% 的问卷受访者表示对当前社会医疗保障非常满意。

在对社会养老保障的评价上，12.9% 的问卷受访者表示对当前社会医疗保障非常不满意，26.6% 的问卷受访者表示对当前社会养老保障较不满意，45% 的问卷受访者对当前社会养老保障的评价为一般，14.4% 的问卷受访者表示对当前社会养老保障比较满意，仅有 1.1% 的问卷受访者表示对当前社会养老保障非常满意。通过横向比较可以看到，问卷调查的受访者对社会养老保障的评价略低于对社会医疗保障的评价。

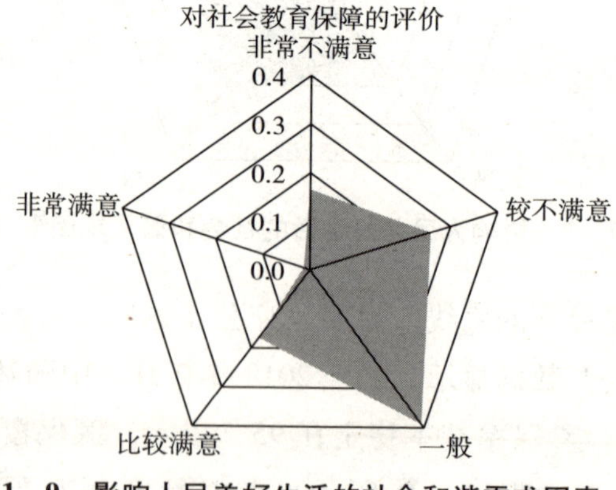

图 11-9　影响人民美好生活的社会和谐需求因素（a）

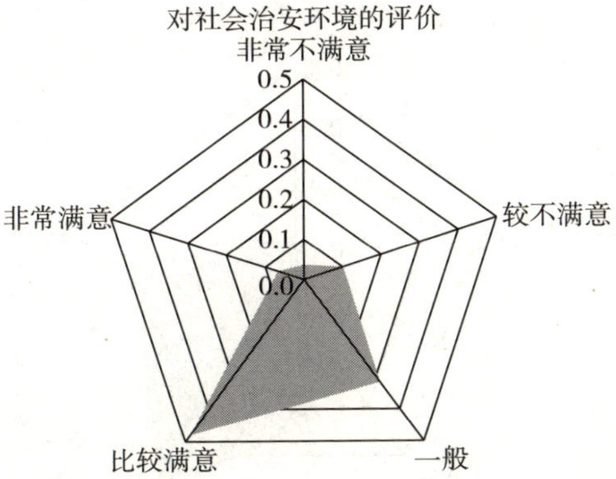

图 11－10　影响人民美好生活的社会和谐需求因素（b）

2017 年，中国教育经费总投入为 42562.01 亿元，较 2016 年上涨 9.45%。义务教育和高等教育政策方面也在不断地探索改革。在对社会教育保障的评价上，16.6% 的问卷受访者表示对当前社会教育保障非常不满意，25.8% 的问卷受访者表示对当前社会教育保障较不满意，39.0% 的问卷受访者对当前社会教育保障的评价为一般，17.3% 的问卷受访者表示对当前社会教育保障比较满意，仅有 1.3% 的问卷受访者表示对当前社会教育保障非常满意（见图 11－9）。可以看出，中国的社会教育保障仍有很长的路要走。

在对社会治安环境的评价上，3.6% 的问卷受访者表示对当前社会治安环境非常不满意，10.1% 的问卷受访者表示对当前社会治安环境较不满意，31.7% 的问卷受访者对当前社会治安环境的评价为一般，47.9% 的问卷受访者表示对当前社会治安环境比较满意，有 6.7% 的问卷受访者表示对当前社会治安环境非常满意（见图 11－10）。可以看到，近半数的问卷受访者都对我国的社会治安环境作出了比较满意及以上的评价。从横向对比来看，这也是影响人民美好生活的社会和谐需求中评价最高的一个指标，体现出我国社会治安总体形势的良好状态和人民较高的满意度。

（4）影响人民美好生活的生态文明需求因素

目前随着经济的增长，在物质生活质量不断提升的背后，我们赖以生存的生态环境正面临着严重的挑战。在对生态环境的评价上，14.0% 的问卷受访者表示对当前生态环境非常不满意，28.6% 的问卷受访者表示对当前生态环境较不满意，38.3% 的问卷受访者对当前生态环境的评价为一

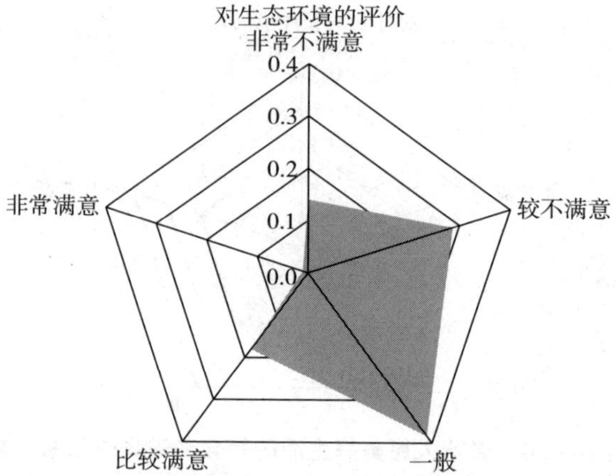

图 11-11　影响人民美好生活的生态文明需求因素（a）

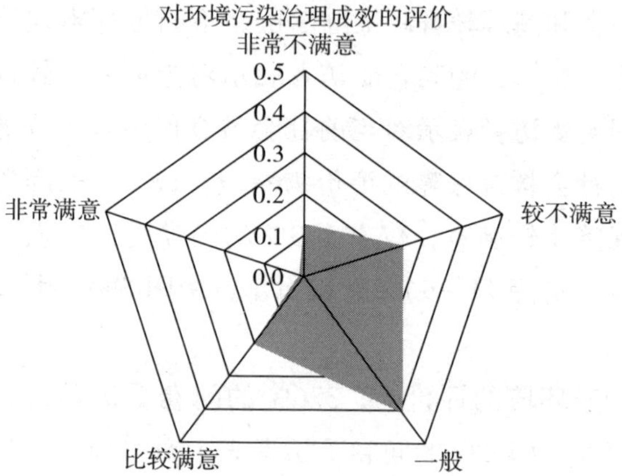

图 11-12　影响人民美好生活的生态文明需求因素（b）

般，18.0%的问卷受访者表示对当前生态环境比较满意，仅有1.0%的问卷受访者表示对当前生态环境非常满意。可以看到，42.6%的问卷受访者都对当前的生态环境作出了负面评价（见图11-11）。

现阶段我国面临的环境污染主要集中在三大方面，分别为大气污染、水体污染和土壤污染，对不同方面的污染，国家也采取了针对性的污染治理措施。在对环境污染治理成效的评价上，12.7%的问卷受访者表示对当前环境污染治理成效非常不满意，25.0%的问卷受访者表示对当前环境污染治理成效较不满意，40.8%的问卷受访者对当前环境污染治理成效的评价为一般，20.3%的问卷受访者表示对当前环境污染治理成效比较满意，仅有1.1%的问卷受访者表示对当前环境污染治理成效非常满意。从横向对比来看，问卷受访者对于环境污染治理成效的评价是高于对生态环境的评价的（见图11－12）。

（5）影响人民美好生活的政府善治需求因素

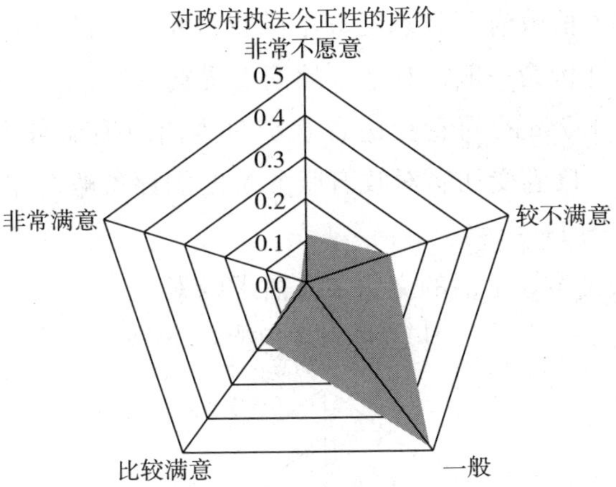

图11－13　影响人民美好生活的政府善治需求因素（a）

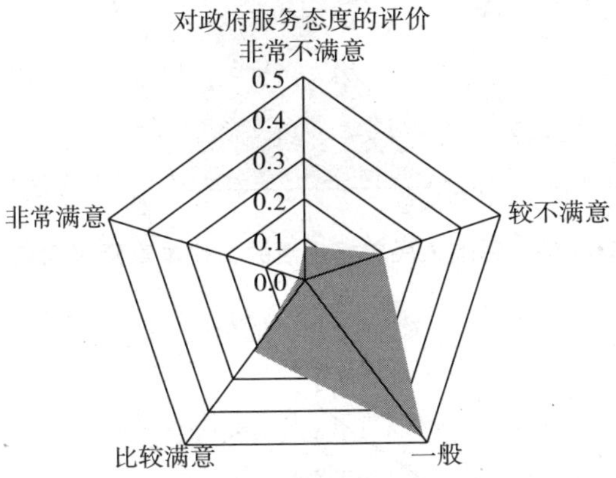

图11－14　影响人民美好生活的政府善治需求因素（b）

政府善治是我国政府治理能力所要达到的较高境界，在影响人民美好生活的政府善治需求因素调查上，通过图11－13可以看出，在政府执法公正性层面，11.6%的问卷受访者表示对当前政府执法公正性非常不满意，20.9%的问卷受访者表示对当前政府执法公正性较不满意，48.8%的问卷受访者对当前政府执法公正性的评价为一般，17.4%的问卷受访者表示对当前政府执法公正性比较满意，有1.4%的问卷受访者表示对当前政府执法公正性非常满意。

“民之所望，施政所向”，党的十九大报告中明确提出了要建设人民满意的服务型政府，这是党和人民对政府的期许。在对政府服务态度的评价上，8.3%的问卷受访者表示对当前政府服务态度非常不满意，20.1%的问卷受访者表示对当前政府服务态度较不满意，48.5%的问卷受访者对当前政府服务态度的评价为一般，21.5%的问卷受访者表示对当前政府服务态度比较满意，有1.7%的问卷受访者表示对当前政府服务态度非常满意。从横向对比来看，问卷受访者对政府服务态度的评价略高于对政府执法公正性的评价（见图11－14）。

（6）影响人民美好生活的文化丰富需求因素

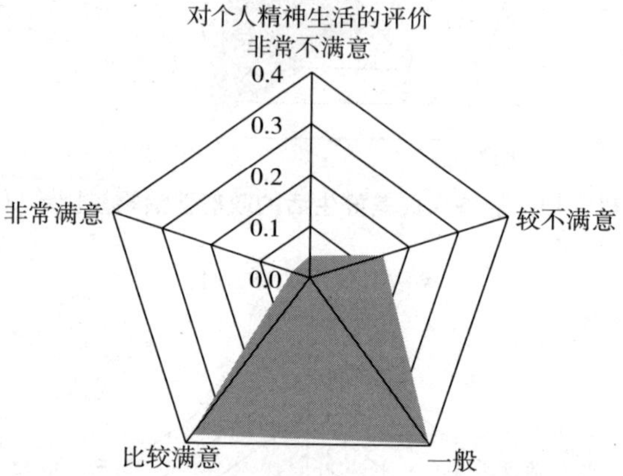

图11－15　影响人民美好生活的文化丰富需求因素（a）

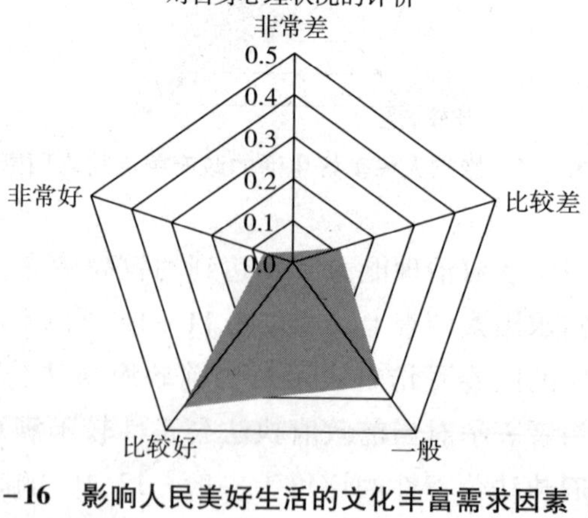

图11－16　影响人民美好生活的文化丰富需求因素（b）

新时代是精神生活空间高度开放的时代，是精神生活越来越等同于文化消费的时代。如图 11－15、图 11－16 所示，在对个人精神生活的评价上，仅有 4.3% 的问卷受访者表示对当前个人精神生活非常不满意，14.7% 的问卷受访者表示对当前个人精神生活较不满意，39.5% 的问卷受访者对当前个人精神生活的评价为一般，38.0% 的问卷受访者表示对当前个人精神生活比较满意，有 3.6% 的问卷受访者表示对当前个人精神生活非常满意，四成以上的问卷受访者都对个人精神生活给出了较高的评价。

在对个人心理状况的评价这一指标上，有 2.5% 的问卷受访者表示当前自身心理状况非常差，11.5% 的问卷受访者表示当前自身心理状况比较差，36.5% 的问卷受访者对当前自身心理状况的评价为一般，43.2% 的问卷受访者表示当前自身心理状况比较好，有 7.1% 的问卷受访者表示当前自身心理状况非常好。50% 以上的问卷受访者都对自身心理状况作出了正向的评价，且横向对比来看，在影响人民美好生活的文化需求因素上，问卷受访者对自身心理状况的评价高于对个人精神生活的评价。

11.4 高质量发展阶段提升人民美好生活水平的路径

从上述分析中可以看出，我国高质量发展阶段人民美好生活水平还存在较大的提升空间。基于此，本章将从多角度出发提出提升路径和政策建议。

（1）构建现代化经济体系，实现经济稳定发展

经济的高质量发展首先需要建立高质量的经济体系，这是现阶段跨越转型关口的迫切需求，也是实现人民美好生活的第一步。只有这样才能够提供更多质量上乘的产品和服务，才能打造更多先进适用、具有高附加值高效益的新技术新产业新业态及带动就业的新型劳动密集产业和服务业，才能创造出环境友好的生产方式、生活方式、消费方式。而具体来讲，需要从以下三方面出发：一是构建高质量的增长体系。现阶段经济的发展需要从传统增长点转向新的增长点，而新增长点在于先进制造，还在于互联网、大数据与人工智能和实体经济的深度融合，还在于中高端消费、创新引领、绿色低碳、共享经济、现代供应链、人力资本服务等。我们需要切实提高制造行业的共性技术服务，以科技为落脚点，提升投入产出比。只有牢牢把握新的增长点，有针对地进行生产规划，才能更好地构建高质量

的增长体系。二是构建高质量的业态和模式体系。高质量的经济体系应立足于生产和生活消费升级的需要，因此，我们要通过加快培育和发展新业态、新模式、新技术、新产品，在中高端消费、创新引领、绿色低碳、共享经济、现代供应链、人力资本服务等领域培育新增长点。同时，高质量的业态要求我们具有公平、统一开放的市场，即要以完善产权制度和要素市场化配置为重点，实现产权的有效配置，从而促进经济的良性发展。三是构建高质量的产业体系。高质量的产业体系是指工业化程度比较健康的、现代服务业发展比较充分的产业化，一般要求现代服务业占到 GDP 的 70%，同时第三产业的比重应当稳定上升，依照这一标准较之发达国家，我国的产业化仍有很长的路要走。我们需要从经济智能化、产业绿色化、发展高端化出发，来推进战略性新兴产业的升级进步和现代服务业的系统优化，最终实现其从规模速度型粗放增长向质量效率集约型增长转化，为人民美好生活打下经济基础。

（2）保障就业稳定，促进经济发展与扩大就业的良性互动

在经济的高质量发展阶段，实现人民的美好生活需要把促进就业作为经济社会发展的优先目标，确保经济运行在合理区间，在稳增长、调结构中努力创造更多的就业机会。首先，强化重大规划对促进就业的引导作用，完善促进就业的宏观政策。发挥中央投资计划稳增长、保就业的杠杆效应，加大对重大项目和重点民生工程的支持力度，增加岗位。其次，还可以加强对重点领域的金融支持，发挥创业担保贷款的作用，支持民营企业、小微企业健康发展，从而带动就业。最后，还可以通过完善创新创业扶持政策来推动大众创业、万众创新，发挥创新创业促就业的倍增效应，以创新创业拓展就业新空间。将促进创新创业与发展新产业、新模式、新业态更好地结合起来，形成经济发展和扩大就业的联动效应。

（3）健全完善社会和谐体系，实现高质量发展下的社会和谐

社会保障问题直接关系到人民群众的切身利益，关系到民生的稳定和发展，是构建社会主义和谐社会的重要内容。改革开放以来，我国在社会保障制度方面进行了一系列的改革，取得了巨大的成就。但目前高质量发展阶段我国的社会保障仍存在一些问题，这为我国进一步建立健全社会保障体系、实现人民美好生活提出了新的课题。基于此，我们应从以下几个方面做到突破提升。

首先，政府需要进一步加大财政投入，调整支出结构，建立规范的社会保障预算制度，进一步提高社会保障支出的比重，扩大保障覆盖面。其次，应加强对社保基金的筹集和监管，通过各种方法积极引导参保人员缴纳社会保险费，鼓励社会捐赠，扩大社保基金的筹集渠道。再次，还应加快实施农村养老保险制度，减轻居民的养老负担。最后，需要加快完善社会保障制度的法律体系，使社会保障制度上升到一个有法可依、违法必究的程度。

(4) 保护生态环境，推动高质量发展阶段的绿色发展

传统的经济增长模式导致经济发展与生态文明建设之间存在一定的矛盾。我国经济在快速增长的同时，经济发展与生态环境不和谐、不协调的问题也日益凸显，严重影响了人民美好生活水平。这些环境问题主要是由于过去产业结构不合理、重化工业比重过高、对环境污染重视不够、经济发展方式粗放造成的。因而在高质量发展阶段我们应克服这一缺陷，转变经济的发展方式，改变高消耗、高污染、低效益的传统发展方式，坚持生态优先，积极构建以战略性新兴产业和现代服务为主导、科技进步为主要动力的绿色、低碳、循环的现代产业体系，最终实现绿色发展。

具体而言，首先应通过一系列方法来明确绿色发展的代价，将外部成本内部化。其中最有代表性的就是环境收费与污染物排放权交易。此外，还可以运用经济手段，激励市场主体治理污染，对积极从事污染治理的企业提供财税和金融政策的支持。同时，我们应大力发展循环经济，把资源消耗限制在合理的阈值内。要严守环境保护和绿色发展这两条底线。同时推进资源高效循环利用，全面推行循环生产方式，不断提高绿色低碳能源使用比率，推进资源再生利用产业规范化、规模化发展。积极构建绿色制造体系，以重大工程、项目为牵引，推动绿色产品、绿色园区和绿色供应链的全面发展。

(5) 发挥质量型政策的作用，实现高质量发展下的政府善治

政府善治是人民美好生活的保障，高质量的发展需要发挥政府在体制机制中的作用，首先要做的就是从发展的本质出发，将政策重心从高速增长转变到高质量发展上来，这就需要分“两步走”。第一步是发挥质量型政策的作用。财政政策、货币政策都是数量型政策，它们更侧重于通过调控税收、公共支出和货币的供应量等手段来刺激经济的增长，但这个推动

力是外生的，并可能造成排斥效应。而人力资本政策、创新政策、结构升级政策才是质量型的经济政策，质量型政策更侧重于通过创造内生动力来促进经济发展，刺激人民群众的创造力和追逐幸福生活的原始本能，从而达到一个自发的良性循环。同时，从政策的制定到政策的落实要经历一个很长的阶段，这就给政策扭曲和执行效果的偏差创造了机会，为了削减这种偏差就需要通过质量型政策进行多维度的约束。第二步是打造服务型政府。随着社会经济的发展，政府的职能定位逐渐从“管制型”发展为“服务型”，政府的建设目的和标准也转变为寻求人民满意，服务对象的监督和评价成为服务型政府建设过程中的重要指标。今后政府可以运用电子政务和自媒体技术，通过便民热线、网站服务、市长信箱、听证会等多项便于民众监督的平台，完成与人民的双向互动的信息交流。

（6）推进文化惠民，丰富人民的精神文化生活

让人民享有健康丰富的精神文化生活，是提升人民美好生活水平的重要路径。建设社会主义文化强国，必须把满足人民群众日益增长的精神文化需求作为社会主义建设的根本目的，做到文化发展依靠人民、文化发展为了人民、文化发展成果由人民共享，切实保障人民群众的基本文化权益。为了提升社会文化生活质量，需要着力抓好以下几个方面的工作。

首先，需要切实加强对文化产品创作生产的引导。创作生产更多无愧于历史、无愧于时代、无愧于人民的优秀作品，是文化繁荣发展的重要标志，也是丰富人民精神文化生活的基础。其次，要深入实施重点文化惠民工程，这是加强文化基础设施建设、完善公共文化服务网络的一项基础性工作。同时要大力发展健康向上的网络文化。认真贯彻、积极利用、科学发展、依法管理、确保安全的发展，加强和改进网络内容建设，唱响网上主旋律。最后，还应广泛开展群众性文化活动，支持群众兴办各种门类的文化创作演出团体，引导群众在文化建设中自我表现、自我教育、自我服务，依靠人民的智慧和力量推动文化繁荣发展。

参考文献

[1] 莫子刚. 浅谈新时代“人民美好生活”[J]. 四川省函授学院学报，2017(4):4-18.

[2] 陈民. 幸福经济学解析[J]. 职大学报,2018(3):95-97.

［3］杨延圣. 人民美好生活需要衡量指标体系的构建——一个初步的分析框架[J]. 观察与思考,2018(4):76－82.

［4］刘军强,熊谋林,苏阳. 经济增长时期的国民幸福感——基于 CGSS 数据的追踪研究[J]. 中国社会科学,2012(12):82－102.

［5］赵新宇,范欣,姜扬. 收入、预期与公众主观幸福感——基于中国问卷调查数据的实证研究[J]. 经济学家,2013(9):15－23.

［6］姜海纳,侯俊军. 国民幸福感指数评价指标体系的构建及测算[J]. 统计与决策,2013(23):4－7.

12 新时代中国人民生活的高质量

关于生活质量的评价是衡量一个国家或地区发展水平高低的重要标准之一，改革开放以来，我国经济建设取得了巨大成功，人民的物质生活得到极大丰富。此时，如何科学地评价人民生活水平成为研究的热点。本章从4个维度共选取了38个基础指标，构成人民生活质量的评价指标体系。运用层次分析法对2013—2017年我国人民生活质量水平进行评价，并给出了相关政策建议。

12.1 引　言

生活质量这一概念首先由美国经济学家加尔布雷斯（J. K. Galbraith）在《富裕社会》一书中提出。此后这一概念被广泛使用，对生活水平的研究吸引了经济学、社会学和心理学等多个学科领域的学者关注。源于北欧的斯堪的纳维亚模式和美国的盎格鲁—撒克逊模式，分别侧重于客观生活条件和主观幸福感，对生活质量的内涵进行了界定。随着研究的深入，主客观领域的结合已成为趋势，代表性的有德国学者察普夫（Zapf）提出将客观生活条件与主观评价结合起来，对主、客观生活质量分别作出好与坏的评价结果，综合就得到4种不同层次的生活质量水平，好的客观生活质量与好的主观评价相结合，才是高质量的生活水平。同样，本章认为生活质量的内涵是居民的生活状况及对生活状况的主观评价，是人与自然、人与社会的有机统一。

党的十九大报告中提出要提高保障和改善民生水平，让改革发展成果更多、更公平地惠及全体人民，朝着实现全体人民共同富裕不断迈进。而改善民生的本质则是提高人民的生活质量。改革开放后，随着物质生活的极大丰富，居民的生活质量也随之提高。但是，目前我国的现实情况是客观生活质量总体上不断提升，主观幸福感停滞不前，且随着民众的客观物质生活条件不断得到改善，主观幸福感停滞不前问题越加突出。因此，本章旨在建立完善的人民生活水平高质量评价指标体系，从主、客观两个方面对我国当前人民生活水平进行全面的评价，最后给出相应的政策建议。

12.2 文献综述

张玉姝（1999）认为生活水平是指在特定的历史发展阶段和社会环境条件下，人们的物质、精神各方面得到享受的平均水平，并且把生活水平分为贫困、温饱、小康和富裕4种类型。张玉姝指出生活水平是具有历史阶段性的，即是随着历史的发展而逐渐改变的。随着社会的进步和物质精神生活的极大丰富，人们对生活水平高低的感受也是不尽相同的。同时，不同国家和地区的生活环境和习俗文化的差异，造成了人们对生活水平高低的不同理解和追求（西方富裕国家和一些贫穷国家的贫困线可能会相差数倍）。生活水平作为一个综合性概念，不仅仅由收入水平决定，更是生活环境、社会公平保障、居民受教育程度的综合反映。

张羽琴（2000）提出在建立居民生活质量的统计指标体系时，要注意以下几个问题：一是把需要和实际相联系，即要选取具体的，已经发生并且可以计量的量。二是指标数值的变动具有数量界限。三是要根据形势的变化来调整某些指标。依据这些原则，张羽琴提出人民生活水平统计指标体系应该包括收入指标体系、消费指标体系、储蓄指标体系、物质条件指标体系4个专项统计指标体系。其中收入指标体系应该包括居民家庭的实际收入、可支配收入、基尼系数和最低生活费用标准4个方面。消费指标体系则包括消费水平、消费结构、恩格尔系数、价格指标、耐用消费品的拥有量、居住情况6个方面。储蓄指标体系包括城镇储蓄余额、人均储蓄存款余额、人均手存现金额、居民家庭各种有价证券持有量、储蓄率5个方面。最后的物质条件指标体系应该包括反映社会服务状况的统计指标体系、反映居民营养满意程度和环境的指标体系、反映劳动保险和社会福利的指标体系以及积极闲暇时间率（指积极闲暇时间占全部业余时间的比例）。

周长城、吴淑凤（2001）提出建立生活质量的指标体系应该由以下4

种理论作为理论依据：人本社会发展理论、市场经济理论、系统工程理论和可持续发展理论。首先，作为衡量人的生活与发展最为密切的评判标准，生活质量既是以人为中心的发展观的具体体现，也是人的现代化的重要指标。其次，建立的指标体系必须适应市场经济体制，同时具备描述性、解释性和预测性功能，引导市场活动有序运行。再次，指标体系的确定要从系统的角度出发，满足综合性原则、协调性原则和需要满足原则。最后，人民生活质量的提升要体现在生态、经济、社会 3 个部分长期协调可持续发展。

郭茜（2002）从经济、健康、居住、教育、公共设施 5 个方面共用 13 个基础指标构成指标体系，用以衡量我国人民生活质量。通过因子分析法得出 2000 年我国各地区人民生活质量的评分结果，得出进一步提高人民生活质量的途径：坚持“以经济建设为中心”的方针，增加人均可支配收入；大力发展教育，尤其是西部地区教育；普及健康知识，提高医疗水平；完善住房制度改革，改善住房条件；加快公共设施建设。

秦岭、宋丽敏（2004）解释了社会发展的最终目的是提升居民的生活质量。生活质量的研究是一种跨文化、跨地区的比较研究，生活质量不仅受经济发展水平、生活方式、购买能力、消费水平、生活水准等因素的限制，同时也受个体或群体的消费观念、生活习惯、心理素质等因素的影响，前者常被称为客观生活质量，后者被称为主观生活质量。因为主观生活质量的参照标准无法确定，所以只对客观生活质量进行了评价指标的确立。该文选用了 24 个基础指标，运用因子分析法对 2003 年全国 31 个省（市、区）进行评价并依据结果进行排名。得出影响生活质量的诸多因素中，物质生活质量最为重要，生活环境质量次之，且各地区生活质量水平差异明显。

刘干（2006）利用人均居住面积、人均可支配收入、生活用电量、城镇居民拥有家庭电脑数、恩格尔系数这几个方面的 7 个指标，采用动态权数综合评价方法对 31 个省份的人民生活水平进行评分，并进行排序。尹元福（2010）归纳并分析了自 20 世纪 70 年代开始在世界各国政府和学者中盛行的生活评价指标研究成果，提出建立指标体系需要寻找有效的理论依托。指标体系不仅是单一的数字排序，而是要找到什么是影响排序的根本原因，这样才能起到相应的效果。岑晓雪、秦江涛（2016）从消费水平、社会保障、城市环境、文化科技 4 个方面构成生活水平评价指标体系，对西部 12 省份进行了评价。李梨（2017）收集了广东省和四川省共 39 个城市城镇居民生活水平的数据，从广东省和四川省各城镇收入和支出、就业情况、社会保障情况、文化休闲情况、教育情况、人居环境情况、居住情况、医疗卫生情况 8 个方面出发，构建了广东省和四川省城镇居民生活水平综合评价指标体系，选取了 21 个指标，运用因子分析法对影响广东省和四川省城镇居民生活水平的因子进行分析评价，找出影响城镇居民生活水平的因子，运用聚类分析，分析城镇居民生活水平的相似性与差异性。得出综合因子得分前三名的分别是广州、成都、深圳，且对各地区人民生活水平影响最大的因子是收入保障水平，其次是居住水平。

综合已有的研究来看，虽然很多已有的研究文献都强调从主、客观两个方面，综合全方面地建立人民生活质量的评价体系，但是大部分的文献研究都没有结合人民生活质量的评价标准进行研究，同时缺乏足够完善的指标体系的建立。并且研究多侧重于部分地区或者省份，缺乏对全国范围的实证研究。本章认为生活质量应该包括主观和客观两个方面的内容，客观生活质量是指满足人衣食住行的物质方面和一些非物质方面（健康、娱乐、教育等），侧重的是宏观层次。而主观生活质量则是主观的评价，侧重的是微观层次。评价生活质量的标准可以从发展标准和公平标准这两个角度出发。本章结合生活质量的内涵和评价标准，选择细分人民生活质量为物质生活指标、精神生活指标、环境指标、社会指标 4 个维度，并选用 38 个基础指标进行构建，旨在尽可能全面、准确地反映我国人民生活质量的状况。

12.3 评价指标体系的构建

（1）指标体系框架及构造依据

生活质量的内涵应该包括主观和客观两个方面的内容，两者相辅相成，缺一不可。评价生活质量，应该体现客观物质条件不断提高、民众主观幸福感不断提升的协调发展，即围绕生活质量的评价标准来构建评价指标体系。而生活质量的评价标准可以从以下两个方面考虑：

一是发展标准，从目的论的角度来看，人类发展的根本目的还是为了创造更高的生活质量，就是从现实生活中人们日益增长的物质文化需求出发，从政治、经济、文化、社会、生态等各个领域寻求不断满足这些需求的驱动力。因此，生活质量是发展的引领导向，发展必须紧扣生活质量的提高。以生活质量为导向的发展，意味着客观生活质量各个领域的全面协调发展，即政治、经济、文化、社会、生态环境的全面协调发展。全面发展与协调发展是有机统一的，需要“五位一体”的发展不能有明显的短板，同时正确处理好个人利益和集体利益、局部利益和全局利益、当前利益和长远利益间的关系，这也是以生活质量为导向的发展的本质要求。同时，以生活质量为导向的发展，也是客观物质条件不断提高、民众主观幸福感不断提升的全面协调发展。近年来，我国主观幸福感与客观物质条件不断脱离的事实已经表明，主观生活质量并不仅仅靠客观物质条件的提升而提升，而是一个相对独立的影响因素。总之，对生活质量的度量不能脱离发展的视角。

二是公平标准，生活质量的提升绝不是少数特殊群体生活质量的提升，而应该是全社会大多数成员生活质量的提升。而要实现这一点，则必须要依靠公平，只有将社会发展的成果更全面、更公平地分配给全体社会成员，人民生活质量才能真正得到提升。从我国现阶段经济发展的现实来看，除了贫富差距制约不断扩大外，环境公平、教育公平、保障公平等公平问题依旧突出，带来了消费结构不合理、失业率攀升、教育资源倾斜过度、基础社会保障缺乏等一系列问题。这些不公平现象也是制约人民生活质量提升，尤其是制约低收入群体和弱势群体生活质量提升的一个关键因素。因此，对生活质量的度量必须要体现社会公平的重要影响。

结合生活质量的内涵和两个评价标准，本章决定从物质生活、精神生活、环境、社会4个维度对生活质量进行度量，具体指标的选取见下文。

（2）指标的选取

物质生活指标。物质生活是生活质量的基础，在满足了衣、食、住、行等基本物质需求后，人们才可能追求更高层次的生活质量。物质生活可以从收入、消费、居住、交通和生活环境等方面来描述。具体指标如表12－1所示。

表 12－1　物质生活指标 A1

二级指标	三级指标	单位	方向
收入 B1	人均 GDPC1	元	正
	城镇居民家庭人均可支配收入 C2	元	正
	农村居民家庭人均可支配收入 C3	元	正
消费 B2	城镇居民人均消费支出 C4	元	正
	农村居民人均消费支出 C5	元	正
居住 B3	城市人均住房面积 C6	平方米	正
	农村人均住房面积 C7	平方米	正
交通 B4	城市人均拥有铺路面积 C8	平方米	正
	农村人均公路固定资产投资 C9	元	正
生活环境 B5	城市用水普及率 C10（%）		正
	城市燃气普及率 C11（%）		正

在收入方面，选取人均 GDP、城镇居民家庭人均可支配收入、农村居民家庭人均可支配收入这三个指标。城镇居民家庭人均可支配收入和农村居民人均可支配收入是按人口平均的收入水平，反映一个国家或地区居民的平均收入状况。而人均 GDP 是将一个国家核算期内（通常是一年）实现的国内生产总值与这个国家的常住人口（或户籍人口）相比进行计算而来，是衡量人民生活水平的一个重要标准。

在消费方面，选取城镇居民人均消费支出和农村居民人均消费支出这两个指标，通过人均消费支出的高低来反映居民的消费水平。

在居住方面，最重要的指标应该是居住面积，因此这里使用城市人均住房面积和农村人均住房面积这两个指标来反映居住条件。

在交通方面，道路面积是一个关键指标，道路里程越长，说明交通状况越好，对人们的日常交通出行越有利。本章用城市人均拥有铺路面积来反映城市道路状况。因为缺乏农村人均拥有铺路面积的数据来源，这里使用农村人均公路固定资产投资来度量农村道路状况。

在生活环境方面，水和燃气是生活不可或缺的部分。这里选用城市用水普及率和城市燃气普及率这两个指标来度量居民生活环境水平。城市用水普及率指城市用水人口与城市人口总数的比率，城市燃气普及率指城市用燃气人口与城市人口总数的比率。

精神生活指标。在满足了基本的物质生活需求后，人们更多地需要追求精神生活上的满足，本章从休闲、第三产业、教育 3 个方面来衡量精神生活水平，具体指标如表 12 – 2 所示。

表 12 – 2　精神生活指标 A2

二级指标	三级指标	单位	方向
休闲 B6	互联网普及率 C12（%）		正
	农村家庭居民平均每百户拥有彩色电视机 C13	台	正
	城镇家庭居民平均每百户拥有照相机 C14	部	正
	城镇居民国内旅游人均花费 C15	元	正
	农村居民国内旅游人均花费 C16	元	正
第三产业 B7	第三产业增加值比重 C17（%）		正
教育 B8	初中升学率 C18（%）		正
	平均每百万人口中在校学生数 C19	人	正
	普通高等学校数 C20	所	正

在休闲方面，这里选用互联网普及率、农村家庭居民平均每百户拥有彩色电视机、城镇家庭居民平均每百户拥有照相机、城镇居民国内旅游人均花费和农村居民国内旅游人均花费这 5 个指标。首先，随着网络的普及与发展，使用互联网成为大部分年轻人娱乐的主流方式。其次，电视机是目前最为常见、最为普及的娱乐休闲方式，尤其在年纪较大的群体中尤为受欢迎，而照相机在城镇居民家中也越来越常见，这也是居民的一种休闲方式。彩色电视机和照相机都按平均每百户拥有量计算，这样的相对数更有可比性。最后，旅游也是休闲娱乐的一种重要方式，自黄金周法定节假日制定之后，旅游热潮越来越高涨。这里选用城镇居民国内旅游人均花费和农村居民国内旅游人均花费这两个指标来度量居民旅游活动的状况。

第三产业是由流通部门和服务部门两大部门组成的，包括为生产和生活服务的部门、为提高科学文化水平和居民素质服务的部门和为社会公共需要服务的部门。第三产业与居民的精神生活息息相关，这里选用第三产业增加值比重来反映。

在教育方面，教育是提升人口综合素质的途径，是丰富人民精神生活的基石。这里选用初中升学率、平均每百万人口中在校学生数和普通高等学校数 3 个指标来反映居民教育情况。

（3）环境指标

环境因素对生活质量的影响是不容忽视的，尤其随着经济的高速发展，在物质生活极大丰富的同时，环境污染问题也越来越严重，人们对环境污染也越加重视。本章选取了若干指标，来测量环境对居民生活质量的影响，具体指标如表 12 －3 所示。

表 12 －3 环境指标 A3

二级指标	单位	方向
环境污染治理投资 B9	百万元	正
城市生活垃圾无害化处理率 B10（%）		正
工业固体废弃物排放总量 B11	百万吨	负
废水排放总量 B12	百万吨	负
二氧化硫排放总量 B13	千吨	负

环境污染治理投资主要包括以下 3 个方面，一是对污染防治新项目的投资，包括对可能产生污染的项目进行环境评测、建设污染防治设备。二是老企业的污染治理，对新中国成立初期一些由于设备、技术落后而污染严重的大型工业企业进行改造，更新设备并建设相应的污染防治体系以符合排放标准。三是对城市污染防治的基础设施建设，包括污水处理、管道铺设、生活垃圾处理等，通过基础设施建设来处理日常的污染问题。城市生活垃圾无害化处理率是指生活垃圾无害化处理量与生活垃圾产生量的比率，主要反映生活垃圾有多少比例是被无害化处理的。工业固体废弃物排放总量是指企业将所产生的固体废弃物排放到固体废弃物污染防治设施以外的数量。废水排放总量包括工业废水量和居民排放的生活污水。二氧化硫排放总量包括企业排入大气中的量和生活二氧化硫排放量。

（4）社会指标

社会因素也是影响居民生活质量的一个重要方面，社会因素涉及的内容比较丰富，包括医疗卫生、社会公平、就业、婚姻、社会安全和社会保障等方面，具体指标如表 12 －4 所示。

表 12-4 社会指标 A4

二级指标	三级指标	单位	方向
医疗卫生 B14	婴儿死亡率 C21（‰）		负
	每千人口执业医生数 C22	人	正
	每千人口医院、卫生院床位数 C23	张	正
社会公平 B15	基尼系数 C24	—	负
	城乡消费水平对比 C25	农村 =1	负
就业 B16	城镇登记失业率 C26（%）		负
	乡村从业人口比重 C27（%）		正
婚姻 B17	离婚率 C28（‰）		负
社会安全 B18	城镇交通事故发生率 C29	1/10 万人	负
	公安机关每万人口受理案件数 C30	起	负
	男女性别比 C31	女 =100	负
社会保障 B19	基本医疗保险年末参保人数比重 C32（%）		正
	基本养老保险年末参保人数比重 C33（%）		正

在医疗卫生方面，选取了婴儿死亡率，每千人口执业医生数，每千人口医院、卫生院床位数这 3 个指标。婴儿死亡率是指婴儿出生后不满周岁死亡人数同出生人数的比率，是反映一个国家和民族的居民健康水平和社会经济发展水平的重要指标，特别是衡量医疗卫生水平的重要指标。执业医生数和医院、卫生院床位数使用了每千人口的平均数，能够比较直观地反映各地的医疗卫生水平。

社会公平方面，选用了基尼系数、城乡消费水平对比这两个指标。基尼系数是反映社会贫富差距最通用、最直接的指标，也是构成社会公平的重要一环。城乡消费水平对比是指城镇和乡村人均消费数额的比值，因此能够反映城乡消费水平的差距。

就业一直都是影响社会稳定与经济发展的重要指标，失业意味着收入得不到保障，更谈不上生活质量的提高。这里使用城镇登记失业率度量城镇就业情况，城镇登记失业率是指城镇登记失业人员数与城镇单位就业人员（扣除使用的农村劳动力、聘用的离退休人员、港澳台及外方人员）、城镇单位中的不在岗职工、城镇私营业主、个体户主、城镇私营企业和个体就业人员、城镇登记失业人员之和的比。而农村就业情况比较复杂，涉及农民工等诸多问题，这里只能简单地选用乡村从业人口比重来描述乡村就业状况。乡村从业人口比重是指乡村人口中16岁以上实际参加生产经营活动并取得实物或货币收入的人员与乡村总人口的比重。

家庭幸福也是社会稳定与生活质量的重要内容。这里选用离婚率来对这方面内容进行度量。离婚率是指年度离婚数与总人口之比。

社会安全为居民生活质量的提高创造了良好的外部因素。这里选用城镇交通事故发生率、公安机关每万人口受理案件数、男女性别比这3个指标进行度量。从长远来看，这些指标都是影响社会安全的重要因素，目前我国的性别比出现偏高的问题，男女比例失调会对社会的良性运行、社会伦理道德体系造成冲击，如造成婚配失当、人口拐卖、犯罪行为增加、反社会情绪等现象。

随着社会的发展，社会保障问题也与居民生活质量息息相关。这里选用基本医疗保险年末参保人数比重、基本养老保险年末参保人数比重这两个重要的保险指标来描述社会保障状况。

（5）权重的确定

关于指标权重的计算，本章采用的是层次分析法（ahp），层次分析法是将一个复杂的多目标决策问题作为一个系统，将目标分解为多个目标或准则，进而分解为多指标（或准则、约束）的若干层次，通过定性指标模糊量化方法算出层次单排序（权数）和总排序，以作为目标（多指标）、多方案优化决策的系统方法，是一种把定性与定量结合起来的决策分析方法。该方法是美国运筹学家匹茨堡大学教授Saaty于20世纪70年代初，应用网络系统理论和多目标综合评价方法，提出的一种层次权重决策分析方法。使用层次分析法可以使复杂人居环境系统简化为有序的阶梯层次结构，使决策问题表现为一组方案优先顺序的排列问题，这种排序可以通过简单的两两比较导出，降低了评价难度。通过构建判断矩阵，从而得出权重数值，具体如表12－5所示。

表12－5 人民生活质量指标权重体系

指标	权重	指标	权重	指标	权重	指标	权重	指标	权重
A1	0.4701	B8	0.3760	B19	0.1553	C11	0.4873	C22	0.3512
A2	0.2562	B9	0.2313	C1	0.4724	C12	0.2716	C23	0.3649
A3	0.1045	B10	0.2556	C2	0.3179	C13	0.1879	C24	0.6237
A4	0.1692	B11	0.1664	C3	0.2097	C14	0.1858	C25	0.3763

续表

指标	权重	指标	权重	指标	权重	指标	权重	指标	权重
B1	0.2646	B12	0.1728	C4	0.6128	C15	0.1923	C26	0.6913
B2	0.2167	B13	0.1740	C5	0.3872	C16	0.1624	C27	0.3087
B3	0.1520	B14	0.2108	C6	0.6247	C17	1	C28	1
B4	0.1425	B15	0.1773	C7	0.3753	C18	0.2572	C29	0.2860
B5	0.2241	B16	0.1315	C8	0.6714	C19	0.4013	C30	0.3416
B6	0.4126	B17	0.1420	C9	0.3286	C20	0.3415	C31	0.3724
B7	0.2114	B18	0.1832	C10	0.5127	C21	0.2839	C32	0.7014
								C33	0.2986

计算完成后还需要进行一致性检验，除了一阶和二阶矩阵外，对其余10个判断矩阵进行检验，检验结果如表12－6所示。

表12－6　一致性检验

矩阵	C. R
A1，A2，A3，A4	0.067
B1，B2，B3，B4，B5	0.072
B6，B7，B8	0.065
B9，B10，B11，B12，B13	0.091
B14，B15，B16，B17，B18，B19	0.087
C1，C2，C3	0.054
C12，C13，C14，C15，C16，	0.079
C21，C22，C23	0.061
C25，C26，C27	0.064
C29，C30，C31	0.058

各矩阵的一致性比率均小于0.1，检验结果是显著的，所得到的权重体系表可以使用。

（6）评价结果

本章的数据选自2013—2017年国家统计局和中国经济数据库，除了农村人均公路固定资产投资、公安机关每万人口受理案件数和城镇交通事故发生率这3个指标因2017年的数值尚未更新，故采用预测值代替真实值外，其余数据没有缺失。由于原始数据具有不同的量纲，且具有不同的方向，不能直接进行计算，所以先需要进行标准化处理。

对正方向的指标数据的处理，本章采用的公式为：

$$Y_{ij} = X_{ij} / \sum X_{ij}$$

其中，Y_{ij}表示第j年第i项指标的标准化值，X_{ij}表示第j年第i项指标。对负方向的指标数据的处理公式为：

$$Y_{ij} = 1 - X_{ij} / \sum X_{ij}$$

结合前文所得到的权重数值和标准化后的指标数据，可以得到2013—2017年人民生活质量的综合得分，结果如表12－7所示。

表12－7　人民生活质量综合评价值

年份	指标	得分	综合得分
2013	物质生活指标	0.1847	0.2832
	精神生活指标	0.1919	
	环境指标	0.4665	
	社会指标	0.5822	
2014	物质生活指标	0.1916	0.2925
	精神生活指标	0.1977	
	环境指标	0.5044	
	社会指标	0.5855	
2015	物质生活指标	0.2002	0.2982
	精神生活指标	0.2010	
	环境指标	0.5051	
	社会指标	0.5897	
2016	物质生活指标	0.2078	0.3063
	精神生活指标	0.2029	
	环境指标	0.5377	
	社会指标	0.5933	
2017	物质生活指标	0.2155	0.3122
	精神生活指标	0.2065	
	环境指标	0.5261	
	社会指标	0.6092	

从计算结果可以看出，人民生活质量综合指标2013—2017年呈现出一个稳步上升的趋势。物质生活指标从2013年的0.1847逐步上升到2017年的

0.2155，精神生活指标从2013年的0.1919上升到2017年的0.2065，上升幅度相对较小。环境指标从2013年的0.4665上升到2016年的0.5377，但是在2017年有一个小幅度回落，回落到0.5261的水平。社会指标从2013年的0.5822逐步上升到2017年的0.6092，增幅相对比较缓慢。

12.4 结论与政策建议

从物质生活角度来看，物质生活永远是居民生活质量的基石，是生活质量最重要的组成部分。改革开放以来，我国经济建设取得了显著的成就，人民物质生活得到极大丰富。但是与发达国家相比还是存在着明显的差距，人均收入水平和消费水平还不够高，农村的贫困问题依旧存在。我国应该继续优化基础设施的建设，继续推进精准扶贫，让广大农民享受到社会进步的果实。出台相关的税收制度，加大政府对房地产的调控力度，促进建成一个健康的房地产市场，切实提高居民的物质生活水平。

从精神生活角度来看，精神生活是生活质量体系中不可或缺的一部分。提高精神生活水平，需要大力开展多种形式的文化活动，推进相关文化产业的发展，培育新型文化业态和文化消费模式，用高质量的文化满足人民需求。同时，要加大对教育的投资，让教育的成果惠及广大民众，提高民众的文化素质，创造高质量的精神文化需求。

从环境角度来看，随着科学技术的日新月异，人类改造自然的能力越来越强，但是相伴而来的则是环境的破坏和严重的污染，保护环境与治理污染已经刻不容缓。主要措施有：①提高群众的环保意识，积极开展环境保护宣传活动，提高民众的参与度。②提高垃圾的无害化处理率和回收利用率，促进垃圾分类的实施。③调整能源结构，积极开发风能、水能、太阳能等可再生能源的利用技术。④加大对环境污染治理的投资，优化治理方案，尽可能地从源头治理，防止污染的扩散。⑤出台相关法律法规，严禁企业违法排放污染物，推行天然气供暖，取代污染大的燃烧煤炭供暖。

从社会角度看，近年来我国医疗卫生和社会保障已经取得了一定的成绩，基本医疗保险和农村合作医疗的推行，在一定程度上缓解了医疗供给不足的问题，但仍然有待提高。而就业形势越加严峻、离婚率年年攀升、基尼系数常年维持在较高数值等社会问题依旧在困扰着我们。面对这些社会不安定因素，需要采取的主要措施有：①健全最低生活保障制度，缓解低收入人群的生活压力。②大力扶持新兴产业，对夕阳产业进行改造，创造就业岗位以缓解就业压力。③保障农民受益，推行更多的惠农政策，推进新农村建设，缩小城乡差距。④推行法制教育，深化依法治国，促进社会安定和谐。

参考文献

[1]任保平,魏婕,郭晗.超越数量:质量经济学的范式与标准研究[M].北京:人民出版社,2017(7):181.

[2]张玉妹.现阶段我国居民生活水平评价[J].中国统计,1999(11).

[3]周长城,吴淑凤.建立人民生活质量指标体系的理论依据[J].武汉大学学报(社会科学版),2001(3).

[4]郭茜.我国人民生活质量指标体系及实证分析[J].河南省情与统计,2002(9).

[5]尹元福.社会经济生活水平评价指标体系研究[J].商业时代,2010(35).

[6]任保平,魏婕,郭晗.超越数量:质量经济学的范式与标准研究[M].北京:人民出版社,2017(7):180.

[7] 李萌,赵锦慧.基于层次分析法的武汉市人居环境质量评价[J].湖北大学学报(自然科学版),2015(3).

13 新时代中国营商环境的高质量

党的十九大的召开标志着我国已经进入以高质量发展为目标的社会经济发展新阶段，报告指出要建设现代化的经济体系，推动形成全面开放的新格局。而中央经济工作会议也将改革创新体制机制、进一步优化营商环境作为建设现代化经济体系和促进高质量发展的重要组成部分。营商环境是包含法律、文化、道德和意识形态等在内的对于企业开展生产经营活动的一系列制度约束和政府服务的集合，它能够从企业的微观层面提升全面对外开放的水平和促进我国综合竞争力的提升，对我国经济发展和全面实现小康社会有重要意义。

新中国成立以来，我国的营商环境发展经历了由管制到放松的过程，在改革开放之后，随着私营经济的进一步发展和活跃，对营商环境的改革力度和要求也越来越强烈。新常态以来，我国逐渐将营商环境改革的重点放在对于政府的服务和法制建设上，以简政放权、放管结合、优化服务为代表的行政部门“放管服”改革已经取得了显著的效果，为我国企业从事生产经营活动创造了良好的市场环境、法治环境和政务环境。但由于改革力度不大、改革程度不深以及各地区之间的政策落实效果存在差异等原因，我国的营商环境总体水平相对于发达国家和经济体来说还存在较多问题，这是我国实现高质量发展中必须要解决的问题。

13.1 中国营商环境发展的阶段与特点

13.1.1 中国营商环境发展的阶段性变化

世界银行从 2004 年开始对全世界 190 多个国家和经济体的营商环境持续从分指标的角度进行评价。本章以此为依据，分析我国自 2003 年以来营商环境的发展阶段和不同阶段的特点。

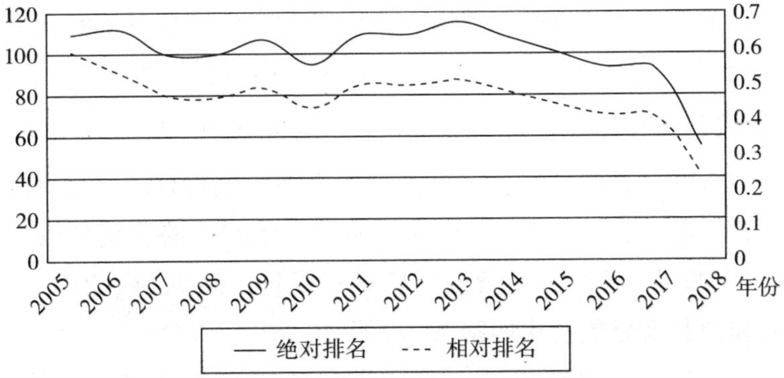

图 13－1 2005—2018 年中国营商环境排名

资料来源：根据世界银行《营商环境报告》整理。

中国在参与评估的全球经济体中的营商环境排名变化趋势如图 13－1 所示。

从绝对排名的角度出发，我国在 2005 年的 155 个国家和经济体中排名第 91 名，2018 年在所有参评的 190 个国家和经济体中排名第 46 名，可以看到，进入 21 世纪以来，我国在营商环境的改善上有了较大提升。2005 年以来，营商环境的变化可以明显分为两个阶段：首先是 2005—2012 年相对稳定的波动阶段，其次是 2013—2018 年的显著提升阶段。在第一阶段，我国的营商环境在绝对数值上呈现出波动上升的趋势，但基本没有变化，在 2005 年和 2012 年都处在第 91 位。而在第二阶段，营商环境有了明显的改善和进步。其中，营商环境显著改善主要是从 2013 年开始的，从 2013 年在 185 个参评的国家和经济体中排名第 91 位，提升到 2018 年在参评的 190 个国家和经济体中排名第 46 位。

从相对排名的角度来看，基本保持与绝对排名相同的变化趋势。2005—2012 年这段时期内，营商环境的改善呈现出波动上升的趋势，但效果不明显，7 年内的营商环境排名只上升了 9%。而在 2013—2018 年这个时期内，营商环境的改善呈现出稳步上升的趋势，5 年内的排名提升了 26%。

上述分析表明，自我国进入新常态以来，国家和政府层面对于营商环境改善的重视程度和政策效果已经落到了实处，我国营商环境在国际上的排名已经显著提升，对于企业开展生产经营活动在政策和手续方面的支持力度越来越大。但也可以明显看出，我国的营商环境相对于发达国家和经济体仍较为落后，而相对于其他发展中国家，中国营商环境的改善较大。

13.1.2 新时代中国营商环境不同层面的变化趋势

世界银行的《营商环境报告》从开办企业、执行合同、获得信贷、建设许可、获得电力、财产登记、保护投资者、纳税、跨境贸易以及办理破产10个方面的指标出发，对营商环境进行度量，而2014—2018年营商环境的排名和便利度分数变化如图13－2所示。

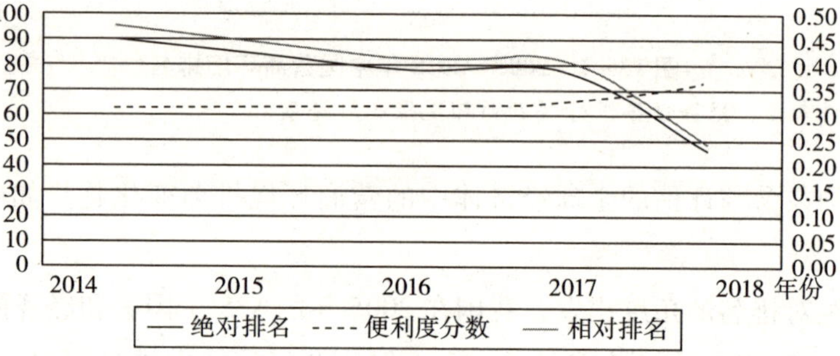

图13－2 2014—2018年中国营商环境便利度分数及排名

资料来源：根据世界银行《营商环境报告》整理。

图13－2给出了新时代前后我国营商环境的总体国际排名和营商环境便利度分数的变化情况。从图13－1中可以看出，2013以来我国营商环境在国际上的排名已经呈显著上升的趋势，这表明我国的营商环境改革取得了重大进步。图13－2对这一时期的营商环境改善给出了更加具体的分析，从图中可以看出，我国在全球营商环境的绝对排名和相对排名上一直呈上升趋势。其中，2014—2017年我国营商环境改善速度较慢，这段时期的绝对排名和相对排名分别提升了12位和6%，而2017年党的十九大提出建设高质量的中国经济发展体系和全面提升营商环境质量后，仅1年时间，我国的营商环境已经得到了显著提升，其绝对排名和相对排名分别提升了22位和17%，这表明全面提升营商环境的改革已经产生了相当大的效果。

营商环境便利度分数（Ease of Doing Business Score）的前身是营商环境前沿距离（Doing Business Distance to Frontier），该分数反映了一个经济体在10个指标及41个分指标中的表现与《2015年营商环境报告》（Doing

Business 2015）中制定的最佳监管实践之间的差距，它反映了一个经济体相对于最佳监管实践的位置，可以在相当程度上反映一国营商环境的状态和水平，分数越高，表明该国的营商环境越好。从图 13－2 中可以看出，2014—2018 年我国的营商环境便利度分数呈连续上升趋势，5 年总共提升了 11.06 分，而 2014—2017 年的提升为 2.71 分，仅 2017—2018 年 1 年的提升就达到 8.35 分，这表明党的十九大之后我国全面提升营商环境的改革已经取得了成效。

《营商环境报告》不但测度了各国在世界范围内的营商环境便利化指数和排名变化，更具体分析了包含了 10 项指标在内的营商环境不同方面变化情况。图 13－3 至图 13－12 分别给出了影响营商环境发展和变化的 10 个具体方面：开办企业、执行合同、获得信贷、建设许可、获得电力、财产登记、保护投资者、纳税、跨境贸易以及办理破产。

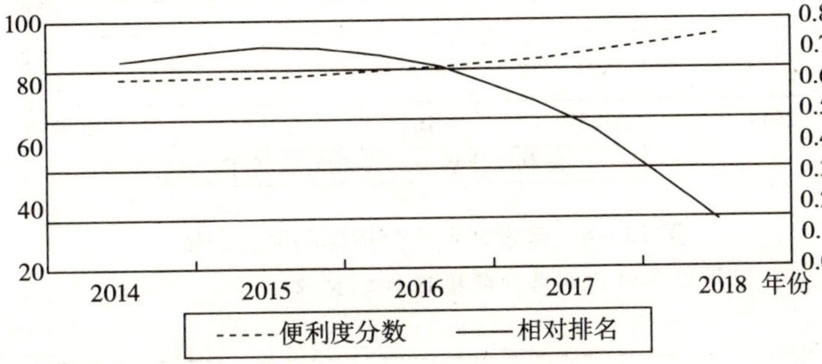

图 13－3　开办企业的分指标测度及变化

资料来源：根据世界银行《营商环境报告》整理。

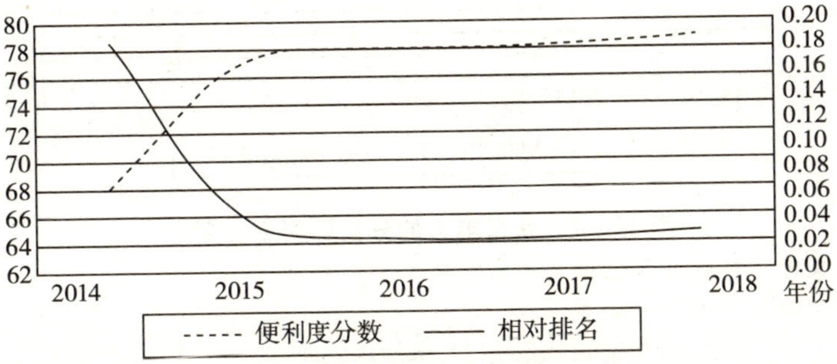

图 13－4　执行合同的分指标测度及变化

资料来源：根据世界银行《营商环境报告》整理。

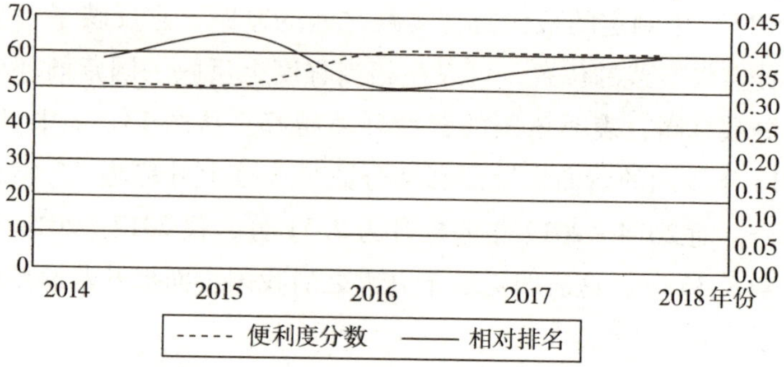

图 13－5　获得信贷的分指标测度及变化

资料来源：根据世界银行《营商环境报告》整理。

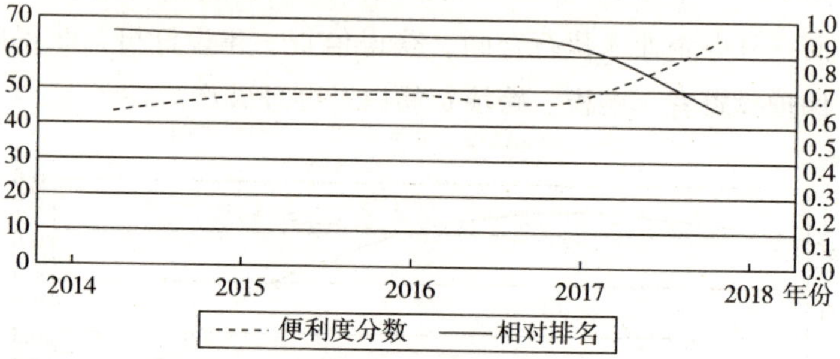

图 13－6　建设许可的分指标测度及变化

资料来源：根据世界银行《营商环境报告》整理。

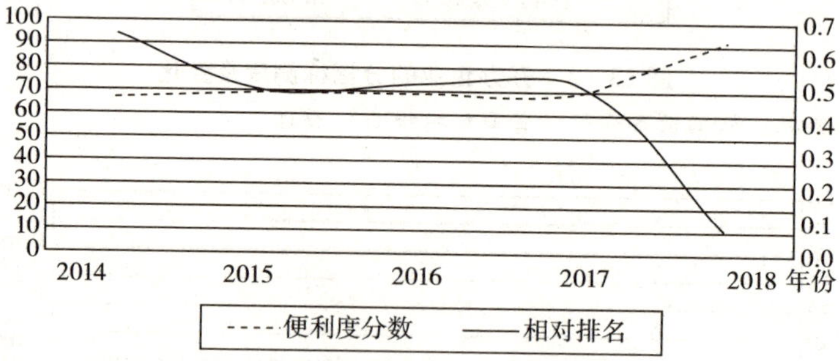

图 13－7　获得电力的分指标测度及变化

资料来源：根据世界银行《营商环境报告》整理。

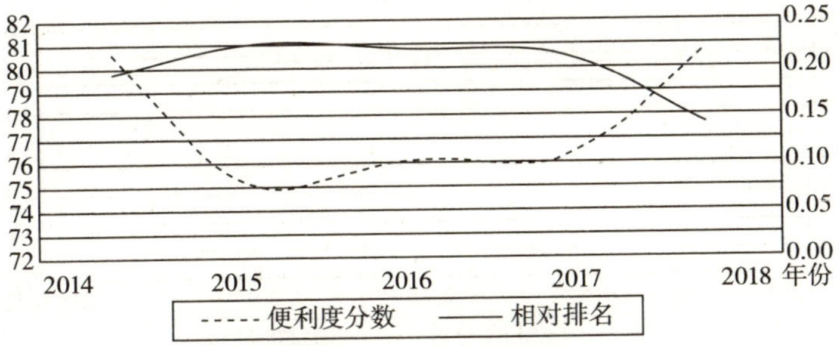

图 13－8 财产登记的分指标测度及变化

资料来源：根据世界银行《营商环境报告》整理。

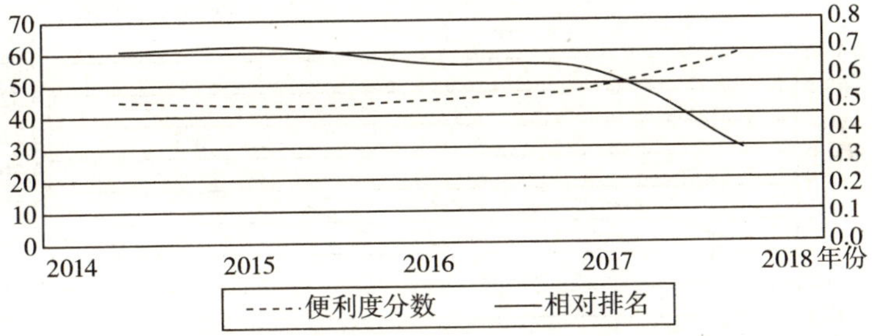

图 13－9 保护投资者的分指标测度及变化

资料来源：根据世界银行《营商环境报告》整理。

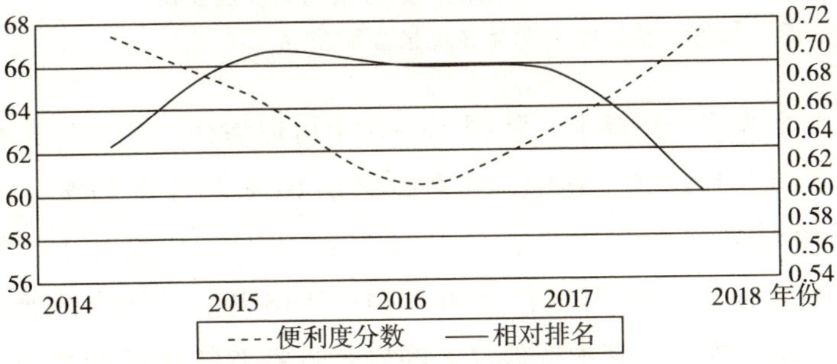

图 13－10 纳税的分指标测度及变化

资料来源：根据世界银行《营商环境报告》整理。

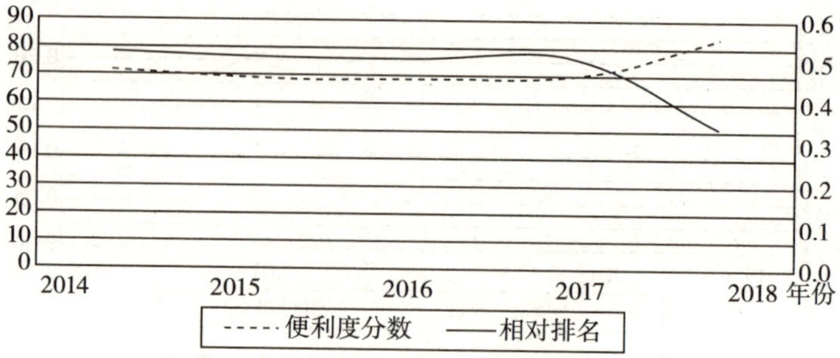

图 13－11　跨境贸易的分指标测度及变化

资料来源：根据世界银行《营商环境报告》整理。

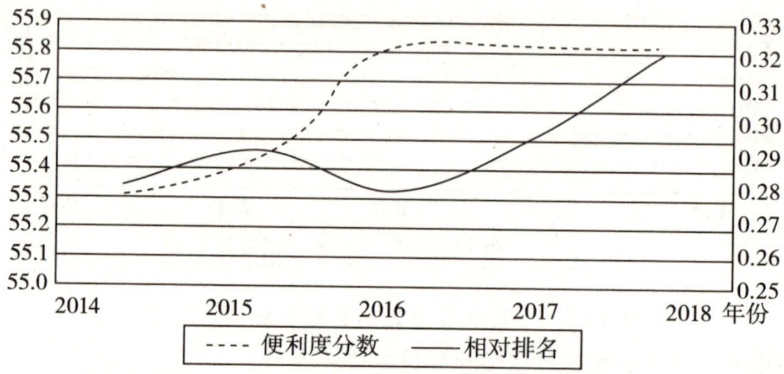

图 13－12　办理破产的分指标测度及变化

资料来源：根据世界银行《营商环境报告》整理。

在开办企业这一指标上，从图 13－3 中可以看出，相对排名和便利度分数都呈现出上升趋势。其中，相对排名从 67% 上升到 14%，仅 2017—2018 年的相对排名提升 34%，便利度分数五年间共提升 16.09 分，仅 2017—2018 年提升 8.05 分。这表明 2014—2018 年，我国在注册企业的便利度方面有显著提升，其中成效显著的提升主要来自 2017 年之后开展的在企业注册手续、时间、成本以及最低实缴资本上的简化和压缩。在执行合同这一指标上，从图 13－4 中可以看出，5 年总体呈现出排名和便利度分数都上升的情况下，2014—2015 年这两项指标上升明显，相对排名上升 14%，在得分上增加 9.35 分。这表明在执行合同的成本、耗费的天数以及司法程序质量方面的改善在 2014—2015 年最为显著，而 2015—2018 年虽然便利化得分略有上升，但相较于前一阶段的变化很小，而且相对排名略有下降，这表明在合同执行这一指标上的改进措施效果不明显，但由于绝对排名已经处在所测度经济体的前 10 位，合同执行上的改进空间有限。

在获得信贷这一指标上，相对排名在 2014—2018 年的变化不太明显，2018 年的绝对排名相对于 2014 年有所下降，但便利度得分则呈现出明显上升的趋势，其中变化最显著的是 2015—2016 年，在获得信贷的便利度上提升 10 分，之后则维持在 60 分左右。这表明我国近年来在信贷信息深度和普及率、信贷覆盖率等涉及信贷获取方面的政策落实和措施的效果还不深入，需要进一步改进。在建设许可这一指标上，相对排名和便利度分数都呈现出总体上升趋势，但变化最明显的是 2017—2018 年，两个指标的变化分别提升 31% 和 21.41 分，这可能是由于十九大之后采取的相关政策措施对于办理施工许可证上的手续、时间以及成本等方面的改进起到了较大的成效。

在获得电力这一指标上，相对排名和便利度分数在测度期内分别上升了 58% 和 25.66 分，政策提升效果显著。其中，2017—2018 年这两项指标的上升就达到 44% 和 23.18 分，这表明进入新时代以来的相关政策在压缩获得供电时间、成本，以及提升电费透明和供电可靠性等方面是存在显著效果的。在财产登记这一指标的测度上，整体排名有所上升但不明显，5 年的排名仅上升 5%，而便利度分数在测度期内基本没有发生变化，还呈现出显著下降的情况，这表明当前的政策对于落实财产登记程序在时间、成本以及土地管理质量等方面还存在严重不足，需要进一步深化财产登记制度改革。

在保护投资者这一指标的变化上，便利度和相对排名都表现出较好的走势，二者在测度期内都表现为稳步上升的趋势，便利度分数上升 15 分，相对排名上升 36%，其中 2017—2018 年两项指标的上升分别达到 11.67 分和 26%。这表明进入经济发展的新常态以来，在改善信息披露程度、保障股东权利等有关投资者保护的相关方面改革成效显著，在进入高质量发展阶段以来，这些方面的改善更为明显。在纳税便利程度方面，相对排名在 2015 年之后开始上升，而便利度分数则在 2017 年之后才呈现出显著上升趋势，但相对于 2014 年并没有显著上升。此外，自 2016 年之后便利度分数上升与排名上升趋势相吻合，表明我国在纳税和报税流程简化、时间和成本节约等方面的改革存在一定的效果。

在跨境贸易这一指标上，2014—2017 年的便利度分数和排名都变化不大，而 2017—2018 年二者提升显著，分别达到 12.68 分和 16%，这表明在高质量发展的总目标下，关于跨国贸易中的证照审核、进出口时间和成本等方面的改革取得了实质性的成果。在办理破产方面，营商环境便利度分数的变化和相对排名的变化都不显著，且呈现出不同步的特征。首先，在相对排名上，总体呈现出下降趋势，5 年下降了 4%，在 2014—2016 年呈现出先下降后上升的趋势，2016—2018 年则呈现出排名持续下降的状态，其间排名下降了 4%。其次，在便利度分数的变化上，总体呈现出上升的趋势，5 年上升了 0.51 分，而在 2014—2016 年上升了 0.51 分，2016—2018 年连续 3 年都维持在 55.82 分。这表明企业在办理破产清算方面，在压缩办理流程、办理时间和成本的改革上还存在明显不足。

综上所述，我国营商环境的发展呈现出总体优化的态势，特别是自 2017 年之后，包括开办企业、获得建设许可、获得电力、财产登记、保护投资者、纳税优化和跨境贸易在内的 7 个方面都有显著改善。在执行合同方面，在 2017 年之前基本已经完成主要改革，因此 2017 年之后的总体排名和便利度分数维持在较高水平，只有获得信贷和办理破产两个方面还存在改革不到位和政策落实效果方面的问题，其中，在办理企业破产清算方面还表现出明显下降的趋势，这表明现行的有关这一方面的改革可能存在与实际状况不相符而导致的反向作用的问题。

13.2 中国高质量营商环境建设现状评价

在本部分采用调查问卷的方式收集数据，对我国当前建设高质量营商环境的现状和问题进行分析和评价。

13.2.1 问卷概况

以营商环境评价和改善为目标，以“简政放权、放管结合、优化服务”为问题导向，本章设计的《营商环境调查问卷》其中共包含 32 个相关问题，以期对我国营商环境发展的现状进行分析和评价，并进一步总结出营商环境转向高质量发展过程中存在的制约因素。本次调研总共收回有效问卷 491 份，样本分布如表 13－1 所示。

表 13－1 样本分布

地区	东部		中部		西部	
	数量	%	数量	%	数量	%
	85	17.3	25	5.1	381	77.6

续表

行业	第一产业		第二产业		第三产业	
	数量	%	数量	%	数量	%
	11	2.2	111	22.6	369	75.2
企业	国有		私营		混合所有制	
	数量	%	数量	%	数量	%
	259	52.7	181	36.9	51	10.4

资料来源：根据《营商环境调查问卷》整理。

根据问卷结果统计，对当前我国营商环境持肯定态度的占33%，认为营商环境状况一般的占54%，但仍有13%的受访者对于当前营商环境持否定态度，可见我国营商环境的发展还存在较大的进步空间。

13.2.2 中国营商环境的发展现状

本次调研通过问卷中的29个问题对我国在营商环境改善的“放、管、服”三方面发展给出了评价。采用单项出现频率占比来判断企业对于当前影响营商环境的某一问题的具体看法和认识。政府是提升营商环境的主体，营商环境的改善主要来自政府在“放、管、服”方面的改革和努力，而企业作为生产经营的主体，其经营活动也关系到营商环境的提升。

（1）政府层面的改革现状和评价

这一部分主要对涉及简政放权、放管结合和优化服务的改革进行分析和评价。

1）简政放权方面的改革现状和评价

对于当前我国在简政放权改革上的总体评价以及存在的不足如图13-13所示：

从图13-13中可以看出，认为行政审批制度改革（减少审批事项、缩短审批时间、简化审批流程）成效较大的占28.1%，认为投资审批及中介服务改革（取消和下放投资审批权限、清理规范中介服务）成效较大的占11.5%。认为清单制度改革（权力清单、责任清单）成效较大的占9%，认为清理涉企收费（减轻企业负担、减免涉企收费）成效较大的占9.7%。认为清理职业资格许可认定（排查清理职业资格认定）改革成效较大的占9%，认为商事制度改革（“五证合一、一照一码”“工商登记全程电子化和电子营业执照”“微信办照”自贸区、“多证合一、多项联办”“企业简易注销”“企业名称自主申报”

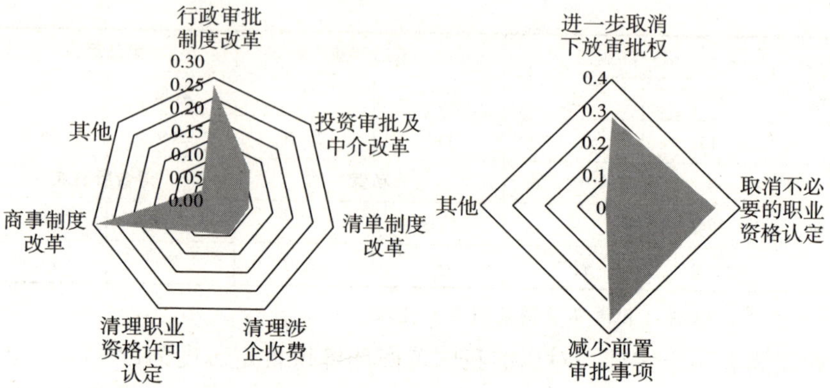

图 13－13　简政放权改革现状与评价

资料来源：根据《营商环境调查问卷》整理。

“先照后证”等）成效较大的占 29.3%；在进一步推进简政放权改革方面，有 28.7% 的受访者认为需要进一步取消下放审批权，33% 的受访者认为要取消不必要的职业资格认定，36.6% 的受访者认为需要减少前置审批事项，1.7% 的受访者认为还可以在简政放权与服务质量提升、信息公开、落实监督等方面进一步强化。

在中介服务改革过程中，52.7% 的受访者认为存在第三方的不合理收费，这表明在优化服务的过程中中介改革效果需要进一步提升。在项目审批过程中，仅有 39.9% 的受访者认为审批过程中会随机出现新的评估事项，大部分的受访者认为项目审批的改革已经取得明显成效。

综上所述，本次问卷调研关于简政放权改革的评价中，成效最大的是行政审批制度改革和商事制度改革，而其他方面的改革均存在成效不足的问题。因此，在未来进一步落实简政放权方面，取消前置审批事项、取消相关资格认定以及在下放审批权的取消方面有较大的提升空间。

2）优化服务方面的改革现状和评价

在涉及政府优化服务方面，75.2% 的受访者认为部门为企业办事效率存在一定的提升，18.5% 的受访者认为相较于之前，部门办事效率没有变化，6.3% 的受访者认为政府部门办事效率出现了下降。其中，认为办事效率提升较大的占 11.4%，有一定程度提高的占 63.7%，表明我国在政府优化服务方面的改革确实有较大的成效。

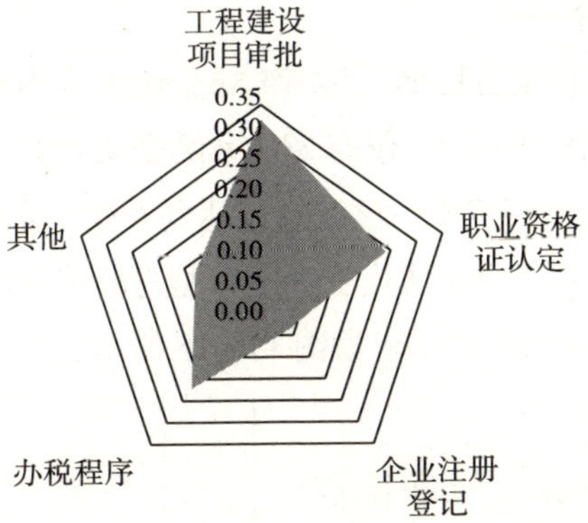

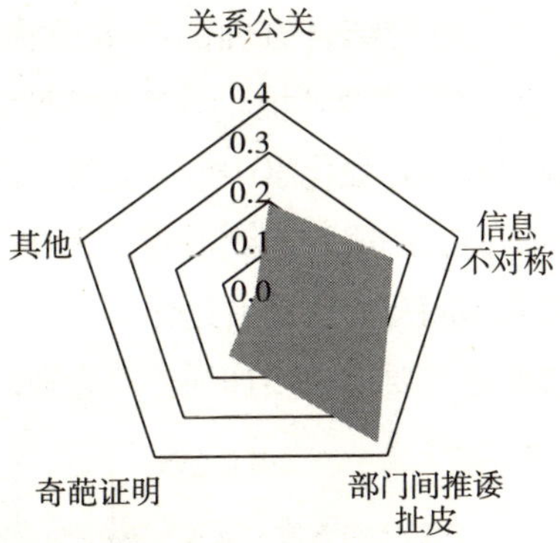

图 13－14　优化服务改革现状与评价

资料来源：根据《营商环境调查问卷》整理。

从图 13－14 中可以看出，在涉及优化服务的评价指标中，有 32.3% 的受访者认为企业在工程建设项目审批中遇到的阻碍比较严重，24% 的受访者认为在生产经营过程中的职业资格认定环节遇到阻碍较为严重，8.6% 的受访者认为在企业注册登记过程中耗费时间较长、成本较高，22.1% 的受访者认为在企业纳税环节存在的阻碍较大，另有 12.9% 认为开办和注销企业、相关证照办理难以及主管部门权责不清等问题是阻碍政府进一步提升服务效率的原因。在分析阻碍政府为企业服务的原因时，19.5% 的受访者认为关系公关是主要原因，26.3% 的受访者认为部门和企业之间存在的信息不对称是造成服务效率低下的原因，在部门间相互推诿责任以及冗杂的证明上，分别有 36.8% 和 14.2% 的受访者表示认同，剩余 3.1% 的受访者认为原因主要集中在部门不作为、资源不对称和政府官僚主义作风严重上。

在进一步优化服务方面，分别有 27.1% 和 26.4% 的受访者认为可以通过减少审批材料、审批环节以及提升信息共享程度的方式来提升政府部门在优化服务上的改革和努力，23.2% 和 22.2% 的受访者指出通过压缩审批时间、审批流程以及增加互联网自助办理等功能可以提升政府优化服务的水平。

综上所述，企业在政府办事过程中面临的最严重问题集中在工程建设项目审批上。此外，在职业资格认定和纳税上遇到的问题也是制约企业生产经营的主要方面，而究其原因，政府部门服务效率低下主要受制于部门之间权责不清、相互推脱和政企之间的信息不对称。

3）放管结合方面的改革现状和评价

在涉及营商环境改善的政府监管和放管结合层面，54.6%的受访者认为当前我国政府在强化事中事后监管中的表现比较一般，仅有33.6%的受访者对事中事后监管的成效感到满意，其中满意达到27.7%，很满意仅达到6%，对监管效果不满意的受访者达到11.8%，这表明当前在强化事中事后监管改革方面的力度还需要进一步加强。而企业对于强化监管的要求如图13－15所示。

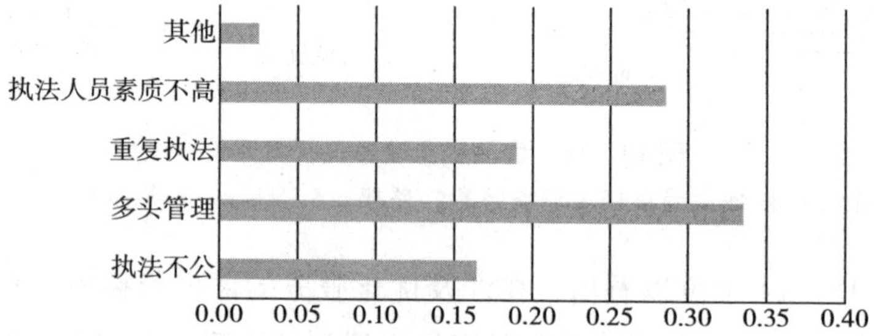

图13－15　事中事后监管存在的不足

资料来源：根据《营商环境调查问卷》整理。

从图13－15中可以看出，事中事后监管中存在的不足主要体现在执法不公、多头管理、重复执法以及执法人员素质偏低4个方面。其中，多头管理是影响监管效果和力度的最主要因素，有33.5%的受访者表示部门之间权责不清导致的多头管理已经影响了"放管服"改革的进程。另外，分别有28.6%、19%和16.4%的受访者表示执法人员素质低下、多部门之间的重复执法以及部门执法因人而异、执法不公的现象都需要在接下来的改革中进一步解决。

综上所述，我国营商环境在事中事后监管方面的改革还存在较大上升空间，其中首要解决的问题就是厘清政府各部门权责，避免多头管理的现象，同时对部门执法人员进行素质教育和培训，强化文明执法的观念。

（2）企业层面的改革现状和评价

企业的经营状况可以最直接地反映一国的营商环境，通过对企业经营过程中在成本层面和其他层面的约束进行分析可以为我国营商环境的改善提供方向。

1）企业经营成本方面的现状和评价

本次问卷中共有7个问题涉及对于企业经营中成本方面面临的约束进行评价。图13－16给出了企业运行面临的主要成本约束和原因。

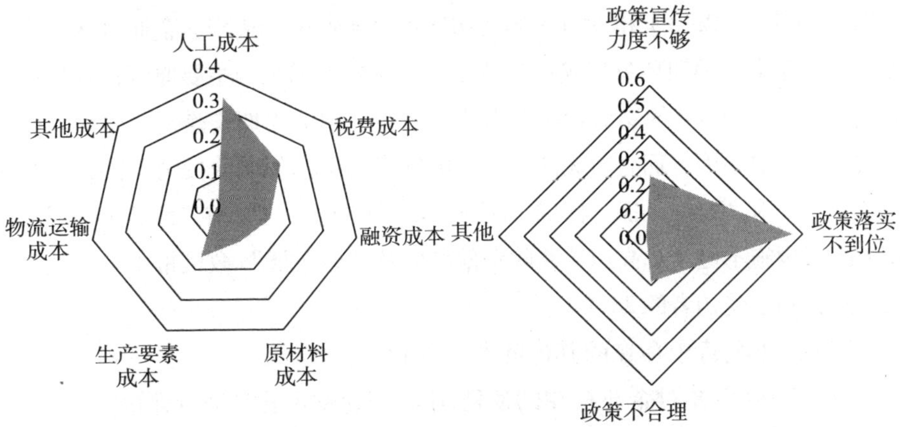

图 13－16　企业的生产成本及政策落实的制约因素

资料来源：根据《营商环境调查问卷》整理。

从图 13－16 中可以看出，33.2% 的受访者认为用工成本是企业发展面临的首要成本约束，而税费成本、生产要素成本、融资成本和原材料成本也在企业运行成本中占据较大比重，分别有 21.4%、15.9%、13.8% 和 10.8% 的受访者认为这些成本占企业总成本的比例最高，而物流成本的占比较小，只有 2.9% 的受访者认为物流成本占比最大。

企业成本约束较高的主要原因是政府降成本政策的落实不到位，而影响政策落实效果的主要原因是各基层政府对于政策的重视程度和落实程度与预期存在偏差，导致最终的效果偏离政策制定的出发点。在影响降成本政策的落实效果中，这一因素的影响达到 60%，而政策宣传力度小和政策本身不合理则只占到 23.8% 和 14.5%，这表明基层政府对于政策的重视程度和落实效果还需要进一步强化。

在企业成本方面的调查中，分别对用工成本、税费成本、融资成本、生产要素成本、物流成本较高的原因进行了分析。在影响企业用工成本的原因中，44.5% 的受访者认为企业用工成本过高是由于企业生产经营困难导致的社保负担较重，31.1% 的受访者则认为“五险一金”的缴费基数太高，而认为员工工资偏高和最低工资标准偏高的只占 9.8% 和 6.3%；在影响企业税费成本的调查中，前三位最重要的影响因素分别是涉企减免收费力度小，优惠幅度不大、相关部门对税费减免政策落实不到位和相关手续烦琐，企业未申请减免政策，分别占到了受访者的 18.4%、16.5% 和 16.7%；在影响企业融资成本的原因中，分别有23.7%、22.3%和20.1%的受访者指出融资渠道狭窄、企业直接融资难度大和企业贷款中间环节与成本多是导致企业融资困难的主要原因；在生产要素成本方面，40.9%的受访者指出用地价格高、用地周期长是造成生产要素成本偏高的主要原因，而企业无法享受用电优惠与部门强制收费情况的存在分别占了21.5%和30%；在影响物流运输成本的因素中，排在前三位的影响因素是物流配套设施不健全、高速公路收费偏高以及“营改增”政策带来的影响，三者分别占到了受访者的28.4%、27.8%和15.6%。

2）企业经营中存在的其他问题及评价

这一部分主要对企业存在的遗留问题、债务问题等进行评价。

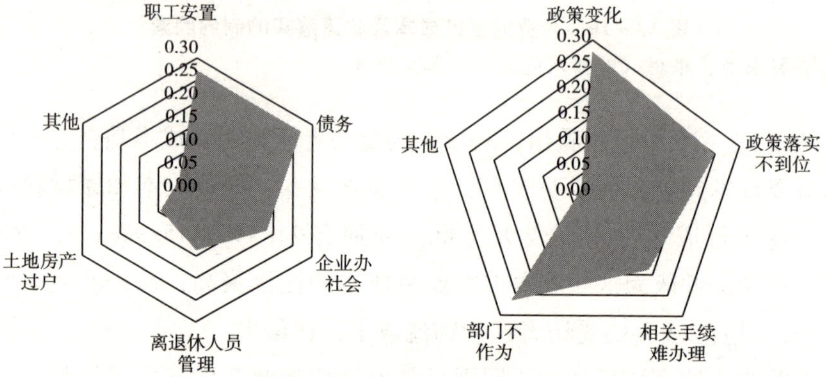

图13－17　企业遗留问题及原因

资料来源：根据《营商环境调查问卷》整理。

从图13－17中可以看出，在企业遗留问题中，按照占比排序分别为职工安置不彻底（27.2%），债务破解难（27%），企业办社会职能难分离（18.3%），企业离退休人员社会化管理难到位（13.7%），和企业改制后土地、房产难过户（9.4%），也有受访者提出了决策程序长、管理人员能力不足等原因；在导致遗留问题的具体原因中，政府政策发生变化、部门不作为和慢作为以及优惠政策落实不到位是3个最主要的原因，分别占受访者的27.7%、26.5%和25%，土地、贷款等手续难于办理占18.7%，其他原因占2.1%。进一步发现在企业改制过程中，只有48.9%的企业资产核查是符合标准和相关规定的，51.1%的企业存在资产核查不规范、不彻底的问题，这表明资产核查及监管需要强化。在企业用地方面，只有11.6%的企业用地没有取得国家土地许可，绝大多数企业在用地上还是能够遵守规章、合法用地的。

面对政府违规违法造成的遗留问题，企业会采取不同应对方式去解决，减少损失，其中寻求法律手段来解决的企业最多，占 31.4%，寻求支持和私下协商的方式解决问题的企业分别为 22.6% 和 21%，调研发现，还有 22% 的企业在面对强势政府时会选择忍受损失。进一步探索发现，制约企业当前发展的主要遗留问题是优惠政策、财政补贴未按协议和合同承诺兑现落实到位（37.3%），以及政府配套设施和服务未落实到位（34.8%）。另外，也有 23.9% 的企业存在土地使用证、房产证等相关证件和手续应办却未办的问题。

在企业债务方面，认为企业存在“三角债”的受访者中，银行贷款难、社会融资过程中的资金链断裂以及合作企业未能按时支付资金被认为是 3 个最主要的原因，分别占 23.2%、26.8% 和 25.3%，而政府承诺资金未按期拨付导致的债务问题占比较低，为 19.6%。

在企业对员工的社会保障方面，在存在拖欠职工费用的企业中，其他福利、社会福利和职工工资成为企业最易拖欠员工的费用，分别占受访者的 26.5%、24.8% 和 24.7%，而在企业职工入股分红和企业向个人贷款的偿还上的拖欠较少，这一结果也与受访者所在企业存在的企业向个人贷款、职工入股分红较少有关。通过进一步分析社会保险可以发现，在企业未为职工缴纳的社会保险中住房公积金的占比最高，失业保险、工伤保险和生育保险未缴纳的占比都在 17% 左右，养老保险和工伤保险的缴纳程度最高。由此可见，多数企业对于承担现有“五险一金”的缴费基数存在压力，因而为减少用工成本，企业在为职工缴纳社会保险方面存在缺漏。

综上所述，对于我国企业发展的法治环境、保障企业合法权益方面的总体评价中，持满意态度的为 32%，对当前法治环境在保障企业合法权益方面的效果持一般态度的为 54%，只有 14% 的企业对当前的法治环境持否定态度，这表明我国在当前企业发展的法治环境层面还有待进一步改进。

13.3 中国建设高质量营商环境的制约因素分析

从世界银行的数据和调查问卷数据的分析出发，我国当前建设高质量的营商环境面临的主要制约因素体现在以下几个方面：

13.3.1 营商环境便利化程度低，政府服务优化有待改善

在世界银行的《营商环境报告》中，通过对比我国2014—2018年的各相关指标排位和营商环境便利度分数变化与本次问卷调研中所体现的企业在相关方面的指标可以看出，在开办和关闭企业、职业资格认定、纳税等方面存在明显的滞后和不足，这可以归纳为在政府“放管服”过程中对于便利化的营商环境提升力度还不够。在“放管服”改革过程中，简政放权、放管结合和优化服务方面均有较大的提升空间。简政放权的改革不够深入导致企业在注册和纳税等后续经营过程中的手续、时间等成本上大幅上升，降低了本国企业发展活力和外国企业进入我国开展营商活动的积极性；放管结合过程中，部门之间的权责不清楚所导致的在监管中的多头执法、重复执法会提升企业经营的相关成本，造成企业经营困难，从而导致地区企业活力下降，拉低营商环境的总体水平；在优化服务过程中，政府对于减少材料审批环节和流程、信息公开和共享等具体服务事项上的优化力度小，对建设互联网政务服务平台的滞后性导致我国在建设高质量发展的营商环境方面相较于国际发达国家落后。总体来看，我国在建设高质量营商环境的过程中，部门服务的便利化程度较弱，现代化科技的引入程度还不是很高，成为制约我国营商环境改善的重要因素。

13.3.2 营商环境法治化强度弱，企业权益保障有待改进

相关法律和市场法规的建立有助于形成完整的法治化市场体系，对政府部门在监管过程中的具体行为产生制约，并在政府违法违规操作对企业造成损失和妨碍时对企业的合法权益进行保障。从世界银行《营商环境报告》和本次调研中对相关问题的测度中可以看出，我国当前在对营商环境中法治化程度的调查中有一半以上的企业对法制环境和保护企业合法权益的改革效果不满意。同时，在深入调查中发现，法治化程度的削弱会导致部门在执法过程中随机行为的产生，扩大执法不公、有法不依的部门违规执法的可能性，同时给企业在应对侵权执法、维护自身合法权益方面造成不良影响，在市场上形成一种忍受损失和私下协商的不良维权机制。综上所述，法治化程度的弱化会从企业和政府两方面同时弱化营商环境：从企业角度出发，受制于长期的执法不公而造成的维权意识和维权行动低下，企业运行中增加的无形损失会降低企业从事生产经营的动力，从而削弱地

区企业活力、降低营商环境质量；从政府部门的角度出发，法治化程度的弱化会导致部门服务效率的低下和执法的扭曲，通过服务和执法过程中对企业的区别对待、腐败等行为降低了部门信用度，对外部企业进入本地形成逆向激励，从而削弱了营商环境的高质量发展程度。

13.3.3 营商环境国际化进程慢，跨境贸易质量有待提升

企业跨境贸易的改善是一国营商环境的重要衡量指标，从世界银行的《营商环境报告》和本次问卷中对相关问题的分析可以看出，我国跨境贸易的相对排名和便利度分数虽然在近年来有所上升，但相对于世界发达经济体仍处在落后水平，从经济体量的角度来看，我国在跨境贸易和营商环境的国际化程度方面还存在较大的提升空间。具体来看，我国的对外贸易数量巨大，但在相关国际贸易规则的制定和实施上还存在缺陷，营商环境国际化方面的改革程度不够深入导致落后和封闭的贸易制度继续存在，阻碍跨境贸易的顺利进行，增加了企业在贸易过程中的制度成本耗费。另外，在面对贸易中产生的国际摩擦上，由于本地制度标准与国际贸易制度标准存在的不接轨会导致贸易摩擦的解决在时间上和成本上都远高于世界发达经济体，因此，国际贸易的效率也会有所降低。最后，在国际贸易规则的制定上，话语权的缺失是造成我国营商环境国际化程度不高的另一个原因，经济实力决定贸易规则制定的话语权，而我国当前明显还存在着经济实力已经显著提升而在国际贸易规则制定方面的主动性不强的现状。客观地看，这种贸易规则上话语权的缺失对我国企业在解决外贸摩擦时会产生负面影响，对本国企业的外贸发展激励作用有限。

13.3.4 营商环境改革理念不深，基层政策落实有待深入

通过问卷分析发现，另一个制约当前营商环境向高质量转变的因素就是基层政府部门对于营商环境改革的认识和理念不够深入，政策制定预期效果和实际落实效果偏差大。营商环境转向高质量发展是十九大以来建设高质量经济发展体系的一个重要方面，而各基层部门对于这种理念的认识程度不同导致的最直接后果就是企业在运行中难以体验到政府政策的优惠性。在本次问卷关于制约企业当前发展的主要遗留问题中，有相当一部分受访者认为政府配套设施和服务没有落实到位，优惠政策以及财政补贴等未按协议执行。从企业成本角度出发，进一步在对具体政策落实的调查中

发现，政策本身的出发点与基层落实效果存在显著差异是最终影响企业降成本政策实施效果的主要原因。对于改革理念的认识和重视程度不够导致基层政府对政策解读和执行与预期存在偏离，由此引致的企业成本降低难和政府部门信用低导致了地区营商环境改善的效果有限，对外部企业进入本地区开展生产销售活动的吸引力减弱会降低本地区经济增长水平和向高质量转变的速度。

13.4 中国发展高质量营商环境的路径选择与建议

从以上分析可以看出，虽然我国的营商环境总体上呈现出稳步上升的趋势，尤其是在进入新时代的高质量发展阶段以来，营商环境的提升呈现出明显改善的状态，但综合本次调查的结果来看，我国在营商环境的便利化、法治化和国际化程度方面还存在较大的提升空间。

13.4.1 以政府转型为手段，打造便利化营商环境新平台

政府部门的转型是进入新时代以来“放、管、服”改革的出发点和着力点，是实现服务效率提升、打造透明政务环境、提升营商便利化的重要方面。政府是营商环境改善的主体，因此，提升营商环境便利化程度主要从政府方面入手。

首先，通过转变政府目标和发展环境来提升政务环境。第一，从管理型政府向服务型政府转变。进入新时代以来，经济发展的目标已经从如何更快地发展转向如何更好地实现高质量的发展，因此，政府职能转变也应该对地方经济的发展从引导和管理转向提升服务，通过引进现代技术手段促进“互联网+”、大数据应用与线上政务服务平台的相互融合，增强在线服务的功能和质量，提升自助服务水平，同时重视部门实体服务平台的建设，将二者结合减少政务服务的时间和程序，提升企业办事的便利水平。第二，全力打造透明型政府。透明型政府意味着政府所拥有的相关数据和文件对民众进行开放，也意味着办事程序和流程的透明化。透明政府的建设一方面可以对政府拥有的资源进行共享，另一方面也可以将行政权力的运用暴露在阳光之下，减少权力寻租现象的发生。其次，通过行政审批制度改革提升企业营商便利化水平。深化行政审批制度改革，从部门间的合理分工出发，精简和取消不必要的审批事项，优化审批流程，降低审批成本。大力推进“证照合一”“微信办照”“先证后照”等商事制度改

革，在加强部门内部及上下级部门之间交流合作的基础上，全面规范服务审批全过程，提升审批服务效率。

13.4.2 以制度完善为保障，开创法治化营商环境新局面

建设公平正义的法治环境是营商环境质量全面提升的重要保障，法治环境的好坏影响到政府部门执法的公平性和企业创新活动和生产经营活动的积极性。

首先，强化有利于企业知识产权保护的法治环境建设。企业稳定的运行来自持续不断的创新活动推进，而在全球经济一体化的背景下，创新更成为决定一国经济发展和结构优化的关键。而创新活动的不断进行则有赖于对企业知识产权的保护，通过建立完备的知识产权保护制度确保企业对于创新专利的独占性，使企业创新活动的收益得到保证，从而提升企业创新的积极性，为我国转向高质量发展提供基础和动力。其次，非诉讼机制的建立有助于提升法治化环境的水平。企业在本地贸易和跨境贸易中与其他企业产生的摩擦是影响企业正常经营的重要因素，而在通过法律途径解决冲突之外，商事纠纷机制的建立有助于通过非诉讼手段对贸易摩擦进行解决，通过协商和调解等手段对纠纷进行解决可以实现对涉事双方最小的成本损耗。同时，通过设立专职的商事纠纷调解机构作为落实商事纠纷机制改革的出发点，分类别和严重程度对纠纷案件进行快速判断和处理，从减少摩擦层面切实提高法治环境建设。

13.4.3 以意识深化为基础，创造市场化营商环境新态势

良好和运行有序的市场环境为企业和企业家提供了公平竞争的平台，通过对改善营商环境和尊重市场规律的意识进行深化，可以实现政策落实效果与预期目标的一致，同时构建竞争、有序的市场环境。

首先，提升营商环境改革和尊重市场机制的意识。通过对基层政府部门和人员进行培训和宣传提升对于发展高质量营商环境改革的重要性的认识，同时提升政策落实效果，确定政策目标效果与最终基层落实效果的一致性。另外，要充分发挥市场机制在资源配置和其他方面的主动性作用，政府在进行宏观调控的同时充分尊重市场规律，对市场主体的监管和服务公平对待，不滥用政府权力保护特定企业。其次，建立市场准入的负面清单制度。一方面，降低市场准入的门槛，对于法律允许可以进入的领域，

消除不必要的准入限制，确保合规企业的进入不会受到阻碍；另一方面，强化市场准入机制的公平性，对于非特殊行业和领域，确保不同类型企业都有进入机会，强化对国内、国外资本以及官方和民间资本在竞争机会上的公平性。最后，建立健全市场监管机制。通过制定合理的监管流程、手续等，进一步明确部门权责和权限，并结合互联网技术等新型技术手段，对市场主体在经营活动中开展的各种事项进行实时监管，实现监管的规范化和现代化，提升监管效率。

13.4.4 以规范标准为目标，实现国际化营商环境新格局

营商环境的国际化程度改善可以通过制定符合国际化标准的营商规则体系以及自贸区的建设来推进，而增强国际贸易中标准交易规则制定的话语权是促进营商环境的重要途径。

首先，制定符合国际标准的营商规则体系。在当前我国进行的国际贸易中，应在国际通行的WTO贸易规则内进行谈判、制订合同以及解决贸易摩擦，对国内已经存在的与国际贸易规则体系相关的制度进行修订，主动引入国际通行的行业规范和标准。其次，积极推进自贸区的建设。积极引进外国企业和投资者进入自贸区开展经商活动，不断加大自贸区建设的试点，充分发挥自贸区优势，降低贸易关税和其他壁垒，推动自由贸易的开展。同时，利用自贸区优势积极开展与其他国家的经贸合作，积极发展与“一带一路”周边国家的贸易，在实现产品出口的同时实现双方的技术交流和优势互补。最后，不断提升我国在制定国际贸易规则中的话语权。随着我国经济实力的不断提升，企业应当主动争取在国际贸易规则制定中的话语权，积极参与国际规则的制定，提升我国在国际标准制定上的影响力，建立符合时代发展变化并有利于我国外贸发展的规则体系来提升我国的营商环境在国际上的竞争力。

参考文献

[1]杨志勇,文丰安.优化营商环境的价值、难点与策略[J].改革,2018,296(10):715.

[2]李军鹏.改革开放40年:我国放管服改革的进程、经验与趋势[J].学习与实践,2018(6).

[3]冯杰.深化“放管服”改革,优化税收营商环境[J].中国行政管理,2018,400(10):147－149.

[4]娄成武,张国勇.基于市场主体主观感知的营商环境评估框架构建——兼评世界银行营商环境评估模式[J].当代经济管理,2018,280(6):66－74.

[5]张波.企业营商环境指标的国际比较及我国的对策[J].经济纵横,2006(10).

[6]张景华,刘畅.全球化视角下中国企业纳税营商环境的优化[J].经济学家,2018(2):54－61.

[7]周清杰,张志芳,王石磊.世行评价框架下我国营商环境分析[J].中国市场监管研究,2018,312(10):27－32.

[8]董彪,李仁玉.我国法治化国际化营商环境建设研究——基于《营商环境报告》的分析[J].商业经济研究,2016(13):141－143.

[9]魏下海,董志强,张永璟.营商制度环境为何如此重要?——来自民营企业家“内治外攘”的经验证据[J].经济科学,2015,37(2):105－116.

[10]宋林霖,何成祥.优化营商环境视阈下放管服改革的逻辑与推进路径——基于世界银行营商环境指标体系的分析[J].中国行政管理,2018(4):67－72.

[11]江静.制度、营商环境与服务业发展——来自世界银行《全球营商环境报告》的证据[J].学海,2017(1).

[12]董志强,魏下海,汤灿晴.制度软环境与经济发展——基于30个大城市营商环境的经验研究[J].管理世界,2012(4):9－20.

[13]李玉梅,桑百川.中国外商投资企业营商环境评估与改善路径[J].国际经济评论,2018(5).

14 新时代中国高质量发展的政府治理

鉴于创新在实现高质量发展中的重要作用，本章利用2000—2016年全国28个省、直辖市和自治区的省际面板数据，对行政垄断与自主创新之间的关系及其影响路径进行了实证检验。结果发现，行政垄断不仅抑制了自主创新，还通过扭曲资本和人力资本在所有制之间的配置进一步制约了我国自主创新水平的提升。那么，打破政府垄断、矫正要素价格扭曲、实现资本和人力资本在不同所有制企业间的合理配置，将是提高自主创新、实现高质量发展的重要条件。

14.1 引言及文献综述

党的十九大以来，党和政府多次在公开场合强调中国的经济发展已经进入了新时代，其基本特征就是我国已由高速增长阶段转向高质量发展阶段。从实现高质量发展的途径来看，创新是引领发展的第一动力，是建设现代化经济体系的战略支撑，在中国经济发展逐步由投资驱动向创新驱动转型的关键期，如何有效配置创新资源，成为中国新常态下经济可持续增长亟须解决的问题。但从我国经济现实来看，自主创新成为制约高质量发展的重要瓶颈。根据张杰、周晓艳（2011）的测算，1998—2007年中国本土企业的创新研发投入强度平均只有2.48%，其中，民营企业的创新研发投入强度平均为2.66%，民营企业中只有11.46%的企业有创新研发投入活动；国有企业的创新研发投入强度平均为1.70%，国有企业中只有12.67%的企业有创新研发投入活动。总体上看，我国本土企业的自主创新水平严重滞后于经济发展的现实需求，提高自主创新水平、实现创新驱动发展战略在很大程度上存在“理论上重要、实践中滞后”的不对称情形。

那么，应该如何理解现阶段的自主创新困局呢？

部分研究文献强调融资约束对企业 R&D 投入和自主创新的抑制作用。认为（现代）企业的创新活动需要巨额前期投入和沉淀成本，这使得企业不得不借助于银行、证券机构等外部渠道进行融资，但企业研发机构和外部金融机构之间的信息不对称将导致严重的“代理成本”，进而产生融资约束，并最终影响企业的 R&D 投入和自主创新水平。然而，对于像中国这样的转型经济体而言，融资约束对于不同类型企业（国有企业和非国有企业）的影响却存在着差异，即大量中小企业（包括私营企业和集体企业等非国有企业）存在着广泛的融资约束，国有企业则不存在（张杰等，2012）。国有股的比重越低，创新活动的不确定性程度越高，企业的 R&D 投入和自主创新水平便越低（申慧慧等，2012）。

鉴于人力资本在创新中的重要作用，其他的研究文献则分析了制约我国自主创新水平提高的人力资本约束。其中，郭玉栋、杨栋（2007）分析了人力资本的“阈值”效应，认为人力资本只有积累到一定程度，实现一定的规模后才能起到促进自主创新的作用，人力资本对于自主创新具有“阈值效应”。总体来看，中国的人力资本虽然已经达到了模仿创新的规模，但还远未达到自主创新的规模。因此，人力资本对自主创新的作用还不太显著。高远东、花拥军（2012）则以人力资本的“异质性”为出发点，分析了人力资本“异质性”对企业自主创新水平的影响，其研究发现，中国人力资本层次结构较为低下，基础人力资本和知识人力资本通过尼尔森—菲利普斯机理影响自主创新和经济增长，技术人力资本和制度人力资本对自主创新的作用还不太显著。由于中国的人力资本结构层次低下，主要以技术和制度人力资本为主，故对于自主创新的提升作用还不太显著。赖德胜、纪雯雯（2015）则认为，人力资本可以被划分为政府和垄断型人力资本与市场型人力资本两类，政府和垄断型人力资本与自主创新的关系为负，市场型人力资本与自主创新的关系为正。在垄断型部门存在工资“溢价”的前提下，中国的人力资本广泛地分布于水利、公共设施管理、教育、金融、卫生和社会工作等行政垄断性部门中，市场化较高的部门人力资本则较少。因此，人力资本存在着行业（所有制）错配，进一步从整体上制约了自主创新水平的提高。

通过以上分析可以发现，要素（资本和人力资本）错配是导致我国自主创新水平低下的重要原因，但以上分析更像是对已有事实的描述而非原因，是什么因素引起了现阶段我国企业要素的错配，导致我国要素错配的制度性基础又是什么呢？沿着这个思路，本章强调行政垄断所导致的资本和劳动力错配才是导致我国自主创新水平低下的重要原因：一方面，信贷所有制歧视确保了国有企业的垄断地位，是行政垄断的重要表现形式；另一方面，行政垄断导致了垄断部门的工资“溢价”，进一步导致人力资本错配和自主创新水平低下。因此，行政垄断的程度越高，资本和人力资本错配的程度便越严重，自主创新水平也越低。为了验证这个判断，本章在对二者关系进行回顾的基础上，利用2000—2016年的相关数据对行政垄断和自主创新的关系进行实证分析，以期得出有益的结论。

本章剩余部分的结构安排如下：①第二部分对行政垄断与自主创新的关系进行理论分析，得出可供检验的研究假说；②第三部分利用2000—2016年的省际面板数据构建指标，并对相关的研究命题进行验证；③第四部分为结论和政策性建议。

14.2 行政垄断与自主创新的理论分析

本章认为，行政垄断是新常态下我国本土企业资本和人力资本（所有制）错配的重要制度基础，并进一步制约了自主创新水平的提高。行政垄断的程度越高，要素扭曲的程度便越高，企业的自主创新水平也越低。具体来说：

14.2.1 行政垄断与自主创新

技术创新可以使企业避免激烈的价格竞争，通过差异化战略制定垄断高价，是企业获得垄断地位和超额利润的重要方式。而在位的垄断企业为了维持既有的垄断地位，还会继续增加研发投入，从而在行业中维持自己的垄断地位。因此，垄断在一定程度上是有利于创新的。然而，与发达国家垄断企业通过制定高价谋求垄断利润不同，中国的垄断部门与政府相结合，表现出明显的行政垄断特征（褚敏、靳涛，2013等）。我们主要从垄断部门的产权属性和分布特征两个方面论述行政垄断对自主创新的抑制作用：第一，从产权属性来看，中国的垄断部门属于国有垄断部门，其经营决策更多体现的是政府的偏好。但从我国经济发展的实践来看，财政分权和“晋升激励”使得地方政府偏好于那些具有“低风险、见效快、收益高”特征的短期项目，而对具有“高风险、见效慢、高收益”的研发创新项目不感兴趣（魏婕等，2016）。因此，与竞争性企业相比较，中国垄断部门的创新激励较差。第二，从分布特征来看，在经过“抓大放小”之后，中国的垄断部门主要分布于能源、电力和水等关系国计民生的重要关键性领域，但这些领域的“外部性”较强，在正常的环境下缺乏“自生能力”，这使得政府不得不对这些部门进行“救助”，从而导致了这些部门的寻租行为和软预算约束，并最终降低企业的创新绩效（Huang and Xu，1998）。

结合以上论述，本章提出可供验证的命题1：

命题1：行政垄断程度越高，自主创新水平便越低。

14.2.2 行政垄断影响自主创新的路径：要素错配

随着市场化改革的稳步推进，政府干预经济的方式已经从“追求价格租金的行政垄断”转变为“扭曲要素价格的行政垄断”（于良春、余东华，2009）。在这一方式下，地方政府通过政府规制、行政命令获得行政垄断，并利用这些权力扭曲土地、金融等要素的价格来诱导资本和劳动力流向政府偏好的部门或产业，这将导致资本在不同所有制部门的错配与垄断部门的工资“溢价”，并最终引起人力资本错配。靳来群等（2015）发现，1998—2007年所有制差异带来的制造业全要素生产率（TFP）损失每年都在200%以上，其中，劳动力（人力资本）错配带来的TFP损失约为100%，资本错配带来的TFP损失约为50%。而从引起效率损失的原因来看，行政垄断是引起所有制差异所致资源错配的根本原因，行政部门通过设置市场进入壁垒、管制市场价格获得垄断势力，以及通过支配国有银行占主导的金融体系为国有企业带来较低的融资成本，从而实现国有部门高利润以及员工高福利，这不仅会引起资本要素的错配，同时还会导致国有部门的工资溢价和人力资本错配。

（1）行政垄断、资本错配和自主创新

从资本要素来看，银行信贷仍然是企业的主要融资方式，但中国的银行体系主要由国有银行所主导，其与政府、国有企业形成的千丝万缕的联系造就了政府的行政干预、国有银行的政治压力和国有企业的特殊地位，这三者的行为共同决定了资本在不同所有制部门间的错配——信贷所有制歧视。不同所有制企业之间的信贷资源错配问题的根本原因仍然在于政府的行政权力，地方政府的行政权力与国有银行的垄断地位相结合，是导致金融资源错配的深层次体制原因。卢峰和姚洋（2004）指出，虽然非国有部门对中国 GDP 的贡献超过了 70%，但它在过去几十年从银行获得的正式贷款却不到 20%，其余的 80% 则流向了效率较“低”的国有企业。国有企业在信贷资源的获取上具有“优先权”，银行还在抵押担保、还款期限上为国有企业提供诸多“便利”，中、小企业（非国有部门）面临着普遍的融资约束。在国有企业创新效率较低的前提下，信贷所有制歧视和融资约束将导致本土企业的 R&D 投入不足和自主创新能力“缺失”。戴静和张建华（2013）检验了金融所有制歧视、所有制结构和地区创新产出之间的关系，结果发现，国有经济比重越高的地区，地区创新产出便越低，金融所有制歧视和国有经济比重每提高 1 个单位，将导致地区创新产出分别下降 1.835 个和 1.418 个单位。张杰等（2012）还发现，融资约束对中、小企业的 R&D 投入和自主创新水平产生了负面影响，从而说明中国现阶段金融市场化改革并未能有效缓解金融体制对民营企业发展的抑制效应。基于上述讨论，本章提出可供验证的命题 2：

命题 2：行政垄断和信贷所有制歧视的程度越高，自主创新水平越低。

（2）行政垄断、人力资本错配和自主创新

地方政府利用行政力量维持垄断企业的超额利润，不仅引起资本的错配，同时还会引起人力资本的错配。具体来说，在行政垄断的背景下，国有企业通常利用政府赋予的行政权力获得廉价资金、维持超额利润。但在“共享式”工资和“所有者缺位”等因素的影响下，国有企业的超额利润便转化为工资，这些部门劳动力的工资具有制度性“溢价”。尹志超和甘犁（2009）、姜丽卿和钱文荣（2012）等研究学者便计算了公共部门和非公共部门之间的工资差异，结果发现国有部门的工资水平已经逐渐赶上并超过了非国有部门，两部门的工资差距在逐渐拉大。那么，在国有垄断部门的工资存在制度性“溢价”和创新效率较低的条件下，具有更高教育水平和更多技能经验的劳动力（人力资本）将进入到垄断部门中，从而引起人力资本在国有垄断部门和非国有部门之间的“错配”，这极大地影响了人力资本在两部门间的配置效率，并最终降低了总体的自主创新水平。从微观上来看，张车伟和薛欣欣（2008）、薛欣欣和辛立国（2015）发现国有部门的工资溢价源于该部门的人力资本“优势”。从宏观上来看，赖德胜和纪雯雯（2015）认为，现阶段中国本土企业的自主创新困境应该是由政府垄断型人力资本导致的，人力资本在垄断部门和竞争部门的错配是制约现阶段自主创新水平提高的重要制度性约束。据此本章提出可供验证的命题3：

命题3：行政垄断和国有垄断部门的人力资本水平越高，自主创新的水平越低。

14.3 行政垄断与自主创新的实证检验

为了证实行政垄断与自主创新的关系及其影响路径，本章通过2000—2014年全国28个省、直辖市和自治区的省际面板数据构建相应指标进行实证检验，相应变量的定义和计算方法如表14-1所示。

14.3.1 变量定义、数据来源和具体计算方法

表14-1 变量定义、指标选取和具体计算方法

变量性质	变量名称	变量含义	具体计算方法
被解释变量	ΔIPR	专利申请增长率	地区规模以上工业企业有效发明专利数增长率
核心解释变量	MON	行政垄断	2000—2006年行政垄断的数据来源于于良春、余东华（2009），2006年之后的数据利用该方法进行填充
	CM	国有企业贷款比重	“残差结构一阶自相关的固定效应模型”
	HM	国有企业人力资本比重	地区人力资本的基础数据来源于李海峥等（2013），然后再利用残差结构一阶自相关固定效应模型进行分解
控制变量	PGDP	人均GDP	各地区GDP/各地区总人口数
	UBR	城市化率	各地区非农人口数/各地区总人口数
	FDI	外商直接投资	地区实际利用外商直接投资/地区国内生产总值
	OPEN	开放度	地区进出口总额/地区国内生产总值

本章选取专利申请增长率（ΔIPR）作为被解释变量反映自主创新。核心解释变量中，行政垄断（MON）是一个较为综合的概念，如果仅仅通过某一指标单独进行反映是不合适的。于良春、余东华（2009）则从制度、结构、行为和绩效4个方面构造了行政垄断进行了测定，并据此编制了《中国地区性行政垄断指数（2000—2006）》。应该来说，这一指数无论是理论内涵还是数据质量都是较为合理和全面的，故本章使用这一指数，对于2006年之后的数据则用该方法继续进行填充。

为了验证行政垄断影响自主创新的具体路径，本章主要构造国有企业

贷款比例（CM）和国有企业人力资本（HM）两个变量反映资本和人力资本错配的程度。但遗憾的是，从现有研究来看，还无法从现有统计资料中直接获得数据进行计算，故我们使用“残差结构一阶自相关固定效应模型”进行估计，具体来说：

（1）国有企业贷款比例（CM）：①首先将全部银行信贷划分为分配给国有企业的信贷和分配给非国有企业的信贷两部分；②从相应年份的《中国统计年鉴》《中国工业经济统计年鉴》中获取“各地区规模以上国有工业企业总产值”和“各地区规模以上工业企业总产值”的原始数据，进一步计算出各地区规模以上国有工业企业产出份额；③从相应年份的《中国金融统计年鉴》和《中国统计年鉴》中获取“各地区银行信贷总额”和“各地区国内生产总值（GDP）”的原始数据，进一步计算出“各地区银行贷款份额”；④假定分配给国有企业的贷款份额与国有企业的产出份额存在固定的正向比例关系，基于以上步骤计算出“各地区规模以上国有工业企业产出份额”和“各地区银行贷款份额”，利用“残差结构一阶自相关固定效应模型”进行估计，得出固定比例系数；⑤利用“各地区银行信贷份额”乘以固定比例系数，便可以最终求得“各地区国有企业贷款份额”这一指标。

（2）国有企业人力资本比例（HM）：由于数据和数据方面的限制，以往研究主要通过受教育年限来反映人力资本，但受教育年限仅仅反映了人力资本的一个侧面。李海峥等（2013）则进行了这项基础性的工作，利用国际上通行的 J－F 方法对中国国家和地区层面的人力资本进行了估算，具有一定的权威性。于是，本章首先获取了中国地区层面人力资本数据。在基础上，本章进一步假定国有企业的人力资本份额与国有企业的产出份额存在固定的正向比例关系，并继续利用“残差结构一阶自相关固定效应模型”便可最终求得国有企业人力资本的绝对和相对数据。

对于控制变量的选取，本章参考了已有文献的做法，分别选取了人均 GDP（PGDP）、城市化率（UBR）、外商直接投资（FDI）和开放度（OPEN）4 个指标，其中，人均 GDP 和城市化率反映了需求（收入）因素对自主创新的影响，外商直接投资和开放度反映了贸易和开放因素对自主创新的影响。

地区层面的人力资本数据来源于中央财经大学中国人力资本与劳动经

济研究中心网站，行政垄断 2000—2006 年的数据来源于于良春、余东华（2009），2007—2016 年的数据则按照该方法进行填充。其他变量的原始数据来源于各年度的《中国统计年鉴》《中国金融统计年鉴》和《中国工业统计年鉴》。为了剔除价格指数的影响，本章分别以 2000 年的 GDP 平减指数为基期，将其换算成定基指数，并在此基础上对相应年份的产出进行调整，以获取这些变量的实际数据，外商直接投资和开放度则利用当年的中间汇率进行调整。各变量最终的描述性统计结果如表 14－2 所示。

表 14－2　描述性统计结果

变量名称	均值	最大值	最小值	标准差
ΔIPR	0. 1322	0. 2438	0. 1039	0. 2541
MON	0. 0598	0. 0827	0. 0122	0. 3574
CM	0. 6237	0. 8273	0. 2238	0. 4877
HM	0. 6621	0. 7908	0. 2631	0. 5074
PGDP	0. 0921	0. 1064	0. 0722	0. 5021
UBR	0. 4913	0. 5725	0. 3214	0. 0731
FDI	0. 2687	0. 3045	0. 1017	0. 3928
OPEN	0. 3171	1. 7222	0. 0322	0. 4034

14. 3. 2　检验模型

本章检验行政垄断与自主创新关系的具体估计模型为：

$$\Delta IPR_{it} = \beta_1 MON_{it} + \sum_j \beta_j Control_{jt} + \mu_i + u_t + \varepsilon_{it} \qquad (14-1)$$

式（14－1）中，ΔIPR_{it} 为专利申请增长率，反映自主创新水平，MON_{it} 为行政垄断，$Control_{jt}$ 为其他影响自主创新的控制变量，β_j 为待估参数，μ_i 为个体效应，u_t 为时间效应，ε_{it} 为残差。

为了检验行政垄断影响自主创新的具体路径，本章进一步引入资本和人力资本错配的交互项，构建的具体模型为：

$$\Delta IPR_{it} = \beta_1 MON_{it} + \beta_2 MON_{it} \times CM_{it} + \sum_j \beta_j Control_{jt} + \mu_i + u_t + \varepsilon_{it} \qquad (14-2)$$

$$\Delta IPR_{it} = \beta_1 MON_{it} + \beta_2 MON_{it} \times HM_{it} + \sum_j \beta_j Control_{jt} + \mu_i + u_t + \varepsilon_{it} \qquad (14-3)$$

式（14－2）和式（14－3）中，$MON_{it} \times CM_{it}$ 为行政垄断和资本错配的交互项，$MON_{it} \times HM_{it}$ 为行政垄断和人力资本错配的交互项，分别检验行政垄断影响自主创新的资本和人力资本错配渠道。

14.3.3 实证检验

（1）资本和人力资本错配的估计结果

表 14－3　残差结构一阶自相关固定效应模型估计结果

自变量 因变量	各地区规模以上国有工业企业总产值/各地区规模以上工业企业总产值	
	各地区银行信贷总额/各地区 GDP	各地区人力资本水平/各地区 GDP
β	0.2478***（5.7212）	0.3629***（4.0712）
ρ(AR(1))	0.6631***（4.4418）	0.5147**（1.8027）
Within R^2	0.1723	0.1829
F Test（$P>F$）	100.2661***（0.0000）	86.5271***（0.0000）
Hauseman Test（*P*）*chi2*	32.1328***（0.0000）	28.6637***（0.0000）

注：***，**，*分别代表1%，5%和10%的显著性水平。

通过表 14－3 的估计结果可以发现，模型整体和系数均通过了 5% 的显著性水平检验，说明选用之前的假定（各地区产出份额和各地区资本（人力资本）份额存在固定比例关系）和选择的估计模型是较为合理的，产出的增加往往需要更多的信贷资本和人力资本（估计系数分别为 0.2478 和 0.3629）。

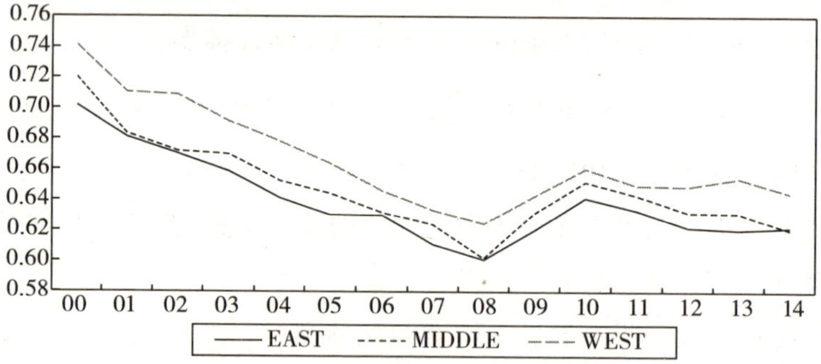

图 14－1　各地区国有企业贷款份额

在估计出 β 盒子相关系数（ρ）后，便可以最终求得各地区国有企业资本和人力资本的绝对值和相对份额。为了便于进行对比分析，本章仅仅列出 2000—2014 年东、中和西部地区国有企业资本、人力资本份额的时间序列均值具体如图 14－1 和图 14－2 所示。

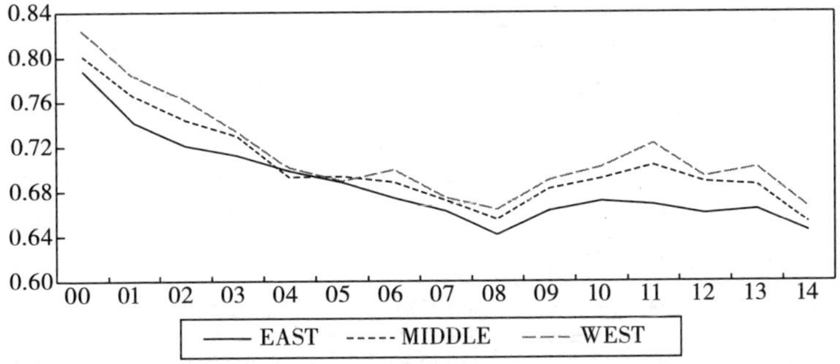

图 14－2　各地区国有企业人力资本份额

通过图 14－1 和图 14－2 的分解结果可以发现：①从总的变化趋势来看，国有企业的贷款份额和人力资本份额仍然占据相当大的比重，这说明在行政垄断的影响下，国有企业所具有的资本和人力资本“优势”在短期内仍然是难以撼动的。但 2000—2014 年这 14 年国有企业的资本和人力资本“优势”逐渐减弱，反映了市场化改革的深层次推进对其产生的影响。②从分区域的变化结果来看，国有企业的资本和人力资本优势在不同的地区是存在显著差异的，东部地区的“优势”较少，中西部的“优势”较大，这说明越是落后的地区，通过行政垄断来维持国有企业垄断地位的动机便越强烈，非国有部门受到的限制便越严重，其结果将导致大量的信贷资源和人力资本向国有部门倾斜，与人们的直觉认识是一致的。

（2）行政垄断与自主创新的关系及其影响路径的检验结果

为了验证命题 1，本章首先利用式（14－1）对行政垄断和自主创新的关系进行实证检验，估计结果如表 14－4 所示。

表 14－4　行政垄断与自主创新的估计结果

	ΔIPR			
	(1)	(2)	(3)	(4)
(ΔIPR)_L			−0.2267** (1.8917)	−0.2874*** (2.5536)
MON	−0.8324*** (−3.0918)	−1.1712*** (−2.9837)	−0.9926*** (−3.0054)	−1.7784*** (−5.3238)
PGDP	0.8874*** (2.5491)	0.7672** (1.7762)	0.2688*** (3.0314)	0.8625*** (5.4478)

续表

	ΔIPR			
	(1)	(2)	(3)	(4)
UBR	0.3309*** (4.9802)	0.5620*** (4.3312)	0.2708*** (3.1109)	0.2901*** (2.9811)
FDI	0.8211*** (5.9914)	0.6902*** (4.8831)	0.7032*** (4.0922)	0.7744*** (5.0438)
OPEN	0.4695*** (2.9614)	0.4429*** (3.1120)	0.4572*** (2.8014)	0.5029*** (3.0821)
Cons	1.8827*** (4.0231)	3.2254 (0.8317)	2.1174** (1.8715)	1.0922*** (5.0427)
Within R^2	0.0721	0.0834		
F Test	37.99***			
Hauseman Test (*P* > *chi*2)		88.31*** (0.0000)		
不可识别检验			100.32 (0.0000)	
Wald F Test (*P Value*)			98.38 (0.0000)	
Sargan Test (*P Value*)			29.3215 (1.0000)	15.4438 (1.0000)
AR (2) Test (P Value)				0.1721
估计方法	FE	RE	TSLS	GMM

注：***，**，*分别代表1%、5%和10%的显著性水平，括号内为T值，下表同。

通过表14-4的估计结果可以发现，F检验和Hauseman检验的结果说明固定效应模型是较为合适的。固定效应模型中，核心解释变量（MON）的估计系数显著为正（通过了1%的显著性水平检验），为了控制遗漏变量和双向因果关系所产生的"内生性"，本章分别使用TSLS和GMM方法重新进行估计，核心解释变量的估计系数依然显著为正，说明中国的行政垄断确实对自主创新产生了不利的影响，即命题1得证。控制变量的估计系数显著为正，分别说明需求和开放因素对自主创新的正面影响，与现有文献的分析结果是一致的，故不再详述。进一步地，本章利用式（14-2）

和式（14－3）对行政垄断影响自主创新的路径进行检验，估计结果如表14－5所示。

表14－5 行政垄断影响自主创新的路径检验结果

	ΔIPR					
	(1)	(2)	(3)	(4)	(5)	(6)
(ΔIPR) _ L			－0.1187*** (2.8614)	－0.0922*** (1.9928)	－0.6625* (1.4438)	0.0871 (0.0442)
MON	－0.1414*** (－2.0911)	－0.2682** (－1.7633)	－0.4172*** (－5.3301)	－0.1417** (1.8809)	－0.2705*** (－3.1677)	－0.1422** (1.9401)
MON×CM	0.6712*** (2.8047)		－0.2698** (1.6926)		－0.5125*** (－4.9984)	
MON×HM		0.5921*** (－2.9572)		－0.5720*** (－3.4825)		－0.4598*** (－5.0738)
PGDP	0.6638*** (2.4421)	0.4465** (1.9312)	0.3382* (1.6417)	0.4693*** (2.4467)	0.3621* (1.4217)	0.1144 (0.2427)
UBR	0.2917** (1.9017)	0.4227** (1.7792)	0.3892** (1.6817)	0.1744** (1.7463)	－0.2721*** (－4.9281)	－0.1831* (－1.3274)
FDI	0.8211*** (5.9914)	0.2318** (1.8017)	0.1877** (1.9209)	0.2573*** (4.6683)	0.3377*** (4.9877)	0.3026** (1.6966)
OPEN	0.2033*** (1.9983)	0.1096*** (－2.0217)	0.1423*** (3.9829))	－0.1327*** (－4.0552)	0.1684*** (－3.0266)	－0.2724** (－1.9082)
Cons	0.3312*** (3.0174)	0.8327** (5.8823)	0.6619*** (4.0177)	1.6207* (1.0238)	0.6637 (0.2199)	0.4892*** (4.2908)
Within R^2	0.0721	0.0834				
F Test	28.73***	26.94***				
Hauseman Test (*P*＞*chi*2)	68.21 (0.0000)	81.27*** (0.0000)				
不可识别检验			98.29 (0.0000)	88.09 (0.0000)		
Wald F Test (P Value)			90.17 (0.0000)	92.33 (0.0000)		
Sargan Test (P Value)			26.9217 (1.0000)	28.0914 (1.0000)	18.9332 (1.0000)	20.3521 (1.0000)
AR (2) Test (P Value)					0.2017	0.1832
估计方法	FE	FE	TSLS	TSLS	GMM	GMM

根据以上估计结果可以发现，在加入了行政垄断和要素错配的交互项后，交互项（MON×CM 和 MON×HM）的估计系数显著为负。而在控制了“内生性”后，估计系数的方向和显著性均未发生改变，这说明行政垄断自身不仅影响了自主创新，还因为加剧了资本和人力资本在所有制之间的错配（信贷所有制歧视和人力资本错配），从而导致自主创新水平的降低。行政垄断和信贷所有制（国有垄断部门的人力资本水平）越高，自主创新程度越低，即命题 2 和命题 3 得证。

14.4 结论与政策建议

随着我国进入新时代，对于高质量发展的诉求和愿望与日俱增。而从高质量发展的途径来看，创新无疑是实现高质量发展的核心动力。但从现实来看，本土企业面临的自主创新困境无疑成为制约实现高质量发展的重要约束。对于这一问题，已有文献基于这一时期要素市场化改革相对滞后的制度背景，分析了要素（资本和人力资本）在所有制之间的扭曲配置对自主创新的负向影响。然而，上述分析结果更像是对已有现实的描述而非原因，是什么因素导致了我国本土企业要素的错配？导致要素错配的制度性基础又是什么？针对这些问题，本章从一个新的视角（行政垄断）探讨了要素错配的制度性基础及其对自主创新和高质量发展的影响。本章认为，行政垄断是要素错配的制度性基础，其通过扭曲资本和劳动力的价格，造成了资本和人力资本在不同所有制企业之间的错配，挤出了本应用于非国有企业的资本和人力资本。因此，在国有企业创新效率的前提下，行政垄断将抑制自主创新，行政垄断和信贷所有制歧视（人力资本错配）的程度越高，总体的自主创新水平便越低。为了验证以上逻辑，本章利用 2000—2014 年的省际面板数据对行政垄断影响自主创新的内生机制及其影响路径进行了实证检验，结果证实了我们的判断。据此得出的政策性建议包括：

（1）规范政企关系，打破行政垄断。从以上分析结果来看，行政垄断对自主创新具有抑制作用。那么，厘清政府和国有企业各自的权责，规范政府干预国有企业的手段，降低国有垄断部门对于政府的依赖，将是摆脱现阶段自主创新困境，实现经济持续、快速增长的关键。

（2）矫正要素错配，实现资本和人力资本在不同所有制企业之间的合理配置。通过以上分析结果还可以发现，行政垄断将通过扭曲资本和人力资本的配置进一步抑制了自主创新。那么，矫正要素错配、实现资本和人力资本在不同所有制企业之间的合理配置，这不仅有利于国有垄断部门本身，还将通过降低“挤出”效应提高非国有部门的水平，最终优化创新资源配置，实现高质量发展。

参考文献

[1] Heish, C., Kelnow, P. Misallocation and Manufacturing TFP in China and India[J]. *Quarterly Journal of Economics*, 2009, 124(4): 1403 – 1448.

[2] Huang, H., Xu, C. Soft Budget Constraint and The Optimal Choices of Research and Development Projects Financing[J]. *Journal of Comparative Economics*, 1998, 26(1): 62 – 79.

[3]褚敏,靳涛.政府悖论、国有企业垄断与收入差距——基于中国转型特征的一个实证检验[J].中国工业经济,2013(2):18 – 30.

[4]戴静,张建华.金融所有制歧视、所有制结构与地区创新产出——来自中国地区工业部门的证据[J].金融研究,2013(5).

[5]高远东,花拥军.异质型人力资本对经济增长作用的空间计量实证分析[J].经济科学,2012(1):39 – 50.

[6]郭玉清,杨栋.人力资本门槛、创新活动能力与低水平发展陷阱——对于1990年以来中国地区经济差距的实证检验[J].财经研究,2007(6):77 – 89.

[7]姜丽卿,钱文荣.公共部门与非公共部门工资差异的分位数回归分析[J].统计研究,2012(1).

[8]靳来群,林金忠,丁诗诗.行政垄断对所有制差异所致资源错配的影响[J].中国工业经济,2015(4).

[9]赖德胜,纪雯雯.人力资本配置与自主创新[J].经济学动态,2015(3):22 – 30.

[10]李海峥,等.中国人力资本的区域分布及发展状态[J].2013(7):49 – 62.

[11]李晓敏,卢现祥.企业家才能、人力资本配置与经济增长[J].贵州社会科学,2010(9):75 – 80.

[12]卢峰,姚洋.金融抑制下的法治,金融发展与经济增长[J].中国社会科学,2004(1).

[13]申慧慧,等.国有股权、环境不确定性与投资效率[J].经济研究,2012(7):113-126.

[14]魏婕,许璐,任保平.财政偏向激励,地方政府行为和经济增长质量[J].经济科学,2016(3).

[15]薛欣欣,辛立国.国有部门员工被过高支付还是拥有特殊人力资本——基于有限混合模型的估计结果[J].南方经济,2015(10):85-98.

[16]姚洋,郑东雅.重工业与经济发展:计划经济时代再考察[J].经济研究,2008(4):26-40.

[17]尹志超,甘犁.公共部门和非公共部门工资差异的实证研究[J].经济研究,2009(4):129-140.

[18]于良春,余东华.中国地区性垄断程度的测算研究[J].经济研究,2009(2):119-131.

[19]张车伟,薛欣欣.国有部门与非国有部门工资差异与人力资本贡献[J].经济研究,2008(4):15-25.

[20]张杰.渐进改革中的金融支持[J].经济研究,1998(10):51-56.

[21]张杰,等.融资约束,融资渠道与企业R&D投入[J].世界经济,2012(10):66-90.

[22]张杰,周晓艳.中国本土企业为何不创新——基于市场分割视角的一个解读[J].山西财经大学学报,2011(6):82-93.

[23]张兴龙,沈坤荣.中国资本扭曲的产出损失及分解研究[J].经济科学,2016(2):53-66.

15 新时代中国高质量发展的创新驱动

党的十九大报告中对我国经济发展趋势作出了重要论断："我国经济已由高速增长阶段转向高质量发展阶段。"2017 年 12 月底召开的中央经济工作会议更加明确地指出："中国特色社会主义进入新时代，我国经济发展也进入新时代，基本特征就是我国经济已由高速增长阶段转向高质量发展阶段。"推动高质量发展具有重大意义，这不仅是"保持经济持续健康发展的必然要求"，而且是"适应我国社会主要矛盾变化和全面建成小康社会、全面建设社会主义现代化国家的必然要求"。在高质量发展阶段，我们不是单纯地追求经济发展的高速度，而是要追求效率更高、供给更有效、结构更高端、更绿色可持续以及更和谐的增长（魏杰等，2018）。所以在此阶段转换的情景下，我国经济发展方式转变、经济结构优化、增长动力转换均进入攻关期。于是迈向高质量发展进程中，创新是引领发展的第一动力，推动高质量发展，科技创新无疑是第一位的。习近平总书记也多次强调"实施创新驱动发展战略决定着中华民族前途命运""……我们要实现全面建成小康社会奋斗目标，实现中华民族的伟大复兴，必须集中力量推进科技创新，真正把创新驱动发展战略落到实处"。

站在改革开放 40 年的时点，回望过去，梳理中国技术进步和创新之路显得必要且正当其时。总结过去的经验和教训，展望未来，既为从"中国制造"到"中国创造"提供思路、路径和措施，又为其他后发国家在技术层面追赶发达国家提供模板和参考。

15.1 改革开放以来中国40年创新之路：落后国家技术追赶

15.1.1 技术后发国技术进步的轨迹：一个理解中国创新之路的框架

纵观各国发展的历程，发现在发达国家和发展中国家，技术进步的路径呈现出两个截然不同的轨迹：一是发达国家始于创新的技术进步轨迹；二是发展中国家基于技术追赶的路径。对于欠发达国家或是技术后发国来说，技术赶超是经济发展和技术追赶的关键。所以在发展经济学的框架中，对于发展中国通过技术赶超实现技术进步的路径探讨源远流长。技术赶超是指一些后发国家或者地区越过旧有的技术及其巨额投资，并追上发达国家的过程和方式（Hobday，1995）。在探索有关技术后发国家是否能通过实施技术赶超战略实现与发达国家经济和技术差距的缩小，主要基于技术差距、技术机会和技术领先地位的周期性更迭的框架（Posner，1961；Brezis et al.，1993），即发展中国家由于与发达国家存在巨大的技术差距，这些国家应考虑通过学习效应、抓住技术机会以及弯道超车等追赶上发达国家。于是在此有关技术时机的选择（Utterback and Abernathy，1975，经典的A－U模型；Mathews and Cho，1999）以及技术赶超的方式，到底是基于技术扩散（Lake，1979；Gee，1981），还是基于技术外溢（Findly，1978；Patal Pavitt，1991），抑或是基于技术赶超和溢出效应（Cantwell，1991；Fagerberg，1994；Blomstrom and Sjoholm，1999），或者还是技术吸收能力（Borenztein，1998；Blomstorm，1994）等讨论十分充分。特别是发展中国家由于存在后发优势，不少学者认为后发国家或地区由于技术落后，可以利用发达国家业已建立起来的知识、技术、管理和市场经验，减少“试错”成本，实现迅速的技术赶超（Gerschenkron，1962；林毅夫等，2005）。这一理论从实践层面证明了德国、意大利等发达国家的技术赶超，而东亚国家日、韩的飞跃均显示说明“技术赶超是后发优势实现的关键”这一命题。

特别是对于东亚国家日、韩成功技术赶超的探讨：自明治维新以来，日本始终秉持“技术立国”的发展理念，将技术创新视为经济发展的绝对内生驱动。日本学者林武（1986）曾对日本技术追赶的过程进行了考察，揭示了日本技术移植到技术自立的全过程。后斋藤优（1988）指明日本技术进步的机制应该从技术转移（引进）转型为技术开发，也即产业技术应由赶超阶段转型到先导阶段。总之，在二战后为了摆脱经济阴霾，日本大力推行以技术创新为主导的经济重建，采取“技术立国”的国策，仅仅用30年的时间（1965—1995年），日本人均国民生产总值便实现了接近3倍的增长，形成了日本独特的依靠技术进步实现经济赶超的模式。同样回顾韩国曾经走过的技术创新路径，发现它也是在一穷二白的基础上，实施了技术赶超的战略，采取向发达国家学习或模仿技术的做法。Kim 和 Lee（2002）曾以韩国115家电子中小企业为样本，细致考察了这些企业主体在技术学习和追赶方式方面的特征。诸多韩国学者都曾对韩国技术赶超进行了总结，其中 Linsu Kim（1997）在其《从模仿到创新：韩国技术学习的动力学》一书中详细归纳了韩国作为一个技术后发国，不同于发达国家的逆向技术赶超的三阶段学习模式，即后发国家技术追赶要经历获得、消化吸收和改进的技术进步的过程。

由此可见，对于欠发达国家技术赶超理论的研究以及一些国家成功的实践经验，为理解中国改革开放40年技术进步之路提供了一个逻辑自洽的框架。中国作为一个发展中国家，特别是技术后发国，在40年的时间中，走出了一条独特的技术赶超之路。

15.1.2 中国40年技术赶超之路的回顾和总结

早在新中国建立之初，国家“一五”计划的主要任务就是集中力量进行以苏联帮助我们设计的“156项”建设项目为中心，从这时候我们就开始了技术引进消化吸收之路。但中国大规模的技术赶超肇始于1978年改革开放后，我们认识到自己作为一个技术后发国，与先进发达国家有巨大的技术鸿沟，所以可以利用后发优势来探索赶超技术领先国家的路径。党的十一届三中全会就提出“在自力更生的基础上，积极发展同世界各国平等互利的经济合作，努力采用世界先进技术和先进设备”，从此掀开了中国技术引进和赶超之路。于是中国立足于自己的资源禀赋，在20世纪80年代制定了发挥劳动力充足这一比较优势的技术选择战略，并通过采取来料加工、合资经营、设备租赁等形式进行技术引进，在这一阶段扭转了20世纪50年代工业化以投资品为主导的产业选择偏差，重点技术引进和消化吸收行业转变为以家用电器为主的耐用消费品。到了20世纪90年代，特别是1992年我国正式提出了以“市场换技术”引进策略。“以市场换技术”

是指通过向外国产品出让国内市场份额以获得国外先进技术从而提高国内技术水平的策略。在这一阶段，我们在20世纪80年代“干中学”或“投资中学”的基础上，侧重于将技术引进、技术改造与技术开发紧密衔接起来，同时由单纯引进设备转向引进关键核心技术，努力在引进高技术上有所突破。进入21世纪，伴随着钢铁、交通、通信、能源等各大基础设施产业的设备需求的大部分国产化，与硬件相结合的技术软件成为这一阶段技术引进核心内容。同时在这一阶段，中国走过了技术选择、单纯技术引进的阶段，简单的拿来主义和复制性模仿已经不再是主流，在引进吸收基础上进行改造和再创新成为很多行业技术赶超的基本方式。其中最为典型的是中国的高铁技术：在2000年前后，中国开始从国外引进高铁技术，先后从加拿大庞巴迪、日本川崎重工、德国西门子、法国阿尔斯通引进了高铁技术。在实现国外技术的消化吸收之后，中车成功开发出具有中国技术标准和完全自主知识产权的复兴号。可以说中国铁路机车车辆装备制造领域一批核心关键技术实现了突破：牵引变流技术、微机网络技术、制动技术等核心技术，打破了国外技术和产业垄断；形成了较为完善的轨道交通装备创新平台、产品开发平台和生产制造平台。贺俊等（2018）认为中国高铁是后发国家的技术赶超问题的典范：一是高技术壁垒领域的快速高效赶超；二是全产业链的技术赶超；三是经历了完整的技术赶超过程。以中国高铁为例，窥一斑而知全豹，至此中国走完了技术跟跑、并跑阶段，开始迈入“中国创造”的技术领跑新阶段，特别是从2010年以后中国技术改造费用和消化吸收费用都开始降低（见图15－1、图15－2），这佐证了作为技术后发国的中国，国家层面技术能力提升明显，技术差距日益缩小后

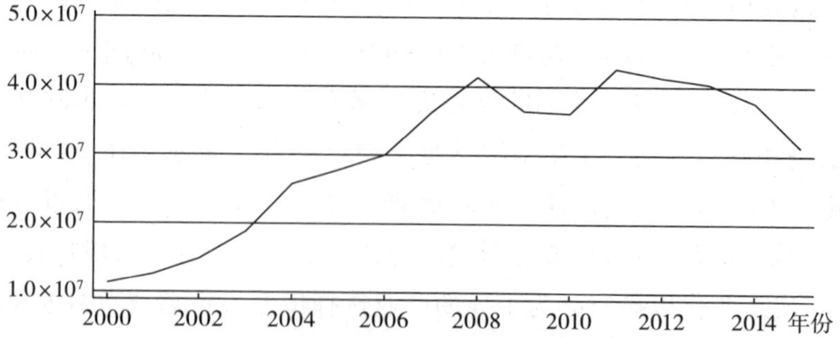

图15－1　2000—2015年中国技术改造费用

数据来源：《2011—2016年工业企业科技统计年鉴》。

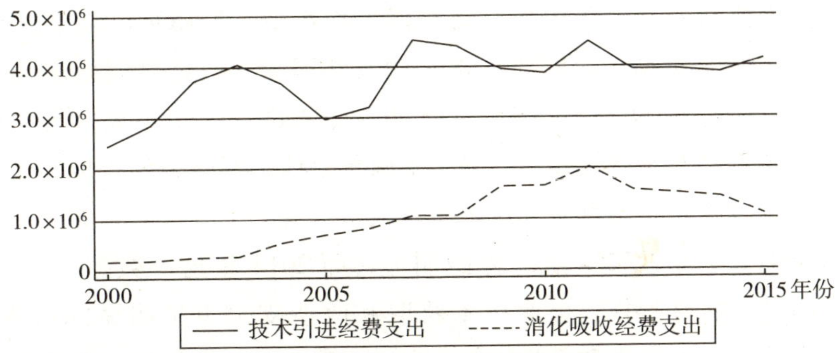

图 15－2　2000—2015 中国技术引进和吸收费用

数据来源：《2011—2016 年工业企业科技统计年鉴》。

的新时期技术追随战略不再是最优，以技术创造为代表的技术领先战略成为新阶段的最佳选择。

回顾 40 年的历史，中国走出了一条特色后发国家的技术赶超之路：中国作为一个技术后发国家，立足比较优势，抓住时机，从外界获取先进的技术与信息，并结合内部知识，创造出新的技术与信息，实现了技术创新与扩散，同时又储备与积累了技术能力，形成了良性的技术循环累积机制，从而有效地提升了中国整体生产率水平（见图 15－3，中国 TFP 在 20 世纪 80 年代中后期开始一直持续到现在均呈现明显的上升态势）。

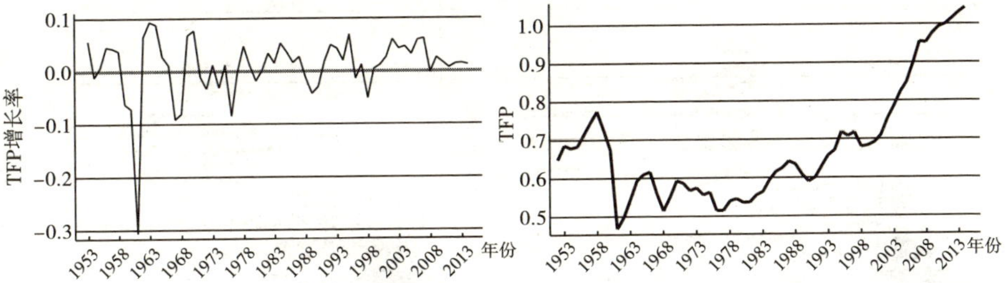

图 15－3　1953—2013 年中国历年 TFP 增长路径

数据来源：Penn World Table 9.0.

同时经过多年发展，中国已经建成了门类齐全、独立完整的制造业体系。特别是近十年来，中国积累了较强的产品和技术基础，制造业大国的地位基本确立。一是企业创新主体地位明确，中国整体创新投入显著增长。2002 年中国 R&D 强度（国家 R&D 强度为 R&D 占 GDP 的比重）为 1.06%，显著低于当时的世界平均水平（2.04%，见图 15－4），而 2014

年中国该数据上升到2.02%，与世界平均水平（2.15%）基本持平（见图15－3），显著高于相同收入水平的其他国家。与世界创新水平最高的美、日、德的R&D强度2.75%、3.40%、2.89%差距不大，与OECD的平均水平2.45%也比较接近。另一个衡量整体创新能力的指标——研发人员占比，2002年中国百万人口中研发人员仅有631人，当时美、日、德分别为3631、4935、3254人，差距明显，而2014年这一数据上升到1113人。同时，中国大中型企业技术获取和改造支出也呈明显的改善趋势：2002年企业技术引进和吸收的费用占比达到20%，购买国内其他企业经费占比为2%，自己进行技术改造的费用占比则为77%；2014年自身技术改造费用上升明显，占比达到83%，而技术引进和吸收的费用占比下降到12%。上述这些指标都显示出中国制造业整体创新能力提升明显。二是核心领域关键技术取得突破，标志性成果世界知名。经过近些年的努力，在载人航天、探月工程、载人深潜、新支线飞机、大型液化天然气船（LNG）、高速轨道交通等核心领域，我们已经从“跟跑者”变为“同行者”甚至“领跑者”，中国这些领域的关键核心技术已进入世界先进行列；同时，特高压输变电设备、百万吨乙烯成套装备等部分领域装备产品，以及移动支付、电子商务、物流快递等技术水平已跃居世界前列。

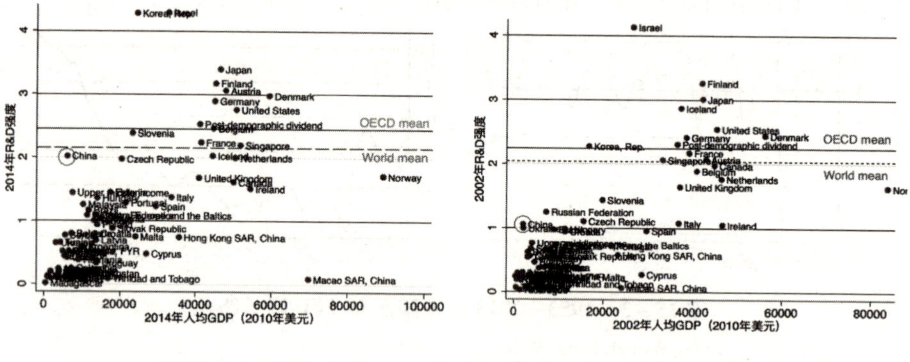

图15－4　2002年和2014年中国R&D强度的国别比较

数据来源：世界银行WDI数据库。

15.2　现阶段中国技术追赶前沿技术的困境和问题

回望过去，中国40年的创新之路虽布满荆棘，但硕果累累，成为助力中国增长奇迹的核心关键。但随着时间的推移和世事变迁，中国创新之路也走到了“十字路口”，困局和问题凸显，机遇与挑战并存。

（1）模仿产生的“学习效应”呈边际递减的态势

回顾中国技术追赶之路，发现中国作为后发国家，技术性后发优势表现为后发国家的技术学习。特别是从先发国家引进技术，并经历消化吸收的过程中，可以积累知识、获得技术溢出，以低于发达国家的成本实现技术创新，实现经济的快速赶超。这就印证了 Abramovitz（1986）提出的所谓的“追赶假说”，即一个国家的经济越是落后，经济增长的速度越快，所以后进国家赶上先进国家具有必然性。对于欠发达国家来说，要实现追赶，就需要有比发达国家更快的速度，因此，模仿创新无疑是明智的选择，所以“后发追赶”和“模仿创新”有内在的逻辑性（欧阳峣、汤凌霄，2017）。技术模仿作为技术后发国提升技术能力的基本手段，根本原因在于在欠发达经济体发展的初期技术差距太大，这种技术赶超方式具有规模报酬递增的特征。

随着技术差距的缩小，欠发达经济体因模仿而产生的学习效应是边际递减的，因为不同技术路径存在阶段性（刘小鲁，2011；傅晓霞、吴利学，2013）。如果欠发达国家只关注模仿前沿技术，模仿成本随着技术差距缩小呈现出递增的态势（Barro and Sala－i－Martin，1992），从而落入所谓的“模仿陷阱”（易先忠，2010）。Lacasa 等（2018）新近对金砖国家技术赶超路径的考察强调：中国是迄今为止技术升级最快的经济体，其国内主导的技术现代化能力日益增强，与发达国家的差距在缩小。于是时至今日的中国进入新阶段，之前技术赶超形成的学习效应在日趋衰减，面对西方发达国家在高技术特别是关键核心技术有“教会徒弟、饿死了师傅”的心理，所以技术赶超的方式在新阶段面临阶段转换的问题。

（2）技术追赶方式的路径依赖导致的动态跟随陷阱

Fagerberg（1987、1991、1992）强调各国经济行为存在发展的途径依赖性（Path－dependent）和“锁定”（Lock－in）发展。技术先发国的“示范效应”在一定程度上规定了技术发展的轨道，后发国在技术追赶的过程中由于自身的社会经济特点以及在国际分工中的地位，容易存在路径依赖的“追赶陷阱”。

首次，技术后发国在进行技术赶超中的技术选择时会遵循自己的比较优势，即要素禀赋结构决定了技术能力（林毅夫，1999、2000）。以中国为代表的发展中国家，基本要素禀赋结构为劳动和自然资源的优势，所以在技术赶超中会充分发挥比较优势，由于国外低端技术易得和简单模仿的微利性，会深度挖掘劳动力和自然资源的规模效应，造成一个现象，即虽然强大的制造能力世界领先，但缺乏核心技术，最终使自己成为“生产能力的巨人”“技术能力的矮人”（朱岩梅，2008），陷入“比较优势陷阱”。其次，改革开放后，中国技术引进政策本是为了尽快改变我国落后的工业技术体系，缩短国内技术供给不足和国内消费需求快速提升的矛盾，所以我们在技术追赶层面是典型的“拿来主义”，之后中国本土企业的技术学习能力（消化吸收国外先进技术的能力）在多年的积累和试错中虽然有了明显的提升，但作为“后发追赶者”的定位，使得我们依然存在“引进—落后—再引进”的恶性循环。同时，长期的追赶造成我们在技术创新层面存在诸多问题：一是在技术研发上企业更加倾向于进行应用技术开发而不是基础性研究工作；二是在创新投资上短视问题十分突出，优先考虑进行能够较快产生实效的市场开拓和销售环节改进，而不重视长期核心技术开发；三是在出现技术变革时，企业不是主动通过技术努力迎接变革，而是选择等待时机希望能够坐享其成，从而错失了技术机会窗口。鉴于此，技术后发国在追赶过程中非常容易沿着领先者的原路走，“技术轨道”一成不变，从而陷入动态跟随的“技术追赶陷阱”，成为“其他国家的技术附庸，永远跟在别人的后面亦步亦趋”。

（3）技术差距缩小导致的技术合作与经济发展遏制

波斯纳（Posner，1961）最早提出了技术差距模型，探讨了技术模仿国（Imitation Country）在对创新国（Innovation Country）技术追赶后发生技术差距缩小对贸易的影响。后续无论理论还是实践都证明，在技术层面也存在类似的“修昔底德陷阱”，即技术领先国对追赶上的后发国进行打压并遏制其进一步发展。

经过40年的经济发展以及技术追赶，中国技术能力发生了根本性的变化。Lacasa等（2018）新近对金砖国家技术赶超进行了考察，其将技术赶超分为3个维度：技术升级的强度、技术升级的广度和技术升级的全球互动，并运用诸多指标来描述金砖国家技术赶超的态势，其中在运用“每十亿GDP的专利跨国申请量”来描述推动世界技术前沿的创新能力（见图15－5）时发现，中国在20世纪90年代末期已经在技术前沿活动方面发生了显著的变化；另运用“跨国专利申请量中高科技领域和知识密集产业占比”（见图15－6）来表征“技术活动知识密集度”或是“动态技术前沿活动”，也发现中国在高技术和知识密集型产业的占比甚至已经超过了高收入国家。这表明中国已经进入动态技术前沿。同时在国际金融危机以后，世界主要大国为了重塑制造业核心竞争力，相继推出了“再工业化”和高端制造业发展战略，特别是中国也适时推出了“中国制造2025”。面对中美技术差距日益缩小以及中国产品对美国形成的威胁，美国以“贸易战”的形式来遏制中国的发展。马弘（2018）和苏庆义（2018）研究发现，美国针对中国的“301”调查主要集中在机械机床、铁道车辆、医疗器械和航空航天装备等“中国制造业2025”战略的重点发展领域，印证了美国遏制“中国制造2025”战略的观点。杨飞等（2018）进一步研究说明，中美贸易摩擦的实质是中美之间由于中国技术追赶后导致的技术差距缩小。由此可见，中国发展阶段进入新阶段的当下，过去的技术追赶导致与发达国家之间技术差距缩小成为典型事实，不仅“核心技术靠化缘是要不来的”，而且面对西方发达国家的遏制和打压，只有自力更生的技术创造才是中国技术赶超的唯一选择。

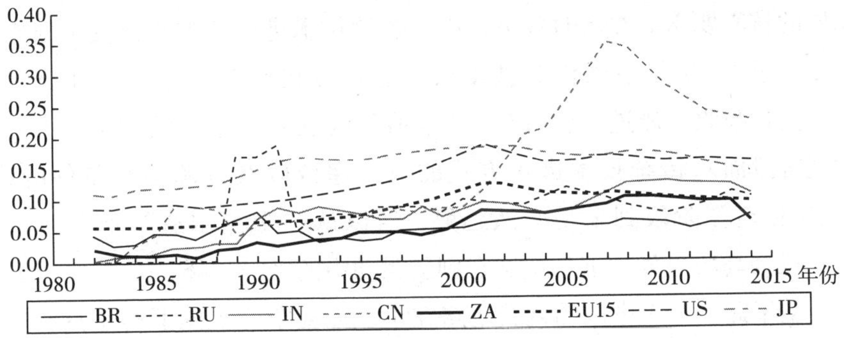

图15－5　每十亿GDP的专利跨国申请量

数据来源：Lacasa, Jindra, Radosevic and Shubbak. Paths of Technology Upgrading in the BRICS Economies［J］. *Research Policy*, 2018.

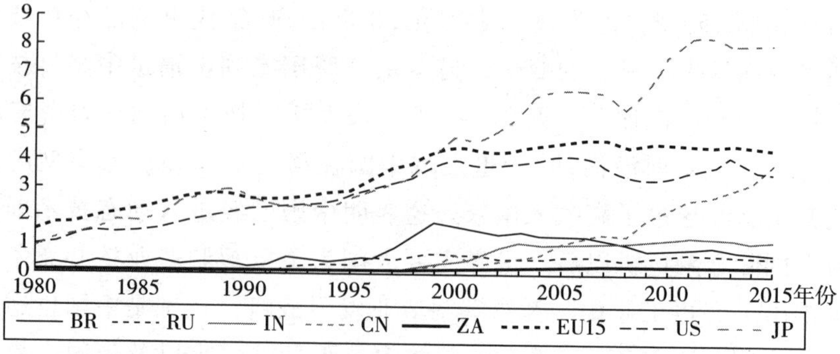

图 15－6　跨国专利申请量中高科技领域占比

数据来源：Lacasa, Jindra, Radosevic and Shubbak. Paths of Technology Upgrading in the BRICS Economies［J］. *Research Policy*, 2018.

15.3　面向高质量发展的中国创新之路的展望

面向未来高质量发展的中国，需要谋求创新驱动之路的新境界：持续的技术进步是引领中国高质量发展的必由之路。因为技术进步是推动一国经济长期增长的关键力量，它既是数量型增长不断积累的源泉，同时也是经济高质量发展最为核心的支撑。技术进步从而体现的国家创新能力的提升，是生产率提高、新旧动能转换、产业结构升级、区域结构协调、绿色理念践行、开放优势建立、共享机制实现的基本保障，而这些均是高质量发展的核心要义。在新时代下，中国持续技术进步的方式会发生根本性的改变：过去 40 年中国作为技术欠发达国家已经走过了“技术选择—获取—消化吸收—改进—创造”（技术追赶的五阶段论）的前 4 个阶段，同时现阶段面对传统技术进步方式的效应递减以及资源禀赋条件的改变，“技术创造”阶段到来是必然趋势，所以从“中国制造”走向“中国创造”成为高质量发展下的中国在创新驱动中的唯一选择。

鉴于此，未来中国的创新之路在于，以复杂性视阈下构建具有中国特色的“1＋*N*”多层次创新系统。对于创新系统，弗里曼（Freeman，1987）首先定义其为“公共和私营部门中的机构网络，其活动和互动激发、引进和扩散新技术”。后纳尔逊和伦德瓦尔曾从影响创新过程的决定因素来定义“创新系统”。诸多研究综合对于创新系统更普遍的意义为：所有能够影响创新的开发、扩散和使用的重要的经济、社会、政治、组织、制度因素及其他因素（Edquist，1997）。未来中国要构建中国特色的创新系统，最关键就要以复杂性的视阈为出发点，认识到创新系统运行是由无序性向有序性演化的过程，具有系统的复杂性。首先，创新系统是一个多因素的聚合体。在这一系统，诸多因素在内部发生联系和相变，主体性、知识技术型、组织结构性、自组织性都镶嵌和黏合在整个框架中，以致创新的模式和创新的机制运行都直接制约着各个因素之间协同演化的方式和路径。其次，创新系统的多因素聚合决定了其多变性。由于创新的复杂性和创新过程的不确定性、不可预测性，创新系统存在非线性、不稳定、涌现性，路径依赖的机制普遍存在，因此呈现出折叠和混沌伸长的特性，以致创新系统从无序走向有序演化是一个不断试错和探索的过程。最后，创新系统的多层次性也决定了其复杂性。创新系统涉及多个维度的主体以及多层次的环境，同时又存在科学发现—技术发明—技术应用等多层级的创新子系统，有明显的网络化的特征以及适应网络化的战略等，在系统中，这些因素和集合有各自的形态，层次分明、有界性明显。

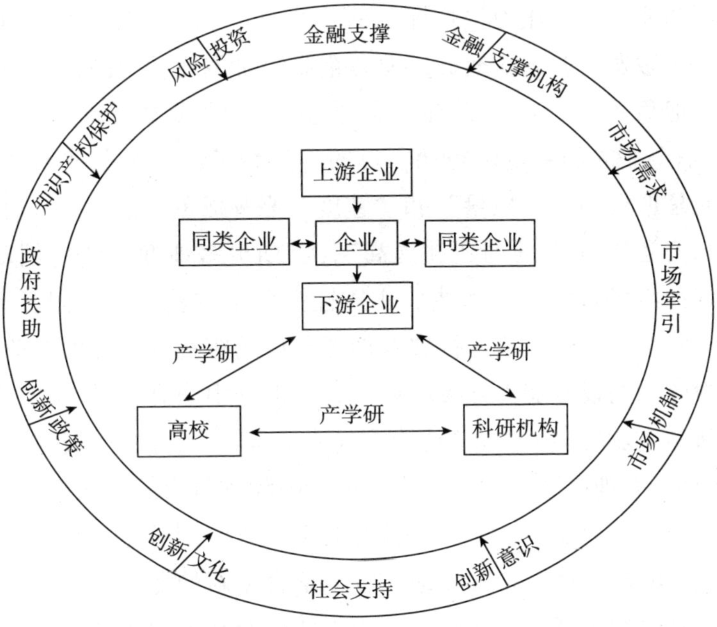

图 15－7　“1＋N”多层次创新系统

在此，中国特色的“1＋N”多层次创新系统如图 15－7 所示，其中内层以企业（“1＋N”中的“1”）为主体和多种微观主体（“1＋N”中的

"N")为核心，在其中形成同业的横向联系系统和产业链纵向联系系统；外层为创新系统良性运行的组织和制度环境，包含以市场为牵引的市场制度、以金融为支持的保障组织和以政府为支撑的社会环境。其中内层的系统之间形成了由"点"到"线"再到"面"，"点线面"之间互相交织形成互动。内层创新要素又会受到外层所处的组织制度环境直接或间接的影响，同时，与外部环境之间的各种因素形成适应、协同和依赖。所以"1+N"多层次创新系统的有序演化和通畅运行有赖于在内层内部、内外层之间形成良性的反馈机制，从而产生循环累积效应。于是未来要形成中国特色的"1+N"多层次创新系统的关键在于：

（1）强化企业创新主体地位，以企业技术能力提升来放飞高质量创新的翅膀。作为"1+N"多层次创新系统的最为核心主体的"1"——企业，一是要多措并举，强化企业作为新技术采用的主体、新技术研发的主体、新技术孵化的主体和新技术投资的主体的"四位一体"的主体地位。只有一个国家（或社会）、一片区域的企业本体的成长和强大，才能突出企业的创新功能，以企业为"杠杆"撬动产业、区域乃至国家的创新能力的提升。二是激发企业创新抱负，助力企业深耕主业。中国很多企业创新目标模糊、抱负不足，从而存在"创新惰性"的现象（万道侠、胡彬，2018）。或是企业的创新定位短期，目的不是为了谋求长期技术进步和产品升级，而是追求创新"数量"和"速度"来释放创新信号，从而在短期内"展示自身创新能力的构建和提高"，以期更多地迎合政府创新战略、投资者喜好和市场青睐，从而造成实质性高质量创新十分有限。鉴于此，要引领中国的企业精耕主业，打破其创新定位的短视性，帮助企业构建以自主创新为核心的技术能力升级体系，大幅提升中国高质量创新。三是努力打造创新型企业的多维立体的层级体系。国家"十三五"规划纲要强调"深入实施创新企业百强工程，形成一批有国际竞争力的创新型领军企业，支持科技型中小企业发展……"其核心要义是要区别对待，有所侧重地构建创新型企业的层级体系。一方面，着力培育创新的龙头领军企业，使其发展成为创新的领军者和风向标，成为创新企业系统内的心脏和引擎；另一方面，助力科技型中小微企业的快速成长，中小微企业最具潜力和创造力，是创新的一支重要生力军。切实解决中小微企业创新中面临的资金、人才、技术上的困难与制约，破解其创新发展的困境，助力其成长空间延伸。总之，中国创新型企业层次体系的打造，不仅需要培养“顶天立地”的大企业，还需要“铺天盖地”的中小企业，形成立体的多层次协同模式。四是进一步推进企业所有制改革，为国企注入创新活力。Hall 和 Lerner（2000），Brown（2012）等强调融资约束对企业 R&D 投入和自主创新存在抑制作用，同时，吴延兵（2012a、2012b）强调中国国有企业存在双重效率——生产效率和创新效率的损失。鉴于此，基于中国企业的所有制特征，在构建企业创新主体方面要进一步推进企业所有制改革，盘活国有资本，探索所有制改革多种形式，通过股权重新配置使企业兼具资源优势和创新精神，为国企注入创新活力和动力，从而形成“国企—民企”双擎牵引的创新局面。

（2）构建“1 + N”创新要素之间互动协调机制，发挥组织网络化的效能。创新的非线性模型（Kline，1985）强调面对复杂性技术，网络组织的优越性会得到证明，因为网络是从事学习和获得正反馈的主要形式（里克罗夫特、董开石，2016），关键在于网络可以把各个专业系统的专业技能进行连接，而这连接是技术创新复杂视阈下的集中体现。鉴于此，孵化新技术根本在于“1 + N”的创新微观组织层面的协同创新机制的构建。一是以市场需求为靶心，构建瞄准靶心的产、学、研联合体。协同创新机制的形成根本是以市场的需要为导向，瞄准产业需求、企业需要和消费者需要，以需求推动创新供给的形成，构建、产、学研联合体。其中核心在于高校院所、科研机构与企业需按照市场机制，面对市场需求来组建技术创新联盟，发挥企业、高校、科研院所等在资金、技术、人才方面的优势，促进产业链、创新链、资金链的有效衔接。二是探索产、学、研联合体多种模式，因地制宜、因情布局地选择最优协同创新的方式。根据现实情况和情景的具体需要，探索大学、科研机构与企业紧密合作的多种模式：可以发挥多学科优势，与大型企业建立战略联盟；可以依托学校优势学科，与行业龙头企业建立联合研发实体。由合作企业提出问题，并提供研发资金，与学校联合成立研发平台，共同组建研发团队；可以面向未来新兴技术，成立新兴产业技术研究院；可以面向中小企业发展需求，建立共性技术研发平台。归根结底在于因地制宜、因情布局地通过产学研的协同合作，促进创新的上游、中游、下游的对接与融合。三是通过建设创新服务体系来降低信息不对称的成本，营造加速科技成果产业化的孵化环境。针对中国产学研多年结合不紧密主要是缺乏通道、平台和纽带，并无有效的对多方利益进行协调撮合的组织这一问题，通过建立公共服务平台、市场服务平台和建设市场化、专业化、社会化的技术转移创新服务体系，降低市场搜寻成本、信息缺失成本和供需不匹配成本，促进研发、应用与市场主体、服务主体的紧密合作，从而加速科技创新成果产业化的孵化进程。

（3）构建保障复杂性技术开发的适应性组织和制度环境，成为整个创新系统的精准助推。从新技术开发的复杂视阈出发，复杂性意味着技术开发的各类微观组织的学习过程是永远不可能终结的。与新技术创新相对应的组织和制度环境也存在一个不断调整的过程，需要建立一个适应性支撑环境，因为必须通过适应性制度环境建立来促进和助力创新主体的学习（里克罗夫特、董开石，2016）。于是在构建多层次创新系统中，有关适应性组织和制度环境方面：一是通过合理的制度安排促进科技与金融深度融合，打造金融助力创新的升级版。以资本市场为纽带，推动社会资本和风险投资更好地进入创新领域。鼓励商业银行投入创新活动的积极性，探索投贷联动模式和创新信贷产品以及业务流程再造等方式拓展商业银行功能，增强商行对创新活动的支持；发挥风险投资作为创新活动中最活跃的投入主体的积极性，鼓励多元化主体参与风险投资，特别是在新时期，深化互联网金融服务对风险投资的补充，多种方式降低企业在创新方面的资金约束。深化多层次资本市场改革，发挥资本市场在资源配置上的高效率，支持更多的科技企业特别是“独角兽”企业挂牌上市，有效满足企业深度发展的需要。总体上要以深化科技和金融的融合，发挥资本市场服务创新产生的新技术、新模式、新业态和新组织，拓展金融服务的广度和深度，营造助力创新腾飞的适应性金融环境。二是明确政府定位，发挥“特惠式”助推政策和良好的社会环境对创新的激励作用。政府助力创新的“有为”扶助之手表现在：在产业政策方面，加大财政对研发的投入和补贴，以倾斜式产业结构政策来支持重点产业升级换代，甄别并剔除发送虚假“创新类型”信号以获取政府 R&D 补贴的企业，对真正的“创造”型企业进行扶助和补贴，做好产业发展引导。在金融政策方面，发挥政府的引导投入职能，畅通企业融资渠道。通过发展产业引导基金来拓宽企业融资渠道；同时设立政府背景的融资性担保公司或者风险补偿基金，降低资金投入创新活动的风险，引导民间资本投入具有创新活力的企业。在财税政策方面，探索多种形式的创新研发税收优惠方式，运用研发费用的税收优惠、专利转让税收优惠、风险投资的税收优惠和针对小企业的创新税收优惠等各类政策来对企业创新进行激励。在创新支撑体系建设方面，坚定不移地实施知识产权战略，严格知识产权保护制度，推动新技术、新知识的扩散和应用，实现知识产权价值最大化；制定和完善法律、法规和政策，营造科技创新服务体系有所突破，明确经费支持的产学研紧密合作实体的方案以及支持专业化、国际化的技术转移以及服务机构，逐步形成市场化、专业化、社会化的技术创新服务体系；利用开放型经济的优势，通过开放式创新平台建设，吸引全球创新要素聚集。同时，多方合力鼓励和帮助骨干企业"走出去"，扩大对外科技和创新合作"朋友圈"，重点支持优势企业融入全球创新网络。三是营造全社会崇尚创新、知识共享的创新文化环境。文化作为一种非正式制度安排，根植于每一个人的价值理念和行为规范中。需要对中国传统文化进行解构和扬弃，充分发挥有利于创新的文化精髓。同时要全社会认识到，一个民族的科技、经济、社会与文化，绝不可能在"复制和粘贴"中走得更远，更无法成为引领者、佼佼者。要培养理性科学精神和创新冒险意识，逐步形成"诚信为本"的职业道德和社会责任，逐步形成对"试错精神"宽容以待的全民共识，逐步形成鼓励创造、追求卓越的创新文化意识，以全社会文化环境营造和创新精神激发来为创新驱动发展铺路。

参考文献

[1]Abramovitz, M. Catching Up, Forging Ahead, and Falling Behind[J]. *Journal of Economic History*, 1986, 46(2):385 -406.

[2]Blomstrom, M., Sjoholm, F. Technology Transfer and Spillovers: Does Local Participation with Multinationals Matter? [J]. *European Economic Review*, 1999,345:915 -923.

[3]Brezis, E. S., Krugman, P. R., Tsiddon D. Leapfrogging in International Competition: A Theory of Cycles in National Technological Leadership[J]. *American Economic Review*, 1993, 83(5):1211 -1219.

[4]Brown, J. R., Martinsson, G., Peterson, B. C. Do Financing Constraints Matter for R&D? [J]. *European Economic Review*,2012,56(8):1512 -1529.

[5]Dunning, J. H. ,Cantwell, J. A. *MNEs, Technology, and the Competitiveness of European Industries*[M]. European Economic Integration,1989.

[6]Edquist. *Systems of Innovation: Technologies, Institutions and Organizations*[M]. london:Pinter,1997.

[7]Fagerberg, J. Technology and International Differences in Growth Rates [J]. *Journal of Economic Literature*, 1994(32):1147 - 1175.

[8]Findly,R. Relative Backwardness,Foreign Direct Investment, and The Transfer of Technology: A Simple Dynamic Mode[J]. *Quarterly Journal of Economics*,1978,XCⅡ(1):345 - 375.

[9]Gee, S. *Technology Transfer, Innovation ,and International Competitiveness*[M]. Willey, New York, 1981:89 - 102.

[10] Gerschenkron, A. *Economic Backwardness in Historical Perspective* [M]. The Belknap Press of Harvard University Press,1962.

[11]Hall B. H. , Lerner J. The Financing of R&D and Innovation[J]. *Handbook of the Economics of Innovation*, 2010, 1.

[12]Hobday, M. *Innovation in East Asia: The Challenge to Japan*[M]. Edward Elgar, Hants, 1995:22 - 30.

[13]Kline,1985 Kline, S. J . Innovation Is Not a Linear Process[J]. *Research Management*, 1985, 28(4):36 - 45.

[14]Lacasa, *Jindra, Radosevic and Shubbak. Paths of Technology Upgrading in the BRICS Economies*[M]. Research Policy, 2018.

[15]Lake, A. W. Technology Creation and Technology Transfer by Multinational Firms[J]. *Research in International Business & Finance*, 1979,1(2): 137 - 177.

[16]Linsu Kim. *Imitation to Innovation*[M]. Cambridge, Mass. : Harvard Business School Press, 1997.

[17]Mathews,J. A. , Cho,D. S. Combinative Capabilities and Organizational Learning in Latecomer Firms: The Case of the Korean Semiconductor Industry [J]. *Journal of World Business*,1999,34(2):139 - 156.

[18]Patel, P. , Pavitt K. Large Firms in the Production of the World's Technology: An Important Case of "Non - Globalisation"[J]. *Journal of Interna-*

tional Business Studies,1991(22):1 -21.

[19]Posner, M. V. International Trade and Technical Change[J]. *Oxford Economic Papers (New Series)*, 1961, 13(3):323 -341.

[20]Utterback J. M., Abernathy W. J. A Dynamic Mode of Process and Product Innovation[J]. *Omega*, 1975(3):639 -656.

[21]傅晓霞,吴利学.偏性效率改进与中国要素回报份额变化[J].世界经济,2013,36(10):79 -102.

[22]贺俊,吕铁,黄阳华,江鸿.技术赶超的激励结构与能力积累:中国高铁经验及其政策启示[J].管理世界,2018,34(10):191 -207.

[23]林毅夫.后发优势、技术引进和落后国家的经济增长[J].经济学(季刊),2005,19(1):22.

[24]刘小鲁.我国创新能力积累的主要途径:R&D,技术引进,还是FDI?[J].经济评论,2011(3):88 -96.

[25]马弘.中美贸易冲突:现状、症结与前景[J].江海学刊,2018(3):94 -101,238.

[26]欧阳峣,汤凌霄.大国创新道路的经济学解析[J].经济研究,2017,52(9):11 -23.

[27]苏庆义.中美贸易战将如何演进[J].世界知识,2018(15):55 -57.

[28]苏庆义.中美在中国履行入世承诺上的分歧及其根源[J].世界知识,2018(14):64 -66.

[29]万道侠,胡彬.产业集聚、金融发展与企业的"创新惰性"[J].产业经济研究,2018(1):28 -38.

[30]魏杰.高质量发展的六大特质[N].北京日报,2018 -07 -23(14).

[31]吴延兵.国有企业双重效率损失研究[J].经济研究,2012,47(3):15 -27.

[32]吴延兵.中国哪种所有制类型企业最具创新性?[J].世界经济,2012,35(6):2 -29.

[33]杨飞,孙文远,程瑶.技术赶超是否引发中美贸易摩擦[J].中国工业经济,2018(10):99 -117.

[34]易先忠.技术差距双面效应与主导技术进步模式转换[J].财经研究,2010,36(7):39 -48.

[35][日]斋藤优. 技术开发论[M]. 王月辉,译[M]. 北京:科学技术文献出版社,1996.

[36]朱岩梅. 比较优势战略对中国经济发展局限性的研究[J]. 中国软科学,2008(8):24-29.

16 新时代中国产业的高质量发展

16.1 引　言

党的十九大报告中作出了中国特色社会主义进入新时代的重大论断，深刻揭示出当前我国所处的历史新方位，意味着中国经济进入新的发展阶段。十九大报告同时指出："中国经济已由高速增长阶段转向高质量发展阶段，正处在转变发展方式、优化经济结构、转换增长动力的攻关期。"这一判断为我国经济指明了新的发展方向。在此基础上，2018 年中央经济工作会议进一步提出："推动高质量发展是当前和今后一个时期确定发展思路、制定经济政策、实施宏观调控的根本要求，必须加快形成推动高质量发展的指标体系、政策体系、标准体系、统计体系、绩效评价、政绩考核，创建和完善制度环境，推动中国经济在实现高质量发展上不断取得新进展。"因此，高质量发展评价体系的构建成为当前国内经济学研究的一项重要任务。

产业高质量发展是构建现代化经济体系的基本命题，是产业迈向中高端在更宽领域、更深层次的实现与升华。因此，对产业高质量发展进行评价体系构建是评价经济整体高质量发展的重要内容。我国发展进入新时代，经济增长也进入了增速换挡期。从我国内部环境看，具体表现为资源禀赋条件变化、生产要素成本上升、人口红利等后发优势减弱等。与此同时，我国同样面临着外部经济条件的深刻变化，表现为世界经济复苏缓慢、新兴产业革命冲击以及国际贸易领域争端加剧等方面。在这一背景下，党的十九大报告中明确指出："新时代下我国社会的主要矛盾已经转化为人民日益增长的美好生活需要和不平衡不充分的发展之间的矛盾。"从这一新论断中我们可以看出，当前我国经济发展矛盾的表现形式已经发生了巨大变化，即由总量矛盾变化为结构性矛盾，具体表现为：一是落后的供给能力与广大人民群众日益增长、不断升级和个性化的物质文化需求之间的矛盾；二是国内旧的分工体系与世界新分工体系不一致的矛盾；三是生产力的局部改进与系统改进之间的矛盾。这一供求矛盾的主要方面和关键症结是供给侧的结构性问题，在中观层面更是一个产业部门视角的问题。具体而言，在中观意义上资源在产业部门间的调整直接关系到经济的更高稳定性和更优化结构能否实现，结构性矛盾能否解决。因此，可以认为产业高质量发展是中国经济整体实现高质量发展的中观基础。从这个意义上看，对我国产业高质量发展状态进行有效评价成为衡量经济整体高质量发展的重要方面。

然而，当前关于对我国产业高质量发展指标评级体系构建的研究相对缺乏，难以通过量化结果反映产业高质量发展状态，使得学术界对我国经济整体高质量发展状态的判断缺乏一个重要标准与视角。推动产业高质量发展的首要任务在于构建产业高质量发展的指标评价体系，以便更加科学全面地对产业发展进行多维度衡量。因此，有必要构建一套较为科学的指标体系对我国产业高质量发展状态进行评价，并在此基础上提出我国产业高质量发展的实现路径。

16.2 中国产业高质量发展的评价标准和测度方法

16.2.1 国内相关研究现状

我国学术界对产业发展评价的研究，主要集中在对单个产业的发展评价方向，一般以产业经济学理论为研究基础，以经济发展环境为研究背景，以某个单一的具体产业为对象，以建立评价指标体系为研究方法进行。除此而外，在中观意义上以整体产业发展评价为目标的研究相对较少。新发展理念和高质量发展目标提出后，国内学者对产业高质量发展评价的研究也相对缺乏。

关于单个产业发展评价的研究相对较多。唐葆君（2002）以我国文化产业为研究对象，结合文化产业基本理论和该产业在我国发展现状，以结构框架形式提出了一套对我国文化产业进行综合评价的指标体系；李宜春（2006）同样以文化产业对研究对象，重点关注文化产业的竞争力方面，提出通过构建以三个模块、五大要素为核心的评价指标体系实现对省域文化产业竞争力的总体评价。在关于第三产业发展评价的研究方面，温志宏

(2004) 从数量增长、比例增加、结构改善、质量效益提升、效率提高、发展潜力等方面评价第三产业的优化升级状况；雍红月、李松林（2005）构建了包括7个指标在内的服务业发展评价体系；李健、贾玉革（2005）从金融产业结构、市场结构、融资结构、资产结构、开放结构等方面构建了金融业结构分析指标体系；张海鹏（2015）则构建了一套涵盖3个评价要素、9个评价子要素、18个评价指标在内的第三产业发展评价指标体系，并以此为基础测算了第三产业发展指数。关于高新技术产业的发展评价研究，杨建华、卢波（2005）以产业发展特征为基础提出了电子信息产业指标的结构和构建原则；刘翀（2006）从经济创造能力、科技竞争能力、环境资源保护能力三个视角初步构建了“新型制造业”产业评价指标体系；刘义成（2009）则构建了高端产业发展质量指标体系。对于绿色产业发展的评价，顾在浜等（2013）、周颖等（2016）分别使用聚类—灰色关联分析、因子分析构建了绿色产业评价指标体系；李琳、楚紫穗（2015）则构建了区域产业绿色发展指数评价体系，并对我国东、中、西部产业绿色发展指数进行了对比分析。此外，对整体产业发展进行评价的研究相对较少。李道芳等（2007）从规模、结构、经济效益、科技创新能力、环境资源保护能力等方面对产业发展评价指标体系进行了研究。朱建民、魏大鹏（2013）则提出应从竞争力生成能力、控制力、生态环境、竞争力、依存度等方面构建产业安全评价指标体系。党的十九大提出高质量发展目标后，学术界关于产业高质量评价的研究也较为缺乏。涂圣伟（2018）认为应从供给结构、生产效率、价值创造等维度对产业高质量发展进行评价。

通过梳理相关文献，我们发现我国现有关于产业发展评价的文献存在4个方面局限性：一是大量国内研究以单个具体产业为研究对象构建指标评价体系，缺乏对中国整体产业发展的度量和评价。二是过多地强调产业的数量增长情况，而忽视对产业高质量发展方面的评价。三是是对产业高质量发展的评价缺乏权威性标准，导致评价体系的测度指标设定具有较大随意性。四是对于指标权重大多采用主观赋值法，未能充分利用和发掘数据本身的特征，导致评价结果失去客观性。因此，有必要构建以更为统一的评价标准和更为客观合理的评价方法为基础的产业高质量发展评价体系，从而为探索我国产业高质量发展的实现路径指明方向。

16.2.2 产业高质量发展的评价标准

高质量发展是以新发展理念为指导的经济发展质量状态：创新是高质

量发展的第一动力，协调是高质量发展的内生特点，绿色是高质量发展的普遍形态，开放是高质量发展的必由之路，共享是高质量发展的根本目标。高质量发展是经济发展的有效性、充分性、协调性、创新性、持续性、分享性和稳定性的综合，是生产要素投入低、资源配置效率高、资源环境成本低、经济社会效益好的质量型发展。

产业高质量发展是观察和把握我国经济整体高质量发展的重要视角和途径，因此其在评判标准上必然与经济整体高质量发展的标准和要求保持高度的一致性。党的十八届五中全会明确指出："实现'十三五'时期发展目标，破解发展难题，厚植发展优势，必须牢固树立并切实贯彻创新、协调、绿色、开放、共享的发展理念。"因此，我国要实现产业高质量发展，同样必须以遵循"五大发展理念"作为发展的指引和方向。为保证评价体系的权威性和全面性，应当以"创新、协调、绿色、开放、共享"的新发展理念为出发点提出产业高质量发展的评价标准。

因此，产业高质量发展的评价标准应当涵盖5个方面的内容：一是产业创新发展。创新是产业发展的第一动力，也是实现产业高质量发展的手段。因此，应当把产业创新发展作为衡量产业高质量发展的重要标准。产业创新发展应当包含产业创新程度、产业效率与效益等方面。其具体内涵在于：一方面，产业创新程度反映了技术创新在产业发展中的投入程度；另一方面，产业效率关注既定条件下资源的最优配置，产业效益关注产业生产活动的成本与产出的情况，二者作为产业创新发展的结果层面，反映了创新带来的产业发展的有效性，是产业高质量发展的重要立足点。二是产业协调发展。产业协调发展要求解决产业发展中不协调不平衡问题，具体包括产业结构、产业稳定性等方面。一方面，产业结构合理意味着产业发展更多地由技术水平和比较劳动生产率较高的部门带动，体现出产业发展的高质量；另一方面，产业稳定性主要关注短期产业增长对长期产业发展趋势的偏离程度。只有这种偏离保持在较低水平，实现较强的产业稳定性，才能减少外在波动对产业发展的负面冲击，从而实现产业协调发展。三是产业绿色发展。产业高质量发展在适当关注发展速度和数量的同时，还必须重视产业发展的资源环境代价，注重产业发展给自然生态系统带来的损害。因此，应当将绿色发展理念贯彻到产业高质量发展的评价标准中，重点关注产业发展中的资源消耗、环境污染等问题。四是产业开放发展。产业开放发展是实现更高层次开放性经济的必然要求，应当作为产业高质量发展的评价标准之一。对于产业开放发展，应当从产业在国际价值链中的地位进行把握：一方面，应关注产业在国际分工中的竞争力，产业竞争力较高则意味着产业处于国际价值链中高端。另一方面，还应关注产业对外依存度，对投资和外需依赖过高将限制产业迈向价值链中高端，从而成为产业高质量发展的阻碍因素。五是产业融合发展。共享发展理念要求人民群众能够从经济发展中享受更多获得感，同时还应将收入差距控制在合理范围。具体到产业发展问题上，共享发展理念应当从产业融合发展的角度进行把握。一方面，不同产业部门间的收入差距问题在一定程度上是不同产业的差异化生产率和附加值问题，传统行业较低的生产率是造成传统行业从业者收入普遍低于现代产业的一个基本原因。因此，实现各产业部门间的共享发展，关键在于使新兴技术与传统行业深度融合，充分发挥人工智能、大数据、互联网等新一代信息化手段在改造和升级传统产业方面的作用。另一方面，现阶段我国居民收入差距最主要的体现在于城乡差距，因此关于产业融合发展的评价还应当考虑产业城乡融合方面，重点关注农村一、二、三产业融合发展在缩小城乡居民收入差距方面所起到的作用。

16.2.3 产业高质量发展状态的测度方法

产业高质量发展是对与产业发展相关的一系列因素的综合反映，涉及产业发展的许多方面。将五大发展理念作为我国产业高质量发展的评价指标，就要求必须构建一套由多方面指数构成的综合指标评价体系。因此，对我国产业高质量发展状态进行测度，必须通过构建指标体系、进行指数合成来实现。常用的指标评价和指数合成方法包括相对指数法、层次分析法、熵值法、因子分析法和主成分分析法等。

具体来看，相对指数法的主要内容是将指数化指标进行简单加总或者加权加总，其缺陷在于权重结构缺乏合理性；层次分析法主要根据研究人员对指标的重视程度确定权重并以此为基础分级进行多个因素的处理，其缺陷在于权重主观性过大而分析精度不足；熵值法的核心思想在于利用信息熵工具进行客观赋权，但在对向关联指标的反映性上有所不足；而因子分析法和主成分分析法利用降维进行综合指标的合成，能够有效兼顾数据的完整和简化，同时，出于对因子分析缺乏分析各维度具体变化能力的考虑。为避免指标权重赋值的主观性，充分发掘和利用数字自身特征，使用主成分分析法对我国产业高质量发展进行测度。参考已有研究，本章在选择主成分分析方法时采用相关系数矩阵，一方面将正太标准化的数据作为主成分分析的输入，消除量纲差异，避免主成分分析过度依赖量级过大的变量；另一方面采用均值化的协方差矩阵，避免各指标离散程度的扭曲。

主成分分析法在确定主成分个数时，一般将前几个主成分的累计贡献率大于某特定值（一般为80%）作为标准，然而这种做法仅能反映前几个主成分对原始数据信息的综合能力。因此，本章在利用主成分分析法进行产业高质量发展测度时，将采用第一主成分来确定各基础指标的权重，进而求得方面指数，评价产业高质量发展状态。

16.3　中国产业高质量发展指标评价体系的构建

产业高质量发展评价指标体系的构建应当具备以下特征：一是客观性特征。在指标选择过程中应当客观反映产业高质量发展的现状和问题。二是综合性特征。指标体系应当覆盖较为宽广的范围，综合、全面地反映产业高质量发展。三是结构性特征。体系中所选定的各个指标间应呈现较明确、合理的结构性关系，以有效反映产业高质量发展的不同维度。四是权威性特征。指标选取应当与前文确定的我国产业高质量发展评价标准相一致，即严格以“五大发展理念”为标准，从产业创新发展、产业协调发展、产业绿色发展、产业开放发展和产业融合发展等方面进行考察。五是简明性特征。应当构建简明、概括的指标体系，并同时兼顾指标数据的易度量性和易获取性。

根据“五大发展理念”确立的产业高质量评价标准，结合指标体系构建的特征要求，我们对产业高质量发展评价所需的方面指数、分项指标以及基础指标进行了确定。

产业高质量发展指标评价体系的方面指数包括产业创新发展、产业协调发展、产业绿色发展、产业开放发展、产业融合发展5个维度。产业创新发展包括产业效率、产业效益和产业创新程度3个分项指标。其中，产业效率选取全要素生产率、资本生产率、三次产业劳动生产率作为测度指标；产业效益选取三次产业增加值率、工业产值利润率、工业企业利润总额，工业企业资产负债率作为测度指标；产业创新程度则通过高新技术产品出口占比、R&D经费支出占比、技术市场成交额、专利申请受理数来测度。产业协调发展包括产业结构和产业稳定性两个分项指标。其中，通过工业化率、产业高级化指数、三次产业比较劳动生产率、三次产业贡献率、三次产业对国内生产总值的拉动等基础指标来测度产业结构分项；而产业稳定性则通过三次产业波动率、三次产业就业人数波动率以及固定资产波动率进行测度。产业绿色发展包含产业资源消耗和产业环境污染两个分项指标。其中，产业资源消耗选取单位生产总值能耗和单位生产总值电耗进行测度；产业环境污染则选取单位产出大气污染程度、单位产出污水排放数、单位产出固体废弃物排放数作为测度指标。产业开放发展包括产业竞争力和产业对外依存度两个分项指标。其中，产业竞争力分项指标通过出口总额波动率和贸易竞争力指数 TC 进行测度；产业对外依存度分项指标则通过外资依存度和外贸依存度进行测度，产业融合发展包括产业信息化水平和产业城乡融合发展水平两个分项指标。其中，产业信息化水平选取邮电业务总量、高新技术企业总产值、互联网宽带接入用户数、互联网上网人数等基础指标进行测度；此外，产业城乡融合水平通过二元对比系数、二元反差系数以及城乡收入比等基础指标进行测度，具体如表 16－1 所示。

表 16－1　产业高质量发展指标评价体系构成一览

方面指数	分项指标	基础指标	单位	指标属性		
				正指标	逆指标	适度指标
产业创新发展	产业效率	全要素生产率增长率	—	√		
		资本生产率	—	√		
		第一产业劳动生产率	—	√		
		第二产业劳动生产率	—	√		
		第三产业劳动生产率	—	√		
	产业效益	第一产业增加值率（%）		√		
		第二产业增加值率（%）		√		
		第三产业增加值率（%）		√		
		工业产值利润率（%）		√		
		工业企业利润总额	亿元	√		
		工业企业资产负债率（%）				√
	产业创新程度	高新技术产品出口占比（%）		√		
		R&D 经费支出占比（%）		√		
		技术市场成交额	亿元	√		
		专利申请受理数	项	√		

续表

方面指数	分项指标	基础指标	单位	指标属性		
				正指标	逆指标	适度指标
产业协调发展	产业结构	工业化率（%）		√		
		产业高级化指数	—	√		
		第一产业比较劳动生产率	—	√		
		第二产业比较劳动生产率	—	√		
		第三产业比较劳动生产率	—	√		
		第一产业贡献率（%）		√		
		第二产业贡献率（%）		√		
		第三产业贡献率（%）		√		
		第一产业对国内生产总值增长的拉动（%）		√		
		第二产业对国内生产总值增长的拉动（%）		√		
		第三产业对国内生产总值增长的拉动（%）		√		
	产业稳定性	第一产业产值波动率（%）			√	
		第二产业产值波动率（%）			√	
		第三产业产值波动率（%）			√	
		第一产业就业人数波动率（%）			√	
		第二产业就业人数波动率（%）			√	
		第三产业就业人数波动率（%）			√	
		固定资产波动率（%）			√	
产业绿色发展	产业资源消耗	单位生产总值能耗	—		√	
		单位生产总值电耗	—		√	
	产业环境污染	单位产出大气污染程度	倍数		√	
		单位产出污水排放数	倍数		√	
		单位产出固体废弃物排放数	倍数		√	
产业开放发展	产业竞争力	出口总额波动率（%）			√	
		贸易竞争力指数 TC（%）		√		
	产业对外依存度	外资依存度（%）				√
		外贸依存度（%）				√

续表

方面指数	分项指标	基础指标	单位	指标属性		
				正指标	逆指标	适度指标
产业融合发展	产业信息化水平	邮电业务总量	亿元	√		
		高新技术企业总产值	亿元	√		
		互联网宽带接入用户数	万户	√		
		互联网上网人数	万人	√		
	产业城乡融合水平	二元对比系数	—	√		
		二元反差指数	—		√	
		城乡收入比	—		√	

表 16－1 中列出了产业高质量发展评价体系的全部指标，共包括 5 个方面指数、11 个分项指标和 49 个基础指标，我们将以此为依据进行产业高质量发展指数测度。

16.4　中国产业高质量发展状态的评价

在产业高质量发展评价体系构建的基础上，采用主成分分析法测算中国 2000—2016 年产业高质量发展中各个基础指标及方面指数的权重，进而对产业高质量发展状态进行评价。

16.4.1　主要指标处理

本章采用的数据来源于历年《中国统计年鉴》《中国工业经济统计年鉴》《中国环境年鉴》，选择 2000 年作为基期。对个别缺失数据利用线性预测值进行代替。

（1）正向、逆向、适度指标处理方法

第一，对于逆向指标，采取求倒数的方法进行处理，使之正向化。第二，对于适度指标，参考王信东（2001）、王秀芳（2008）的研究成果，即适度指标＝1/｜原始值－适度值｜，其中，工业企业资产负债率的适度值为 60%，外贸依存度的适度值为 45%。

（2）基期、真实 GDP 测算

我们将 2000 年作为基期，以《中国统计年鉴》公布的国内生产总值指数（上年＝100）计算定基 GDP 指数。具体计算方法为：真实 GDP＝名义 GDP/GDP 平减指数（2000 年＝100）。其中，GDP 平减指数的环比指数公式为：

$$GDPD_t = GDP_t / (GDP_{T-1} \cdot GDPI_t)$$

其中，GDPD 为国内生产总值平减指数，GDPI 为国内生产总值指数，GDP 为名义国内生产总值。

（3）复杂指标测算

需要进行复杂处理的指标主要包括资本生产率和全要素生产率，且二者均涉及资本存量的计算。

第一，选择被普遍使用的永续盘存法计算物质资本存量。资本存量的估算公式为：

$$K_t = K_{t-1}(1-\delta) + I_t$$

我们选择固定资产形成总额来度量当年投资 I_t，并以《中国统计年鉴》公布的固定资产价格指数计算出以 2000 年为基期的不变价格表示的真实固定资本形成总额。对于基期资本存量，采取国际常用方法计算：

$$K_0 = I_0 / (g+\delta)$$

其中，K_0 为基期资本存量，I_0 为基期投资额，g 为样本期真实投资的年平均增长率。参考张军等（2004）的研究成果，折旧率 δ 为 9.6%。在此基础上，资本生产率 = 真实 GDP/资本存量。

第二，采用潜在产出法中常用的 DEA 法，对 2000—2016 年全要素生产率增长率进行估算。具体操作为：以真实 GDP 为产出指标，以资本存量和劳动总量为投入指标，利用 DEAP 软件求得全要素生产率增长率。

（4）其他各维度具体指标的测算

1）产业创新发展

①产业效率

产业效率除全要素生产率、资本生产率外，还包括三次产业的劳动生产率，具体算法为：

第 n 产业劳动生产率 = 第 n 产业产值/第 n 产业就业人数

②产业效益：

第 n 产业增加值率 = 第 n 产业增加值/第 n 产业产值

工业产值利润率 = 工业利润/工业总产值

工业企业资产负债率 = 工业企业负债/工业企业资产

③产业创新程度

高新技术产品出口占比 = 高新技术产品出口额/货物出口总额

R&D 经费支出占比 = 科学技术支出/财政总支出

2）产业协调发展

①产业结构

工业化率 = 非农产业就业人数/总就业人数

产业高级化指数 = 第三产业产值比重/第二产业产值比重

第 n 产业比较劳动生产率 = 第 n 产业产值比重/第 n 产业就业比重

②产业稳定性

第 n 产业产值波动率 = | 第 n 产业产值增长率变动幅度 |

第 n 产业就业人数波动率 = | 第 n 产业就业人数增长率变动幅度 |

固定资产波动率 = | 固定资产波动率变动幅度 |

3）产业绿色发展

①产业资源消耗

单位生产总值能耗 = 能源消费总量/GDP

单位生产总值电耗 = 电力消费总量/GDP

②产业环境污染

单位产出大气污染程度 = 工业二氧化硫排放总量/GDP

单位产出污水排放数 = 工业废水排放量/GDP

单位产出固体废弃物排放量数 = 工业废弃物产生量/GDP

4）产业开放发展

①产业竞争力

出口总额波动率 = | 出口总额变动幅度 |

贸易竞争力指数 TC = 货物进出口差额/货物进出口总额

②产业对外依存度

外资依存度 = 实际利用外资额/GDP

外贸依存度 = 进出口总额/GDP

5）产业共享发展

产业城乡融合水平

二元对比系数 = 农业比较劳动生产率/非农业比较劳动生产率

二元反差指数 = | 非农业产值比重 - 非农业就业比重 |

其中，非农业为第二产业和第三产业。

16.4.2 产业高质量发展状态的评价

(1) 基础指标与方面指数权重的确定

首先应采用均值化方法对原始数据进行无量纲化处理，将协方差矩阵作为主成分分析的输入。

表 16-2 各级指标的统计特征

维度	成分	特征根	方差贡献率	累计方差贡献率
产业创新发展	1	3.312	78.225	78.225
	2	0.662	15.762	93.987
产业协调发展	1	15.312	57.504	51.132
	2	4.683	17.586	75.091
	3	2.327	8.739	83.929
	4	1.747	6.561	90.39
产业绿色发展	1	1.103	95.798	95.798
产业开放发展	1	10.353	61.669	61.669
	2	6.042	35.99	97.659
产业共享发展	1	2.124	92.735	92.735
总维度	1	1.689	91.707	91.707

注：出于篇幅考虑，本表只列出所选择的主成分特征值和贡献率。

根据表 16-2，产业高质量发展各方面指数的累计贡献率均高于 80%，应当认为本次主成分分析较完整地反映了原始数据信息。通过使用 SPSS 软件进行以协方差为输入的主成分分析得到各基础指标的变量系数以及各级主成分特征根信息，进而将各级主成分除以其特征根的开方，同时以各级主成分系数占贡献率的百分比为权重，通过赋权相加计算各基础指标相应权重，以此为基础计算出各方面指数，最终求得各方面指数权重（见表 16-3）。

表 16-3 各基础指标、方面指数的主成分权重

基础指标	综合主成分权重	基础指标	综合主成分权重
全要素生产率增长率	0.037501614	第二产业产值波动率	0.181050326
资本生产率	0.162328595	第三产业产值波动率	0.029185227
		第一产业就业人数波动率	
第一产业劳动生产率	0.298236114		0.053120661
		第二产业就业人数波动率	
第二产业劳动生产率	0.22379838		0.646197152

续表

基础指标	综合主成分权重	基础指标	综合主成分权重
		第三产业就业人数波动率	
第三产业劳动生产率	0.252644034		0.04911994
第一产业增加值率	0.119191852	固定资产波动率	0.001144695
第二产业增加值率	-0.05392934	单位生产总值能耗	0.312676544
第三产业增加值率	-0.001597318	单位生产总值电耗	0.181488206
工业产值利润率	0.139646134	单位产出大气污染程度	0.812184613
工业企业利润总额	0.343091623	单位产出污水排放数	0.420619174
		单位产出固体废弃物排放数	
工业企业资产负债率	-0.20284115		0.180917316
高新技术产品出口占比	0.069464145	出口总额波动率	0.685611596
R&D 经费支出占比	0.126326432	贸易竞争力指数 TC	0.036906075
技术市场成交额	0.368693157	外资依存度	-0.048438828
专利申请受理数	0.371520536	外贸依存度	0.246570073
工业化率	0.002265437	邮电业务总量	0.344416227
产业高级化指数	0.00126421	高新技术企业总产值	0.443506236
第一产业比较劳动生产率	0.002070009	互联网宽带接入用户	0.609958072
第二产业比较劳动生产率	-0.000270859	互联网上网人数	0.523415455
第三产业比较劳动生产率	-0.002536428	二元对比系数	0.11254068
第一产业贡献率	0.002302375	二元反差指数	0.15907863
第二产业贡献率	-0.001909802	城乡收入比	0.026375711
第三产业贡献率	0.001920011		
第一产业对国内生产总值增长的拉动	-0.000567454		
第二产业对国内生产总值增长的拉动	-0.002571956		
第三产业对国内生产总值增长的拉动	0.001183362		
第一产业产值波动率	-0.026742136		
产业创新发展	0.250054364	产业开放发展	0.145162499
产业协调发展	0.58692889	产业共享发展	0.236245429
产业绿色发展	0.161709316		

由表16－3可知，产业协调发展的综合主成分权重最高，达到0.587，这意味着2000—2016年我国产业高质量发展水平的变动程度更多源于产业协调发展水平变动的效果，即产业结构和产业稳定性对产业高质量发展的影响总体较大。之后是产业创新发展、产业共享发展、产业绿色发展、产业开放发展，权重依次为0.25、0.236、0.162、0.145。其中，上述5个维度的权重均大于0，这意味着五大发展理念对产业高质量发展状态的优化具有积极意义。

（2）2000—2016年产业高质量发展状态的评价和变动分析

根据所得到的各基础指标的相应权重求得各方面指数（见表16－3），然后以同样方法取得各方面指数的权重，从而进行指数合成，对我国产业高质量发展状态进行综合评价。得到的结果如表16－4所示。

表16－4　2000—2016年中国产业高质量发展状态的评价结果

年份	方面指数					产业高质量发展状态
	产业创新发展	产业协调发展	产业绿色发展	产业开放发展	产业共享发展	
2000	0.2177048	0.058473	0.8810353	0.0292233	0.4556221	0.343109891
2001	0.4501463	0.074803	0.9333912	0.0383587	0.4825889	0.426980652
2002	0.6036543	0.049993	0.9789227	0.0514298	0.5627099	0.47899282
2003	0.6383112	0.073245	0.9969215	0.0631416	0.7001019	0.538375138
2004	1.207482	0.082175	1.0607439	0.0854375	0.9280516	0.753349164
2005	1.139107	1.273334	1.0959683	0.0724024	1.1203292	1.484606193
2006	1.3857779	1.694141	1.2195986	0.1649845	1.3758667	1.887072627
2007	2.0034058	1.062136	1.6705882	0.1745451	2.1052519	1.917202032
2008	2.0772089	0.118328	1.7213279	0.106382	2.0818892	1.37449973
2009	2.0896181	0.216896	1.8010974	0.1059202	2.42423	1.529163506
2010	2.7250216	0.267436	2.0329047	0.1279248	2.8828598	1.866741694
2011	3.1414043	0.157631	2.2451308	0.1672885	2.8595892	1.940947775
2012	3.5129351	0.129452	2.4750631	0.254544	3.1854058	2.144132518
2013	3.8916982	0.451845	2.8268407	0.4055986	3.5457718	2.592013565
2014	4.0897255	0.594683	2.9608293	0.6278348	3.9106243	2.865489104
2015	4.4448939	0.670773	3.2306232	1.1772782	4.365328	3.229768757
2016	4.9811768	0.720476	4.7030728	1.4987376	5.0417267	3.837609487

观察表 16－4 可以发现，2000 年以来我国产业高质量发展状态基本表现出略有波动的优化态势，产业高质量发展状态值由 2000 年的 0.343 上升为 2016 年的 3.838，除 2007—2009 年存在负向波动外，其他年份产业高质量发展状态稳步优化。根据产业高质量发展的评价标准和指标评价体系构建，我国产业高质量发展状态变动是 5 个方面指数共同作用的结果。因此，可以从方面指数与产业高质量发展状态变动趋势的相对关系角度进行进一步分析。具体变动趋势如图 16－1 所示。

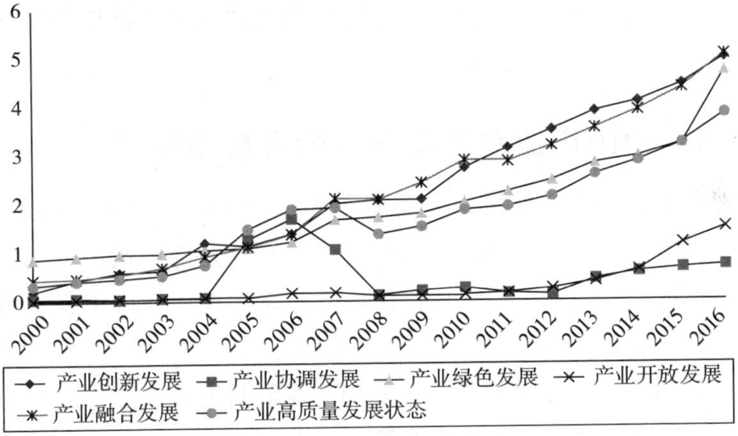

图 16－1　中国产业高质量发展状态

从图 16－1 中可以看出，产业高质量发展状态变化趋势受到产业创新发展、产业绿色发展、产业共享发展的影响较大，除在 2004—2008 年有较大偏离外，其他年份内产业高质量发展状态与上述三方面指数的变动趋势基本一致，这说明在大部分年份我国产业高质量发展状态优化更多依靠产业部门在创新、绿色、融合三方面的发展。产业高质量发展状态在 2004—2008 年波动较大，这一趋势主要是受到产业协调发展状况波动的影响，在这一年份区间内发生的 2008 年全球金融危机导致了产业发展的稳定性受到较大冲击，使得产业协调发展方面指数出现较大波动，进而导致我国产业高质量发展状态在这一时期出现一定程度的恶化。2012 年之后，随着我国逐步推进供给侧结构性改革，逐渐通过“三去一降一补”化解过剩产能，有效供给开始形成，使得产业结构优化升级，产业生产过程中存在的不平衡不协调问题逐渐得到解决，产业逐步实现协调发展，从而对产业高质量发展状态优化起到正向作用。产业开放发展方面指数在 2012 年之前变动不明显且处于较低水平，主要是由于我国长期处于国际价值链分工的下游，2012 年之后我国产业逐步迈向国际价值链中高端，从而提升了产业国际竞争力，因而产业开放发展方面指数在 2012 年后也表现出对我国产业高质量发展状态优化的明显正向作用。更为重要的是，2008 年以后 5 个方面指数的变动方向都与产业高质量发展状态的正向变动趋势表现出明显的一致性，这充分印证了党的十八届五中全会提出的“创新、协调、绿色、开放、共享”的新发展理念是建立现代化经济体系和产业体系、实现高质量发展的根本导向，必须从这 5 个维度出发探索我国产业高质量发展的实现路径。

16.5　中国产业高质量发展的实现路径

实现产业发展的高质量，其实质在于以“创新、协调、绿色、开放、共享”的新发展理念为指引，使得国民经济在产业部门这一中观层面实现质量效益型增长。因此，应当在指标评价体系构建的基础上提出我国产业高质量发展的实现路径。

（1）培育高质量发展新动能，实现产业创新发展

创新是实现产业高质量发展的第一动力。我国经济在由高速增长阶段步入高质量发展阶段的同时也面临着“发展方式转变、经济结构优化、增长动力转换”的窗口期。在这一背景下，建设现代化经济体系，实现产业部门的创新发展，其关键在于发展战略上坚持创新驱动，从体制机制上完善协同创新，最终促进高质量发展新动能的有效培育。

第一，坚持创新驱动型发展战略，提高全要素生产率。改革开放以来，我国经济的高速增长严重依赖低成本劳动力、土地、资本等低端要素的大规模投入，全要素生产率低下，而现阶段人口、土地等红利的日益消退也进一步印证了低端要素无法实现无限供给的性质，潜在增长率在长期内取决于创新驱动而非规模驱动。因此，实现产业创新发展，必须破除要素规模难以无限供给对产业部门发展的限制，以提高全要素生产率为目标，实现产业部门发展方式从规模驱动型到创新驱动型的转变。一是以技术创新实现生产要素流向产业价值链中高端。通过技术创新减少生产要素流向高资源消耗、高劳动密集度等低附加值产业部门的规模，促进其更多地流向产业价值链中高端，以减缓以人口、土地等红利消退等为主要特征

的要素禀赋变化对要素投入实现高收益回报的抑制作用。二是重视人力资本积累。在创新驱动型增长阶段，应当把培育企业家才能、提高劳动者素质作为培育发展新动能的重要手段，更多地倡导技术、知识在产业部门生产中发挥主导作用，以人力资本积累实现要素配置的高效率，进而提高全要素生产率。

第二，建立健全协同创新机制。产业部门实现创新发展需要有利于构建创新激励机制的宏观环境，因此必须完善协同创新机制以破除技术要素存在的供给约束，为科技创新成果得以有效转化为产业部门的生产力提供有利环境。具体措施包括：一是建立健全官、产、学、研协同创新机制。以企业为主导，以企业、高校、科研院所、政府为多元创新主体，建立多方参与、协同合作的官产学研创新平台。二是完善技术创新成果转化机制。应当以基础研究和应用推广一体化为目标，以知识、技术、产品、产业等方面的创新协同为方式，将市场需求与科技创新有效对接，以保证科技成果有效转化为产业部门生产过程的先进生产力。三是深化教育体制改革。产业部门生产过程所需要的掌握专业技能的劳动力和人力资本来源于人才教育，因此对于现行教育体制机制存在的弊端，应当把改造应试教育和教育体系去行政化等方面作为教育体制改革的主要方向，切实构建以“大众创业，万众创新”为导向的人才培养体系，以此为实现产业创新发展提供强有力的人才保障。

（2）解决不平衡不充分问题，实现产业协调发展

我国产业实现高质量发展所面临的主要矛盾已经由总量矛盾转向结构性矛盾，制约产业协调发展的主要因素在于产业内存在大量无效供给和过剩产能、要素市场存在扭曲等方面。因此，必须坚持以供给侧结构性改革实现有效供给创造和过剩产能化解，同时推动要素市场改革，破除要素供给抑制，最终促进产业结构优化升级，实现产业协调发展。

第一，坚持供给侧结构性改革方向，化解无效供给和过剩产能。产业部门生产过程创造的供给与消费者需求结构不匹配导致无效供给过多、有效供给不足，使产业内积攒了大量过剩产能，成为产业发展不协调的一个重要原因。因此，必须以供给侧结构性改革化解无效供给，促进有效供给形成。一是提高产品质量，打破“低端锁定”。产业部门生产产品质量的低下是造成中低端供给过多、高端供给不足的一个重要原因。因此，必须

提升作为产业生产最终成果的产品质量，促进高端供给形成。一方面，要在各产业内培育创新型企业，通过开发新技术、掌握新工艺、引进新设备等手段，从根本上推动全产业产品质量提升，从而将市场过剩的中低端产品转化为市场畅销的高端产品，从而实现市场出清。另一方面，应当在产业部门内部坚持生产过程质量管理，将技术创新与质量管理相结合作为提高质量管理意识的新方向，以更为严格的质量管理规范和更为先进的信息技术手段开创产业部门质量管理新局面，最终使得产业部门实现中国制造到中国创造的跨越。二是以消费结构升级为导向确立产业部门生产方向。产业部门的生产活动必须充分适应消费的绿色化、健康化、智能化等新趋势，迎合消费者的新需求，实现供给结构与需求结构的匹配，从而化解产能过剩。这就要求：一方面，产业部门进行产品生产必须充分考虑消费者在品牌效应、个性化程度、功能专业化程度等方面的新需求，并力争在这些方面有所突破。另一方面，产业部门应当善于利用大数据工具挖掘消费者消费行为，分析其心理因素和消费诉求，从而将市场精确分层，实现专属化产品生产。

第二，推动要素市场化改革，破除要素供给抑制。生产要素市场是产业部门所面对的基础市场，要素供给质量从源头上制约着产业发展质量，而要素市场扭曲、要素供给抑制是导致产业发展不协调的重要因素。因此，必须积极推动要素市场化改革，从源头上破解要素供给抑制，为产业部门实现“质量、效率、动力”三大变革提供有力基础。一是通过健全要素价格形成机制解决要素市场扭曲问题。一方面，要适当减少政府对于要素的直接配置和干预，以市场规律、市场规则和市场标准为依据，发挥市场的决定性作用，实现资源再配置的效率、效益最大化；另一方面，应当稳步深入推进要素价格形成机制，提高要素价格市场化程度，通过建设“统一、开放、竞争、有序”的要素市场体系，推动形成全国统一的要素大市场。通过坚持市场化方向的要素供给体制改革，促进要素由低效需求向高效需求流动，由低效率部门向高效率部门流动，由价值链低端向价值链中高端流动。二是破除要素供给抑制，进一步解放产业协调发展潜力。通过开发人力资本红利、提高土地和自然资源利用效率、改善资本使用效率、完善协同创新机制、以全面深化改革提高制度供给质量等渠道，破除要素供给层面对产业部门带来的抑制，进一步解放产业协调发展潜力，提升产业协调发展活力。

(3) 走生态文明道路，实现产业绿色发展

习近平总书记在党的十九大报告中明确指出：“建设生态文明是中华民族永续发展的千年大计。”因此，产业高质量发展更多要求关注产业部门的生产方式给自然生态系统和发展可持续性带来的损坏程度，将资源利用和环境代价纳入产业部门生产活动的考虑因素。因此，必须以绿色发展理念为指引，坚定不移地走生态文明道路，从而实现产业绿色发展。

第一，大力发展绿色生产力。走生态文明道路的发展方式要求把绿色生产力作为产业部门发展的动力源泉，构建完善的绿色生产力体系。通过大力发展金融业、服务业等第三产业，实现高污染、高能耗产业比重降低，使产业结构呈现以生态性、集约型为特点的绿色化形态，从而以产业结构绿色化实现产业绿色发展。具体包括：一是要转变高能耗的发展模式。以产业结构优化升级带动集约化发展，以资源利用效率提高突破自然环境禀赋约束。二是要转变高污染的发展模式。改善以化石能源为主的现有能源结构，开发新型替代能源，发展低碳循环经济；同时，应当以产业结构高级化带动生态环境治理，淘汰落后、污染产业，化解低效、污染产能。三是以技术手段带动绿色生产力形成。不仅要大力宣传清洁生产和循环经济概念、推广污染物排放处理和降解等生产技术，还应建立并完善一套产业部门内的工业化废水、废物、废气的循环处理系统，从而在源头上化解产业部门生产过程中产生的高能耗、高污染因素，最终带动绿色生产力形成。

第二，加强政府对产业部门生产活动的监管。过去一段时期，我国产业部门以追求自身经济利益最大化为目标，忽视了生产过程产生的社会成本，为实现较低的生产成本而使用大量污染产能的现象广泛存在。一方面，从政府监管角度看，我国地方政府层面存在的“晋升锦标赛”机制催生出了地方政府为追求经济绩效而放松对产业部门生产监管的激励，甚至为追求短期政绩继续鼓励对高耗能、高污染产业进行投资。另一方面，政府监管松懈使得产业部门生产活动受到的负外部性管制放松，进而不能正确评估生产造成的社会成本，使得产业部门倾向于更多选择低成本、高能耗、高污染的低端要素，阻碍了产业绿色生产力的形成。因此，为了扭转这一现象，必须更好地发挥政府的作用，加强政府对产业部门生产活动的

监管，通过严格监管强化对产业部门生产活动的负外部性管制，通过对高耗能、高污染的生产行为采取征税、收费、罚款等措施，使得由产业部门生产产生的外部成本内部化，倒逼产业部门在生产决策时综合考量社会成本、环境成本，从源头化解落后产能、污染产能，以促进产业绿色发展。

（4）提升产业国际竞争力，实现产业开放发展

产业开放发展是我国主动参与推动经济全球化、发展更高层次开放型经济的重要前提，是全面开放新格局的经济内涵，更是我国推动构建人类命运共同体的题中应有之义。实现产业开放发展，应当从提升我国产业竞争力的方向着手，大力发展战略性新兴产业，促进我国产业迈向国际价值链中高端。

第一，前瞻性培育战略性新兴产业。提升我国在国际竞争中的产业优势，应当把发展战略性新兴产业作为核心举措。战略性新兴产业的一般特征包括：一方面，以重大技术突破和重大发展需求为基础，对经济社会发展具有重大引领作用；另一方面，从战略性新兴产业的投入要素结构来看，具备知识技术密集、物质资源消耗少的特点。战略性新兴产业作为科技和产业“双创新”的深度融合成果，以其独有的先进性和战略性为我国产业部门指明了新的发展道路和方向。以美国“再工业化”战略和德国“工业 4.0”为代表的新产业革命日益兴起，这一革命的发展趋势在于新能源、新材料、信息技术逐渐成为未来产业发展的重点。在这一背景下，为使我国在国际产业竞争中占据优势，必须将培育战略性新兴产业作为实现产业开放发展的基本前提。一是大力发展新一代信息技术、节能环保、生物、高端装备、新材料、新能源、新能源汽车等新兴产业。通过科技创新和产业化深度结合，着力促进这些战略性新兴产业在未来一段时期内逐渐发展为我国国民经济的支柱产业和先导产业。二是以提升自主创新能力助推战略性新兴产业发展。将完善创新激励机制作为推进原始创新、提升产业部门自主创新能力的制度保障，以联合攻关和协同创新实现新兴产业快速发展。

第二，促进我国产业迈向国际价值链中高端。经济全球化背景下的国际竞争在一定意义上是国际价值链的竞争。长期以来，产业部门缺乏核心和关键技术导致我国产业处于国际价值链分工的下游，阻碍了我国在对外开放过程中竞争力的提升。因此，为实现产业开放发展，提升产业竞争

力，必须着力提升产业价值链，促进产业向全球价值链分工中高端迈进。一是通过转移国内低端产业实现价值链提升。一方面，国内低端产业往往需要廉价劳动力、土地等要素的较大规模投入，而随着我国经济进入新常态，要素禀赋发生的显著变化推高了低端产业发展的成本，人口、土地红利的消退使得国内已不具备适宜低端产业发展的土壤；另一方面，低端产业挤占过多生产要素导致产业部门生产过程创造的中低端产品过多，高端产品不足，阻碍了我国高端供给的形成和产业价值链的提升。因此，应当通过将低端产业转移到海外廉价生产要素更为充裕的次发达市场，使得国内有限的生产要素更多流向高端产业，从而实现我国产业在全球已有价值链上的不断攀升。二是建立以我国为主导的国际分工新产业链。一方面，以美国制裁中兴事件为例，在全球已有产业链中核心技术的缺失使得我国位于产业链下游，我国国民经济和新兴产业发展易受掌握核心技术、位于价值链上游国家政策变动的冲击，不利于我国发展更高层次开放性经济目标的实现。因此，必须以自主创新为导向，以我国产业部门掌握更多原创、核心、关键技术为手段，建设以我国为主导的国际分工新产业链，以图摆脱我国产业部门在全球已有价值链中受制于人的不利地位。另一方面，产业部门还应重视品牌建设，在生产过程中力图以产品质量管理带动品牌效应，培育具有大市场、高附加值和竞争力的名牌产品，使得我国产业部门所生产的高质量产品能够“走出去”，以利于我国主导的国际分工新价值链形成。

（5）坚持共享发展理念，实现产业融合发展

共享发展理念要求人民群众从经济发展中享受更多获得感，因此实现产业发展的高质量的内涵之一在于重视产业融合发展问题。通过采取以新技术改造传统产业、促进农村一二三产业融合发展等措施，逐步缩小不同产业部门收入差距和城乡居民收入差异，真正以产业融合发展践行共享发展理念。

第一，积极推动传统产业改造。传统产业的生产率、附加值较低导致在这些产业内从业者的收入水平不高，而不同产业部门的收入差距问题阻碍了共享理念的落实。因此，实现各产业部门间的共享发展，缩小产业部门间收入差距，关键在于使新兴技术与传统行业深度融合，充分发挥人工智能、大数据、互联网等新一代信息化手段在改造和升级传统产业方面的

作用。一是以创新2.0计划为依托，深入推进“互联网+”战略，通过互联网、智能化等技术手段改造产传统产业，从而发展新的产业间共享模式。二是坚持推动工业化与信息化深度融合，使“两化”融合成为打造新产业、新业态、新模式“三新经济”的推手，通过提高传统产业生产率、附加值来缩小产业部门间收入差异，实现共享发展。

第二，深入推进农村一、二、三产业融合发展。当前，城乡居民收入差距作为影响人民群众获得感的典型问题，成为阻碍共享发展实现的主要因素之一。农村一、二、三产业融合发展的基本机理在于以农业为基本依托，以产业联动、产业集聚、技术渗透、体制创新为实现方式，利用资本、技术创新、自然资源等生产要素实现跨界集约化配置，进而实现农业生产、农产品加工和销售、餐饮、休闲、旅游观光等服务业的有机整合，使得农村一、二、三产业之间紧密相连、协同发展，最终实现农业产业链延伸、产业范围扩展和农民收入增加的深层目标。因此，为真正践行共享发展理念，进一步缩小城乡居民收入差距，必须以深入推进农村一、二、三产业融合为抓手带动农业发展方式转变，通过构建现代化农业体系拓宽农民收入来源渠道，从而以产业融合发展提高人民群众幸福感和获得感。具体包括：一是促进农业产业化转型升级。通过大力发展农业龙头企业带动原料工厂、加工车间、农民专业合作社建设，推动农业全产业链条建设，实现农业产业化转型升级。二是建设新型农业经营主体。通过在传统农业部门引入现代农业产业链、价值链新理念，以家庭农场、加工工厂、农民合作社等形式实现农业生产规模适度经营和产业组织创新化，培育新型农业经营主体。三是打造农业发展新业态。以发展休闲农业示范县区、休闲农业示范园、现代农业庄园等形式实现农业与餐饮、旅游观光等第三产业深度融合，打造农业发展新业态。

参考文献

[1]涂圣伟.我国产业高质量发展面临的突出问题与实现路径[J].中国发展观察,2018(14):12－17.

[2]任保平,刘笑.中国特色社会主义新时代主要矛盾变化下的发展路径转型[J].学术研究,2018(3):82－88.

[3]任保平,等.超越数量——质量经济学的范式与标准研究[M].北

京:人民出版社,2017:22 - 28,131 - 143.

[4]任保平.新时代中国经济高质量发展的判断标准、决定因素与实现途径[J].中国邮政,2018(10):8 - 11.

[5]钞小静,惠康.中国经济增长质量的测度[J].数量经济技术经济研究,2009(6):75 - 86.

[6]任保平.我国供给侧结构性改革的本质:体制改革[J].社会科学辑刊,2017(3):21 - 28.

[7]任保平,李梦欣.新时代中国特色社会主义绿色生产力研究[J].上海经济研究,2018(3):5 - 13.

[8]任保平.新时代中国经济从高速增长转向高质量发展:理论阐释与实践取向[J].学术月刊,2018(3):66 - 74.

[9]任保平,李禹墨.新时代背景下高质量发展新动能的培育[J].黑龙江社会科学,2018(4):31 - 36.

[10]马晓河.推进农村一二三产业融合发展[J].中国合作经济,2015(2):43 - 44.

[11]国家发展改革委宏观院和农经司课题组.推进我国农村一二三产业融合发展问题研究[J].经济研究参考,2016(4): 3 - 28.

索　引

Z

后 记

《中国经济增长质量发展报告 2019——新时代下中国经济的高质量发展》是西北大学经济增长质量系列报告的第 11 本，本报告的主题是新时代下中国经济的高质量发展。本报告是教育部人文社会科学重点研究基地——中国西部经济社会发展研究中心建设项目、陕西省哲学社会科学重点研究基地——陕西宏观经济与增长质量协同创新中心建设项目、教育部长江学者特聘教授计划项目、教育部哲学社会科学发展报告项目、陕西省“三秦学者”创新团队建设项目的成果。

本报告和以往的报告一样，运用我们团队建立的西大经济增长质量指数，对 2016—2017 年中国各省、自治区、直辖市的经济增长质量进行了测算，并进行了总体排序。除过测算部分，本报告主要分为 16 章，主要围绕高质量发展，研究了我国新时代高质量发展的衡量标准、评判体系和战略重点，新时代我国高质量发展的评价，实体经济的高质量发展、高质量发展的财富指数、供给体系的高质量、需求体系的高质量、高质量发展的效率变革、高质量发展的动力变革、新时代企业的高质量发展、生态环境的高质量发展、人民生活的高质量、高质量发展的美丽指数、高质量发展的政府治理、高质量发展的创新驱动、产业的高质量发展等。与以往报告不同的是：第一，本报告总结了经济增长质量报告 10 年的经验，对经济增长质量指数进行了调整，使得核算能够运用实时数据，计算了 2016 年和 2017 年两年的经济增长质量指数。第二，本报告吸收了历次发布会上专家的意见，在高质量发展的美丽指数、人民生活的高质量、营商环境的高质量发展中采用了问卷调查的方式，采用问卷数据进行了分析。

本报告和以往报告一样，首先采用团队务虚会议的形式，讨论出研究的主题，再由我和郭晗、魏婕、李梦欣等集中形成大纲，然后再分工完成，各章分工如下：2016—2017年中国各省、自治区、直辖市经济增长质量总体排序由李梦欣和任欣怡完成；第一章：任保平；第二章：李梦欣；第三章：师博、韩雪莹；第四章：郭晗、廉玉妍；第五章：宋文月；第六章：付雅梅；第七章：王竹君；第八章：钞小静、廉园梅；第九章：杨晓庆；第十章：吕春慧；第十一章：李禹墨；第十二章：吴瑞；第十三章：辛伟；第十四章：李勇；第十五章：魏婕；第十六章：刘鸣杰。各章完成之后，郭晗、魏婕与李梦欣进行了初步的统稿，在此基础上我进行了最终的加工、润色和统稿。

《中国经济增长质量发展报告》至今已经历了11年，出版了11本。本报告的出版得到了我的三位导师洪银兴教授、王忠民教授、白永秀教授的鼓励和支持。西北大学的校领导也给予了大力支持，在此感谢西北大学校长郭立宏教授，副校长贾明德教授，王正斌教授，以及孙国华副书记，常江副校长。同时，学校各处室也给予了积极的支持，感谢社科处原处长刘丰，现处长马朝琦，副处长刘杰、李丰庆，感谢人力资源部的李振海部长，教务处原处长曹明明教授，现处长李剑利教授，组织部张远军部长，宣传部的田明纲部长，史波副部长，研究生院徐哲峰副院长多年的关注和支持。

陕西省社科界的老师和前辈们多年支持本报告的研究和报告的发布会，感谢陕西省文化和旅游厅厅长任宗哲教授，陕西省政府研究室的杨三省主任，西安财经学院胡健教授，西安交通大学经济金融学院的冯根福教授、冯涛教授，陕西省委宣传部理论处的何军处长，西安市社科院科研处朱利民研究员，西安邮电大学的张鸿院长，陕西省社科院《人文杂志》的韩海燕副编审，《西北大学学报》卫玲教授的关注和支持。

经济管理学院我的同事们每年参加我的报告的发布会和讨论会，对何爱平教授、茹少峰教授、马莉莉教授、徐璋勇教授、高煜教授、宋宇教授、钞小静教授、石高宏副教授的大力支持表示感谢，也感谢经济管理学院杜勇书记、吴振磊院长、李一凡副书记、师博副院长、李辉副院长，以及院长助理康蓉、岳丽萍、马晓强多年来对本报告的支持。

我团队的学生们10多年来和我一起风雨同舟、持续推进经济增长质量的研究，坚持每周四的讨论，再次感谢钞小静教授、魏婕副教授、郭晗副教授、田洪志副教授、李勇副教授，特别是魏婕和郭晗帮助我推进研究、组织讨论，帮我分解了大量事务，使我有精力从事研究和管理工作。感谢中国经济出版社的霍宏涛副总编以及贺静编辑，帮我编辑了 10 多年的报告，每次报告经过他们的亲手编辑，都增色不少。

任保平

2019 年 1 月于西北大学长安校区